2016
丹徒年鉴

镇江市丹徒区人民政府　主办
镇江市丹徒区史志办公室　编

方志出版社
Publishing House of Local Records

图书在版编目（CIP）数据

丹徒年鉴. 2016 / 镇江市丹徒区史志办公室编. --
北京：方志出版社，2016.10
ISBN 978-7-5144-2102-6

Ⅰ. ①丹… Ⅱ. ①镇… Ⅲ. ①丹徒区—2016—年鉴
Ⅳ. ①Z525.34

中国版本图书馆CIP数据核字（2016）第238882号

丹徒年鉴（2016）

编　　者：镇江市丹徒区史志办公室
责任编辑：张　昊
出 版 人：冀祥德
出 版 者：方志出版社
地址　北京市朝阳区潘家园东里9号（国家方志馆4层）
邮编　100021
网址　http://www.fzph.org
发　　行：方志出版社发行中心
电话（010）67110500
经　　销：各地新华书店
印　　刷：镇江华翔票证印务有限公司
开　　本：889×1194　　1/16
印　　张：16
字　　数：561千字
版　　次：2016年10月第1版　2016年10月第1次印刷
印　　数：0001～1060册

ISBN　978-7-5144-2102-6　　定价：260.00元

《丹徒年鉴》主 审

陈 琳 张映桥

镇江市丹徒区史志办公室

主　　任　陈 刚
主任科员　付久成
副 主 任　王雪松 丁素娟
编 纂 科　刘 芳 钱金金
综 合 科　张宏平 钱若寅 付 媛

《丹徒年鉴》编辑部

主　　编　殷一斐 梅 放
执行主编　陈 刚
副 主 编　王雪松
编辑部主任　刘 芳
编　　辑　王雪松 刘 芳 钱金金 付 媛
彩　　页　刘 晨 王 博

《丹徒年鉴（2016）》撰稿单位审稿人

（排名不分先后）

殷一斐　梅　放　乐祥安　单　红　王继富　任金华　吴富祥　薛恒初

陈　刚　李厚金　魏国平　蔡怀根　缪其国　马成龙　赵中田　窦峰云

王　燕　段　炼　张　晖　张叶飞　江达贤　张武民　朱祥洪　戴登庆

孔令萍　程道云　金国顺　徐　峰　王文治　巫五才　李世杰　凌　青

贺　文　黄　进　陈　玉　赵　勤　郭祥明　朱金凤　张芙萍　张　雯

张源之　周锡良　吴林华　王小军　胡克明　朱　俊　季道远　龙　飞

陈正宏　张荣健　林玉祥　顾大庆　周菊红　鲍玉荣　洪家同　陆瑞进

张　宾　王　欣　方俊锡　姚遇平　李　京　王　平　丁建庭　李　演

庞金玉　宋守雷　丁东生　蔡登明　徐兴龙　蒋厚宽　梅建荣　乙　江

窦云峰　陈正家　张长庚　傅忠宇　孙　铁　姚美玲　贾金海　纪桂发

巫东海　王卫方　吴黎红　殷克勤　陈亚兴　姚瑞宽　卜顺华　张道悟

龚玉华　刘永利　马云飞　赵　斌　江学军　王　珏　张　蕾　王志坚

汪　洋　仲　梅

编辑说明

一、《丹徒年鉴》是丹徒区人民政府主办、丹徒区史志办公室编撰的大型综合年鉴，是全面实用、信息密集、准确权威的地情资料工具书。创刊于1993年，每年1期，该期是连续编辑出版第24期。编辑部借该期年鉴出版之际，向所有关心、支持、参与年鉴编辑出版工作的单位、各界人士致以诚挚的谢意。

二、《丹徒年鉴》采用分类编辑法，以篇目、分目、条目组成框架结构的主体部分。全书条目标题统一用黑体加【 】表示。全书前有目录，后有索引，具有比较完善的检索系统。为方便阅读和保存《丹徒年鉴（2016）》，制作配备电子版光盘。

三、《丹徒年鉴（2016）》系统记述丹徒区 2015 年政治、经济、社会、自然等方面的基本面貌、发展状况以及发生的大事、要事、新事（收录 2015 年度工作受表彰的先进集体、个人和组织人事变动的时限延至 2016 年 3 月）。全书设有 31 个篇目:（1）特载，（2）大事记，（3）丹徒概述，（4）中共丹徒区委员会，（5）丹徒区人民代表大会，（6）丹徒区人民政府，（7）政协丹徒区委员会，（8）民主党派·工商联，（9）社会团体，（10）国防，（11）政法，（12）综合经济管理，（13）人力资源和社会保障，（14）农林·水利，（15）工业·民营经济，（16）重点项目建设，（17）开发区和产业集中区，（18）交通·通信，（19）城镇建设与住房管理，（21）环境保护，（21）对外及对港澳台经济贸易·商品流通，（22）财税·金融，（23）科技，（24）教育，（25）文化·广电·体育，（26）卫生，（27）社会生活，（28）镇·街道·园区，（29）人物，（30）统计资料，（31）工作生活指南。

四、《丹徒年鉴（2016）》收录部分区领导的重要报告。年鉴所用稿件由全区各镇（街道、园区）、区级机关各部门和各单位专人撰写，并经过领导审阅。所有数据均以区统计局统计数据为准。

五、《丹徒年鉴（2016）》虽经过反复认真的审核、校对，但由于编辑水平和条件限制，难免存在一些差错和疏漏，恳请广大读者批评指正。

2016年10月

丹徒区政区图
丹徒区
镇江市
润州区
京口区
丹阳市
扬州市
句容市
金坛市
谷阳镇
上党镇
宝堰镇
辛丰镇
高桥镇
世业镇
高资街办
韦岗街办
丹徒新城管委会
荣炳盐资源区
江心洲
图例
省辖市政府驻地
县级市、区政府驻地
乡镇、街办驻地
行政派遣区级、镇级
村委会、社区 自然村
省辖市界
县级界
乡镇界
特殊界
高铁 车站
沪宁城际铁路
京沪铁路
高速公路 枢纽
国道
省道
县道
乡镇公路
主要道路
未建成道路
水域 河流
渡口 码头 桥
山峰 高程
场圃
塔
纪念碑
比例尺 1:160000
本图中界线不作实地划界依据
地图审查号 苏S(2013)071号
编制单位：镇江市土地勘测事务所
2013-07

丹徒区城区图

区政府
驸马山社区
新城社区
缪家甸社区
光明社区
镇南村
张巷
西麓
管委会
谷阳镇
谷阳湖
马鞍山
高新园区
大港中学
外国语小学
驸马山庄国际幼儿园
丹徒实验学校
丹徒人民医院
丹徒中医院
丹徒客运中心
公交中转站
米芾广场
宝龙广场
太平洋商业中心
规划展示馆
通讯中心
文广中心
会议中心
财政局
教育局
法院
检察院
司法局
人社局
国土局
地税局
公安局
粮食局
交通局
房管局
卫生局
建设局
人才中心
区公路管理站
市公路管理站
药品监督管理局
国防指挥中心
消防支队
城区派出所
邮政配送中心
交警大队
四通公司
基督教堂
农副产品批发市场
铭基商贸城
京沪高速铁路
沪蓉高速
扬溧高速
镇江支线
312国道
润金路
宜城大道
谷阳大道
长香大道
图例
区政府
街道 镇政府
县级界
村 社区
医院
居民区
河流 湖 塘
绿化
山峰
汽车站
学校
铁路
机关 企事业单位
本图中界线不做实地划界依据
地图审查号：苏S（2013）071号
编制单位：镇江市土地勘测事务所
2013-08

2015年12月15日，省委副书记、代省长石泰峰（中）到北汽（华东）镇江基地调研

2015年12月28日，省委书记罗志军（右一）参加北汽（华东）镇江基地竣工投产暨新车下线仪式

2015年9月2日，区委书记陈琳（左一）陪同市委书记夏锦文（中）到宝堰镇调研

2015年6月4日，区长张映桥（中）到宜城中学调研

2015年12年28日，北汽华东（镇江）基地第一辆整车下线

汽车生产线

长山薰衣草庄园

孟家港物流码头

高资港夜景

冠城商业中心
GUANCHENG BUSINESS CENTER

丹徒新城城区风貌

丹徒新城宝龙城市广场

丹徒区规划展示馆

建设中的高校园区

收获喜悦

播种

水芹采摘

丰收在望

蔬菜基地

高资街道蔡家庄

果农细心照料黄桃

上党锦绣黄桃

上党镇高陵村黄桃种植地

江心洲生态农业园区风貌

江心洲无花果

江心洲桑葚

江心洲橘子

2015年9月2日，中国米芾书法公园举办“爱我锦绣中华·传承传统文化暨学碑拓，观茶艺，赏美景”活动

端宜同砚

脱沙石

恒顺香醋
恒顺香醋
恒顺香醋

目 录

中共丹徒区委员会

丹徒区人民代表大会

丹徒区人民政府

政协丹徒区委员会

民主党派·工商联

社会团体

国防

政法

综合经济管理

人力资源和社会保障

农林 · 水利

工业·民营经济

重点项目建设

开发区和产业集中区

交通·通信

城镇建设与住房管理

环境保护

对外及对港澳台经济贸易·商贸流通

财税·金融

科 技

教 育

文化·广电·体育

卫 生

社会生活

镇·街道·园区

人 物

统计资料

工作生活指南

特　　载

责任编校：刘　芳

报　告

确立新理念 增创新优势 开启新征程

——2015年12月29日在中共丹徒区委十二届十次全委（扩大）会议上的报告（摘要）

区委书记　陈　琳

这次全委（扩大）会议，是在两个五年规划承前启后的交汇点上召开的一次重要会议。主要任务是：深入贯彻落实党的十八届五中全会、中央经济工作会议，全省经济工作会议和省委、市委全会精神，认真总结今年以来的工作和“十二五”发展成就，科学谋划“十三五”发展，全面部署明年各项任务，动员全区上下确立新理念、增创新优势、开启新征程，向着全面建成更高水平小康丹徒扎实迈进。

一、克难奋进，圆满收官“十二五”

即将过去的2015年，是极不平凡的一年。回顾这一年，四个鲜明特点令人印象深刻：

这是我们持续放大总书记视察效应的一年。今年是贯彻落实习近平总书记视察重要讲话精神的开局之年。一年来，我们把总书记的亲切关怀内化于心、外化于行，以“前列中的前列、样板中的样板”要求自我，紧扣“五个迈上新台阶”的部署，在村庄环境整治、公共服务均等化、农业旅游融合发展、党风廉政示范点建设等方面，拿出有力举措，狠抓推进落实，既做靓了世业洲这个点，更带动了全区整个面，以实际行动走在了贯彻落实的最前列。同时，成功举办总书记视察一周年系列主题活动。今年中办督查组的回访调研和省市领导的走访视察，对我们的相关工作都给予了高度评价。

这是我们应对各种困难挑战奋力作为的一年。在经济发展进入新常态的大背景下，区委牢牢把握“稳中奋进”的总基调，围绕重点企业、重大项目、重要环节，科学制定应对措施、强化经济组织调度，坚决打赢顶住经济下行压力的“攻坚战”。预计全年完成地区生产总值343亿元，增长10%；一般公共预算收入28亿元，增长12.2%；固定资产投资307亿元，增长18.2%；实际利用产业类外资9116万美元，增长9.3%；城镇和农村常住居民人均可支配收入分别增长9%和10%。同时，与镇江大市一道创成全国文明城市；入选“全国科学发展百强区”，位列第74位。

这是我们重大项目建设实现强势突破的一年。坚持把项目建设作为转型升级的关键抓手，55个区级重点项目完成投资148.5亿元，市级重点项目超序时推进，新项目开工率和在手项目签约率“两个100%”目标如期实现。总投资40亿元的孟家港国际物流园、80亿元的润祥油气物流园、87亿元的热电联产等一批重大项目强势推进；总投资20亿元的平安综合电商物流、20亿元的中都物流和海纳川零部件、20亿元的长山漂流及温泉度假等一批项目成功签约。镇江高校园区强势推进，1所高校对外招生，2所高校主体封顶，剩余3所高校全面启动建设。特别值得一提的是：我们倾力打造的总投资120亿元的北汽镇江基地项目，第一辆整车正式下线，干出了“丹徒速度”，展示了“丹徒精神”，实现了全市人民盼望已久的“汽车梦”。

这是我们深化作风建设取得重要成果的一年。按照上级统一部署，扎实开展“三严三实”专题教育，区委常委会自觉当好示范、以上率下，常委班子成员带头上好专题党课、进行专题研讨、开展批评与自我批评、抓好整改落实；针对新常态下领导干部“为官不严、为官不实、为官不为”等突出问题，在全市率先出台《关于整治“庸懒散”十项措施》《关于加强干部德的考核暂行办法》，扎紧扎牢制度的“笼子”；全力配合省委巡视组开展工作，自觉接受监督检查，认真整改问题不足，严肃查处腐败案件，党风政风为之一新。通过一系列的扎实举措，全区上下严的标准深入人心，实的氛围愈发浓厚。

通过一年的不懈努力，取得了五个方面的显著成效：

1. 发展质态更趋优化。产业转型步伐加快，先进制造业、现代服务业、战略性新兴产业发展迅速，传统产业加快改造提升，新兴产业销售收入占比41%，工业技改投入增长28%；服务业比重达42%，高效设施农业占比提高2个百分点。文化旅游产业蓬勃发展，长山薰衣草庄园、海岳天地、宝晋怡园、"开心乐之岛"等一批旅游项目加快推进；长山文化产业园、世业洲省级旅游度假区加速崛起；江心、宝堰、荣炳等板块特色乡村游发展态势喜人；全年实现旅游综合总收入48亿元。产业"三集"成效显著，全年开工建设标准化厂房35万平方米，新建、盘活各类产业楼宇超过10万平方米；18个"三集"园区主要经济指标增幅高于全区平均水平。

2. 改革创新活力释放。全面深化行政审批制度改革，建立"一办两中心"政务服务新体系，落实"五张清单"、项目并联审批等制度，审批周期缩短三分之二以上；商事制度改革成效显著，全区新设企业和个体工商户分别增长41%和37%；农业农村改革扎实推进，50%以上的村组完成农村土地承包经营权确权登记试点，农村集体"三资"管理更加规范。制定出台创新驱动和人才招引系列政策文件，创成省级企业研发平台6家、国家级科普示范基地1家，引进各类高层次创新创业人才（团队）12个；全区新增高新技术企业10家，全社会研发投入占比达2.05%，万人发明专利拥有量13件。

3. 城乡建设步伐加快。城市"新地标"宝龙城市广场正式对外营业，"四位一体"活动中心即将投入运行，金谷东路道路环境综合整治工程如期竣工，19处城市易积水路段改造项目全面启动；全年竣工安置房35万平方米；城市长效管理考核继续位居全市前列。312国道南移、宜城大道二期等工程顺利推进，长山中路、旺北路、北汽大道基本具备通车条件；全年完成农村道路提档升级50千米；投资3600万元完成高资、世业、江心等乡镇水利重点县建设任务，战胜30年一遇的洪涝自然灾害。大力实施覆盖拉网式农村环境综合整治工程，创成省级美丽乡村2个、市级美丽宜居村2个，新建污水管网46千米，世业洲全岛生活污水处理实现全覆盖，镇村环境得到显著提升。

4. 社会事业均衡发展。突出抓好基本民生保障，主要社会保险参保率稳定在98%；城镇登记失业率控制在2.1%以内；"强村富民"双达标行动圆满收官。总投资9000万元的宜城第一小学顺利启动建设，创成5个市级教育现代化先进镇；"分级诊疗、双向转诊"医疗模式得到有效推广，创成全国群众满意乡镇卫生院1家、省级示范卫生院6家、省级示范卫生室10家；创新实施"乡风明德文化墙"，获全省农村精神文明建设一等奖并在全市推广；创成"中华诗词之乡""江苏省公共服务体系示范区"和"江苏省新一轮科普示范区"。全面提升行政复议规范化水平，被授予"全国法治区创建活动先进单位"；实施技防"一网化"升级改造，技防"三进"覆盖率全省领先；全面推行"政社互动"，积极探索"三社联动"试点，宜城街道西麓村被评为"全国文明村"。

5. 党建水平显著提升。围绕践行"四个全面""五大发展"理念等主题，开展系列学习宣讲活动；聚焦丹徒最新成果，唱响发展主旋律、弘扬社会新风尚，外宣工作继续走在全市前列；推进领导班子和领导干部综合分析研判工作，严格执行干部选拔任用全程纪实制度，基本完成超职数配备干部的清理工作；开展优秀年轻干部集中推荐选拔，大力度推进干部轮岗交流，干部队伍结构优化、活力增强；以"五在支部"为抓手，扎实开展"双型"先进党支部建设工程，创成"四星"级党支部66个。全面落实党风廉政建设"两个责任"，刚性执行中央八项规定和省市区委相关规定，作风建设成效明显。与此同时，积极支持人大、政协依法履行职能，加强基层人大规范化建设；统战、人武、群团、双拥、老干部等事业全面发展，执政能力进一步增强。

2015年取得的成绩，既是过去一年辛勤工作的结果，也是"十二五"时期持续奋斗的结晶。过去的五年，是丹徒综合实力显著增强的五年。"十二五"期间，我们共落户10亿元以上重大项目28个，实施亿元以上项目160个，累计完成固定资产投资1086亿元，是"十一五"的2.6倍。在这一批重大投资的拉动下，全区地区生产总值年均增幅12.5%，一般公共预算收入是"十一五"末的2.5倍，工业应税销售超亿元企业达到44家。过去的五年，是丹徒转型升级成效凸显的五年。坚定不移地推动产业转型升级，三次产业占比调整为5.9∶52.1∶42，服务业增加值占比提高了6个百分点。"十二五"时期，引进国家"千人计划"7人，省"双创计划"13人，高新技术产业产值占比提高21个百分点。中国米芾书法公园、中国恒顺醋文化博物馆均创成国家AAAA级景区。过去的五年，是丹徒生态建设力度空前的五年。颁布实施了《丹徒区生态文明建设规划》，丹徒经济开发区被国家发改委批准为循环经济标准化试点园区。深入推进生态文明建设"六大工程"，大力开展东西部生态环境综合整治。"十二五"时期，关闭各类"五小"企业超350家，万元GDP能耗累计下降17.5%，被环保部授予"国家生态文明建设示范区"称号。过去的五年，是丹徒城乡面貌焕然一新的五年。累计投入城建资金619亿元，城市建成区面积从12平方千米扩大到22.3平方千米，城镇化率达到56.5%；宜城中学、区人民医院二期、宜城大道等一批重要载体先后建成；农村道路实现村村通，镇村公交实现全覆盖，农田水利设施得到全面升级，涌现出荣炳前障村、世业永茂圩、江心橘江里等一批特色亮点村。过去的五年，是丹徒民生事业加速改善的五年。人民生活水平显著提高，城乡居民人均收入分别增长66.7%和75.4%。创成“江苏省义务教育发展基本均衡区”和“江苏省学前教育改革发展示范区”。2万余名失地农民进基保、超200万平方米安置房建设等一批群众关注的热点难点及历史遗留问题得到有效解决，区域信访维稳形势持续好转。此外，土地执法模范区、双拥模范区、平安县(市、区)等创建工作一直走在全省前列。

二、牢记使命，科学谋划“十三五”

“十三五”发展的指导思想是：全面贯彻落实党的十八届三中、四中、五中全会和习近平总书记系列重要讲话精神，坚持“四个全面”、落实“五大发展”、致力“稳中奋进”，沿着“生态领先、特色发展”前行道路，奋力打造高端装备先导区、科教人才集聚区、文化旅游特色区、现代物流枢纽区、生态文明示范区和长三角地区具有影响力的品质新城，全面建成以“强富美高”为鲜明特征的更高水平小康丹徒。

具体要把握好三个方面：

第一，要用新理念引领新常态。经济发展进入新常态，是“十三五”时期的大趋势，是推动各项工作的“大逻辑”。新常态改变了经济运行的轨迹，打破了固有的传统发展惯性。因此，要想赢得未来竞争的新优势，必须主动引领经济新常态。我们要强化思维引领。“五大发展理念”是解决发展问题的现实路径。其中，创新发展解决的是发展动能问题，协调发展解决的是发展不平衡问题，绿色发展解决的是人与自然的问题，开放发展解决的是发展内外联动问题，共享发展解决的是社会公平正义问题。我们要在认识上深一层、适应上快一步，彻底摆脱“速度情结”“换挡焦虑”的思维定势，以发展理念转变引领发展方式转变，以发展方式转变加快发展水平提升，更好地厚植发展优势、走好发展新路。我们要强化方法引领。今年的中央经济工作会议，把推进供给侧结构性改革作为适应和引领经济发展新常态的重大创新，并提出“去产能、去库存、去杠杆、降成本、补短板”五大任务。这也是我们落实“五大发展理念”的重要方法论。我们要坚定不移地聚焦改革重点，创新方式方法，在化解过剩产能、化解房地产库存、促进产业优化重组、降低企业运行成本、补齐发展短板等方面全力突破，着力提高供给体系的质量和效益，增强区域持续发展的动力。我们要强化能力引领。会不会遵循“大逻辑”，能不能有新作为，是对各级干部的重大考验。特别是面对“老办法不管用，新办法不会用”的发展困境，最需要我们调整的是状态，最需要我们提升的是能力。各级领导干部要发挥好主观能动性，不僵化、不守旧，勤于学习、善于创新，不断提升驾驭经济发展的能力和水平，真正做到本领不再“恐慌”、引领愈发有为。

第二，要用新理念抢抓新机遇。新常态带来了新挑战，新理念孕育着新机遇。就我们丹徒而言，除了共享是发展目标外，推动创新、协调、绿色和开放发展，均有战略机遇支撑：在创新发展方面，苏南自主创新示范区、省“一中心一基地”建设、宁镇扬同城化发展将直接辐射带动我区；以镇江高校园区、高新技术产业园为代表的创新类载体加速崛起，将全面带动人才、要素等创新资源集聚，为加快区域创新发展赢得先机、争得主动。在协调发展方面，新修编的《镇江市城市总体规划》已将新312国道以北，包括上党、谷阳、辛丰等片区纳入了镇江的主城区范围。特别是随着镇江生态新城的启动建设以及城市基础功能设施的延伸拓展，我们在城乡统筹、协调发展方面，将真正意义上进入“同城共建”的新时代。在绿色发展方面，绿色是发展的“底色”，更是丹徒的“底气”。这些年，我区在生态建设上所积蓄的潜能，将随着全市生态文明先行示范区建设、省生态文明建设综合改革试点的深入推进，在“生态领先、特色发展”的前行道路上加速释放，也必将成为丹徒扩大影响力、提升吸引力、展现爆发力的“绿色引擎”。在开放发展方面，开放一直是丹徒发展的“短板”，但随着国家开放战略的纵深推进，特别是“一带一路”战略、长江经济带建设以及区域运河资源的开发，集“铁公水”为一体的丹徒，凭借其独特的岸线资源、良好的区位优势，以及一批重大项目的启动建设，必将迎来新一轮开放发展新机遇。

第三，要用新理念打造新丹徒。“五大发展理念”本质内涵是发展。我们要坚持发展第一要务不动摇，把新理念融入新发展，围绕全面建成更高水平小康丹徒这一目标，打造可观可感的“四个新丹徒”：1. 打造以“经济强”为显著特征的“实力新丹徒”。按照“一城五区”的发展布局，加快高端装备制造、文化旅游、现代物流等特色产业发展，着力构建以创新为主要引领和支撑的经济体系和发展模式，全力推动经济保持中高速增长、产业迈向中高端水平。2. 打造以“百姓富”为显著特征的“幸福新丹徒”。按照“人人参与、人人尽力、人人享有”的目标，以总书记“七个更”的要求为指针，大力实施民生实事工程，扎实推动就业创业，持续增加居民收入，加快发展社会事业，健全社会保障制度，切实提高群众的获得感、幸福感和满意度。3. 打造以“环境美”为显著特征的“生态新丹徒”。积极倡导“绿色、低碳、环保”的发展理念，抢抓镇江生态新城建设为契机，集中力量建设以生态为底色、产业为支撑、科教为优势、文化为灵魂、旅游为带动、宜居为品牌的生态文明示范区。4. 打造以“社会文明程度高”为显著特征的“和谐新丹徒”。坚持物质文明与精神文明“两手抓、两促进”，围绕实施文化建设和创新社会治理工程，大力培育和践行社会主义核心价值观，提高市民素质，培育文明风尚，建设更高水平的法治丹徒、平安丹徒和文明城市。

二、强势开局，增创发展“新优势”

2016年是“十三五”的开局之年，开好头、起好步至关重要。全区上下要牢牢把握“稳中奋进”的总基调，积极适应引领经济发展新常态，着力提升发展的质量和效益，确立“五大发展”新理念，增创“特色发展”新优势，全力实现“十三五”发展强势开局。在指标安排上，按照“主要指标高于全市平均、优势指标走在全市前列”的要求，实现地区生产总值可比增长9%左右；一般公共预算收入增长10%；固定资产投资增长18%；城乡居民收入增长与经济发展同步。操作层面，重点围绕五个新优势：

1．培育特色产业新优势。按照“调高调强、调新调优”的思路，以优化产业结构、培育产业集群为重点，构建先进制造业与现代服务业“双轮驱动”、三次产业协调并进的特色产业体系。一是高端化发展先进制造业。把制造业发展作为强区之本，围绕汽车整车及零部件、工程及农业机械、电力及重装设备等主导产业，加快产业链的延伸与拓展，创新链的嫁接与覆盖，倾力打造丹徒首个先进制造“千亿产业集群”。确保明年北汽项目年产能突破5万辆，先锋汽车零部件、晋工机械等项目释放产出效益，生态汽车产业园形成规模，高端装备制造业应税销售突破200亿元。同时，积极推动食品、轴承、裘皮等传统产业“二次创业”，加快向技术研发、品牌经营、网络销售等价值链高端攀升。二是集聚化发展现代服务业。重点打造以“一山两岛多点”为内核的现代旅游业，以岸线道口资源为载体的现代物流业，以城市商圈为带动的城市商贸及科技信息服务业，加快形成生活性服务业与生产性服务业互动并进的产业结构。其中，长山文化产业园要加快优势项目建设，积极争创省级旅游度假区；世业洲要持续放大总书记视察效应，奋力打造国家级旅游度假区；高资高桥板块要发挥“黄金岸线”的“黄金效益”，抢抓“互联网+”机遇，推动临港物流产业强势崛起。三是特色化发展都市现代农业。以国家现代农业示范区创建为统领，加快农业园区集中连片建设，推动传统农业向高效设施农业、精品农业、生态旅游农业转型；深化农业农村改革，大力发展家庭农场、合作社、龙头企业等新型经营主体，推动农业综合电商服务平台建设，不断完善农业生产经营体系。确保明年高效设施农业占比达25.6%，全区家庭农场总数突破400家，农业综合效益充分彰显。

2．激发创新驱动新优势。坚持把创新作为引领区域发展的第一动力，以“三个一批”为抓手，大力实施创新驱动战略，让发展的质量更好、效益更高、结构更优。一是打造一批创新载体平台。对接“131”国家级重大平台建设，支持高新园创建省级高新技术产业园区，加快推进镇江高校园区、软件科技产业园等载体建设，打造区域创新发展新高地；支持骨干企业与科研院所组建研发平台、产业技术创新联盟，加快汽车工程技术研究院、江科大新能源与船用推进系统研发中心等一批研发机构建设，力争明年省级以上企业研发机构达到30家。二是培育一批创新发展企业。围绕创新型领军企业、高新技术企业、科技中小企业“三支梯队”建设，鼓励和支持合力紧固件、大力液压马达等一批掌握核心技术的企业加快发展、做大做强；对中小微企业，开展“小进规、小升高、小转精”专项行动，培育出更多行业“单打冠军”。力争明年培育上市企业5家，高新技术企业突破50家，高新技术产业产值占比超过42%，万人发明专利拥有量达15件。三是集聚一批创新创业人才。以实施“长山计划”为龙头，对照产业发展方向和企业紧缺人才需求，多渠道引进和培育人才，力争全年引进高层次创新创业人才（团队）15个。主动顺应大众创业、万众创新的发展趋势，有效整合载体、政策、资金等各类创新资源，着力构建“低成本、便利化、开放式”的众创空间，逐步让创新创业引领时代潮流、占据发展主流。

3．彰显生态文明新优势。坚持绿水青山就是金山银山的理念，从生产和生活两头入手，治理和保护两手齐抓，约束和激励两端发力，用良好生态“底色”绘就丹徒发展“绿色”。一是加快绿色产业发展。围绕存量经济绿色化改造和增量经济绿色化构建，加快推动丹徒经济开发区创建国家级循环改造示范试点园区和省级绿色建筑产业园区。严格落实产业发展“负面清单”和项目综合预审管理制度，探索实施能源和水资源消耗、建设用地等总量和强度双控行动。积极引导企业扩大技改投入，坚决淘汰落后产能，明年组织实施5000万元以上技改项目13个，单位GDP能耗同比下降2.2%。二是加快绿色环境建设。继续深入实施“天蓝、地绿、水净”系列工程，围绕“天蓝”，加快工业废气、施工扬尘、机动车污染治理和秸秆禁烧工作；围绕“地绿”，扎实做好中心城区节点增绿、农村沿路沿河造绿、矿山宕口整治复绿“三绿行动”；围绕“水净”，重点实施河道集中整治、污水管网建设等工程，真正让“山水交融生态美”成为丹徒的闪亮名片。确保明年空气质量优良天数占比超过70%，新建农村污水管网60千米以上，森林覆盖率达26.6%。三是加快绿色风尚形成。充分运用文明城市创建所形成的良好工作机制，发挥乡风明德文化墙、社会志愿者、网络微信等载体作用，积极引导全社会共同参与生态文明建设。大力弘扬生态文明主流价值观，加快建设一批绿色学校、绿色企业、绿色社区，不断提高公众节约意识、环保意识、生态意识，形成崇尚生态、共建文明的良好社会氛围。

4．放大城乡融合新优势。坚持规模扩张与功能拓展齐抓，品质提升与形态优化并举，加快新型城镇化和城乡一体化建设。一是推动区域共进。抢抓镇江主城加速南移契机，借助长香路拓宽改造、宜城大道二期、宜东路等新一轮城乡道路工程的实施，以及连淮扬镇铁路镇江东站建设，加快城市“东延南进西拓”步伐，促进丹徒新城与镇江高校园区、生态汽车城、镇江生态新城的互通互联、协调并进，全面开启“四城同建”新时代。二是建设品质新城。按照现代旅游城市标准，把城区范围作为“大景区”来打造，做到谋划精准、建设精致、管理精细。继续加快城市建设步伐，确保天盛广场、恒宇广场等城市综合体主体封顶，谷阳湖综合开发、碧桂园文旅综合体等项目全面开建。加快推进城区光明地块和老312 国道沿线的整治开发，集中招引文化创意产业和区域总部经济。优化城市基本社区布局，提升社区综合管理服务水平。加快安置房建设步伐，扩大货币或购买安置比例，基本消除逾期安置现象。三是打造特色镇村。持续深化农村环境整治，因地制宜打造出更多基础设施完备、生态环境优美、公共服务均等的示范镇、特色村，确保创成省级美丽乡村3 个，市级美丽宜居镇村2 个。与此同时，从明年开始，计划用三年时间对全区88 个行政村（社区）、200 千米的农村道路进行全面“提档升级”，更好地改善农村道路环境、促进城乡融合发展。

5. 构筑发展共享新优势。把人民对美好生活的向往，作为我们共同努力的奋斗方向，深入推进民生实事工程，让发展更有“温度”，幸福更有“质感”。一是推动富民增收长效化。紧扣居民增收这一重点，大力实施产业、创业、就业富民计划，多措并举提高工资性、财产性和经营性收入，加快构建多渠道、宽领域、可持续的增收格局。坚持“标准再提高、重点再聚焦、内涵再丰富、底线再织牢”的思路，扎实做好精准扶贫工作，启动“强村富民”新达标行动，完善社会托底保障网络，确保全面小康“一个不少、一户不落”。二是推动公共服务均等化。加快宜城第一小学建设，优化教育资源布局，推动教育装备升级，扎实做好苏南教育现代化示范区创建工作。拓展城乡公交覆盖的深度与广度，增加车辆投放、优化公交线路，实现城乡之间“无缝衔接”。完善区镇村三级医疗卫生服务网络，开展高资、谷阳、辛丰三家镇卫生院“分级诊疗、双向转诊”试点工作。不断完善社会保障体系，加强公共文化服务体系建设，促进体育事业全面发展。三是推动社会治理法治化。发挥法治在化解社会矛盾、维护社会稳定中的基础性作用，深化“政社互动”“三社联动”，巩固和发展社会治理的“丹徒模式”。深化信访制度改革，加强矛盾纠纷排查化解。开展群众性平安法治建设，建立健全覆盖城乡居民的法律服务体系，完善现代化、立体式社会治安防控网络。严格落实公共安全责任制，强化应急管理体系建设，做好各类风险隐患排查，织密织牢公共安全保障网。

四、从严治党，提振队伍“精气神”

第一，更加有效地强化思想引领。坚持思想建党，是党的优良传统和宝贵经验。要把深入学习总书记系列重要讲话精神作为重大政治任务，充分利用领导干部讲堂、长山文化论坛、干部集中轮训等载体，引导党员干部培好思想之源，补足精神之钙。深入开展“学习亚夫精神”系列活动，注重用好身边典型的力量，在深学中立根固本、在细照中修枝剪叶、在笃行中落细落小。要强化意识形态管理，提高舆论引导水平，更好地唱响主旋律、发出好声音。经济进入新常态，党员干部要有新状态。要大力弘扬“敢教日月换新天”的奋斗精神，激发起事在人为的志气、创新克难的锐气、敢为人先的勇气。领导干部作为“关键少数”，要悟得透中央精神，看得清发展大势，抓得住主要矛盾，聚得起前行力量。

第二，更加鲜明地激励担当干事。当今激烈的区域竞争，从表面看，较量的是发展，衡量的是实力，但归根结底，还是干部担当意识的比拼，担当能力的较量。要坚决破除“只要不出事、宁愿不做事”的不为现象，做到廉字打底、干字当头，充分调动主观能动性，焕发干事创业新热情。要突出基层导向，重点向招商引资、项目建设、信访维稳等一线充实力量，让更多的干部在基层磨砺成长，建功立业。要以换届为契机，认真落实“20 字”好干部标准，提拔重用一批工作实、作风正、敢担当、善创新的领导干部，让“凭实绩用干部、以发展论英雄”和“德才兼备、以德为先”的用人导向更加鲜明。要严格落实领导干部能上能下若干规定，坚决调整工作上不作为、事业上不担当、作风上不实在的干部，切实做到“能者上、庸者下、劣者汰”。

第三，更加扎实地筑牢基层基础。基层组织是党全部工作和战斗力的基础。要围绕落实全面从严治党责任清单，构建一级抓一级、层层抓落实的管党治党工作体系。深化“党员中心户”建设，完善三级联系群众服务网络，大力推行“居民点单、社区下单、党员接单”服务模式，模块化构建基层服务型党组织建设指标体系，打造服务群众升级版。深入推进“双型”党支部建设，实行县处级领导“一对一”联系支部制度，确保明年全区先进党支部占比达到10% 以上。围绕村（社区）党组织集中换届，实施“领头雁”素质提升工程，扩大无候选人直选试点，全面完成党组织书记集中轮训计划，选优配强基层带头人。

第四，更加严格地管好干部队伍。从严治党重在从严管理干部队伍。要更加突出“严管就是厚爱”的导向，毫不松懈地抓好作风建设相关规定的执行，紧盯“四风”新形式新动向，严管严查、寸步不让，加快形成作风建设新常态。党员干部要深入学习贯彻新修订的《廉洁自律准则》和《纪律处分条例》，自觉树立道德“高线”，严守纪律“底线”。要倍加珍惜党和人民赋予的干事创业舞台，心甘情愿地接受纪律约束，把好做人做事、为官用权、亲情感情的纪律边界。严格落实党风廉政建设“两个责任”，以刮骨疗毒、壮士断腕的决心，抓铁有痕、踏石留印的劲头，坚持有腐必惩、有贪必肃，继续保持严惩腐败的高压态势，加快构建不敢腐、不能腐、不想腐的有效机制，着力营造出更加风清气正的政治生态。

政府工作报告(摘要)

——2016年1月6日在丹徒区第十五届人民代表大会第五次会议上

区　长　张映桥

一、回顾"十二五",实现新跨越

刚刚过去的2015年,是"十二五"圆满收官之年。一年来,我们以贯彻落实习近平总书记系列重要讲话精神为根本遵循,在市委、市政府和区委的正确领导下,在区人大及其常委会、区政协的监督支持下,带领全区干群适应经济发展新常态,把握稳中奋进总基调,科学应对,扎实进取,较好地完成了全年和"十二五"各项目标任务。

这一年,经济发展稳中奋进。主要指标平稳增长,预计全年完成地区生产总值343亿元,可比增长10%;一般公共预算收入28亿元,增长12.2%;固定资产投资307亿元,增长18.2%;城镇居民人均可支配收入38112元,增长9%;农村居民人均可支配收入17584元,增长10%;产业类实际利用外资9116万美元,完成年度任务的102%,位列全市第一;入选"全国科学发展百强区",位列第74位。转型升级步伐加快,预计完成工业技改投资65.8亿元,增长28%;完成服务业投资117亿元,增长20.2%,服务业增加值占地区生产总值(GDP)比重达到42%;新兴产业销售占规模工业销售比重达到41%;新增设施农业面积1333.33公顷、农业适度规模经营面积1000公顷、农业龙头企业6家、市级以上家庭示范农场17个,创成省级电子商务示范村1个,粮食总产实现"十二连增"。项目建设势头良好,北汽华东(镇江)产业基地第一辆整车顺利下线,宝龙城市广场、万博商业街建成开业,软件科技产业园一期具备开园条件,燃机热电联产、润祥油气物流园开工建设,晋工机械、孟家港国际物流园有序推进,国机重型装备、平安综合金融电商物流园、长山温泉漂流相继签约,一批优质项目加快积聚。产业"三集"深入推进,开工建设标准化厂房35万平方米,新签约"321"重大产业项目6个,3家市级重点先进制造业园区完成销售102亿元、增长18%,4家市级重点现代服务业园区完成营业收入67.7亿元、增长30%,5家市级重点现代农业园区完成产值12.6亿元、增长14.3%。

这一年,改革创新成果显著。扎实推进政府职能转变,积极深化行政审批制度改革,制定落实行政审批事项、行政权力、行政事业性收费、企业投资审批、专项资金管理5张清单,取消各类事项102项、暂停295项。建立完善"一办两中心"服务体系,公共资源交易中心正式挂牌运行,专门设立"多评合一""并联审批"服务窗口,实行产业项目综合预审评估制度,政务服务机制更加完善。深入推进商事制度改革,大力实施"三证合一""一照一码",全年新登记企业数增长41%、注册资本增长103.5%。认真落实农村土地承包经营权确权登记颁证、小型水利工程管理体制改革、供销社综合改革、公车改革等各项措施,50%以上的村组完成土地确权任务。与时俱进加强科技创新和产学研一体化建设,全年新立省级以上科技项目5项,签订产学研合作协议43项,新认定高新技术企业10家,高新技术产业产值占规模以上工业产值比重达到41.2%,万人发明专利拥有量达到12.8件。"人才兴区"深入推进,制定出台《关于加快引进高层次创新创业人才的实施意见》,全年引进各类高层次创新创业人才(团队)12个。积极落实小微企业税收优惠政策,全年享受增值税、所得税优惠的小微企业达到11500户次、减免税额2500万元。切实加快企业上市步伐,联海通信在"新三板"挂牌上市,8家企业与券商签订辅导上市协议。

这一年,城乡环境持续优化。新312国道主体贯通,宜城大道二期、燕丹路、长山中路加快建设,金谷东路环境综合整治和古邑广场改造如期竣工,提档升级县道11.4千米、乡村道50千米,改造危桥6座。高校园区建设进展迅速,镇江高专、市委党校和4.5万平方米体育馆主体封顶,省交通技师学院进入内部装修阶段。着力提升城区防洪排涝能力,全面实施19个城市易积水路段改造项目。推进覆盖拉网式农村环境综合整治试点和村庄环境整治五年提升行动,建成36座农村分散式污水处理设施,规划新建污水管网113公里,85个村庄完成环境整治提升任务,世业镇基本实现整岛生活污水处理全覆盖,高桥京江村乾西、江心五墩村九组完成省级美丽宜居村庄建设任务,创成省级水美乡镇1个、水美乡村5个。大力推进生态文明建设"六大工程",深入开展污染减排、水环境治理、大气污染防治等各项工作,预计化学需氧量、氨氮、二氧化硫、氮氧化物分别削减2.5%、2.1%、4.2%、10%,PM2.5平均浓度同比下降20%。大力推进东西部生态环境综合整治,累计实施六大类整治项目103项,关停"五小"企业162家,投入各类资金9亿元以上,鹤林水泥等企业低碳循环发展走在全市前列。

这一年,民生保障扎实有效。切实加强创业就业服务体系建设,全年新增城镇就业8872人,城镇登记失业率控制在2.1%以内,高新技术创业园被认定为省级大学生创业示范园。"强村富民"双达标行动圆满收官，73个经济薄弱村和2873户低收入户全面脱贫，累计投入帮扶资金4.7亿元。社会保障日益完善，城乡基本社会养老保险、医疗保险覆盖率分别达到98%和98.3%。医药卫生体制改革深入实施，人民医院二期进入试运行，创成全国群众满意乡镇卫生院1个、省级示范卫生院6个、省级示范卫生室10个，新建和改扩建卫生院8个。教育现代化加快进程，荣炳中心幼儿园、恒大绿洲幼儿园等项目顺利推进，丹徒开放大学、社区培训学院正式挂牌运行，完成校安工程6万平方米，创成镇江市教育现代化建设先进镇5个、先进学校23个。推进公共文化设施建设，建成4个示范性基本型文化广场、4个生态文明主题广场和25个村级农民健身公园，创成"中华诗词之乡"、"江苏省公共体育服务体系示范区"和新一轮"江苏省科普示范区"。打好安置房建设攻坚战，全年竣工安置房35万平方米。大力实施重点水利工程，投入3600万元推进全国小型农田水利重点县建设，投入2313万元启动长山灌区节水配套改造项目；切实提升防汛抗灾能力，成功抵御三十年一遇的暴雨灾害侵袭。

这一年，社会管理全面加强。实施社会面技防"一网化"升级改造，实现镇、村监控设施运行率、联网率100%，刑事发案数全市最低。全面完成"六五"普法任务，建成省级法治文化示范点3个，省级民主法治示范村占比达到35%。区级公共法律服务中心建成运行，镇级公共法律服务中心、村级司法惠民服务站、社区"绿丝带"律师工作室实现全覆盖，初步形成城市半小时、农村一小时公共法律服务圈。安全生产"党政同责、一岗双责"机制得到巩固，坚持每月开展安全生产检查，实施社会福利机构消防安全专项治理，全年安全生产事故起数下降17%。和谐社区创建不断深入，创成省级和谐社区建设示范镇1个、示范村2个。全面启动"政社互动"工作，制定依法协助政府工作和依法履行职责"两份清单"，清理各类冗杂事项134项。继续开展"信访积案化解专项整治"，切实完善"12345"政府热线服务机制，受理群众热线诉求10486件、办复率100%、满意率96%。区政府制定落实"一个规则、四大机制、八项制度"，专门成立法律顾问委员会，扎实推进政务公开，严格遵守廉政规定，及时办理人大代表建议51件、政协委员提案105件。顺利完成全国1%人口抽样调查任务，人武、双拥、民族宗教、机关事务、外事侨台、审计、档案、老龄、妇女儿童、地方志、关心下一代等工作取得全面进步。

"十二五"时期，丹徒的发展令人欣喜，通过全区上下的共同努力，丹徒大地发生了巨大变化！

五年来，综合实力实现了跨越式提升。面对国际金融危机的持续影响，面对"三期叠加"的阶段特征，面对经济下行的巨大压力，我们保持战略定力，坚持稳中奋进，有效防范风险，确保了经济稳增长的良好态势。预计"十二五"末，全区GDP是"十一五"末的1.8倍，年均增长12.5%；人均GDP是"十一五"末的1.5倍，年均增长9.2%；一般公共预算收入是"十一五"末的2.5倍，年均增长20.3%。总投资120亿元的北汽华东（镇江）产业基地、总投资150亿元的高校园区、总投资20亿元的宝龙城市广场等重大产业项目相继落户丹徒。

五年来，转型升级取得了实质性进展。积极适应经济发展新常态，始终把调结构、促转型放在首要位置，推动区域经济向现代产业转变，向集约发展转变，向创新驱动转变。"十二五"期间，三次产业结构由6:58.3:35.7调整至5.9:52.1:42，新兴产业销售比重比"十一五"末提高16个百分点，高新技术产业产值年均增长35%。大力推进产业集中集聚集约发展，建成18个"三集"园区，中国米芾书法公园、恒顺醋文化博物馆创成国家AAAA级景区；开发区创成省级循环化改造示范园区，并被国家发改委批准为循环经济标准化示范园区；获得国家茶叶综合标准化示范区、江苏省高效农业先进区称号。

五年来，城乡面貌发生了高质量变化。按照"全面融入主城区、推进城乡一体化"的思路，大力实施新市镇、新园区、新农村建设。丹徒新城做大做强，大学城、汽车城强势崛起，世业洲旅游度假区、宝堰历史文化名镇等板块形成特色，辛丰镇完成26万平方米综合商贸体建设。实施新312国道、宜城大道等重点交通工程，"十二五"以来累计新建、改造农村道路179千米。颁布实施《丹徒区生态文明建设规划》，扎实开展长山片区环境综合整治、东西部生态环境综合整治、村庄环境整治和覆盖拉网式农村环境综合整治试点工作，被环境保护部授予"国家生态文明建设示范区"称号，连续5年被评为全省土地执法模范区，与镇江大市同步创成全国文明城市。

五年来，百姓生活得到了全方位改善。突出富民、惠民、安民，时刻把百姓的贫富、冷暖、安危放在心中、抓在实处，确保每年新增财力的80%以上投向民生领域。"十二五"期间，城镇居民人均可支配收入年均增长11.2%，农村居民人均可支配收入年均增长11.9%，城乡居保基础养老金由60元/月提高到105元/月，低保标准由每人每月380元提高到610元。实施教育布局调整、人民医院二期、小型农田水利重点县等重点民生工程，成功创成全国义务教育发展基本均衡区和江苏省学前教育改革示范区。深入开展安全生产检查整改、社会治安综合整治、矛盾纠纷排查化解、环境保护、网上舆论引导"五大专项行动"，全区安全稳定总体形势保持良好。

五年来，自身建设形成了规范化机制。认真学习贯彻习近平总书记系列重要讲话精神，扎实开展党的群众路线教育实践活动和"三严三实"专题教育，大力整治"四风"问题，政府系统作风建设取得阶段性成效。切实履行"一岗双责"责任，持续加强党风廉政建设，严格执行中央"八项规定"、省市"十项规定"、区委“十二项规定”和系列廉政规定。深入推进法治政府建设，不断提升依法行政水平，被评为全省依法行政示范点。

二、展望“十三五”，开启新征程

新常态就是新机遇。进入“十三五”，国家宏观政策仍将持续作用，苏南现代化建设示范区、苏南国家自主创新示范区效应逐步释放，镇江城市南拓步伐加快。我们必须深入践行创新、协调、绿色、开放、共享的发展理念，认识新变化，把握新机遇，锤炼新能力，以扎实有效的工作努力打造实力新丹徒、幸福新丹徒、生态新丹徒、和谐新丹徒。

“十三五”时期政府工作的指导思想是：全面贯彻落实党的十八届三中、四中、五中全会和习近平总书记系列重要讲话精神，坚持“四个全面”战略布局，落实“五大发展”理念，把握“稳中奋进”总基调，沿着“生态领先、特色发展”科学路径，奋力打造高端装备先导区、科教人才集聚区、文化旅游特色区、现代物流枢纽区、生态文明示范区和长三角地区具有影响力的品质新城，全面建成以“强富美高”为鲜明特征的更高水平小康丹徒。

主要完成五个方面目标任务：

——实力增强。到2020年，地区生产总值达到520亿元，人均地区生产总值达到15万元，一般公共预算收入达到42亿元，固定资产投资达到650亿元，社会消费品零售总额达到112亿元。

——质态优化。到2020年，服务业增加值占比达到47%，新兴产业销售占比达到45%；研发经费占比达到2.5%，万人发明专利拥有量达到18件，科技进步贡献率达到64.5%；新增领军人才（团队）100个；产业“三集”吸纳集聚能力大幅提升，形成规模化、高端化、特色化发展局面。

——城乡发展。到2020年，丹徒新城明显拓展延伸与优化升级，力争常住人口达到20万人；大学城、汽车城、生态城成为产城融合、支撑发展的“金三角”，与新城互通互联、协调并进；新型城镇化和城乡一体化加快推进，城乡交通、公共设施、服务体系得到全面完善。

——环境提升。到2020年，城镇绿化覆盖率和林木覆盖率分别达到44%和30.4%，国土开发强度控制在25%以内，单位GDP能耗累计下降11%，节能减排完成市下达的目标任务，空气质量和水环境质量显著改善。

——民生改善。到2020年，城镇、农村居民人均可支配收入分别达到5.8万元和2.8万元；城乡基本社会养老保险覆盖率确保在98%以上；教育、文化、卫生各项事业全面进步，每万人拥有公共文化设施面积达到2000平方米，人均拥有体育设施面积达到2.9平方米，互联网普及率达到100%；社会治理能力明显提高，法治建设满意度和公共安全感分别保持在90%以上和92%以上。

三、立足新起点，共筑新业绩

2016年是实施“十三五”规划的开局之年，是落实“四个全面”战略布局的重要之年，是新常态下丹徒经济社会发展的关键之年。站在承前启后的交汇点上，我们将认真贯彻中央、省、市有关会议精神和区委十二届十次全会精神，更好地认识新常态、适应新常态、引领新常态，全力迈出建设更高水平小康丹徒的坚实步伐。

全年经济社会发展主要预期目标为：地区生产总值增长9%；一般公共预算收入增长8%；固定资产投资增长18%；社会消费品零售总额增长12%；研发经费支出占GDP比重达到2.1%；城镇居民人均可支配收入、农村居民人均可支配收入分别增长9%和10%；全面完成市下达的节能减排约束性指标。

（一）速度与质态并重，加快经济创新发展

坚持把创新作为发展的基点，大力推进理念创新、机制创新、科技创新，推进落实供给侧结构性改革，使丹徒经济发展质量更高、效益更好、结构更优。

1. 以项目为龙头，加快培育新动能。大力发展先进制造业，全力推进北汽华东（镇江）产业基地达产增效，切实加快国机重型装备、燃机热电联产、晋工机械等项目建设步伐，推动汽车整车及零部件、工程机械、重装设备、食品等主导产业蓬勃发展。大力发展现代服务业，力争软件科技产业园北区完成主体建设，孟家港国际物流园一期投入运营，平安综合金融电商物流园、长山温泉漂流项目开工建设，长山文化产业园创成省级旅游度假区，乾景文化创意园、天盛广场等项目取得良好进展。大力发展都市农业，有序推进翰雅循环农业等5个亿元以上现代农业项目，确保长山薰衣草庄园正式开园，南洋现代农业核心区域基本竣工，伊人岛生态农业观光园完成配套建设，为争创国家现代农业示范区构建新优势。

2. 以市场为导向，加快构建新业态。坚持企业集中、产业集聚、资源集约发展之路，推动18个产业“三集”园区提档升级，纵深推进专业化招商和市场化运作。力争先进制造业园区完成销售增长15%以上、现代服务业园区完成营业收入增长20%以上、现代农业园区完成产值增长10%以上。大力推进佳星实业等企业发展电子商务和互联网+。切实加快企业上市步伐，扶持18家后备企业挂牌上市，争取全年新增各类上市企业3家以上。推进简政放权、放管结合、优化服务与大众创业、万众创新深度融合，着力深化三证合一、多评合一、并联审批、一址多照、一照多址，积极推行全程电子化登记服务，全面清理“红顶中介”，努力创造更大更优更活的“众创空间”。

3. 以企业为主体，加快开发新技术。着力强化企业创新主导地位和作用，不断加快企业创新转型步伐，积极推动传统企业改造升级，实施重点工业技改项目13个，力争全年新增发明专利60件。大力发展高新技术产业，积极推进苏南国家自主创新示范区高端装备产业园建设，力争全年新认定高新技术企业10家。切实加大产学研合作力度，确保全年签订产学研协议35项以上，深入推进北汽集团、项明健康产业集团与江苏大学等高校院所的战略合作。坚持人才兴区战略，认真实施高层次人才“长山计划”，推进项目引才、产业聚才、环境留才，力争全年引进高层次创新创业人才（团队）15个，新增高技能人才500人。

（二）建设与管理并重，促进城乡协调发展

坚持以人民为中心的发展思想，统筹推进城市发展、新型城镇化和城乡一体化，加快建设和谐宜居、富有活力、特色鲜明的现代化城区。

1. 树立系统思维，科学规划布局。对接落实《镇江市新型城镇化和城乡发展一体化规划》，切实加强与全市各个领域规划衔接，着力完善全区城乡规划体系，全面推进与镇江主城的融合发展。聚焦“四城同建”空间格局，以丹徒新城为核心，以汽车城、大学城、生态城为依托，以特色中心镇为支撑，进一步优化空间结构，拉开城市框架，促进城乡一体。继续抓好乡镇总体规划修编调整，依据镇村布局规划方案，认真开展镇区控制性详细规划和规划发展村、重点村、特色村规划编制工作，统筹空间布局，保持地域风格，留住文化特色。着力深化规划体制改革，积极探索“多规合一”，建立更加科学、更加高效、更加合理的规划体制。

2. 把握统筹原则，推进城乡建设。全年计划投资10.4亿元，实施11个市级重点城建项目。加快完善城乡交通网络，全力服务连淮扬镇铁路、新312国道等重大项目建设，确保宜城大道二期、长山中路、燕丹路、宜业路竣工通车，完成县道9千米、乡村道40千米提档升级，改造危桥2座，全面提升城乡公交一体化建设。大力推进长山水岸、谷阳湖、宜东铭苑三期等安置房建设，力争全年完成安置房任务57.7万平方米。实施7个棚户区改造项目，完成改造面积13万平方米。深入推进农村环境基础设施建设，实施辛丰、世业、宝堰垃圾转运站升级改造，按照国家试点要求开工建设农村污水收集处理设施。扎实开展冬春水利建设工作，继续推进全国小型农田水利重点县建设、长山灌区节水配套工程等重点项目，启动上党小金河整治二期工程，全力提升水利综合保障水平。

3. 落实精细理念，提升管理水平。以城市管理现代化为指向，切实加强市政设施管理、公共空间维护、城市交通优化和人居环境改善，着力完善停车场、给排水等公共设施，集中整治无证摊贩、占道经营、施工扬尘、运输抛洒等“城市病”。规范健全区、镇、村三级联动的管理机制，不断提升环境卫生水平，推进城乡管理精细化、一体化。切实加大防违拆违力度，实施拉网排查、铁腕治理、源头防控，做到新增违建及时处置，存量违建加快拆除。全面落实《居住证暂行条例》，积极创新城镇化管理机制，深入实施“两放开、两放宽”户籍制度改革，促进城镇稳定就业人口和农村转移人口进城落户。巩固深化文明城市创建成果，努力优化社会公共秩序，大力弘扬文明道德风尚，着力提升城乡文明程度。

（三）调优与汰劣并重，推动区域绿色发展

始终突出生态领先发展导向，坚持生产和生活两头入手、治理和保护两手齐抓、约束和激励两端发力，努力建设天蓝、地绿、水净的美丽丹徒。

1. 深化生态文明建设。深入实施《丹徒区生态文明建设规划》，高质量推进规划引领、产业提升、环境保护、美丽镇村、理念提升、制度保障“六大工程”，努力构建生态文明综合优势。始终突出生态空间管控保护，认真落实主体功能区规划和生态红线区域保护规划，大力推动节约集约用地，严格执行耕地保护政策，扎实开展永久性基本农田划定工作。持续推进绿化造林工作，确保新增有效绿化面积1333.33公顷以上。切实加大绿色建筑推广力度，确保镇江技师学院、高新园办公大楼创成二星级绿色建筑，新增绿色建筑12.6万平方米；大力实施世业镇省级绿色低碳小城镇建设科技示范工程。深入开展美丽宜居镇村创建，完成世业还青洲、辛丰河达、上党东宝庄省级美丽乡村建设任务，继续开展省级水美镇村和节水型社会创建。

2. 推动低碳循环发展。按照产业生态化、生态产业化的要求，扎实推进产业绿色增长、园区生态改造、企业清洁生产和资源循环利用。全面落实《丹徒区产业项目综合预审评估办法（试行）》，切实加强节能环保评估审查，有力促进绿色发展、低碳发展、节约发展。全力推进产业改造提升工程，积极实施15个淘汰落后产能项目、4个清洁生产项目和50台小锅炉整治项目。认真落实主要污染物减排指标，实现工业废水达标排放率100%，年内投资1750万元实施镇江发电公司污染物超低排放改造工程。大力推广循环农业发展模式，确保完成5个生态循环农业项目，新增面源氮磷流失生态拦截工程10万平方米。

3. 加大环境整治力度。深入开展东西部生态环境综合整治，继续实施基础设施、重点项目、水系治理、生态修复、转型升级各项任务。深入推进村庄环境整治提升行动和覆盖拉网式农村环境综合整治试点工作，切实加强水环境治理和大气污染防治，积极建立大气预警系统，扎实开展粉尘、尾气、扬尘、油烟四项专项整治，着力抓好秸秆禁烧和综合利用工作。继续实施国家级废弃矿山治理项目，全面加强山体保护工作，有序推进废弃宕口整治复绿。稳步实施《丹徒区“十三五”县乡河道轮浚规划》和《丹徒区“十三五”村庄河塘轮浚规划》，确保年内疏浚乡级河道25条56千米，清淤村庄河塘74个213万立方米。

（四）富民与惠民并重，实现百姓共享发展

按照习近平总书记提出的“七个更”的要求，守住民生底线，保障群众生活，提升服务水平，让丹徒发展更有“温度”，让百姓幸福更有“质感”。

1. 坚持共同富裕，加快富民增收。以解决结构性就业矛盾为重点，大力开展技能培训、岗位培训、创业培训，实施更加积极的就业政策，建立面向人人的服务平台，确保全年新增城镇就业7000 人以上。按照精准扶贫、精准脱贫的基本方略，标准再提高、重点再聚焦、内涵再丰富、底线再织牢，积极实施“强村富民”新达标行动，逐步打通更高水平小康丹徒“最后一公里”。深入推进高效农业规模化、产业化经营，确保创成市级以上农民合作示范社5 家，新增农业龙头企业8 家、家庭示范农场15 个、高效设施农业面积666.67 公顷。紧紧抓住改革契机，全面推开农村土地承包经营权确权登记颁证工作，逐步构建财产性收入新动力。

2. 坚持共享服务，完善公共事业。以“办好人民满意的教育”为目标，满足城乡教育需求，推动教育均衡发展，提高整体教育水平，新建宜城第一小学和高桥中小学，基本完成镇江市教育现代化先进镇、先进学校创建任务。健全公共文化服务体系，确保“四位一体”活动中心投入使用，新建文化广场10 个、农民健身公园20 个，实现村级综合文化服务中心全覆盖。深入贯彻实施《全民科学素质纲要》，认真组织开展科普争创工作，不断提升全民科学文化素质。积极深化公立医院综合改革，促进医疗卫生资源下沉、重心下移，实行分级诊疗制度，扩大家庭医生服务覆盖面，加快建立社区医生和居民契约服务关系，不断提升公共卫生服务均等化水平，确保新创建省级群众满意乡镇卫生院2 个。深入推进居家养老服务体系建设，积极探索智能养老院运行模式，努力创成标准化居家养老服务中心3 个。

3. 坚持共建和谐，创新社会治理。巩固深化“平安丹徒”建设，扎实推进升级版、立体化、现代化社会治安防控体系建设，大力实施技防监控网络升级改造、联网整合和实战应用，完成重点部位安防达标建设，不断提高社会治安保障能力。严格落实安全生产检查整改机制，始终坚持党政同责、一岗双责、失职追责，大力开展省级食品安全城市创建，有力保障群众生命健康安全。切实推动社会治理法治化，启动“七五”普法工作，提高法治宣传教育社会知晓率，完善社会矛盾纠纷调解机制，实体运作矛盾调处中心，推进基层民主法治建设，新增省级民主法治示范村（社区）6 个。着力加强信访矛盾化解，继续实行领导干部包案制度，积极推进“12345”服务热线制度化、规范化建设，有效促进社会和谐稳定。全面深化“政社互动”工作，认真落实“两份清单”；切实优化城市社区布局，大力提升社区服务功能。高质量开展第三次农业普查，全面推进国防教育、人民武装、双拥共建、外事侨台、人口计生、民族宗教、档案等各项事业。

四、践行“三严三实”，加强自身建设

习近平总书记指出：“作风建设永远在路上。”我们将着力深化党的群众路线教育实践活动和“三严三实”专题教育成果，切实做到对党忠诚，勤政为民，严守纪律，努力以自身建设的新状态引领经济发展的新常态。

1. 始终把思想建设放在首位。认真学习贯彻习近平总书记系列重要讲话精神、党的十八届三中、四中、五中全会精神，始终与党中央保持高度一致。严守政治纪律和政治规矩，切实防止政治自由化，思想庸俗化，言行随意化，真正做到思想入党、感情入党、能力入党、行动入党。认真践行社会主义核心价值观，为丹徒改革发展事业提供源源不断的精神动力和道德滋养。

2. 始终把依法行政抓在手中。认真落实中共中央、国务院颁布的法治政府建设实施纲要，把政府工作全面纳入法治轨道，推进治理体系和治理能力现代化。着力深化行政管理体制和行政审批制度改革，严格实施规范性文件监督管理，推进行政决策科学化、民主化、法治化。深入推进行政执法标准化、“一案三防”责任制和行政复议规范化建设。加快建设职能科学、权责法定、执法严明、公开公正、廉洁高效、守法诚信的法治政府。

3. 始终把谋事创业干在实处。巩固提升“三严三实”专题教育成果，持续加大“庸懒散”整治力度，积极营造勤勉敬业、夙夜在公的浓厚氛围。全面推行“一线工作法”，切实做到领导在一线指挥、干部在一线工作、问题在一线解决、决策在一线落实。坚持以为民造福为己任，以群众满意为标准，牢记公仆本色，恪守公仆职责，努力做到真情爱民、实干为民、成果惠民。

4. 始终把廉政纪律挺在前面。全面落实党风廉政建设“两份清单”，切实履行“一岗双责”责任，实现党风廉政建设与经济社会发展同频共振。扎实开展专题研究、检查考核、廉政谈话、事项报告、述职述廉各项工作，推进党风廉政建设常态化、长效化。贯彻落实《中国共产党廉洁自律准则》、《中国共产党纪律处分条例》和十八大以来廉政新规定，严格防控廉政风险，进一步将纪律笼子扎紧扎牢。

专 记

“十二五”成果总结

“十二五”期间，丹徒区围绕率先基本实现现代化总目标，以实施“六化联动”战备为中心，着力稳增长、调结构、促改革、惠民生，“十二五”期间确定的主要经济和社会发展目标基本完成，推动区域经济社会健康发展。“十二五”期间，丹徒区获得的主要荣誉：全国文明城市、国家生态文明先行示范区、国家生态文明建设示范区、全国科学发展百强区（第74位）、全省土地执法模范区、全国双拥模范区、全国义务教育发展基本均衡区、江苏省学前教育改革发展示范区。

综合实力显著增强。2015年，完成地区生产总值342.12亿元，年均增长12.5%，是“十一五”末的1.8倍；人均地区生产总值11.15万元，年均增长9.2%，是“十一五”末的1.5倍；固定资产投资完成307.72亿元，是“十一五”的1.9倍；一般公共预算收入27.79亿元，年均增长20.3%，是“十一五”末的2.5倍。“十二五”期间，共落实10亿元以上重大项目28个，实施亿元以上项目160个，北汽等一批重大项目落实丹徒。

转型升级成效凸显。“十二五”期间，丹徒区产业结构进一步优化，战略性新兴产业逐步成长，科研实力不断提高。三次产业结构从“十一五”末的6.0∶58.3∶35.7调整至“十二五”末的5.9∶52.1∶42，服务业增加值占比提高6.3个百分点，达到144亿元。高新技术产业产值460亿元，占规模以上工业产值比重达41.2%。科技创新能力提升，研发经费支出占地区生产总值比重达2.05%，比2010年提高0.62个百分点。截至2015年全区引进国家“千人计划”7人，新增省“双创计划”13人、市“331计划”40人，新增高技能人才11590人。

城乡面貌焕然一新。五年内，累计投入城建资金619亿元，建成区面积从12平方千米扩大到22.3平方千米，城镇化率56.5%。功能齐备、布局合理的生态宜居新城进一步彰显，大学城、汽车城建设加速推进，生态科技新城建设启动。宜城大道一期、谷阳大道东延工程等重大基础设施项目如期竣工，高新园区配套路网建设有序推进，对谏辛路、上伏线、宝春线等县、乡道路实施改造，城乡交通网络更加完善。加强城乡环境整治管理，矿山整治、水气环境治理等一批重点工程取得实效，村庄环境整治实现“四年任务、三年完成”的目标。

民生事业加速改善。“十二五”期间，丹徒区居民收入持续提高，2015年城镇居民人均可支配收入分别为37824元，年均增长10.8%；农村居民人均可支配收入17456元，年均增长11.9%。城乡居民基础养老金、被征地农民生活保障、城乡低保标准大幅提高，保障层次不断提升，企业职工养老、医疗、失业三大保险覆盖率均达98%以上，城乡居保覆盖率99.8%，在全市率先实现城乡低保标准一体化。创成“江苏省义务教育发展基本均衡区”和“江苏省学前教育改革发展示范区”。实施“健康镇江、幸福丹徒”活动，不断提高社区居民健康素质。2

图1　　丹徒区生态建设　　（丹徒区高资街道提供）

万余名失地农民进基保、超200万平方米安置房建设等一批群众关注的热点、难点及历史遗留问题得到有效解决。

生态建设力度加大。森林城市创建有序推进,实施绿化造林,全区林木覆盖率29.2%。坚决淘汰落后产能,“十二五”期间关闭化工企业超30家,万元GDP能耗累计下降17.5%,24家企业通过市级清洁生产验收,丹徒经济技术开发区被国家质监总局批准为循环经济标准化试点园区。扎实做好污染减排、水环境治理、大气污染防治工作,开展东西部生态环境综合整治,累计投入资金9亿元,关闭“五小”企业350家,“十二五”期间化学需氧量、氨氮、二氧化硫、氮氧化物分别削减14%、18%、51%、20%。2014年,被环保部授予“国家生态文明建设示范区”称号。

表1 **丹徒区“十二五”经济社会主要指标完成情况**

指标		单位	2010年	2015年	年均增长率
经济增长	地区生产总值	亿元	190	342.12	12.54%
	人均地区生产总值	元	72000	111500	9.2%
	一般公共预算收入	亿元	11	27.79	20.55%
	社会消费品零售总额	亿元	33.2	61.45	13.12%
结构优化	服务业增加值占地区生产总值比重	%	35.7	42	(6.3)
	高新技术产业产值占规模工业产值比重	%	20.5	41.2	(20.7)
	战略性新兴产业销售占规模工业销售比重	%	25	41	(16)
民生幸福	城市化率	%	55	56.5	(1.5)
	城镇居民人均可支配收入	元	22745	37824	10.77%
	农村居民人均可支配收入	元	10000	17456	11.89%
	城镇登记失业率	%	<2.5	2.21	-
	五年新增城镇就业	万人	(3)	(3.95)	-
	城乡基本社会保险覆盖率	%	98	98	-
	每万人拥有病床数	张	13	27.6	16.25%
	人均公共体育设施面积	平方米	-	2.75	-
科技创新	R&D经费支出占地区生产总值比重	%	1.43	2.06	(0.62)
	科技进步贡献率	%	51	60.18	(9.18)
生态文明	人口自然增长率	‰	-	1.36	-
	城市建成区绿化覆盖率	%	45.1	43.2	(-1.9)
	森林覆盖率	%	21.9	26.43	(4.5)
	万元地区生产总值综合能耗下降率	%	-	(17.5)	-
	耕地保有量	万亩	-	36.37	-

注:()内为五年累计数

(丹徒区统计局)

丹徒区“中华诗词之乡”创建纪略

丹徒历史悠久、人文荟萃。自汉魏以来，历代文人雅士于此唱酬题咏，留下众多脍炙人口的名篇。六朝以来，清辞丽句饮誉东南。尤其清代，吟咏唱和之风大开，杰出诗人辈出，诗坛兴盛。新中国成立后，丹徒诗词亦作品颇多；迈入新世纪，丹徒诗词文化繁荣，2002年，丹徒区政协成立诗书画社，编印《丹徒诗书画》报，定期刊登邑人诗词作品。2013年始，丹徒区对照“中华诗词之乡”评定标准，按照“以诗心共圆中国梦，以诗魂铸就爱国心，以诗词弘扬价值观，以诗教培育文明人”的总目标，科学制定规划，狠抓措施落实，推进“诗词之乡”创建工作。

领导重视，保障到位

2013年起，丹徒区委、区政府把创建“诗词之乡”工作列入年度重点工作，列为全区“六化联动”战略的具体举措之一。

领导重视到位。区委书记陈琳多次在书记碰头会上明确表示：“诗词之乡创建工作是全区的一项重要文化惠民工作，创建工作由区政协负责，确保人力、物力、财力到位，确保创建必成。”区长张映桥重视“诗词之乡”创建工作，充分保证创建工作所需经费。区政协主席徐新祥、区委宣传部部长叶向东、副区长贺丽娟多次到创建单位检查指导。

工作规划到位。区委十二届六次全委会把“诗词之乡”创建工作列入文化惠民体系之中，要求全区上下以强烈的责任意识、创新争先的热情和真抓实干的作风开展“诗词之乡”创建活动。2015年初的区委十二届八次全委再次提出，加强丹徒优秀传统文化的宣传普及，力争当年创成“中华诗词之乡”。在区十五届四次人代会上，区政府把“诗词之乡”创建工作作为文化惠民工程的举措之一，要求领导力度不减、创建保障不变、全面提升、创建必成。2015年9月，区委、区政府印发《关于推动全区文化建设迈上新台阶的意见》，再次把创建“中华诗词之乡”列为实施“文化传播拓展”工程之一。

组织保障到位。2013年5月，区委成立创建“诗词之乡”领导小组，区政协主席任组长，区委常委、宣传部长叶向东，副区长贺丽娟，区政协副主席李晓娟任副组长，相关职能部门负责人和各镇（街道、园区）负责同志为成员；领导小组下设办公室，负责创建的日常工作。各镇（街道、园区）、区文广体局、区民政局、区教育局、各中小学都成立创建工作领导小组，抽调人员负责创建工作。区创建领导小组组长、区政协主席徐新祥多次主持召开创建工作现场会、座谈会、工作推进会，并定期带领相关人员到重点单位督查；区创建办人员经常到学校、乡村、社区、企业、机关，强化工作指导。同时，多次邀请市创建办和市诗词楹联协会的领导、专家到丹徒，为创建工作拓思路、出点子、想办法。

经费保障到位。区委、区政府把“中华诗词之乡”创建工作经费列入财政支出项目，足额批拨创建工作经费，并每年安排给区诗词协会活动经费5万元。各镇（街道、园区）、各部门、各企事业单位为创建提供场所、设施和经费保障，支持创建工作。宜城中学是新建成的学校，区教育局局长张长庚在到校检查工作时，特别要求学校做好诗词文化环境建设，并特批追加10万元专项经费。截至2015年底，全区创建工作共投入经费300余万元。

健全组织，夯实基础

政府部门全力推动。区创建办每年初制订印发创建“诗词之乡”工作计划，及时召开全区创建“诗词之乡”工作会议，把相关工作任务分解到具体责任部门和单位，明确责任、狠抓落实。区教育局下发《在全区中小学生中开展创建“诗词之乡”活动的实施意见》和《关于加强全区中小学生诗词教学工作的指导意见》，并及时召开中小学校长会议，明确要求把弘扬中华诗词文化纳入教育教学计划。区民政局制订乡村、社区创建工作方案。

诗词组织全面发动。2013年9月，区委批准成立区诗词协会，注册登记为独立社会法人团体，首批发展会员60余名，至2015年底发展到120人。区委老干部局成立老干部诗词协会，宝堰镇成立诗词协会，辛丰镇石城村、各中小学分别组建诗社、诗词兴趣小组，江苏领先电子有限公司在企业立德之风文学社下设诗词小组，江苏申模数字化制造技术有限公司培植企业文化，公司内设诗词社。荣炳盐资源区于2013年底成立诗书画社，2年来先后组建村、企业诗书画分会14个，吸纳会员449人。截至2015年底，全区有各级诗词组织50余个，有骨干成员1860人、诗词爱好者2.3万余人。

诗人词客经常活动。区创建办及时把《诗词入门》教材分发到各级诗词组织，要求组织社员开展学习；先后组织诗词业务知识培训8期，培训学员240人次；组织重点中小学语文教师参加市诗词创作培训班；支显宗中学、丹徒高级中学、江苏领先电子公司等单位先后邀请市诗词楹联协会专家开办诗词讲座；丹徒实验学校组织部分教师参加江苏省诗词诵读创作专业培训；区诗词协会与市诗词楹联协会联合组织20余位诗人开展采风活动，先后到十里长山中国米芾书法公园、长山生态农业园、辛丰镇石城村、横山凹三茅宫、江心洲生态农业园区等地，共创作诗词作品100余篇；老干部诗词协会每季度组织会员开展采风和诗词研讨交流活动，促进诗友相互学习、共同提高。

诗人单位对接带动。将各级诗

词组织中的骨干诗人与创建重点单位对接，加强业务指导，推进诗词“六进”(进校园、进社区、进乡村、进机关、进企业、进景区)活动。区诗词协会常务理事梅和清与高资中心小学对接，先后到校为师生讲解诗词业务知识5场，帮助师生修改诗词作品近百首，提升师生诗词水平。荣炳诗书画社的老诗人主动走进中小学，辅导学生赏析、创作古诗词。

狠抓“六进”，全面争创

推进诗词“六进”是创建工作的重要任务，丹徒区精心选点、培育典型、以点带面，全面提升创建工作水平。

进校园，诗润人生。全区各中小学做到诗词进校园有计划、有师资、有教材、有诗社、有刊物、有活动、有氛围，开展诗词教学活动和诗词吟诵、创作、赏析、比赛等活动。高资中心小学秉持“书香浸润，经典育人”理念，通过“每周一诗”背诵确保小学生毕业时能背诵古诗200首，编写“诗风诗韵”校本教材，开设“每月大舞台”朗诵诗词，评选“诗词小达人”，每年出刊《绿叶》诗集，展示师生诗词作品；丹徒实验学校立国学特色、创诗意校园，根据不同年级特点编印国学校本教材12册，1～6年级学生按计划开展“诗韵飘香”古诗词诵读考级活动，把中小学必背古诗文布置成3条诗词连廊。2015年9月，该校师生获镇江市首届“我爱记诗词”大赛团体亚军；宜城中学在学校宣传橱窗和黑板报上专门开辟古诗词专栏，在教室走廊张贴古诗词欣赏宣传画，开展诗词课题研究，组织诗词朗诵比赛，指导学生把诗词改编成舞蹈进行表演。截至2015年底，全区27所中小学全部开展“诗词进校园”活动，有“江苏省诗教先进单位”1所、“镇江市诗教特色学校”2所、诗教示范学校17所。

进社区，诗香浓郁。宜城街道中心社区成立“宜城诗社”，将诗社与社区老年活动中心、社区文化活动中心相结合，配备固定活动场所350平方米，投资近10万元添置仿古办公桌椅、书橱、培训课桌、笔墨纸砚等，组织诗社社员到丹徒新城、十里长山开展采风活动，创作诗词作品30余首，邀请社区书画家创作诗词书法作品，布置美化诗化环境。2015年，帮助社区老诗人王汝斌编辑出版《养怡斋诗钞》。

进乡村，诗意盎然。辛丰镇石城村成立石城诗社，邀请市诗词楹联协会、区诗词协会专家到村开展采风活动，创作有关石城村人文景观的诗词作品14首，扩大知名度。江心洲生态农业园区在岛内8组公交站台设置诗词展板16块，展出赞美江心洲诗词40首；该区绿洲诗社把自创的“江心洲滩八样”“江心洲美”等诗编排成荡湖船说唱节目，为群众演唱。荣炳盐资源区把从扬溧高速荣炳道口到集镇3千米的道路建设成“诗词大道”，把荣炳公园改造成“诗词文化公园”，诗书画社老诗人创作一批戒烟、戒酒、戒赌等贴近农民生活、反对陈规陋习的诗词，还把诗词编排成文艺节目进乡村、企业演出，弘扬社会主义核心价值观。荣炳龙溪凌氏祠堂几年前就设有诗书画室，展出《凌氏族谱》中的诗词作品和近现代凌氏族人的诗词佳作。

进机关，诗风扑面。区委老干部局组织部分离退休老干部成立老干部诗词协会，采取分散创作、集中研讨的办法，动员老干部在自娱自乐、修身养性的同时，发挥余热、服务社会、教化社会。2015年，先后组织老干部诗词协会成员到十里长山、横山凹、槐荫村等地采风，创作诗词作品60余篇。区政协结合机关文化建设，邀请区内书画名家创作歌颂丹徒的诗词书画作品30余件，装裱布置在机关会议室、走廊，营造诗词氛围，美化机关工作环境。

进企业，诗彩斑斓。江苏申模数字化制造技术有限公司组织诗词爱好者成立诗词小组，围绕企业文化、企业精神创作诗词，在企业刊物《申模报》上开辟诗词专栏，展示职工诗词作品，刊载诗词赏析，提升职工文化素养。江苏领先电子有限公司在立德之风文学社下设诗词小组，邀请诗词专家到企业开办讲座，在企业刊物《立德之风》杂志上开设诗词专栏，提升企业文化内涵。

进景区，诗情画意。丹徒区诗词协会在区政府大楼前的宜和广场两侧增设诗词灯箱78组、诗词灯柱10组、草坪诗词小展牌40块，布展中华经典诗词和赞美丹徒的古今诗词，并每季度更换，提高群众诗词欣赏水平。区体育文化中心、魏玛假日健身活动中心、谷阳镇六村农民健身点分别设置诗词展牌。中国米芾书法公园在路灯杆上增设诗词道旗，展出米芾诗词、长山诗词和当代诗人歌咏米芾书法公园的诗词180首，在瑞墨轩法帖长廊中专设米芾诗词板块，提升公园诗词文化内涵。

紧扣育人，提升成效

在“诗词之乡”创建过程中，丹徒区始终切合各单位、各部门实际，注重创建成效，取得良好效果。

诗教氛围更浓厚。丹徒电视台、生态丹徒网强化诗词工作和诗教活动的报道，本地新闻报道中增加诗词元素；丹徒电视台《关注》栏目先后分6档期专题报道诗词“六进”活动，扩大“诗词之乡”创建工作的影响；区委宣传部、区教育局等单位每年举办一期“中小学生经典诗词诵读比赛”。

诗词成果更显著。区诗词协会编辑出版《诗韵丹徒——当代丹徒诗词作品选》，选录丹徒区新中国成立以来80余位诗人作品600余首；《梅和清诗词集》、《芜诗存稿——沙一鸥诗词集》、王汝斌诗词集《养怡斋诗钞》、陈达夫诗词集《艺海一叶》相继出版；《丹徒诗书画》报定期刊登区内诗人和爱好者的诗词新作；《丹徒文苑》开辟诗词专版；支显宗中学创刊《新芽诗刊》；丹徒高级中学《芳草》杂志开辟诗词专栏。诗人梅和清作为中华诗词学会会员，其诗词作品常在《中华诗词》《诗词之友》《诗词月刊》《中国诗赋》《诗词世界》《内蒙古诗词》《湖北诗词》《山西难老泉声》《江海诗词》刊登，

2010年以来共在省以上刊发诗词200首。卞祖玉、王汝斌等14位诗人169首诗词作品入选《当代中华诗词集成》。

诗词节目更丰富。全区各中小学编排唱诗词、诵诗词、舞诗词、书诗词、画诗词、演诗词等形式多样的诗词节目。丹徒实验学校创作歌曲联唱《娃娃唱古诗》，古诗诵读表演《诵唐诗》《水调歌头》《前赤壁赋》，舞蹈《春晓》《江南》《锄禾》，相声《戏说古诗》等节目；支显宗中学编排学生古诗舞蹈《春江花月夜》、诗词演唱弹奏等节目；高资中心小学创作诵读表演《毛泽东诗词》《诵唐诗》《古韵诗词》，童谣说唱《快乐镇江娃》等节目，其中歌舞《诵诗词》获镇江市中小学诗词表演大赛二等奖。

服务发展更有效。江心洲生态农业园区结合村庄环境整治，把"乡风明德文化墙"建成"诗词文化墙"，美化环境，弘扬优秀传统文化；探索诗词文化与旅游景区建设相结合，在橘江里御龙河游船画舫内布置诗词，把咏荷赞橘的古诗词书画上墙，在草坪上设置诗词小展牌，让游客在欣赏美景时感受诗词文化、接受诗词滋养。

图2 2015年12月10日，中华诗词学会专家组到丹徒区检查验收创建工作

（丹徒区政协办提供）

通过"中华诗词之乡"的创建，丹徒区的诗词氛围更加深厚，诗化环境更加优美，诗教活动更加有序，诗词成果更加丰富。2014年6月，丹徒区创成"江苏省诗词之乡"。2015年12月10日，中华诗词学会副会长范诗银率专家组到丹徒检查验收创建工作，12月30日，中华诗词学会会长会议批准丹徒区为"中华诗词之乡"。

（殷 明）

附："中华诗词之乡"创建日志

2013年

▲ 4月26日，区政协主席毕增立在区政协办公会议上传达镇江市创建"全国诗词之市"创建工作会议精神，提出丹徒区创建工作的总要求、工作任务和当前创建工作重点。

▲ 5月9日，区政协主席毕增立主持召开"诗词之乡"创建工作研讨座谈会，邀请区委宣传部、区文广体局、区文联、区教育局等职能部门负责同志，以及部分诗词作者，共同研讨全区"诗词之乡"创建工作。

▲ 5月20日，区委印发镇徒发〔2013〕55号文件，成立丹徒区创建"全国诗词之乡"领导小组，区政协主席毕增立任组长，区委常委、宣传部部长叶向东，副区长贺丽娟，区政协副主席李晓娟任副组长，相关职能部门负责人和各镇（街道、园区）政协联络委主任为成员；领导小组下设办公室，负责创建的日常工作。

▲ 5月24日，丹徒区"全国诗词之乡"创建工作会议在政府八楼会议室召开，副区长贺丽娟传达市创建"全国诗词之市"工作会议精神，部署全区创建"全国诗词之乡"工作；区委常委、宣传部部长叶向东、区政协主席毕增立分别讲话。

▲ 6月6日，区政协主席毕增立、副区长贺丽娟组织"诗词之乡"创建工作的相关人员赴扬中市参观学习。

▲ 6月20日，丹徒区老干部诗词协会成立，原区政协主席姚瑞宽当选会长，首批吸收会员16人，均为离退休老干部诗词爱好者。

▲ 6月26日，区政府批复同意区创建办"关于创建'全国诗词之乡'工作经费的请示"，确保"全国诗词之乡"创建工作经费。

▲ 6月27日，区政协副主席李晓娟带领区创建办及相关部门到江苏领先电子有限公司、丹徒高级中学、宜城街道宜城中心社区推进落实"全国诗词之乡"创建工作。

▲ 7月3日，区政协副主席李晓娟带领区创建办及相关部门到江苏申模数字化制造技术有限公司、高资中心小学推进落实"全国诗词之乡"创建工作。

▲ 7月5日，区政协邀请全区书画名家10余人，集中创作"丹徒山水美"诗词书画作品30余幅，推进"诗词进政协机关"工作。

▲ 7月8日，区政协主席毕增立、副主席李晓娟到区城管局推进落实"诗词一条街"工作。

▲ 7月15日，区政协主席毕增立、副主席李晓娟到区文广体局推进落实"全国诗词之乡"创建工作宣传报道、"诗词进健身场（馆、点）"工作。

▲ 8月2日，《丹徒诗书画》第8期出刊，刊载丹徒诗人近期诗词作

品10篇、诗词书画作品24件。

▲ 8月30日,《丹徒诗书画》第9期出刊,刊载丹徒诗人近期诗词作品13篇、诗词书画作品25件。

▲ 9月5日,丹徒区诗词协会成立,王午生当选会长,谭卫平、李军、殷明当选副会长,殷明兼任秘书长,聘请区政协副主席李晓娟为名誉会长。

▲ 9月9日,区政协主席毕增立召集区教育局、区文广体局、区文联、区民政局、区老干部局、宜城街道等重点创建单位负责人座谈会。

▲ 9月12日,区诗词协会会长王午生到丹徒高级中学为师生辅导"现代诗欣赏与创作技巧",60余师生听讲。

▲ 9月16日,区诗词协会与区书法家协会联合到宜城街道驸马山中心社区开展诗词进社区活动,创作丹徒新城诗词书法作品10余幅。

▲ 9月17日,市政协副主席赵庆荣率领市"诗词之市"创建办一行,到丹徒检查指导创建工作,区政协主席毕增立、副主席李晓娟陪同检查。同日晚,镇江电视台、丹徒电视台《今日丹徒》"关注"栏目专题报道丹徒区诗词协会工作。

▲ 9月24日,区政协主席毕增立召集区教育局、区文联、高资街道、诗词协会负责人到高资中心小学推进指导"诗词进校园"工作。

▲ 10月11日,区政协副主席李晓娟率领区"诗词之乡"创建办同志检查支显宗中学、丹徒高级中学、丹徒实验学校"诗词进校园"工作情况。

▲ 10月14日,区政协副主席李晓娟率领区"诗词之乡"创建办同志检查江心洲农业生态园区、辛丰镇石城村"诗词进乡村"工作情况。

▲ 10月17日,区政协主席毕增立主持召开区"诗词之乡"创建工作推进会,对迎检重点单位提出具体工作要求。

▲ 10月19日,区诗词协会与市诗词楹联协会共同举办诗词采风活动,组织市、区诗词作者20余人参观十里长山中国米芾书法公园、长山生态农业园、辛丰镇石城村、横山凹三茅宫;其后创作诗词作品46首。

▲ 10月30日,区政协副主席李晓娟率领区"诗词之乡"创建办同志检查宝堰镇、荣炳盐资源区"诗词进乡村"工作情况。

▲ 11月11日,区政协主席毕增立率领区"诗词之乡"创建办同志检查江心洲生态农业园区"诗词进乡村"工作。

▲ 11月12日,区政协主席毕增立率领区"诗词之乡"创建办同志检查丹徒实验学校、江苏申模数字化制造技术有限公司、辛丰镇石城村"诗词之乡"创建工作。

▲ 11月13日,区老干部诗词协会举办诗词研讨交流会。区政协主席毕增立、副主席李晓娟、区委老干部局和区诗词协会负责人参加研讨交流会。

▲ 11月14日,区政协主席毕增立率领区"诗词之乡"创建办同志检查支显宗中学"诗词进校园"工作。

▲ 11月22日,市创建办主任王华、市诗词楹联协会会长范然等到丹徒督查诗词创建工作,先后现场检查丹徒实验学校、支显宗中学、荣炳盐资源区等单位,观看丹徒诗词之乡创建工作专题宣传资料片,在听取丹徒创建工作汇报后,对丹徒的创建工作给予指导、提出建议。

▲ 12月20日,荣炳盐资源区组建成立荣炳诗书画社。

2014年

▲ 1月8日,江苏省诗词协会会长凌启鸿、顾问周道中、副会长高咏沂、秘书长陈玉金到丹徒验收省"诗词之乡"创建工作,先后观看创建专题资料片,检查高资中心小学、荣炳盐资源区创建工作,察看丹徒新城宜和广场诗词灯箱。在肯定成绩的同时,针对性提出建议。

▲ 2月27日,区创建办召开会议,传达市"诗词之市"创建工作会议精神,研究全区"诗词之乡"创建提升和推进工作。

▲ 3月3日,区创建全国"诗词之乡"工作计划制定完成。

▲ 4月14日,区政协副主席李晓娟率领区创建办同志到荣炳盐资源区指导推进"诗词之乡"创建工作。

▲ 5月12日,区政协主席毕增立、副主席李晓娟率领区创建办同志到荣炳中学、荣炳中心小学检查指导"诗词进校园"工作。

▲ 5月15日,市创建办主任王华、市诗词楹联协会会长范然到荣炳盐资源区检查指导"诗词之乡"创建工作。

▲ 5月21日,省诗词协会会长凌启鸿率队,到丹徒检查验收"诗词之乡"创建工作,重点检查荣炳盐资源区及荣炳中学、荣炳中心小学的创建情况。

▲ 5月23日,丹徒区通过镇江市创建省"诗词之市"的检查验收。

▲ 6月3日,江苏省诗词协会印发《关于授予镇江市丹徒区"江苏省诗词之乡"称号的通知》,正式批准丹徒为省诗词之乡。

▲ 8月8日,镇江市在市政协常委会议室召开全市创建"中华(省)诗词之乡"总结表彰暨动员大会,丹徒区在会上作经验介绍发言,省诗协会长凌启鸿授予丹徒"江苏省诗词之乡"铜牌。

▲ 9月1日,区政协主席毕增立召集"诗词之乡"创建领导小组及创建办有关人员座谈会,讨论《关于2014～2015年度创建"中华诗词之乡"实施意见》,研究下阶段工作。

▲ 9月26日,召开全区创建"中华(省)诗词之乡"总结暨动员部署会议,副区长贺丽娟主持会议,区政协副主席李晓娟作总结动员报告,荣炳盐资源区、区城管局、实验学校作表态发言,区政协主席毕增立参加会议并提出要求。

▲ 10月21日,区诗词协会组织部分作者,在区委老干部局会议室,讨论《诗韵丹徒——当代丹徒诗词选》事项。

2015 年

▲ 1月30日，区创建办制订印发《2015年丹徒区创建“中华诗词之乡”工作计划》。

▲ 3月20日，区委转发区政协“2015年工作要点”文件，把创建“中华诗词之乡”工作列为重点工作之一。

▲ 3月27日，区诗词协会举办诗词创作业务培训班，邀请中华诗词学会会员、诗人梅和清讲解诗词知识，诗词爱好者30余人参加。

▲ 4月1日，镇江市召开“中华诗词之市”创建工作会议，明确创建任务，提出创建要求。

▲ 4月8日，区政协副主席李晓娟率区创建办同志到高资中心小学、实验学校、宜城中学指导推进“中华诗词之乡”创建工作。

▲ 4月17日，区诗词协会举办诗词创作业务培训班，邀请中华诗词学会会员、诗人梅和清讲解“诗词创作的选材布局”，诗词爱好者30余人参加。

▲ 4月29日，区政协副主席李晓娟率区创建办同志到江苏申模数字技术有限公司推进“诗词进企业”工作。

▲ 5月4日，区政协副主席李晓娟率区创建办同志到荣炳盐资源区指导推进“中华诗词之乡”创建工作。

▲ 5月8日，区政协副主席李晓娟率区创建办同志到江心洲生态农业园区指导推进“中华诗词之乡”创建工作。

▲ 5月28日，区诗词协会与市诗词楹联协会联合，组织20余位诗人到江心洲生态农业园区采风，创作诗词作品40余首。

▲ 8月18日，区政协副主席李晓娟率区创建办同志到区教育局，与区教育局负责人共同研究“诗词进校园”工作，明确目标、细化任务、落实责任。

▲ 8月底，《诗韵丹徒——当代丹徒诗词选》由江苏大学出版社出版发行，该书选录丹徒区新中国成立以来全区80余位诗人作品600余首。

▲ 9月15日，市政协举办第4期政协讲堂，邀请著名诗人、诗论家李黎主讲“诗歌艺术与审美人生”，区创建办组织20名诗词爱好者参加。

▲ 9月26日，镇江市首届“我爱记诗词”决赛在南山脚下举行，丹徒实验学校获亚军。

▲ 10月9日，区政协副主席李晓娟率重点创建单位负责同志一行10人，赴句容市参观学习“中华诗词之乡”创建工作。

▲ 10月10日，区政协副主席李晓娟率区创建办同志到区委老干部推进“诗词进机关”工作。

▲ 10月15日，区政协主席徐新祥率区教育局、区创建办负责人到高资中心小学、宜城中学检查“诗词进校园”工作。

▲ 10月20日，区政协副主席李晓娟率重点创建单位负责同志一行15人赴淮安市金湖县参观学习“中华诗词之乡”创建工作。

▲ 11月4日，区政协主席徐新祥率区创建办同志到荣炳盐资源区检查“诗词进乡村”工作。

▲ 11月9日，区政协主席徐新祥率区创建办同志到江心洲生态农业园区检查“诗词进乡村”工作。

▲ 11月9日，丹徒区“中华诗词之乡”创建现场交流研讨会在高资中心小学召开，重点创建单位负责人30参加。

▲ 11月13日，世界华语诗歌联盟大会开幕式暨“诗韵中华”大型诗歌晚会在镇江影剧院举行，区创建办组织诗词爱好者40余人参加。

▲ 12月10日，中华诗词学会副会长范诗银率专家组到丹徒考察验收创建工作，实地考察高资中心小学、荣炳盐资源区、区委老干部局、江苏申模公司、宜城中学、宜城中心社区、宜和广场等单位，听取创建工作汇报。

▲ 12月30日，中华诗词学会会长会议批准丹徒区为“中华诗词之乡”。

高桥镇创建“中国雪地靴之乡”

高桥镇位于长江北岸，三面环江，南连长江与镇江新区大港港口隔江相望，东濒长江与扬中市新坝镇遥望，西接长江与江心生态园区毗邻，北与扬州新区江广新城相连。总面积40.2平方千米，辖6个行政村、1个居委会，常住人口约3万人。全镇有各类企业600余家，其中规模骨干企业49家，主导产业为能源物流、裘皮制造与加工、机械电器和船舶及装备制造等。作为镇江的“后花园”和扬州的“南大门”，该镇区位独特，岸线资源独具。

近年来，该镇紧扣“打造临港经济产业园，争创苏南现代化建设示范镇”目标，坚持规划引领，依靠项目带动，深化港城联建，力促产业转型，开创镇域经济社会健康持续发展的良好态势。高桥港区规划、镇域建设发展规划、裘皮产业发展规划、省级重点物流园区规划、现代渔业发展规划相继获批，为形成较为完善的产业规划体系和较为明确的产业发展方向奠定基础。2015年，全镇完成固定资产投资15.76亿元，比上年增长92.1%；完成公共财政预算收入5770万元，比上年增长10%；农民人均纯收入19800元，比上年增长9.8%。作为该镇四大传统产业之一的裘皮加工业，逐步发展成为颇具特色和一定规模的富民产业，赢得“裘皮之乡”“雪地靴之乡”的美名，为加速镇域经济社会跨越发展发挥作用。

一、裘皮产业发展情况

高桥镇裘皮加工业起源于20

世纪70年代，从家庭作坊式的手工生产逐步向生产企业化、产品系列化的方向发展，并逐步发展成为该镇的传统支柱产业。近3年来，产业销售均保持10%以上的增长速度，市场占有率35%以上，主要产品涉及裘革鞋、裘皮服饰和皮具用品三大门类300余个品种，全镇年产各类裘皮鞋1000余万双，裘皮服饰10万件，总产值约15亿元，形成原料销售、鞋底加工、成品生产、网络销售、物流快递等产业分工，产业配套日趋完善。2015年，该镇有私营企业112家，个体工商户425户，其中规模企业21家，电商800余家，拥有省级著名商标3个、市级知名商标5个，申请外观设计专利200余件，形成以金德利鞋业、旺达鞋业、永乐鞋业、吉盛皮业、爱可信皮业等企业领军的实力较强、业务稳定、出口量大的骨干龙头企业群。全镇从事裘皮行业职工9500余人，年均工资超过4万元。

图3　　高桥镇雪地靴产品展示　　（丹徒区高桥镇提供）

二、产业发展主要举措

近年来，该镇在区委、区政府的关心支持下，在国家和省皮革协会的指导下，加大对裘皮产业的引导和扶持力度，采取有效措施整合产业资源、加快品牌创建、开拓产业市场，为加快特色产业转型升级和持续健康发展奠定基础。

坚持规划引领。为更好发挥政府的规划职能和企业的主观能动性，引导特色产业向集中集聚集约方向发展，形成具有高桥特色的产业集群和产业带，该镇委托四川大学编制裘皮产业发展规划。规划明确今后产业发展的目标定位、发展思路及转型路径，通过打造创新、服务两大平台，加快发展原料、服饰、鞋靴三大产业，形成产业链较完整的现代化裘皮及鞋靴产业体系，实现产业的转型升级和跨越发展，力争到“十三五”期末，全镇实现年生产2500万双雪地靴、销售达到50～60亿元规模的目标。

强化协调指导。该镇围绕整合资源，加强裘皮鞋业商会组织建设，进一步健全政府扶持、商会主导、企业参与的管理和服务机制。争取发改、经信部门支持，通过购买服务的方式，定向为裘皮产业集群发展服务，提出促进裘皮产业发展的政策建议，指导企业在生产经营管理和市场营销等方面采取科学有效措施。针对当地企业人才匮乏，对国家产业政策和市场动态调研不够深入、掌握不够准确的实际，镇党委、政府及时建立信息研讨制度，邀请职能部门与企业负责人进行座谈，通过座谈，帮助企业准确把握市场行情，及时调整经营思路，为裘皮行业的健康发展提供智力支持。面对宏观经济下行压力大、外贸出口少、销售困难的情况，坚持以商会为主体，依托协会组织，协调各企业统一价格、规范用工，抱团抢占市场，通过组织企业参加广交会、深交会等抢抓订单，并根据企业的生产能力，在内部进行相互调剂订单，促使各类企业实现满负荷生产。

创建和培育品牌。该镇与四川大学、全国裘皮协会和西部裘皮报等单位合作，在全国专业院校中完成“中国雪地靴之乡”标志的征集和宣传，扩大该镇裘皮行业的知名度和美誉度，并为提升传统产业、打造高端产业基地、创建“中国雪地靴之乡”提供支撑。同时，引导当地规模企业寻求与国内知名鞋企、知名品牌的合作，促成旺达鞋业与“达芙妮”成功合作，金德利鞋业公司与“千百度”达成合作意向。运用“互联网+”模式带动裘皮产业的转型升级，成立镇江市七彩桥裘革电子商务有限公司，经营服务于网站的电子商务咨询、网络销售代理、市场管理服务等运作，完成电子商务平台软件的开发，进入电商企业招商阶段，预计2016年6月上线运行。该镇被评为“镇江市电子商务示范镇”、京江村被评为“江苏省电子商务示范村”。

2015年4月，由丹徒区政府提出申请，邀请中国轻工业联合会、中国皮革协会和江苏省丹徒区人民政府三方共建，争创中国丹徒高桥雪地靴之乡的特色区域品牌。申请发出后，区政府牵头成立以副区长为组长的创建领导小组，排定创建工作时间表，多次赴现场推进创建工作。镇政府及时召开创建工作动员和部署会议、启动高桥雪地靴网站建设、新建裘皮产品交易展示中心，营造浓厚创建氛围，确保各项迎检工作顺利推进。2016年4月，该镇创建“中国雪地靴之乡”通过中国皮革协会专家组考评。

（颜圳杰）

大事记

责任编校：刘　芳

1月

2日　丹徒籍著名连环画家洪斯文从艺60周年画展在广东画院举办。

5日　中共丹徒区十二届八次全委（扩大）会议在丹徒区会议中心举行。会议以习近平重要讲话精神为引领，贯彻落实中共十八届三中、四中全会，省委十二届八次、九次全会和市委六届九次会议精神，总结2014年工作，分析当前形势，部署2015年任务。会议听取和讨论区委书记陈琳代表区委常委所作的《铭记关怀、汇聚合力，奋力推动丹徒改革发展迈上新台阶》工作报告。会议表决通过中共丹徒区第十二届委员会第八次全体会议决议。区委副书记、区长张映桥主持会议并作会议小结。

12日　江苏省政协副主席何权率省红十字会相关人员到丹徒区宝堰镇开展“博爱送万家”入户慰问活动。

14～17日　中国人民政治协商会议丹徒区第九届委员会第四次会议在丹徒区会议中心举行。会议应到委员142人，实到委员133人。会议同意区长张映桥所作的《政府工作报告》《丹徒区2014年国民经济和社会发展计划执行情况及2015年国民经济和社会发展计划报告（草案）》和其他报告。会议同意毕增立代表区政协第九届委员会常务委员会所作的工作报告和张国金代表区政协第九届委员会常务委员会所作的提案工作情况报告。大会选举徐新祥为政协镇江市丹徒区第九届委员会主席，选举蔡怀根为政协镇江市丹徒区第九届委员会秘书长。

14～17日　镇江市丹徒区第十五届人民代表大会第四次会议在丹徒区会议中心举行。会议应到代表183人，实到代表182人。会议听取和审议区长张映桥所作的《政府工作报告》、区人大常委会党组书记、常务副主任许志涛所作的《丹徒区人大常委会工作报告》、区人民法院院长张蕾所作的《丹徒区人民法院工作报告》、区人民检察院检察长黄进所作的《丹徒区人民检察院工作报告》。审查区人民政府《关于丹徒区2014年国民经济和社会发展计划执行情况与2015年计划草案的报告》《丹徒区2014年财政预算执行情况和2015年财政预算草案的报告》，并作出相应决议。会议通过《丹徒区第十五届人民代表大会第四次会议选举办法》，采取无记名投票方式，选举范晓荣为区十五届人民代表大会常务委员会副主任，选举王正平、朱春龙、蔡扬为区十五届代表大会常务委员会委员。

16日　丹徒区市场监督管理局成立，该局由原丹徒区工商行政管理局、丹徒区质量技术监督局、丹徒区食品药品监督管理局3家单位整合而成。

18日　丹徒区首家新型股份制商业银行——民生银行揭牌营业。

26日　丹徒区高桥临港经济产业园综合开发项目举行签约仪式。

2月

2日　中国书法家协会副主席、东南大学中国书法研究院院长言恭达率东南大学明园文化大讲堂书法高级研修班学员到丹徒区中国米芾书法公园参观。

4日　江苏省委常委、宣传部部长王燕文到丹徒区走访慰问敬老院老人、优抚对象、困难群众和劳动模范。

9日　丹徒区举行中国米芾书法公园国家AAAA级景区授牌暨端砚落成仪式。广东省肇庆市人大常委会副主任刘正南、镇江市人大常委会副主任鄂金书、丹徒区委书记陈琳出席仪式。

△　市长朱晓明率队到丹徒区视察西南片区生态环境综合整治工作。

13日　市长朱晓明率队到丹徒区视察“百村万户”双达标行动推进工作。

18日　市委书记夏锦文率队视察调研丹徒区企业。

20日　丹徒区在加拿大《加中时报》推出“中国江苏——丹徒专版”，宣传和推介丹徒生态工业园区。

27日　丹徒区长山薰衣草主题公园项目开工建设。

3月

11日　江苏省委常委、纪委书记弘强到丹徒区视察。

△　新疆维吾尔自治区政协副主席刘志勇率团到丹徒区考察生态文明建设工作。

12日　湖北省十堰市委书记周霁率党政代表团到丹徒区世业洲

学习考察。

25 日　国家发改委气候司司长苏伟率队到丹徒区世业洲考察镇江低碳城市建设。

31 日　丹徒区教师发展中心成立。

4 月

1 日　市长朱晓明到丹徒区推进北汽（华东）镇江产业基地项目建设。

3 日　南京市浦口区政协副主席葛华友率队到丹徒区中国米芾书法公园参观考察。

9 日　国家教育体制改革试点项目中期评估组到丹徒区调研。

△　江苏省老干部局参观团到丹徒区参观长山文化产业园建设工作。

14 日　中央电视台《走遍中国》栏目组到丹徒区采访拍摄高效农业和循环经济产业链发展情况。

16 日　中国侨联副主席李卓彬到丹徒区调研考察。

△　山东省日照市委副书记孟庆斌率党政代表团到丹徒区考察。

△　市委书记夏锦文到丹徒区调研视察，重点视察基层卫生院、新农村建设、大项目推进等有关工作情况。

17 日　中国文字博物馆代表团到丹徒区中国米芾书法公园参观考察。

18 日　镇江亚夫在线实业有限公司与丹徒区江心洲农业产业园建设有限公司签订《农业电商合作框架协议》。

20 日　江苏省旅游局局长秦景安到丹徒区世业洲调研旅游度假区建设工作。

21 日　无锡市北塘区政协代表团到丹徒区考察公共法律服务体系建设和公共卫生资源布局情况。

24 日　丹徒区召开庆祝五一暨劳模表彰大会。

△　山东省委农工办领导率队到丹徒区世业洲参观考察。

25 日　丹徒区举行2015 镇江生态汽车产业园招商推介会暨项目签约仪式。

27 日　以色列巴依兰大学考察团到丹徒区考察。

28 日　盐城市政协代表团到丹徒区中国米芾书法公园参观考察。

△　江苏省委农工办主任诸记录率队到丹徒区考察“强村富民”双达标工作。

5 月

1 ～2 日　2015 长江国际音乐节在丹徒区世业洲举行。

6 日　丹徒区职工妇幼文化活动中心项目封顶。

8 ～9 日　新疆生产建设兵团第四师六十七团党委书记、政委高文生率队到丹徒区参观考察。

12 日　丹徒区首部全本大型锡剧《梁山伯与祝英台》在上党镇乡村大舞台首次试演。

△新疆生产建设兵团第四师党委书记、政委张勇率队到丹徒区参观考察文化旅游产业发展工作。

18 日　香港南洋集团与丹徒区荣炳盐资源区举行现代农业旅游开发项目签约仪式。

19 日　丹徒新城联海通信企业登陆“新三板”。

25 日　江苏省委书记罗志军到丹徒区视察北汽（华东）镇江产业基地项目建设推进工作。

26 日　安徽省农委主任孙正东率队到丹徒区学习考察现代农业建设。

△　河北省供销合作总社党组书记、理事会主任邓沛然一行到丹徒区考察供销合作综合改革工作，省供销合作总社主任黄宝荣陪同。

28 日　来自开封、镇江等8 个城市的政协书画交流团到丹徒区中国米芾书法公园参观考察。

△　市长朱晓明率市重点项目集中观摩会议的部分与会人员参观丹徒区重点项目。

29 日　丹徒区与江苏大学、北汽（华东）集团共同签订校政企战略合作协议，市委书记夏锦文、市长朱晓明、区委书记陈琳、区长张映桥以及江苏大学校长袁寿其、江苏大学党委书记范明、北汽（华东）集团总经理张夕勇出席仪式。

6 月

1 日　市委书记夏锦文到丹徒区驸马山庄幼儿园参加2015 年镇江市学前教育“家园信约”活动启动仪式，并与孩子们共庆“六一”国际儿童节。

2 日　市委书记夏锦文到丹徒区世业镇调研考察。

3 日　丹徒区举办第七届运动会。

6 日　江苏省委常委、副省长徐鸣到丹徒区调研水利防汛建设工作。

10 日　苏宁互联网农业孵化基地项目在丹徒区世业镇先锋村举行揭牌动工。区委书记陈琳、苏宁云商集团副董事长孙为民为“苏宁互联网农业孵化基地”揭牌。

△　市委书记夏锦文率队到丹徒区视察防汛抗旱工作。

△　市长朱晓明率队到丹徒区视察西南片区生态环境综合整治工作。

△　扬州市政协副主席倪士俊率团到丹徒区中国米芾书法公园参观考察。

11 日　福建省政协考察团到丹徒区考察“鼓励和规范宗教界开展养老服务”工作。

12 日　丹徒区江心洲AB 岛生态农业园项目签约落户。区委书记陈琳、宝源集团董事长孟大富参加仪式。

17 日　江苏省政协主席张连珍率队到丹徒区开展以“发展高效设施农业、促进农业增效农民增收”为主题的“委员活动日”，150 余名省政协委员参加活动。

19 日　市委书记夏锦文率队到镇江高校园调研。

24日　江苏省纪委副书记、监察厅厅长江里程到丹徒区调研“两个责任”落实情况。

25日　市长朱晓明率队到丹徒区调度推进北汽（华东）镇江产业基地项目。

26日　江苏省委常委、宣传部部长王燕文到丹徒区谷阳镇槐荫村实地考察乡风明德文化墙建设工作。

7月

1日　市委书记夏锦文到丹徒区上党镇慰问优秀党员。

2日　丹徒区与移动镇江分公司举行战略合作签约暨移动丹徒分公司揭牌仪式。

10日　丹徒区政府法律顾问委员会成立，并颁发聘书。

14日　国内首部100集中英双语“中华少儿国学剧”在丹徒区举行开机仪式。

20日　江苏省省长李学勇率队到丹徒区世业镇调研，实地了解医保新农合政策落实和基本公共卫生服务项目开展情况。

28日　中共丹徒区十二届九次全委（扩大）会议在丹徒区会议中心举行。会议贯彻落实省委十二届十次全会、市委六届十次全会精神，总结上半年工作，部署下半年任务，听取和讨论区委书记陈琳代表区委常委会所作的《保持战略定力、落实四个全面，加快建设“强富美高”新丹徒》工作报告。区委副书记、区长张映桥主持会议并就贯彻落实全会精神、推进下阶段工作提出要求。会上，各镇（街道、园区）负责人作表态发言。

8月

6日　海南省万宁市考察团到丹徒区考察交流。

7日　国务院研究室工交贸易司巡视员张泰率队到丹徒区调研商事登记改革工作。

13日　丹徒开放大学理事会成立，29日举行丹徒开放大学挂牌仪式。

25日　丹徒区与农发行镇江分行举行战略合作协议签约仪式，区委书记陈琳、农发行江苏省分行副行长钱德辉出席仪式。

9月

2日　市委书记夏锦文到丹徒区调研市委全会精神贯彻落实情况。

3日　全国“人民满意公务员”——袁德贵到北京参加抗战胜利70周年阅兵。

9日　市委书记夏锦文率队到丹徒区视察调研大港中学，并慰问一线教师。

10日　丹徒区与电信镇江分公司举行战略合作签约暨电信丹徒分公司揭牌仪式，区委书记陈琳、区长张映桥和电信镇江分公司总经理杜训祥出席仪式。

15日　江苏省住建厅副厅长张鑑率队到丹徒区调研长山文化产业园省级旅游度假区创建工作。

△　中国平安（镇江丹徒）综合金融电商物流产业园项目签约落户丹徒。

20日　区委书记陈琳陪同市委书记夏锦文赴台湾李长荣公司参观考察。在台期间，陈琳一行开展系列招商引资活动，加快推进落户丹徒的台资项目建设，先后拜访和接触岛内各界知名人士50余人，举行交流座谈和推介活动10场次，推进项目9个。

26日　宝龙城市广场开业。

28日　市长朱晓明率队到丹徒区检查安全生产工作。

10月

10日　镇江软件科技园（北区）在丹徒区举行开工仪式。

12日　市长朱晓明率队到丹徒区视察小微企业发展情况。

△　市长朱晓明率队到丹徒区督查推进国机集团（二重）重装装备产业项目。

△　丹徒区举行中国致公党镇江市委员会丹徒总支部委员会成立大会。

15日　江苏省人大常委会副主任张卫国到丹徒区视察江苏恒顺集团发展以及醋文化博物馆建设情况。

21日　长山漂流温泉文化旅游综合体项目签约。

23日　江苏省住建厅厅长周岚率队到丹徒区督查农村危房改造工作。

23日　市、区两级慈善总会代表赶赴苏州为高资街道白血病患者姜佳维送去干细胞移植慈善救助款。

24日　丹徒区首届“生态丹徒，活力新区”徒步大会在中国米芾书法公园举行。

27日　北汽（华东）集团董事长徐和谊到丹徒区视察北汽（华东）镇江产业基地项目建设。

28日　中国华宇与中靖集团举行并购合作签约仪式，区委书记陈琳出席仪式并讲话。

△　丹徒区公共资源交易中心举行揭牌仪式。

29日　丹徒区与中盐金坛、中盐镇江公司举行合作发展签约仪式。

11月

2日　位于丹徒区世业镇的江苏省镇江市青少年综合实践基地开园，市委书记夏锦文出席开园仪式，并实地查看基地建设运行情况。

3日　江苏省军区司令员李大清率队到丹徒区调研人武部建设工作。

△　无锡市政协主席、党组书记周敏炜率队到丹徒区视察调研公共文化服务体系建设工作。

11 日　丹徒区与南京银行镇江分行举行战略合作签约仪式，区委书记陈琳、区长张映桥出席仪式。

12 日　市长朱晓明率全市重点项目暨“三集”园区集中观摩推进会的部分与会人员到丹徒区现场观摩重点项目。

13 日　江苏省“个体工商户全程电子化登记”启动仪式在丹徒区宝龙城市广场举行。

15 日　由《中国摄影报》、江苏省摄影家协会和丹徒区委宣传部联合举办的“生态丹徒杯”2015 江苏城市摄影（团体）擂台赛在丹徒区举行。

16 日　江苏恒顺醋业股份有限公司院士工作站获批成立。截至2015 年底，丹徒区有省级院士工作站2 家。

17 日　黑龙江省绥棱县委书记王安率队到丹徒区世业镇参观考察。

19 日　来自省、市、区10 余家单位的专家到谷阳镇槐荫村开展《董永传说》“非物质文化遗产”保护与旅游发展采风活动。

25 日　镇江燃机热电联产项目签约落户丹徒。

26 日　江苏省项目验收专家组到丹徒区验收中国米芾书法公园创建省级生态旅游示范区工作。

△　江苏省第八批“科技镇长团”丹徒团下派工作会议在丹徒区会议中心召开。

△　江苏省残疾人福利基金会副理事长陶良铸率队到丹徒区调研助残公益项目实施情况。

27 日　丹徒荣炳至常州西阳开通镇村公交，该线路全程9 千米，沿途设置10 个公交站点。

28 日　位于丹徒区的燃机热电联产项目举行签约仪式，并于12 月18 日开工建设。

28 ～29 日　第16 届全国氢能会议暨第8 届两岸三地氢能研讨会在丹徒区举行。

12 月

2 日　农业部南京农业机械化研究所专家一行5 人到丹徒区考察交流。

4 日　中国工程院副院长徐德龙和工信部节能与综合利用司副司长杨铁生率队到丹徒区开展“工业绿色转型试点院士专家行”活动。

7 日　河北港口集团、广西北部湾集团与位于丹徒区高桥镇的孟家港国际储运公司举行《战略合作协议》签约仪式，区委书记陈琳出席仪式并讲话。

8 日　丹徒区老年人维权教育基地成立。

8 ～10 日　丹徒区通过中华诗词学会专家考核组的验收考察，获全国“中华诗词之乡”称号。

14 ～15 日　以姚江临、李昭平为代表的中国国民党中常委江苏参议团一行8 人到丹徒区访问。

15 日　江苏省委副书记、代省长石泰峰到丹徒区调研经济社会发展情况。

18 日　江苏省水利厅厅长李亚平率队到丹徒区调研。

22 日　丹徒区恒顺醋业、浮玉麻油、京友调味品3 家企业被授牌“镇江老字号”。

28 日　江苏省委书记罗志军就学习贯彻中央经济工作会议精神、落实全省经济工作会议部署到丹徒区调研。

28 日　位于丹徒区的北汽（华东）镇江基地项目举行竣工投产暨新车下线仪式。

△　江苏团中直、省直单位及驻苏解放军全国人大代表到丹徒区视察指导。

29 日　中共丹徒区十二届十次全委（扩大）会议在丹徒区会议中心举行。会议贯彻落实中共十八届五中全会、中央经济工作会议、全省经济工作会议和省委、市委全会精神，总结全年工作和“十二五”发展成就，科学谋划“十三五”发展，部署明年各项任务，听取和讨论区委书记陈琳代表区委常委会所作的《确立新理念 增创新优势 开启新征程》工作报告。

△　江苏省交通工程集团有限公司总部暨生产基地项目落户丹徒并举行签约仪式。

30 日　江苏省政协副主席罗一民率队到丹徒区视察指导北汽（华东）镇江产业基地项目建设工作。

图4　　　郭振邦篆刻

丹徒概述

责任编校：刘 芳

地情概要

【建置沿革】 丹徒历史悠久，最早称“宜”，是3000余年前周康王封给虞侯的领地。春秋时属吴国，名朱方。战国时属楚，更名谷阳。秦始皇二十六年（前221年）实行郡县制，谷阳为县。秦始皇三十七年（前210年）改名丹徒。三国吴嘉禾三年（234年）改名武进。西晋太康三年（282年）复名丹徒。隋开皇九年（589年）废丹徒入延陵。唐高祖武德三年(620年)复置丹徒县。后历朝均置丹徒县。民国17年(1928年)7月，改名镇江县。1949年初，复置丹徒县。1958年3月，丹徒撤县并入镇江市。1962年3月市县分置，恢复置丹徒县。新中国成立后，丹徒隶属镇江地区（专区）。1983年实行市管县后，丹徒县属镇江市。中共丹徒县委、丹徒县人民政府均驻镇江市城区。1995年丹徒县规划建设新城。2002年4月，经国务院批准撤销县制，设立丹徒区。2002年9月，中共丹徒区委、区政府迁入位于谷阳镇的丹徒新城行政中心。

【地理地貌】 丹徒区位于江苏省西南部镇江市境内，长江下游南岸，地理坐标为北纬31度15分至32度16分、东经119度15分至119度45分。东邻镇江市大港新区，西接句容，南连丹阳、金坛，境北长江中有3座洲岛，分别与扬州市仪征区和邗江区隔江相望。整个区域呈火炬状，环绕镇江市京口区、润州区。地处宁镇山脉东段，全境西南高、东北低，南有茅山余脉、中属宁镇丘陵，北部为沿江圩区，长江中有洲地，地貌大致可分为低山、丘岗、丘间谷地和冲积圩区四大类型。境内地面高程最低为黄海2.5米，最高为长山主峰，海拔349.7米。

【交通枢纽】 丹徒区是长江下游重要的水陆交通枢纽，长江和京杭大运河在丹徒交汇，构成“十字黄金水道”，沪宁高速公路、扬溧高速公路、312国道、京沪高速铁路、沪宁城际铁路横贯境内，距西边的南京禄口国际机场和东边的常州机场均不足1小时路程，形成铁路、公路、水路相联，港航衔接的多层次、立体式运输交通格局。丹徒区境内两大货运港口，高资港是长江中下游的重大件联运中心，主要运输煤炭、水泥、管桩以及危险品等，货物年吞吐量1000万吨以上；高桥港具备装卸仓储、中转换装、运输组织、现代物流和临港工业等功能，主要服务长江沿线和苏北部分地区物资转运，以散货和杂货运输为主，兼顾油品运输。

【行政区划】 2015年末，丹徒区辖6个镇（高桥镇、辛丰镇、谷阳镇、上党镇、宝堰镇、世业镇）、2个街道（宜城街道、高资街道）和2个园区（江心洲生态农业园区、荣炳盐资源区）。有6个居民委员会、88个村民委员会、1884个村民小组。另设有江苏省丹徒经济开发区、世业洲旅游发展总公司、高新技术产业园、长山文化产业园和农林场圃4个。

【面积、人口】 丹徒区总面积617.08平方千米，其中土地面积541.58平方千米（耕地面积2.43万公顷）、水面75.5平方千米。2015年末，全区总户数103361户，总人口289965人，其中男142034人、女147931人。全年出生人口2516人，人口出生率8.68‰，死亡人口2122人，人口死亡率7.32‰。人口自然增长率1.36‰。

【民族】 丹徒区境内民族以汉族为主，少数民族有回族、蒙古族、满族、高山族、布依族、彝族、苗族、羌族、朝鲜族等32个、1080人，有民族村1个。

【自然资源】 土地资源：丹徒属宁镇丘陵和沿江平原地带低山区，丘陵区以马肝土、黄土为主，平原地带大多为黄泥土和马肝土，沿江圩区则分布为黄沙土、漏沙土和夹沙土。全区土地土层厚，土质肥沃，适宜多种农作物栽植生长。

水资源：丹徒境内河流纵横，水源丰富。长江沿北境流过，境内长68.8千米，流域内有大小河道26条，总长84千米；京杭大运河穿境而过，境内长11.8千米，流域内有支流10条，总长33.8千米。另有通济河、中心河、高资河等主骨干河道3条，总长44.5千米。建有中小型水库34座、集水面积91.1平方公里，总库容4727.14万立方米，灌溉农田4200公顷；建有塘坝2.88万个，蓄水量5129.2万立方米，正常年景可灌溉农田9733.3公顷；境内有大、小湖泊10余座，水面约418.3公顷。全区水源总量约为6.9亿立方米。

生物资源：丹徒境内树木有松、柏、桑、樟、楸、柳、榆、栎、橹、冬青、香椿、椈栎、棕榈、杨骨、乌柏、枫杨等110余个品种。20世纪90年代初被林业部评定为全国宜林荒山和平原绿化双达标县。野生药材有丹桂、桔梗、夏枯草、丹参、益母草等700余种。野生动物陆地主要有野兔、水獭、野鸡等，江河湖塘盛产青、草、鲢、鳙、鳊、鲫、鲤等鱼类和虾、蟹、鳖等水产品近百种。特别是境内长江还产刀鱼、鲥鱼、河豚等珍贵鱼类和中华鲟、白鳍豚等珍稀物种。

矿产资源：丹徒境内多为非金属矿产，已发现的有金、铜、铁、磷、煤、岩盐、耐火黏土、珍珠岩、钾长石、沸石、膨润土、方解石、花岗石、大理石、白云石、石灰石等矿产20余种，主要分布在香山、巢凰山、十里长山、马迹山及上党、高资、荣炳等地区。

【气候】 丹徒区属北亚热带季风气候。2015年，丹徒区气温偏高，年降水量偏多，日照时数偏少。

气温。全年（1～12月，下同）平均气温为16.5℃，比常年平均气温偏高0.8℃，属偏高年份。冬季（2014年12月～2015年2月，下同）平均气温5.3℃，比常年同期偏高1.2℃。其中，2014年12月平均气温比常年同期偏低0.4℃，1月、2月平均气温分别比常年同期高2.3℃、1.5℃。春季（3～5月，下同）平均气温15.7℃，比常年同期偏高0.9℃。3月、4月、5月平均气温分别比常年同期高1.4℃、0.6℃、0.7℃。夏季（6～8月，下同）平均气温26.1℃，比常年同期偏低0.3℃。其中，6月、7月平均气温分别比常年同期偏低0.1℃、1.3℃，8月平均气温分别比常年同期高0.4℃。秋季（9～11月，下同）平均气温18.3℃，比常年同期偏高0.9℃。9月、10月、11月平均气温分别比常年同期高0.7℃、1.2℃、0.9℃。

降水。全年总降水量1579.1毫米，比常年同期偏多473.1毫米，属偏多年份。冬季降水量78.8毫米，比常年同期少60.5毫米。其中，2014年12月比常年同期偏少29.3毫米，2015年1月比常年同期偏少23.9毫米，2月比常年同期偏少7.3毫米。春季降水量355.1毫米，比常年同期偏多110.3毫米。其中，3月、4月、5月分别比常年同期偏多15.1毫米、47.4毫米、47.8毫米。夏季降水量890.3毫米，比常年同期偏多364.7毫米。其中，6月比常年同期偏多407.7毫米，7月、8月分别比常年同期偏少34.6毫米、8.4毫米。秋季降水量243.3毫米，比常年同期偏多47.0毫米。其中，9月、10月分别比常年同期偏少13.9毫米、15.4毫米，11月比常年同期偏多76.3毫米。

日照。全年日照1626.1小时，比常年同期偏少399.6小时。冬季日照为404.5小时，比常年同期偏少19.5小时。其中，2014年12月比常年同期偏多25.3小时，2015年1月比常年同期偏少27.7小时，2月比常年同期少17.1小时。春季日照为455.9小时，比常年同期偏少71.0小时。其中，3月、5月分别比常年偏少29.6小时、45.5小时，4月比常年同期偏多4.1小时。夏季日照为396.6小时，比常年同期偏少173.2小时。6月、7月、8月分别比常年同期偏少80.1小时、73.1小时、20.0小时。秋季日照为425.9时，比常年同期偏少79.1小时。其中，9月、11月分别比常年同期偏少0.4小时、81.6小时，10月比常年同期偏多2.9小时。

梅期。全区6月24日入梅，7月13日出梅，共历时19天。梅雨量381.4毫米，比历年平均值偏多129.6毫米。

经济和社会事业

【综合经济】 2015年，丹徒区地区生产总值342.12亿元，按可比价计算比上年增长10%。其中第一产业增加值17.69亿元，按可比价计算比上年增长5%；第二产业增加值180.64亿元，按可比价计算比上年增长10.4%；第三产业增加值143.79亿元，按可比价计算比上年增长9.8%。三次产业结构由上年的5.0：53.2：41.8调整为5.2：52.8：42.0，服务业增加值占地区生产总值比重42%，比上年提高0.2个百分点。人均地区生产总值（现价，按常住人口计算）111150元，比上年增长9.7%。

全年实现财政总收入41.66亿元，其中税收收入35.93亿元，比上年增长7.3%；一般公共预算收入27.79亿元，比上年增长11.4%，一般公共预算支出27.95亿元，其中教育、文化教育和传媒、社会保障和就业、医疗卫生分别比上年增长16.2%、35.3%、49.3%、41.5%。

年末就业人口20.18万人，其中：第一产业3.48万人，第二产业11.75万人，第三产业4.95万人，三次产业就业人口结构由上年的17.6:57.1:25.3调整至17.2:58.2：24.6。全年新增城镇就业人口8872人；新增转移农村劳动力3054人。

【农业、农村】 2015年，丹徒区实现农业总产值33.51亿元，比上年增长8.6%。全年粮食种植面积41.73万亩，比上年减少0.42万亩，亩产465千克，比上年增加2千克；总产19.38万吨，比上年减少0.11万吨。秋粮种植面积24.06万亩，比上年减少0.07万亩，亩产558千克，比上年增加4千克，总产13.43万吨，比上年增长0.06万吨。其中水稻种植18.38万亩，比上年减少0.26万亩，水稻单产616千克，比上年增加3千克，水稻总产11.33万吨，比上年减少0.1万吨。全年出栏生猪10.67万头，比上年增长4.6%；全年实现肉类总产量2.41万吨，比上年增长1.3%；禽蛋产量0.75万吨，比上年增长9.3%；牛奶产量0.52万吨。全年水产总产1.71万吨，比上年增长3%，实现渔业产值5.9亿元，比上年增长11.8%。全年茶叶产量335吨，产值1.04亿元。

全年水利建设总投资1.02亿元。清淤整治河道18条，总长43.95千米，完成土方共50.03万立方米；清淤村庄河塘84个，完成土方共74.9万立方米；完成小沟以上建筑物757座（其中中沟以上建筑物

143座)，恢复治理水土流失面积4.8平方千米，新增有效灌溉面积933.33公顷，建设旱涝保收田面积1082公顷；修建防渗渠道88.6千米，新建泵站41座，改造各类泵站24座，共计装机容量859千瓦；改造、新建滚水坝28座，改造、新建涵闸53座、干渠疏浚及护砌17.12千米、拆除重建农桥8座。

年末农业机械总动力21.1万千瓦，大中型拖拉机772台，小型拖拉机2129台，排灌动力机械7735台，水稻插秧机819台，联合收获机409台。农用化肥施用量（折纯）0.93万吨，下降3.1%。农村用电量5.87亿千瓦时，下降1.8%。

【工业、建筑业】 2015年，丹徒区规模以上企业完成产值1077.83亿元，比上年增长9%。按轻、重工业分，轻工业产值156.98亿元，比上年增长0.4%；重工业产值920.85亿元，比上年增长10.72%。按经济类型分，国有工业产值0.51亿元，比上年下降82.62%；集体工业产值21.13亿元，比上年下降17.72%；股份制工业产值2.75亿元，比上年增长11.08%；外商及港澳台工业产值293.83亿元，比上年增长7.12%；其他经济类型11.44亿元，比上年增长10.85%。非公有制工业产值1056.18亿元，比上年增长10.6%，其中：民营工业产值685.6亿元，比上年增长10.13%。按企业类型分，64家大中型企业工业产值684.62亿元，比上年增长10.23%，大中型企业比上年减少6家。

全区主要工业产品产量有减有增。泵29169台，比上年下降7.9%；服装1724.24万件，比上年增长2.2%；铝材49081吨，比上年下降8.06%；电光源293万只，比上年下降75.9%；食用植物油21450吨，比上年增长18.2%；碱性蓄电池66.84万只，比上年增长10.7%；低压开关板262面，比上年下降2.6%；高压开关板239面，比上年增长3.5%；金属切削工具708.55万件，比上年增长5%；商品混凝土83.77万立方米，比上年下降4.8%；滚动轴承25.4亿套，比上年增长6.15%；皮革鞋靴216.12万双，比上年下降58.7%。

全区规模以上工业企业实现销售收入1055.75亿元，比上年增长8.1%。实现利税总额117.91亿元，比上年增长12.8%，其中利润总额122.24亿元，比上年增长11.3%。规模以上工业企业亏损面为4.6%，比上年上升0.5个百分点；亏损企业亏损总额1.61亿元，与上年持平。两项资金占用85.1亿元，比上年增长11.7%。

年末全区列统的资质以上建筑业企业39家，从业人员11219人；全年完成建筑业产值34.27亿元；房屋施工面积184.86万平方米。

【固定资产投资、房地产】 2015年，丹徒区固定资产投资307.72亿元，比上年增长18.8%，其中工业投资189.12亿元，比上年增长17.2%；服务业投资118.59亿元，比上年增长21.8%；新兴产业投资92.68亿元，比上年增长8.4%。全年在建亿元以上项目103个，比上年增加15个，其中，新开工亿元以上项目75个，比上年增加3个。

全年房地产开发投资16.08亿元，比上年下降8.1%，商品房施工面积247万平方米，比上年增长1.8%，其中住宅182.53万平方米，比上年增长0.8%；商品房竣工面积42.49万平方米，比上年增长62.5%，其中住宅27.43万平方米，比上年增长18%；全年商品房销售面积37.73万平方米，比上年下降2.7%，其中住宅29.18万平方米，比上年下降9.2%；商品房销售额18.21亿元，比上年下降10.6%，其中住宅14.56亿元，比上年下降16.2%。

【国内贸易、开放型经济】 2015年，丹徒区实现社会消费品零售总额61.45亿元，比上年增长10.6%，按行业分：批发业6.69亿元，比上年增长3.2%；零售业47.13亿元，比上年增长13%；住宿业1.03亿元，比上年增长14%；餐饮业6.6亿元，比上年增长2.5%。按规模分：限额以上单位零售额20.28亿元，比上年增长9.8%；限额以下单位零售额41.17亿元，比上年增长11.1%。

年末拥有年成交额亿元以上的商品交易市场2个，完成成交额6.48亿元，比上年增长10.2%。全年完成进出口总额5.64亿美元，其中：进口总额0.49亿美元；出口总额5.15亿美元。新批外资项目17个，其中增资项目6个，合同外资及港澳台资1.34亿美元，实际利用外资及港澳台资9100万美元。

【交通】 2015年，丹徒区交通基础投资2.22亿元。干线公路和支线公路路况好路率分别达到100%和80.8%。全区公路总里程1036.74千米，公路密度达168千米/百平方千米。其中，高速公路55.92千米，一级公路111.9千米，二级公路106.3千米，三级公路86.9千米，四级公路675.7千米。全区城乡公交全覆盖，镇村公交全覆盖。全区拥有营运车辆3047辆 27580吨位，全年新增货车332辆2795吨位，重型货车、集装箱车和厢式货车占营运货车比重达到71%。完成公路客运量254万人次，客运周转量12879万人千米，完成公路货运量1160万吨、货运周转量129944万吨千米。港口吞吐量518万吨。

【城市建设】 2015年，丹徒区城乡环境持续优化。新312国道主体贯通，宜城大道二期、燕丹路、长山中路加快建设，金谷东路环境综合整治和古邑广场改造如期竣工，提档升级县道11.4千米、乡村道50千米，改造危桥6座。高校园区建设进展迅速，镇江高专、市委党校和4.5万平方米体育馆主体封顶，省交通技师学院进入内部装修阶段。提升城区防洪排涝能力，全面实施19个城市易积水路段改造项目。推进覆盖拉网式农村环境综合整治试点和村庄环境整治五年提升行动，建成36座农村分散式污水处理设施，规划新建污水管网113千米，85个村庄完成环境整治提升任务，世业镇基本实现整岛生活污水处理全覆盖,高桥京江村乾西、江心五墩村九组完成省级美丽宜居村庄建设任务,创成省级水美乡镇1个、水美乡村5个。

【科技、教育】 2015年,丹徒区共征集企业技术需求58项,签订产学研合作项目43项。全区研发投入7.03亿元,占地区生产总值比重为2.06%。新认定高新技术企业10家,总数为46家,全区高新技术产业产值454.7亿元,占规模工业产值比重为41.1%。推进“人才兴区”,制定下发《关于加快引进高层次创新创业人才的实施意见》,全年引进各类高层次创新创业人才(团队)12个。组织“科技文化卫生三下乡”和科普宣传周活动,向农民发放科技致富、农业各种种植、养殖技术书籍资料。全区申请专利815件,其中发明专利365件,专利授权660件,每万人发明专利拥有量13.65件。

教育现代化加快进程,荣炳中心幼儿园、恒大绿洲幼儿园等项目顺利推进,丹徒开放大学、社区培训学院正式挂牌运行,完成校安工程6万平方米,创成镇江市教育现代化建设先进镇5个、先进学校23个。年末拥有中等(职业)学校1所,在校学生1724人;普通中学15所,在校学生8754人;小学12所,在校学生13853人;全区公办幼儿园实行独立建制,年末拥有幼儿园22所,在园儿童7458人。

【文化、卫生、体育】 2015年,丹徒区推进公共文化设施建设,建成4个示范性基本型文化广场、4个生态文明主题广场和25个村级农民健身公园,创成“中华诗词之乡”和“江苏省公共体育服务体系示范区”。举办2015年“展望丹徒美 畅想中国梦”系列文化惠民活动——乡村文化大互动、第四届“清风雅韵”广场戏曲周、第三届“丹徒田歌”大赛;组织近400名文艺表演者参加丹徒区第七次运动会开幕式的文艺演出;与区总工会共同承办“共筑中国梦,同唱劳动美”镇江市职工演唱比赛的首场比赛。组织创作的壁画作品《镜头·北京》参加第二届江苏省文华奖 艺术展演月活动获入选奖;组织创作的广场舞《千古一醉》《张灯结彩》《昆力奔驰》参加市“灵秀镇江·梦想舞台”全民广场舞大赛获3个三等奖,前2部作品还代表镇江市远赴香港参加第一届中华老年体育舞蹈(香港)国际艺术节,获金奖优胜奖。《今日丹徒》新闻节目共播发新闻2200余条,小专题359余档,长专题20余档;在抗日战争胜利70周年之际,推出《铭记历史 胜利回顾》专题;制作《人勤春来早》《书香丹徒》《异乡人在丹徒》《创富人生》《中国梦 我的梦》等系列报道。全年完成省台用稿50余篇,中央级媒体用稿8篇,其中《新闻联播》用稿2篇。深化文化惠民工程,推进全区“书香六进”活动,书香进校园送书2000册,书香进机关送书3000册;开展“全民阅读手拉手·春风行动”、“你阅读我买单”、阅读推广人培训等活动;免费开办“国学讲堂”10余期,联合南京图书馆举办《论语》和《纪念抗战胜利70周年》大型图片展;落实“2131”公益电影放映工程,全区行政村放映1230场,固定点放映208场,观众40余万人次。

丹徒区医药卫生体制改革深入实施,人民医院二期进入试运行,创成全国群众满意乡镇卫生院1所、省级示范卫生院6所、省级示范卫生室10个,新建和改扩建卫生院8所。年末全区各类卫生机构拥有床位840张,共有卫生人员1241人。新型农村合作医疗参保覆盖率100%,全区参保居民在市内所有定点医疗机构和省级10家定点医院发生的可报费用可享即时即报。

丹徒区举办区级活动7项次,各单项协会、体育组织活动13项(次);镇(街道、园区)活动76项次,直接参与各项的群众近万人次。承办第四届“民防杯”江苏省业余无线电应急通信演练比赛,组织江苏省老年人体育节丹徒分会场的开幕式和闭幕式,举办丹徒区第七届运动会,主办2015年度“区长杯”校园足球阳光联赛,举办“生态丹徒、活力新区”2015丹徒区首届徒步大会。承办江苏省青少年武术散打比赛,并获得两金一银两铜;组队参加江苏省青少年田径锦标赛暨县组田径比赛(第二赛区),取得金牌第二、总分第四的好成绩,顺利晋级省甲级队;组织参加镇江市少儿田径比赛,名列全市第三。全年各类彩票实现销售收入6637万元。

【人口、民生保障、社会管理】 2015年,丹徒区居民人均可支配收入27395元,比上年增长8.5%,居民人均生活消费支出18140元,比上年增长7.1%。城镇常住居民人均可支配收入37824元,比上年增长8.2%。其中工资性收入24010元,比上年增长8.7%;经营性收入4612元,比上年增长2.8%;财产性收入3461元,比上年增长11.6%;转移性收入5740元,比上年增长8.6%。城镇常住居民人均消费支出23912元,比上年增长7.0%。农村常住居民人均可支配收入17456元,比上年增长9.2%。其中工资性收入11046元,比上年增长8.0%;家庭经营收入3655元,比上年增长16.7%;财产性收入700元,比上年增长3.7%;转移性收入2056元,比上年增长5.3%。农村常住居民人均生活消费支出12664元,比上年增长7.5%。

城乡职工基本养老保险覆盖率98%,基本医疗保险覆盖率98%,失业保险覆盖率98%,城镇登记失业率为2.1%;年内企业退休人员人均养老金调增至201.8元/月,企业最低工资调增至1630元/月,城乡最低生活保障标准统一调增至每月610元。全区现有社会组织400家,其中社会团体294家,民办非企业单位106家,每万人拥有社会组织数13.7个;全区城乡和谐社区综合达标率98.9%;全区90个建制村(社区)中有88个建成居家养老服务中心,覆盖率97.78%。全区现有养老床位2888张,每千名老人拥有养老床位数42.63张。

政治文明建设

【党建工作】 2015年，丹徒区围绕践行“四个全面”“五大发展”理念等主题，开展系列学习宣讲活动。开展“三严三实”专题教育，从严治党迈上新台阶。推进领导班子和领导干部综合分析研判工作，累计研判77个领导班子515名领导干部；严格执行干部选拔任用全程纪实制度，基本完成超职数配备干部的清理工作。开展优秀年轻干部集中推荐选拔，推进干部轮岗交流，优化干部队伍结构。以“五在支部”为重点，开展“双型”先进党支部建设工程，创成“五星”党支部3个、“四星”级党支部66个。落实党风廉政建设“两个责任”，执行中央八项规定和省、市、区委相关规定，作风建设成效明显。

【政务公开】 2015年，丹徒区贯彻落实《中华人民共和国政府信息公开条例》，以依法行政、提高效能、促进建设服务型政府为目标，推进政府信息公开工作。及时调整充实区政府信息公开工作领导机构，负责推进、指导、协调、监管全区信息公开工作。同时，各镇（街道、园区）、政府部门调整充实相应工作机构，落实专人负责信息公开日常工作，形成长效机制。做好政府网站普查整改工作，对照全国政府网站普查要求，整合“生态丹徒”门户网站以及全区10个镇（街道、园区）和21个政府部门网站信息公开平台出现的问题，完善政府网站信息公开工作。以群众关心的重点领域和政民互动工作作为工作重点，在政府网站上分专栏公开重点领域如工程建设、政府集中采购、财政专项资金使用等内容；在政府门户网站政府信息公开栏中设立专门的网络问政平台，受理群众网络问政事宜，并明确办理时限，全年回应公众关注热点和重大舆情数500件。丹徒区举办新闻发布会2次，分别是“走生态丹徒看重点项目版主沙龙座谈新闻发布会”和“聚焦丹徒大项目建设新闻发布会”。在“生态丹徒”政府门户网站发布信息4000余条，其中政府文件近100件，各类新闻、图片、资料及动态信息等3800余条。收到依申请公开事项2起，其中包含委托律师提出的公开申请；收到依申请公开事项2起，均在规定时间内依法按规及时给予答复。区政府未收到政府信息公开方面的行政复议；没有出现与区政府或区政府办公室有关的因政府信息公开提起行政诉讼的案件。

【民主法制建设】 2015年，丹徒区完成“六五”普法任务，新增省级法治文化示范点1个，省级和谐社区建设示范村2个，省级民主法治示范村5个，城乡和谐社区达标率实现100%。新建丹徒区德法文化主题馆，新建成一批镇村法治文化广场（公园、长廊）。区社会管理服务中心、区公共法律服务中心和检察为民服务中心建成使用，镇级公共法律服务中心、村级司法惠民服务站、社区“绿丝带”律师工作室实现全覆盖，初步形成城市半小时、农村一小时公共法律服务圈。实施社会面技防“一网化”升级改造，实现镇、村监控设施运行率、联网率100%，刑事发案数全市最低。开展“信访积案化解专项整治”，完善“12345”政府热线服务机制，受理群众热线诉求10486件、办复率100%、满意率96%。全年办理人大代表建议51件、政协委员提案105件。丹徒区被授予“全国法治区创建活动先进单位”称号，连续11年被评为“省级平安区”，世业镇被评为省级“和谐社区建设示范镇”，上党镇被评为“镇江市法治镇”，高资街道、谷阳镇被评为“镇江市社会治安综合治理先进镇（街道）”，高桥镇等6家单位被评为“全市法治镇（街道）创建工作先进单位”称号。

【干部人事制度】 2015年，丹徒区贯彻《事业单位人事管理条例》，深化事业单位人员聘用制度、公开招聘制度、岗位管理制度等人事制度改革，参与事业单位管理体制改革。探索不同类型事业单位岗位总量、结构比例和最高等级的调控办法。全年招录31名公务员，49家事业单位公开招聘107人，公务员在职培训2000人；全年接受安置营职军转干部5名。强化干部培训，全年举办培训班10个，培训领导干部900人；建立宝堰新四军四县抗敌总会、恒顺醋文化博物馆、高资循环经济产业园等5个教育培训实践联系点，增强培训实效。推进“长山计划”和人才重点项目，新增领军人才（团队）数21个。

精神文明建设

【思想道德建设】 2015年，丹徒区着力先进典型培树，整合“丹徒好人”“道德模范”“美德少年”等评选，修订先进典型选树活动方案，形成“发现、培养、成熟、宣传、表彰”工作模式，全年有2人当选“中国好人”、1人当选“江苏省道德模范”、3人当选“江苏好人”、9人当选“镇江好人”，1人获“感动镇江2014年度十大人物”提名奖；上党镇五塘村入选“江苏最美乡村”；采取层层宣讲、开辟专题专栏、刊播公益广告等方式，运用宣传橱窗、板报墙报、微博微信等载体，宣扬赵亚夫、贺丽明、凌秀英等一批具有时代精神的先进典型。围绕纪念抗战胜利70周年，在全区开展系列主题教育活动，召开“宝堰——江南抗战第一镇”研讨会，举办《纪念抗战胜利70周年》大型图片展；推动新四军纪念馆和冷遹纪念馆等爱国主义教育基地提档升级，新四军纪念馆被授予“镇江市党员教育示范基地”称号，冷遹纪念馆被授予“江苏省侨胞文化交流基地”称号；全面实施“乡风明德文化墙”建设，建成10个镇级示范点，实现覆盖50%行政村的目标。

【群众性精神文明创建】 2015年，建好用好“图说我们的核心价值观”公益广告主题大道、主题广场等阵地，开展中国梦和社会主义核心价值观宣传教育；通过建立信用惩戒“黑名单”、发布企业诚信“红黑榜”、创建诚信“示范点”等举措，开展诚信制度化建设；修订全区年度道德讲堂实施方案，建有各类规范性道德讲堂68家；广泛招募志愿者，全区通过网络注册志愿者23423人，占比16.8%；选拔出15名公众代表，参加第五届全国、全省道德模范推选工作；推荐83家单位（行业）、镇、村（社区）申报2012～2014年度镇江市文明系列评选；世业镇通过“全国文明镇”复审。

【未成年人思想道德建设】 2015年，丹徒区围绕“做一个有道德的人”主题活动和“八礼四仪”文明养成教育，开展“双走进”、我们的节日、心理健康百场宣讲活动；完善“养正学堂”、校馆衔接等未成年人思想道德建设载体建设，全区建有童谣说唱站、小橘灯志愿者工作分站和童谣广场等16家。

【文明城市建设】 2015年，丹徒区完善文明城市建设长效管理机制，实行专项整治与日常管理、结对包干与联合执法相结合的管理模式，实施文明城市创建“向日葵”行动，推动结对共创、志愿服务和专项整治等活动常态化、长效化开展；开展以“做文明市民 建美丽丹徒”为主题的文明交通、文明旅游、文明餐桌、网络文明传播等创建活动。组织65家区级机关单位与57个居民小区开展常态化的文明城市结对共创活动320次。有7个单位、1个社区和12名个人获镇江市文明城市建设网格化管理工作先进集体和先进个人称号。组织街道、城管、公安、市场监管、教育、卫生等部门，开展环境秩序、未成年人成长社会环境、集贸市场、“五小店”等专项集中整治行动16次。完成全国文明城市和未成年人思想道德建设等测评年度目标任务，在省、市测评中综合得分名列前茅。

生态建设

【环境保护】 2015年，丹徒区以改善环境质量为核心，在生态创建、污染防治、环境法治等方面成效显著。推进生态文明建设“六大工程”，开展污染减排、水环境治理、大气污染防治等各项工作，化学需氧量、氨氮、二氧化硫、氮氧化物分别削减2.5%、2.1%、4.2%、10%。推进东西部生态环境综合整治，累计实施六大类整治项目103项，关停“五小”企业162家，投入各类资金9亿元以上，鹤林水泥等企业低碳循环发展走在全市前列；实施大气污染防治、西南片区生态环境综合整治、饮用水源地保护等行动，完成燃煤小锅炉整治76台，淘汰黄标车510辆，关停西南片区粉尘污染企业88家。新增绿化合格面积174.1公顷，15个绿化示范村建设通过市级验收。全区完成成片造林面积220.67公顷，全区森林覆盖率和林木覆盖率分别达到26.4%和 29.2%。

【生态农业】 2015年，丹徒区新增“农三品”（无公害农产品、绿色食品、有机食品）产品认证15个。实施化肥农药量减工程，推广测土配方肥8000吨，全区化学农药用量下降5%。推广以秸秆还田为主、综合利用为辅的秸秆综合处理办法，全区秸秆综合利用率96%。大中型规模养殖场畜禽粪便无害化处理与资源化利用率98.5%。

图5 山水湾风光 （丹徒区宝堰镇提供）

组织机构及领导人名录

区四套班子

中共丹徒区委

书　记　陈　琳（女）
副书记　张映桥
　　　　杨伟民
常　委　李幸福
　　　　彭忠东
　　　　韩宏亮
　　　　殷利民
　　　　叶向东
　　　　谈沁磊
　　　　朱　毅
　　　　刘　东

丹徒区人大常委会

主　任　陈　琳（女，　～2016.1）
　　　　李幸福（2016.1～　）
副主任　许志涛（　～2016.2）
　　　　冷安康（　～2016.2）
　　　　丁国方（　～2015.1）
　　　　杨伟民（2016.1～　）
　　　　王卫方（女）
　　　　范晓荣

丹徒区人民政府

区　长　张映桥
副区长　谈沁磊
　　　　田志虹
　　　　朱　彤
　　　　贺　文
　　　　贺丽娟（女）
　　　　陈　静（　～2015.12）
　　　　黄　辉（挂职，～2015.8）
　　　　张云鹏（女，挂职，
　　　　　　2015.4～2016.1）
　　　　李　骏（女，挂职，
　　　　　　2015.10～　）

政协丹徒区委员会

主　席　徐新祥
副主席　叶向东（2016.1～　）
　　　　郭祥明
　　　　江　灿
　　　　李晓娟（女）
副书记　任金华
秘书长　蔡怀根

区委工作部门及直属单位

区委办公室

主　任　殷一斐（2015.7～　）
　　　　张长庚（　～2015.7）
副主任　黄育新
　　　　赵　斌（　～2015.10）
　　　　郑东军（　～2015.10）
　　　　董　帅（2015.7～　）
　　　　刘正国（2015.10～　）
主任科员　郑东军（2015.10～　）

机要保密局

局　长　赵　斌（　～2015.10）
副局长　周明波

督查室

主　任　何朝阳

组织部

部　长　彭忠东
副部长　单　红（2015.4～　）
　　　　缪其国
　　　　王正平（2015.11～　）
　　　　张芙萍（女，～2015.11）
　　　　许南江

组织员办公室

主　任　单　红（2015.10～　）
副主任　刘永利（　～2015.9）

区委新经济社会组织工委

书　记　张芙萍（女，～2015.10）
　　　　王正平（2015.10～　）

机构编制委员会办公室

主　任　朱金凤（女）
副主任　张志宏

纪律检查委员会

书　记　李幸福
副书记　姚遇平
　　　　孙建中
常　委　殷　峰
　　　　傅金平
　　　　许　辉
　　　　乐祥安（2015.7～　）

宣传部

部　长　叶向东
副部长、文明办主任
　　　　蔡　扬（　～2015.10）
　　　　王继富（2015.10～　）
副部长　陈　煜（2015.10～　）
　　　　朱广昌（2015.10～　）
　　　　蔡　敏（　～2015.10）
文明办副主任
　　　　张国琪（　～2015.10）
主任科员　蔡　敏（2015.10～　）
副主任科员
　　　　张国琪（2015.10～　）

统战部

部　长　任金华
副部长　卢德辉
　　　　陈毅强（　～2015.10）
　　　　霍国庆
　　　　张武民（2015.7～　）
主任科员
　　　　陈毅强（2015.10～　）

党　校

校　长　杨伟民
常务副校长　朱祥洪（2015.7～　）
　　　　　　聂荣祥（　～2015.7）
副校长　孔　萍（女）
　　　　吴慧勇

行政学校

校　长　谈沁磊
常务副校长　朱祥洪（2015.7～　）
　　　　　　聂荣祥（　～2015.7）

机关党工委

书　记　吴富祥（2015.8～　）
　　　　王继富（　～2015.8）
副书记、机关纪工委书记
　　　　陈　新
副书记　王　妍（2016.2～　）
　　　　庄　芳（　～2016.2）

史志办公室

主　任　陈　刚
副主任　王雪松
　　　　丁素娟（女）

老干部局

局　长　李厚金
副局长　周光鑫（　～2015.10）
　　　　傅雅明（2015.10～　）
　　　　潘月红（女）

信访局

局　长　窦峰云
副局长　姜　波（　　～2015.10）
　　　　戴　伟（　　～2015.10）
　　　　朱智谋
主任科员　姜　波（2015.10～　）
　　　　　戴　伟（2015.10～　）
纪检组长　尹桂裕（2015.10～　）

侨务办公室

主　任　吴林华
副主任　范国忠
　　　　严相平

台湾工作办公室

主　任　段　炼
副主任　王龙成
　　　　王丽君（　　～2015.10）

档案局

局　长　张　晖（女）
副局长　赵帮才（　　～2015.5）
　　　　时小燕（女，2015.7～　）

关心下一代工作委员会

主　任　姚瑞宽
副主任　冷安康　殷红林
　　　　卜顺华　沈仁国
　　　　李厚金　陶爱兰（女）
　　　　袁宝凤（女）
　　　　卞美岗

区人大常委会工作机构

人大常委会办公室

主　任　魏国平（2015.7～　）
　　　　龚晓华（　　～2015.7）
副主任　张荣辉
　　　　刘苗苗（女）

财政经济工作委员会

主　任　赵虎山
副主任　张德军（　　～2015.10）
主任科员　张德军（2015.10～　）

农村经济工作委员会

副主任　钟　辉（女）

内务司法工作委员会

主　任　费海新

社会事业工作委员会

主　任　朱春龙
副主任　王　玲（女）

人事代表联络工作委员会

主　任　姚永洪
副主任　任锁林

环境资源城乡建设工作委员会

主　任　吴国良

区政府工作部门及有关单位

区政府办公室

党组书记、主任　梅　放
副主任　吴宏昱（　　～2015.10）
　　　　朱祥洪（　　～2015.7）
　　　　戴益峰（　　～2015.11）
　　　　朱昌斌
　　　　谢　军
　　　　张　彦
　　　　辛学俊（2015.11～　）
　　　　陈卫平（2015.11～　）
主任科员　戴益峰（2015.7～　）
　　　　　吴宏昱（2015.10～　）
纪检组长　史惟蓉（女）

金融办

主　任　袁学军（　　～2015.5）
　　　　梅　放（2015.5～2015.11）
　　　　戴益峰（2015.11～　）

法制办公室

主　任　马成龙
副主任　郦镇群　赵　丹（女）

政务服务管理办公室

主　任　赵中田
副主任　张永生（　　～2015.10）
　　　　吴志平　朱林林（女）

外事办公室

主　任　王　燕（女）
副主任　王松华（　　～2015.10）
　　　　於　美（女）
主任科员　王松华（2015.10～　）

机关事务服务中心

主　任　张叶飞
副主任　潘　莉（女，2015.2～　）
　　　　李昌鹭　赵院生

监察局

局　长　姚遇平（　　～2015.5）
副局长　孔令萍（女，　～2015.7）
　　　　张　晨（女，～2015.10）
　　　　张云飞（2015.10～　）
　　　　徐　洁（女，2016.3～　）

发展改革与经济信息化委员会

党委书记、主任
　　　　陈正宏（2015.10～　）
　　　　杨　俊（　　～2015.10）
党委副书记、金融办主任
　　　　庄斓鸷（2015.10～　）
　　　　袁学军（　　～2015.5）
副主任　赵连华（　　～2015.10）
　　　　赵正玉
　　　　朱　敏（2015.10～　）
　　　　韦巧珍（女，～2015.11）
　　　　唐宏秋
　　　　郑　瑶（女，2015.7～　）
纪委书记　王飞雪（女）

物价局

局　长　陈正宏（2016.2～　）
　　　　周菊红（女，～2015.10）
副局长　余　平　朱有喜
　　　　邓鹏林

商务局

局　长　孙　铁
副局长　卢贤军
　　　　巫　斌（　　～2015.10）
　　　　周步祥
　　　　杨　杰
主任科员　巫　斌（2015.10～　）

招商服务中心

主　任　孙　铁
副主任　曹　媛（女）
　　　　闪　静（女）

民族宗教旅游局

党组副书记、局长
　　　　张武民（2015.7～　）
党组书记、副局长
　　　　林炳雷（2015.7～　）
党组成员、副局长
　　　　洪云国（2015.7～　）
　　　　于德宝（2015.7～　）
　　　　王　燕（女，2015.7～　）

徐　松（女，2015.7～　）

工业资产管理总公司
党委书记、总经理　王文治
党委委员、副总经理
刘生华
祝九庚
贡云明
陈锦福
李素芳（女，～2015.7）

民营经济发展局
局　长　王文治

商业总公司
党委书记、总经理　王　平
党委副书记、纪委书记　马荣明
副总经理　王志强

安全生产监督管理局
局　长　顾大庆
副局长　吴德建（　～2015.10）
丁廷华
谢朝红（2016.2～　）
胡卫民
主任科员　吴德建（2015.10～　）
纪检组长　陆　景（女，2015.7～）

科技局
党组书记　巫五才
局　长　巫五才（2015.5～　）
魏志康（　～2015.3）
党组副书记　卢建军
党组成员　陈正家
陈亚兴
邱德祥
党组成员、副局长
唐小平（2015.10～　）
吕　杰（2015.10～　）
丁海燕（女，～2015.3）
副局长　巫五才（　～2015.5）
卢建军（　～2015.10）
陈正家（　～2015.10）
陈亚兴（　～2015.10）
邱德祥（　～2015.10）
肖祖法（挂职，2015.9～）
主任科员　陈亚兴（2015.10～　）
邱德祥（2015.10～　）
党组成员、纪检组长　龚恋淇（女）

地震局
局　长　陈正家
副局长　刘　琳（2015.10～　）

知识产权局
局　长　陈亚兴（　～2015.11）

人力资源和社会保障局
党组书记、局长　缪其国
党组副书记、副局长　王德建
党组副书记、纪检组长　陈　远
党组成员、副局长
孟　涛（　～2015.10）
王成福
张根荣
童韶琴（女）
吕　庆
党组成员、主任科员
孟　涛（2015.10～　）
仇　霞（2016.2～　）
党组成员、社保中心主任　姚克仁
党组成员、就业中心主任　陈　曦

统计局
局　长　鲍玉荣
副局长　唐小平（　～2015.10）
朱秀文
潘叶平
吴秋红（女）
纪检组长　赵寒雪（女）

住房和城乡建设局
党委书记、局长
陆瑞进（2015.10～　）
殷志庆（　～2015.10）
党委副书记
朱国生（　～2015.7）
李雪义（2015.10～　）
党委委员、主任科员
谢晓彬（2015.10～　）
党委委员、纪委书记　刘雅萍（女）
副局长　周　忠（2016.2～　）
姚建明
侯晓敏
王牧原（女，2015.10～）
王　平
党委委员、拆迁办主任　卢玉金
党委委员、建管处主任　孔祥盛
党委委员、办公室主任　张庆华

房管局（房改办）
局　长、主任　陆瑞进
副局长、副主任　庄日新
副局长　朱祥余　张　俊（女）

建设投资有限公司
董事长、党委书记　殷国祥
副董事长、副党委书记、总经理
袁学军（2015.5～　）
董事、党委委员、纪委书记
蒋朝辉
董事、常务副总经理　滕俊浩
董事、副总经理　高超文
总经济师、副总经理　韦建云
副总经理　陈保生
倪卫龙

人防办
主　任　陆瑞进
副主任　庄　超
韦建国（　～2015.10）
赵桂荣
潘吉华
主任科员　韦建国（2015.10～　）

城市管理局
党组书记、局长　张　宾
党组副书记、纪检组长　马益锋
党组成员、主任科员
谢月飞（2015.10～　）
党组成员、副局长
谢月飞（　～2015.10）
韦建平
蒋国耘　张建华

环保局
党组书记、局长
龙　飞（2015.10～　）
陈正宏（　～2015.10）
党组副书记
吴　淳（　～2015.10）
党组副书记、纪检组长　杨　翔
党组成员、副局长
张和平（　～2015.10）
殷国飞（　～2015.10）
丰晓静　杜林利
党组成员、主任科员
吴　淳（2015.10～　）
张和平（2015.10～　）
副局长　戴文妍（女）

交通运输局

党委书记、局长 洪象同
党委副书记 张映红（女）
王建锁
党委委员、副局长
华智新（ ~2015.10）
戴和平
王卫东
杨 飞（2015.10~ ）
党委委员、主任科员
华智新（2015.10~ ）
纪委书记 张文娟（女）
党委委员 戴 峰

农业委员会

党委书记、主任 程道云
党委副书记 孙永忠
党委委员、副主任
庄顺义
张素燕（女， ~2015.11）
唐本旭（2015.11~ ）
周白兰（女， ~2015.7）
傅金平
殷 俊
陆 景（女， ~2015.7）
副主任 孔令萍（女， ~2015.11）
纪委书记 魏雪峰(2015.7~)
党委委员、主任科员
张素燕（女，2015.10~ ）
主任科员
孔令萍（女，2015.10~ ）

农业资源开发局

局 长 程道云

茅山老区经济开发办公室
扶贫工作领导小组办公室

主 任 程道云

水利农机局

党委书记、局长 金国顺
党委副书记
傅禄宇（ ~2015.10）
吴秋方
党委委员、副局长
田启明
徐小刚
戴雨平（ ~2015.10）
赵厚福（ ~2015.7）
党委委员、主任科员
傅禄宇（2015.10~ ）
张丹宁（2015.10~ ）
戴雨平（2015.10~ ）
党委委员、纪委书记
韦 辉
副局长 徐英姿（女，2016.2~ ）
徐 洁（女， ~2016.2）
党委委员 徐 军

财政局

党组书记、局长 宋守雷
党组副书记 刘福生
党组成员、副局长
郑 勇（ ~2015.10）
于文琴（女， ~2015.10）
邵武成
伏柏林
杨明凤（女）
党组成员、主任科员
郑 勇（2015.10~ ）
于文琴（女，2015.10~ ）
党组成员、纪检组长 王建英（女）
党组成员、总会计师 沈 杰

审计局

党组书记、局长 林玉祥
党组副书记、纪检组长
朱慧芳（女）
党组成员、副局长
杨克强（ ~2015.10）
赵志强
纪剑华
党组成员、总审计师 吴明花（女）
副局长 赵爱华（女， ~2015.10）
党组成员 吴文胜
章丽菜（女）

粮食局

党委书记、局长 丁建庭
副局长 张志俊（ ~2015.10）
夏秋生
王俊峰（2015.11~ ）
纪委书记 朱 莉（女）

茧丝绸总公司

总经理 吴国胜
副总经理 朱洪才（ ~2015.10）
嵇 俊 张晓红（女）

供销合作总社

党委书记、主任 庞金玉
党委副书记 吴伟臣
副主任 丛 松
尹桂裕（ ~2015.10）
吉国方（ ~2015.10）
李罗双
纪委书记 骆邦栋
党委委员 徐小平

教育局

党委书记、局长
张长庚（2015.7~ ）
曾明泉（ ~2015.7）
党委副书记 华腊明
党委副书记、区政府教育督导室主任
尹 鹏
党委委员、江苏省大港中学校长
仲伟贵
党委委员、主任科员
张伟荣（2015.10~ ）
区政府教育督导室副主任
谭卫平（ ~2015.7）
纪委书记 李 枫（女）
副局长 张伟荣（ ~2015.10）
朱品辉
李 军（女）
常建军
方纪敏
党委委员 吴建昌

卫计委

党委书记、副主任
孙栋文（2015.7~ ）
党委副书记、主任
傅忠宇（2015.7~ ）
党委副书记
周怀方(~2015.10)
党委委员、副主任
黄炳忠（2015.7~2015.11）
赵亚军（2015.7~2015.11）
唐锁荣（2015.7~ ）
马国荣（2015.7~ ）
杨剑春（女，2015.7~ ）
朱美良（2015.7~ ）
党委委员、主任科员
周怀方（2015.10~ ）
黄炳忠（2015.10~ ）
赵亚军（2015.10~ ）

党委委员、纪委书记
卢建萍（女，2015.7～ ）
纪委书记 周怀方（ ～2015.7）
党委委员 卞有根（2015.7～ ）
副主任 崔萍（女，2015.7～ ）

文化广电体育局
党组书记、局长
窦云峰（2015.7～ ）
吴富祥（ ～2015.7）
党组副书记 印海飞
副局长 王军
王金云（ ～2015.10）
殷克勤
唐丹青
杨飞（ ～2015.10）
纪检组长 潘坚

民政局
党组书记、局长
姚遇平（2015.5～ ）
单红（ ～2015.2）
副局长 朱先其
丁利胜
张建红（女，2015.10～）
陈玲（女， ～2015.10）
陈新（ ～2015.12）
纪检组长 刘萍（女）

区政协工作机构

办公室
主任 蔡怀根
副主任 张义鸿
贺军（ ～2015.10）
主任科员 贺军（2015.10～ ）

提案委
主任 张正平
副主任 葛希娟（女，2016.2～ ）

经济科技委员会
主任 王午生
副主任 庄维红（女）

社会事业委员会
主任 刘佳明
副主任 张燕（女）

文史资料委员会
主任 殷明

港澳台侨委
主任 吴黎红（女）

丹徒新城（宜城街道）

丹徒新城
党工委书记 殷利民
管委会主任 殷利民（ ～2016.2）
王欣（2016.2～ ）
党工委副书记 王欣
管委会常务副主任
王欣（ ～2016.2）
党工委副书记 杨晓平 徐兴华
党委委员、管委会副主任
朱亚明 许金生
凌建国 戴圆
党工委委员、办公室主任 巫正云
党工委委员
蓝军（2015.10～ ）
招商部主任 魏欲同
财务部主任 陈菊清（女）
国土部主任 朱学德
农村工作部主任 唐晓海
服务业发展部主任 杨建君
经济发展部主任 朱军民

宜城街道
党工委书记 殷利民
党工委副书记、街道办主任
王欣
人大工委主任 杨晓平
党工委副书记、政协联络委员会主任
韦才荣
党工委委员、人武部长
刘兴中（ ～2015.10）
党工委委员、主任科员
刘兴中（2015.10～ ）
党工委宣传（统战）委员、政协联络委副主任 许金生（ ～2015.10）
主任科员 许金生（2015.5～ ）
政法委员 黄德新（2015.10～ ）
汤杏祥（ ～2015.10）
党工委副书记
侯白羽（ ～2015.10）
张俊（挂职，2015.11～）
纪工委书记 侯白羽
街道办副主任
陈鹏
洪敏（女）
李京
肖祖法（2015.11～ ）
卢玉金（2016.2～ ）
组织委员 朱东亮

城投公司
总经理 赵育文（2016.1～ ）
李京（ ～2015.7）
副总经理 陈爱波
李军

丹徒经济开发区

党工委书记、管委会主任 朱毅
党工委副书记 张蕾（女）
王谷翔
管委会副主任
徐江平
崔常富
侯军
朱亚兵（ ～2015.9）
方彬（女，2015.9～ ）
杨云飞（挂职，2015.11～ ）
总工会主席
朱亚兵（2015.9～ ）
殷宝玉（ ～2015.9）
纪工委书记 殷俊
办公室主任 曹斐
项目招商部主任 施琼娟（女）
经济发展部主任 何锋
规划建设部主任 耿继进
计划财务部主任 向飞
环境保护管理部主任 张超
安全监督管理部主任 周慧勤（女）
社会事务管理部主任 王浩
监察室主任 蒋敏
总工会副主席
魏锦绣（女， ～2015.10）

世业洲旅游发展总公司

总经理 杨益斌（ ～2015.12）
副总经理
王志坚
郑桂勤
虞亚军
缪光才（ ～2015.7）
唐本旭（ ～2015.11）
朱军（2015.11～ ）
办公室副主任
王平（ ～2016.2）
汤振（2016.2～ ）
旅游管理处副处长 凌秀（女）

规划国土环保管理处副处长
张 辉（ ～2016.2）
王 平（2016.2～ ）

丹徒高新技术产业园管委会

党工委书记 江达贤
管委会主任
蔡 扬（2015.10～ ）
江达贤（ ～2015.10）
党工委副书记
王 翼
魏 云（女， ～2015.10）
蔡怀平（挂职，2015.10～）
管委会常务副主任
王 翼（ ～2015.10）
管委会副主任 吴毅峰
尹润忠
龚向华
严 慧（女）
陆 炜
纪工委书记 张 舒（女）

丹徒区长山文化产业园管委会

管委会主任 戴登庆
管委会副主任 王锁清
陈 杰
杜 宇（女）

丹徒区人民武装部

部 长 刘 东
政治委员 李世杰
党委第一书记 陈 琳（女）
党委书记 李世杰
党委副书记 刘 东

政法系统

政法委

书 记 韩宏亮
副书记 贺 文 薛恒初
高 志（ ～2015.10）
江旭平（ ～2015.10）
神俊武（2015.10～ ）
主任科员 高 志（2015.10～ ）
江旭平（2015.10～ ）

综治办

主 任 薛恒初
副主任 金华俊（ ～2015.10）
邓世琴（女）
神俊武（ ～2015.10）

法治办

主 任 韩宏亮
副主任 神俊武

国家安全领导小组办公室

副主任 王锁平

法学会

专职副会长
朱俊华（2015.10～ ）

公安局

党委书记、局长 贺 文
党委副书记、政委 景国栋
党委委员、副局长
王益峰
李 春（ ～2015.7）
张瑞芳
何培根
徐成兵
党委委员、纪委书记 彭义军
党委委员、指挥中心主任 田 霖
党委委员、政治处主任
庄红宇（女）

检察院

党组书记、检察长 黄 进
党组副书记、副检察长 韦跃华
党组成员、副检察长
赵明生（ ～2015.6）
陈东旭（挂职）
张静雯（女，2015.6～ ）
党组成员、纪检组长
唐良斌（ ～2015.10）
党组成员、检委会专职委员
冷 勇 卢柏林
党组成员、政治处主任
赵 霞（女）
党组成员 杨龙寿

法院

党组书记
陈 玉（女，2015.8～ ）
张 蕾（女， ～2015.8）
院 长 陈 玉（女，2016.1～ ）
张 蕾（女， ～2015.8）
副院长 华雪珍（女）
李东升
孙旭东
审判委员会专职委员 糜茂国
纪检组长 吴林荣
政治处主任
金华俊（2015.10～ ）
张丹林（ ～2015.10）

司法局

党组书记、局长 赵 勤
党组副书记 谢朝红（ ～2016.3）
党组成员、主任科员
韦 弦（2015.11～ ）
党组成员、副局长
韦 弦（ ～2015.11）
田 文
张永忠
副局长 盛莉莉（女）
党组成员、纪检组长 蒋素明（女）

民主党派·工商联

民革丹徒总支部

总支主委 贾金海
一支主委 王巧兰（女）
二支主委 赵爱华（女）

民盟丹徒支部

主 委 孔令萍
副主委 徐 俊
肖 涛

民建丹徒基层委员会

主 委 纪桂发
副主委 江 灿 吴仲明
杨金玉 何为民
一支主委 温守信
二支主委 孔国华
三支主委 杨 旗
四支主委 张 俊

农工民主党丹徒区基层委员会

主 委 王卫方（女）
副主委 周润生 何春华（女）
崔 萍（女）
姚金宝

致公党丹徒总支部

主 委 吴黎红（女）
副主委 季道静（女）
一支主委 盛莉莉（女）

二支主委　朱正化
三支主委　徐英姿（女，2015.10～）

九三学社丹徒支社

主　委　殷克勤
副主委　徐　航（女）
　　　　徐　洁（女）

工商联（商会）

主　席（会长）　郭祥明
党组书记、副主席（副会长）
　　　　卢德辉
党组成员、副主席（副会长）、秘书长
　　　　陈国镇
副主席（副会长）
　　　　吕永忠　周亭宇
　　　　朱　翔　缪文华
　　　　管建洪　吴　祥
　　　　施子郎　笪洪福
副会长　王兴文　李　华
　　　　陈　炜　徐向军

社会团体

总工会

主　席　张芙萍（2015.10～　）
　　　　王正平（　～2015.10）
副主席　孙宇东（　～2015.10）
　　　　陈跃荣
　　　　王　俊（女）
　　　　韩　蓁（2015.10～　）
主任科员
　　　　孙宇东（2015.10～　）

妇　联

主　席　张　雯（女，2015.10～）
　　　　王　珏（女，　～2015.10）
副主席　王丽君（女，2015.10～）
　　　　陈　玲（女，2015.10～）
　　　　张建红（女，　～2015.10）
　　　　时小燕（女，　～2015.7）

团　委

书　记　张源之（2015.5～　）
副书记　张源之（　～2015.5）
　　　　曹　莉（女）
　　　　赵　晨（　～2016.2）
　　　　郑　恺（2016.2～　）

科　协

主　席　周锡良
副主席　江其顺
　　　　倪羽欣（女）

文　联

主　席　王小军
副主席　吴呈昱
　　　　束鹏芳（不驻会）

侨　联

主　席　吴林华
副主席　孙中秀（女）
　　　　朱坚强（不驻会）
　　　　李　俊（不驻会）
　　　　马江华（不驻会）

残　联

理事长　胡克明
副理事长　许慧敏（女）

红十字会

会　长　贺丽娟（女）
常务副会长　朱　俊
副会长　刘　琳（女，　～2015.10）

见义勇为基金会

理事长　胡锡忠
副理事长　张道悟
　　　　　景国栋

慈善总会

会　长　龚玉华
副会长　朱　彤（2015.12～　）
　　　　姚遇平（2015.12～　）
　　　　付久成（2015.12～　）

商业联合会

会　长　巫东海
秘书长　丁德荫

兴教助学协会

理事长　姚美玲
副理事长、秘书长　卞祖荣
副理事长　魏祥林　周东海
副秘书长　孔荣喜
监事长　黄兆林
副监事长　戴朋龙　吴祥萍（女）

老促会（扶贫开发协会）

会　长　卞顺华

垂直系统

国税局

党组书记、局长　丁东生
副局长　任　林
　　　　张全刚（　～2015.7）
　　　　谢　芳（女）
　　　　贾　军
纪检组长　潘惠民

地　税

党组书记、局长　蔡登明
副局长　徐永国
　　　　辛正平
　　　　朱　红
纪检组长　朱志兵

国土分局

党委书记、局长　李道远
党委副书记、副局长
　　　　高富根
副局长　徐　蓉（女）
　　　　仇建农
　　　　沈金星
　　　　马志勇
　　　　纪振东
纪委书记　吕　梅（女）

烟草专卖局（分公司）

局　长、经理、党支部书记
　　　　李　演
副经理　杨晓峰
副局长　赵　军

市场监督管理局

党委书记、副局长　刘　镇
党委副书记、局长　张荣健
副局长　卢开仁（　～2015.10）
　　　　曹　俊（　～2015.10）
　　　　吴仲明（　～2015.10）
　　　　王锦良
　　　　唐兴国
　　　　武　莉（女，　～2015.4）
　　　　张丽华（女）
　　　　丰建林
　　　　范根清
　　　　黄羽田（女）
纪委书记　孟建平
党委委员、主任科员
　　　　卢开仁（2015.10～　）

曹 俊（2015.10～ ）
主任科员
吴仲明（2015.10～ ）

气象局
局 长 徐 峰
副局长 张宏康

规划分局
书 记、局长 方俊锡
副书记 李建伟
副局长 周 新（挂职）

镇江电信分公司丹徒分局
局 长 岳 强
副局长 殷海峰
陈景宏（2015.12～ ）

移动镇江公司丹徒分公司
总经理 戴 宁
副总经理 朱绎晓

蒙银村镇银行
董事长 袁晓岗
行 长 史武军
副行长 吕 剑 赵一江

农业发展银行丹徒支行
行 长 李 军
副行长 张 颖（女， ～2015.3）
阙云鹏
行长助理 谢 飞（女，2015.4～）

镇·街道·园区

高桥镇
党委书记
王家振（2015.9～ ）
赵永斌（ ～2015.9）
镇 长 刘永利（2015.9～ ）
王家振（ ～2015.9）
人大主席 徐君有
副书记、政协联络委主任 陆 俊
副书记 朱 敏（ ～2015.10）
陈 煜（ ～2015.10）
副镇长 孙立中（ ～2016.2）
王 妍（女， ～2016.2）
孔庆峰（2016.2～ ）
王玲华（2016.2～ ）
周雷明
殷 聪
政法委员 秦明国
组织委员
孔庆峰（ ～2016.2）
踪晓文（2016.2～ ）
纪委书记 张 俊
宣传（统战）委员
踪晓文（ ～2016.2）
颜圳杰（ ～2016.2）
人武部长 陆骏毅

高桥临港经济产业园工作委员会
党工委书记
王家振（2015.9～ ）
赵永斌（ ～2015.9）
党工委副书记、管委会主任
陈 煜（ ～2015.10）
管委会副主任 王 林
赵志翔

辛丰镇
党委书记
陈东伟（2015.7～ ）
窦云峰（ ～2015.7）
党委副书记
马云飞
吴慧琴（女，2015.10～）
陈 健（2015.10～ ）
陈东伟（ ～2015.7）
李雪义（ ～2015.10）
人大主席 郑健红（女）
人大副主席
刘德祥（ ～2015.10）
镇 长 马云飞（2015.10～ ）
陈东伟（ ～2015.10）
党委委员、副镇长
姚震刚（2015.10～ ）
吴慧琴（女， ～2015.10）
副镇长 张 军（2015.10～ ）
刘德祥（2015.10～ ）
徐英姿（女， ～2016.2）
潘海露（ ～2015.10）
王俊峰（ ～2015.10）
何白平（ ～2015.10）
政法委员
潘海露（2015.10～ ）
组织委员
何白平（2015.10～ ）
张 军（ ～2015.10）
宣传(统战)委员、政协联络委副主任
纪倩雯（女）
纪委书记 万成辉
人武部长 江镇祥
政协联络委主任
吴慧琴（女，2015.10～）
李雪义（ ～2015.10）

黄墟工业集中区
党工委书记
窦云峰（ ～2015.7）
管委会主任
马云飞（ ～2015.10）

谷阳镇
党委书记
孙栋文（ ～2015.7）
周 锋（2015.7～ ）
党委副书记
周 峰（ ～2015.7）
吕 杰（ ～2015.10）
许园园（女，2015.10～）
史 文
赵 斌（2015.10～ ）
赵 闰（挂职，2015.10～）
人大主席 陈金平
镇 长 周 锋（ ～2015.7）
赵 斌（2015.10～ ）
党委委员、副镇长
许园园（女， ～2015.10）
殷若成（2015.10～ ）
副镇长 许涵静（女）
孙晓东（2015.10～ ）
张 剑
韩 蓁（女， ～2015.10）
刘 陕（ ～2015.10）
纪委书记 胡 兵
组织委员 孙晓东（ ～2015.10）
黄 纬（2015.10～ ）
宣传（统战）委员
黄 纬（ ～2015.10）
刘 陕（2015.10～ ）
政法委员 夏 俊
人武部长 魏昌玉

上党镇
党委书记 洪 伟
党委副书记、镇长 江学军
党委副书记
殷晓丹（女）
陈 健（ ～2015.10）
人大主席 王鲁君

政协联络委主任　殷晓丹（女）
党委委员、副镇长
　　陈继阳（　　～2015.10）
　　张网保（2015.10～　　）
组织委员　解　冉（女）
纪委书记　赵国栋
宣传（统战）委员　王　成
政法委员　徐建斌
人武部长　韩　文
副镇长　辛学俊（　　～2015.10）
　　张网保（　　～2015.10）
　　张叶飞（　　～2015.7）
　　徐　峰
　　韩　文（2015.10～　　）
　　王　珏（女，2015.10～　）
人大副主席
　　王海峰（　　～2015.10）

宝堰镇

党委书记
　　龙　飞（　　～2015.10）
　　徐鹏程（2015.10～　　）
党委副书记、镇长
　　徐鹏程（　　～2015.10）
　　王　珏（女，2015.10～　）
党委副书记、政协联络委主任
　　张　雯（女，～2015.10）
党委副书记　刘建军
人大主席　任　锁
党委委员、副镇长
　　冷　鹏（2015.10～2016.2）
副镇长　魏雪峰（　　～2015.7）
　　殷若成（　　～2015.10）
　　冷　鹏（　　～2015.10）
　　董　帅（　　～2015.7）
　　严　冬（2015.7～　　）
　　江雪峰（2015.10～　　）
　　王海峰（2015.10～　　）
　　朱　茜（2016.2～　　）
组织委员　汤　超（　～2015.10）
纪委书记　李梅花（女）
宣传（统战）委员　王环宇
人武部长　谢正斌
政法委员　戴　江

世业镇

党委书记　杨益斌
党委副书记、镇长　王志坚
党委副书记、政协联络委主任
　　朱　军（　　～2015.11）
党委副书记　黄国栋
人大主席　丁建平
人大副主席
　　王　珏（女，～2015.10）
人武部长　庄盛忠
政法委员
　　傅亚明（　　～2015.10）
　　王　文（2015.10～　　）
纪委书记
　　吴瑞霞（女，　～2016.2）
　　张浩东（2016.2～　　）
组织委员　余　琴（女）
宣传（统战）委员　朱　玥
副镇长　洪　英（女）
　　吴瑞霞（女，2016.2～　）
　　张　辉（2016.2～　　）
　　施凯兵（　　～2016.2）
　　张浩东（　　～2016.2）
　　王文治（　　～2015.7）
　　王　文（　　～2015.10）

高资街道

党工委书记　朱　毅
党工委副书记、主任
　　张　蕾（2015.7～　　）
　　强　健（　　～2015.7）
党工委副书记、政协联络委主任
　　狄　磊
党工委副书记　殷宝玉
人大工委主任　章玉湘
党工委委员　侯　军
党工委委员、副主任
　　王　飞（2015.7～　　）
副主任　梁　青（女）
　　张　明
　　徐　靖
　　葛希娟（女）
纪工委书记　杨胜辉
组织委员　沈漪之（女）
宣传（统战）委员、政协联络委副主任
　　陈　蕾（女，　～2015.7）

政法委员　陈　龙
人武部长　韦春荣

江心洲生态农业园区

党工委书记　陈　静（女）
管委会主任　汪　洋
党工委副书记、政协联络委主任
　　沈洪林
党工委副书记
　　徐志文（　　～2015.11）
人大工委主任　徐松林
管委会副主任
　　李永斌
　　黄　永
　　邓　超
　　张　盛（　　～2016.2）
纪工委书记　王玲华（女）
政法委员　许开飞
人武部部长　笪如俊
组织委员
　　方　彬（女，　～2015.9）
　　张　盛（2016.2～　　）
宣传（统战）委员　苏　汛

荣炳盐资源区

党工委书记
　　强　健（2015.7～　　）
　　殷一斐（　　～2015.7）
党工委副书记、管委会主任
　　仲　梅（女）
人大工委主任　周　忠
党工委副书记、政协联络委主任
　　陈继阳（2015.10～　　）
　　庄斓鹜（　　～2015.10）
政法委员　胡仁方
人武部长　张　峰
纪工委书记　王　治
管委会副主任
　　赵宏伟
　　王　伟（2015.11～　　）
　　江雪峰（　　～2015.10）
　　张云凤（女）
组织委员　陈海燕（女）
宣传（统战）委员
　　朱　茜（女，　～2016.2）
　　曹志平（2016.2～　　）

（丹徒区委组织部）

中共丹徒区委员会

责任编校:王雪松

综　述

【概况】　2015年,中共镇江市丹徒区委员会（以下简称丹徒区委）贯彻落实习近平重要讲话精神,以苏南现代化示范区建设为统领,以提高经济发展质量和效益为目标,把握稳中奋进总基调,坚持生态领先导向,增创特色发展优势,加快转型升级,深化改革创新,加强民生保障,全面从严治党,打造百姓满意的生态丹徒、和谐丹徒、幸福丹徒。

全年完成地区生产总值342.12亿元,比上年增长10%;一般公共预算收入27.79亿元,比上年增长11.4%;固定资产投资307.72亿元,比上年增长18.8%;城镇居民人均可支配收入37824元,比上年增长8.2%;农村居民人均可支配收入17456元,比上年增长9.2%;产业类实际利用外资及港澳台资9100万美元,完成年度任务的102%,位列全市第一;入选“全国科学发展百强区”,位列第74位。全年完成工业技改投资66.2亿元,比上年增长42.1%;完成服务业投资118.59亿元,比上年增长21.8%,服务业增加值占地区生产总值比重42%;新兴产业销售占规模工业销售比重41%;全年实现旅游综合收入48.5亿元;开工建设标准化厂房34.4万平方米,新签约“321”重大产业项目6个;新增设施农业面积1333.3公顷、农业适度规模经营面积1000公顷、农业龙头企业6家、市级以上家庭示范农场17个,创成省级电子商务示范村1个。城市“新地标”宝龙城市广场对外营业,金谷东路道路环境综合整治工程如期竣工,19处城市易积水路段改造项目全部启动;全年竣工安置房35万平方米;城市长效管理考核位居全市前列;提档升级县道11.4千米、乡村道50千米,改造危桥6座;建成34座农村分散式污水处理设施,新建污水管网113千米,85个村庄完成环境整治提升任务;创成省级水美乡镇1个、水美乡村5个。全年新增城镇就业8872人,城镇登记失业率控制在2.1%以内;73个经济薄弱村和2873户低收入户全面脱贫,累计投入帮扶资金4.7亿元;城乡基本社会养老保险、医疗保险覆盖率分别为98%和98.3%;完成校安工程6万平方米,创成镇江市教育现代化建设先进镇5个、先进学校23所;创成全国群众满意乡镇卫生院1所、省级示范卫生院6所、省级示范卫生室10家;实施技防“一网化”升级改造,实现镇村监控设施运行率、联网率100%,技防“三进”覆盖率全省领先;全面推行“政社互动”,探索“三社联动”试点。外宣工作走在全市前列;基本完成超职数配备干部的清理工作;开展“双型”先进党支部建设工程,创成“四星”级党支部66个;执行中央八项规定和省、市、区委相关规定,作风建设成效明显;加强基层人大规范化建设;统战、人武、群团、双拥、老干部等事业发展,执政能力增强。（张　樊）

重要活动

【部分中央、部委、省领导视察丹徒】
2015年2月4日,省委常委、宣传部部长王燕文到丹徒区走访慰问敬老院老人、优抚对象、困难群众和劳动模范;3月11日,省委常委、纪委书记弘强到丹徒区视察,先后视察北汽华东（镇江）基地和世业镇现代农业建设情况;3月25日,国家发改委气候司司长苏伟率队到世业洲考察镇江低碳城市建设,了解低碳环保工作落实情况;4月9日,国家教育体制改革试点项目中期评估组一行到丹徒区调研,实地察看驸马山庄幼儿园,听取相关情况汇报,对丹徒区的工作给予肯定;4月16日,中国侨联副主任李卓彬实地视察丹徒新城生态工业园内的江苏申模数字化制造技术有限公司,对企业生产运营及地方政府为企业发展提供的服务给予肯定;5月25日,省委书记罗志军在镇江调研期间,视察北汽华东（镇江)基地项目建设工作,肯定基地项目建设取得成绩,同时对省、市、区各级给予项目的服务和支持表示满意;6月26日,省委常委、宣传部部长王燕文实地考察谷阳镇槐荫村乡风明德文化墙建设工作,称赞该村乡风明德文化墙建设亮点突出、特点鲜明;7月20日,省长李学勇率队考察世业镇先锋村卫生室、四季春农业园、世业村,实地了解医保新农合政策落实和基本公共卫生服务项目开展情况,并与农业专家赵亚夫交谈;10月15日,省人大常委会副主任、党组副书记张卫国到丹徒区视察江苏恒顺集团发展以及醋文化博物馆建设情况;10月19日,省委常委、常务副省长李云峰视察丹徒区重点产业项目、调研实体经济发展,实地考察北汽华东（镇江)基地项目建设现场;12月28日,省委书记罗志军就学习贯彻中央经济工作会议精神、落实全省经济工作会议部署到丹徒区调研。罗志军到北汽（镇江）汽车有限公司体验“镇江产”汽车的舒适感，对丹徒区经济社会发展及重大项目建设所取得的成绩给予肯定。（张　樊）

【部分友好城市组团到丹徒参观考察】 2015年3月11日，新疆维吾尔自治区政协副主席刘志勇率团到丹徒区考察生态文明建设工作，先后参观世业洲新农村建设、中国米芾书法公园等地，就生态修复保护、生态补偿机制、文化产业发展等方面开展交流；3月12日，湖北省十堰市委书记周霁率团到丹徒区世业洲学习考察，先后到四季春草莓大棚、永茂圩村，实地了解现代农业发展、村庄环境整治、村级经济发展、村民收入等方面情况；4月3日，南京市浦口区政协副主席葛华友率队到丹徒区中国米芾书法公园参观考察，就南京求雨山文化创意产业园建设与相关单位负责人进行交流；4月14日，中央电视台《走遍中国》栏目摄制组到丹徒区世业镇先锋村草莓种植基地和江苏恒顺集团，采访拍摄丹徒区高效农业发展和循环经济产业发展情况；4月16日，山东省日照市委副书记孟庆斌率团到丹徒区考察，先后到世业洲四季春草莓园、永茂圩、十里长山生态园、万亩茶园等地，实地了解丹徒区现代高效农业、村庄环境整治、丘陵山区综合开发等方面情况；4月21日，无锡市北塘区政协代表团到丹徒区考察公共法律服务体系建设和公共卫生资源布局情况；4月24日，山东省委农工办领导率队到丹徒区世业洲考察；4月27日，以色列巴依兰大学考察团一行到丹徒区考察，参观丹徒高新技术产业园，并就校地共建研发及创新平台等与丹徒区相关领导交流；4月28日，盐城市政协代表团到丹徒区中国米芾书法公园参观考察；5月8～9日，新疆生产建设兵团第四师六十七团党委书记、政委高文生率队到丹徒区学习考察，实地考察丹徒城市建设、高新技术产业发展、农业和农村工作和教育事业发展情况；5月12日，新疆生产建设兵团农四师党委书记、政委张勇率队到丹徒区参观考察高效农业发展和新农村建设及文化旅游产业发展工作；5月26日，安徽省农委主任孙正东率队等丹徒区学习考察现代农业建设，实地考察十里长山现代农业产业园、中国米芾书法公园等；5月26日，河北省供销合作总社党组书记、理事会主任邓沛然一行到丹徒区考察供销合作综合改革工作；6月10日，扬州市政协副主席倪士俊率考察团到丹徒区中国米芾书法公园参观考察；6月11日，福建省政协考察团到丹徒区考察“鼓励和规范宗教界开展养老服务”情况；8月6日，海南省万宁市考察团到丹徒区考察交流，先后参观区人民医院和区规划展示馆，双方就城市管理、医疗工作进行交流。（张　樊）

图6　2015年3月11日，新疆维吾尔自治区政协副主席刘志勇率团到丹徒区考察生态文明建设工作　（丹徒区长山文化产业园提供）

重要会议和决策

【中共丹徒区十二届八次全委（扩大）会议】 2015年1月5日，中共丹徒区十二届八次全委（扩大）会议在丹徒新城会议中心举行。全会以习近平重要讲话精神为引领，贯彻落实中共十八届三中、四中全会和省委十二届八次、九次全会以及市委六届九次全会精神，总结2014年工作，部署2015年任务，动员各层各级团结奋斗，改革创新，推动丹徒改革发展迈上新台阶。会议听取和讨论区委书记陈琳代表区委常委会所作的《铭记关怀，汇聚合力，奋力推动丹徒改革发展迈上新台阶》的工作报告。（张　樊）

【中共丹徒区十二届九次全委（扩大）会议】 2015年7月28日，中共丹徒区十二届九次全委（扩大）会议在丹徒新城会议中心举行。全会贯彻落实省委十二届十次全会、市委六届十次全会精神，总结上半年工作，部署下半年任务，动员全区上下保持战略定力、落实“四个全面”，凝心聚力、攻坚克难，确保完成全年和“十二五”规划各项目标任务，加快建设经济强、百姓富、环境美、社会文明程度高的新丹徒。会议听取和讨论区委书记陈琳代表区委常委会所作的《保持战略定力、落实四个全面，加快建设“强富美高”新丹徒》的工作报告。（张　樊）

【中共丹徒区十二届十次全委（扩大）会议】 2015年12月29日，中共丹徒区十二届十次全委（扩大）会议在丹徒新城会议中心举行。全会贯彻落实中共十八届五中全会、中央经济工作会议和全省经济工作会议以及省委、市委全会精神，总结

2015年以来的工作和“十二五”发展成就，科学谋划“十三五”发展，部署明年各项任务，动员全区上下确立新理念、增创新优势、开启新征程，向着全面建成更高水平小康丹徒目标迈进。会议听取和讨论区委书记陈琳代表区委常委会所作的《确立新理念 增创新优势 开启新征程》的工作报告。（张 樊）

【《中共丹徒区委关于全面推进依法治区工作的意见》】 丹徒区委2015年2月26日颁发，对丹徒区推进依法治区工作的指导思想、主要任务及责任主体、组织领导3个方面提出具体实施意见。（张 樊）

【《关于整治“慵懒散”十项措施（试行）的通知》】 丹徒区委、区政府2015年4月3日颁发，为改进党政机关工作作风，解决“为官不为”“为官乱为”等问题，制定实施整治“慵懒散”的十项措施。（张 樊）

【《镇江市丹徒区委、镇江市丹徒区人民政府关于印发〈镇江市丹徒区人民政府职能转变和机构改革实施意见〉的通知》】 丹徒区委、区政府2015年6月16日颁布，从指导思想和基本原则、加快政府职能转变、深化区级政府机构改革、严格控制机构编制、加强组织领导和组织实施、实施意见和时间要求6个方面，对丹徒区政府职能转变和机构改革作出阐述和部署。（张 樊）

【《中共丹徒区委、丹徒区人民政府关于加快创新驱动加速转型升级的意见》】 丹徒区委、区政府2015年7月30日颁发，提出加快丹徒苏南国家自主创新示范区建设步伐、落实创新科技人才奖励政策、优化创新驱动环境3个方面18条具体实施意见。（张 樊）

【《中共丹徒区委、丹徒区人民政府关于全面推行“政社互动”工作的实施意见》】 丹徒区委、区政府2015年8月14日颁布，对推进社会治理体制机制创新，全面推行“政社互动”，从指导思想、目标任务、工作内容、工作步骤4个方面作出阐述和部署。（张 樊）

【《镇江市丹徒区委、镇江市丹徒区人民政府关于推动全区文化建设迈上新台阶的意见》】 丹徒区委、区政府2015年9月17日颁布，对推动全区文化建设迈上新台阶的指导思想、主要目标、主要任务、保障措施4个方面进行阐述和部署，提出在8个方面迈上新台阶，着重实施8大工程24项具体任务，并对62个重点项目明确责任主体。（张 樊）

纪检监察

【概况】 2015年，中国共产党镇江市丹徒区纪律检查委员会（以下简称丹徒区纪委）学习贯彻习近平系列重要讲话特别是视察镇江和丹徒的重要讲话精神，协调推进“四个全面”战略部署，坚持党要管党、从严治党，担负起党风廉政建设和反腐败工作的政治责任。狠抓责任落实，发挥纪委监督作用，清单化、项目化确保“两个责任”落到实处；坚持以纪律思维分析问题、按纪律要求处置线索、用纪律标准规范行为，真正使党的纪律成为不可逾越的底线；持续推进作风建设，落实中央八项规定和省、市十项规定以及区委十二项规定；保持严惩腐败高压态势，以“零容忍”态度惩治腐败，坚决遏制腐败蔓延势头；树立“严管就是厚爱，信任不能代替监督”理念，开展“三严三实”专题教育活动，从严管理干部、锻造队伍，以队伍建设的新成效保障反腐倡廉工作的开展。（任苏宁）

【制定“任务清单”压实“两个责任”】 2015年，丹徒区纪委协助区委召开党风廉政建设分析会17次，制定落实“两个责任”1+2系列文件，形成6类、59项重点工作“任务清单”。分类制定《主体责任书》和《监督责任书》，实行“承接式”签订方式，通过发挥纪委监督作用，实施每月督查、每季度通报、年底检查考核。全年分别专题听取基层党组织和纪检监察组织履行“两个责任”情况汇报2次，年底由区委常委、党员副区长带队检查，确保责任落实全覆盖。加大问责力度，实行“一案双查”、责任倒查，全年问责因履责不力的6起10人、2名党组织负责人和1名纪检监察组织负责人。（任苏宁）

【丹徒区作风建设】 2015年，丹徒区纪委加强全区作风建设推进力度，在重要节点开展作风建设宣传和提醒工作，加大明察暗访、问责追究、通报曝光的力度，组织专项检查19批次，暗访18批次，严查违反中央八项规定问题5起，党纪政纪处理11人。实施领导干部操办婚丧喜庆事宜报备制度，全年有45名乡科级领导干部主动报备；制定《关于严禁党员、领导干部和机关事业单位工作人员参与高利借贷等非法金融活动的通知》，对3名区管干部进行约谈诫勉；下发《关于进一步严厉惩处党员干部酒后驾车行为的通知》，通报典型问题；开展整治“慵懒散”专项行动，分别对20余家单位开展检查，发现问题8个，问责处理6人。（任苏宁）

【中共丹徒区第十二届纪律检查委员会第五次全体会议】 2015年2月10日，中国共产党镇江市丹徒区第十二届纪律检查委员会第五次全体会议在丹徒新城会议中心举行。全会以党的十八大和中共十八届三中、四中全会精神为指导，学习贯彻习近平在中央纪委五次全会上和视察丹徒时的重要讲话精神，落实中央、省、市纪委五次全会部署要求，回顾总结2014年全区党风廉政建设和反腐败工作，部署2015年任务。区四套班子领导出席会议，区委书记陈琳作重要讲话；全会审议通过李幸福代表区纪委常委会所作的《落实从严治党 强化责任担当 推动党风廉政建设和反腐败斗争取得新进展》的工作报告。

（任苏宁）

【纪律处分】 2015年，丹徒区纪委组织全区纪检监察干部集中学习新修订的《中国共产党廉洁自律准则》和《中国共产党纪律处分条例》，召开“把纪律挺在前面”专题研讨会，坚持纪严于法、纪在法前，抓早抓小、动辄则咎。全年进行提醒谈话65件（次），廉政谈话79件（次），诫勉谈话22件（次），信访监督10件（次），下发纪律检查建议书6份，对105件反映不实的问题予以澄清。全年党纪处分中，给予警告36人，严重警告22人，撤销党内职务3人，留党察看2人，开除党籍15人。（任苏宁）

【领导干部警示教育】 2015年，丹徒区纪委在组织全区500余名副科级以上干部召开警示教育大会的基础上，结合基层频现小官大贪的腐败现象，将警示教育大会扩展至全区520余名村级党员干部中。组织观看以身边“蛀虫村官”贪腐案件为题材拍摄的案例警示电教片《拍蝇捉贪》，分2场组织召开全区警示教育大会，将受教育面扩大到村“两委”和农村“三资”管理重点岗位负责人。通报全区村级党员干部腐败案件情况，扩大警示教育大会的参与度和影响面。镇江电视台新闻频道、丹徒电视台、清风扬帆网等多家媒体报道丹徒区领导干部警示教育大会情况。（任苏宁）

【信访件办理】 2015年，丹徒区纪委落实市纪委信访预请示报告制度，制定印发《丹徒区村级组织负责人和各单位中层正职干部信访问题办结处理预报告请示制度》。年内，全区纪检监察机关收接来信来访280件，比上年下降20%，其中科局级干部（部门）信访76件。（任苏宁）

【纪律审查】 2015年，丹徒区共立案查处违纪违法案件83件，其中科级干部要案20件，万元以上大案28件，百万元以上大案7件，千万元以上大案1件，6人移送司法机关追究刑事责任，挽回直接经济损失2000余万元。发挥反腐败协调小组作用，制定案件联席会议制度、“三重”委托审计制度、办案协作配合制度，开通办案安全“绿色通道”，加强案件监督管理，坚持快查快结，完善办案流程，强化办案保障，做到严格依纪依法安全办案。（任苏宁）

【“慵懒散”问题专项监督检查】 2015年，丹徒区纪委为确保区委、区政府《关于整治“慵懒散”十项措施（试行）》贯彻落实，制定《关于对“慵懒散”问题开展专项监督检查的实施办法》（以下简称《办法》），明确监督检查方式和监督要求。《办法》以落实党风廉政建设党委的主体责任和纪委的监督责任为主旨，实施5种监督检查方式、3项监督检查要求，明确纪委监督责任及相应责任追究方式。年内，丹徒区纪委共组织明察暗访工作30余批次，分别对区发改经信委、区国土局、区人社局、区环保局、区市场监督管理局、宜城街道等50余家单位开展检查，发现问题8个，问责6人次，对发现问题均要求及时整改到位。（任苏宁）

【电子监察员培训及数据库建设】 2015年4月，丹徒区纪委根据市政府运行电子监察新系统的统一部署，开展全区电子监察员培训。该次培训改变以往集中培训的方式，采用一对一的培训方式，技术人员现场讲解并操作演示，提高电子监察员对新电子监察平台的了解和网上操作水平，全区34家单位的电子监察员参加培训。至年底，各电子监察员完成自行登录监察系统监察员申报，全区电子监察人员数据库初步建立。（任苏宁）

【纪检宣传】 2015年9月28日，丹徒纪检监察网全新上线。网站开设实时发布、委局动态、南乡廉歌、部门之声等20余个栏目，将最新的纪检监察工作动态呈现给群众，日均点击量超过2000人次，在加强与市及辖市区纪委沟通交流、基层纪检监察组织指导联系和扩大丹徒党风廉政宣传教育等方面迈上新台阶；丹徒区注重培树亮点，以重温习近平视察丹徒时的路线为切入口，打造世业党风廉政建设示范点，受到省、市领导肯定；在宝堰镇新四军四县抗敌总会建设丹徒区廉政教育馆，集中挖掘展示新四军廉政元素，进一步激发廉政地方能量。（任苏宁）

【江苏卫视聚焦丹徒区党风廉政工作】 2015年，江苏省纪委联合江苏卫视廉政时空栏目组，到丹徒区先后拍摄《张网举拍灭贪蝇》《三资管理保廉路》《一片形如莲叶的沙洲》等系列专题片，宣传丹徒区查处群众身边腐败工作、农村“三资管理”以及加强基层党风廉政建设方面的经验做法。3部专题片分别于2015年4月27日、5月4日和2016年1月11日在江苏卫视“廉政时空”专栏播出。（任苏宁）

【干部队伍建设】 2015年，丹徒区纪委按照中央、省、市纪委要求，结合丹徒实际，调整机关内设机构，在保持领导职数、人员编制总数和内设机构总数不变的前提下，调整纪检监察室至3个，以增强纪律审查工作力量；加大纪检监察干部培训力度，举办新任纪检监察干部培训班；召开“把纪律挺在前面”专题研讨会；组织全区纪检监察干部开展党风廉政建设示范基地现场观摩和岗位练兵活动；重温入党誓词，提升党性修养，增强以法治思维和法治方式履行职责的能力。（任苏宁）

【省委第七巡视组巡视丹徒区工作】 2015年11月14日，省委第七巡视组进驻丹徒区，召开巡视工作动员会，开展为期一个半月的巡视工作。根据省委要求和巡视工作职责，巡视组主要受理反映丹徒区领导班子及其成员和下一级领导班子主要负责人问题的来信、来电、来访，重点是关于党风廉政建设、作风建设、执行政治纪律、执行民主集中制和选拔任用干部方面的举报和反映。

期间，丹徒区纪委共收接纪检监察业务范围内信访举报件98件，其中科级以上（部门）36件，转立案20件，问责9件。（任苏宁）

组织工作

【概况】 2015年，中国共产党镇江市丹徒区委组织部(以下简称丹徒区委组织部)以习近平视察丹徒为激励，以“四个全面”为总揽，落实“从严治党、思想建党、制度治党”党建思想，运用项目化管理方法，严抓实干、创新争先，全区组织工作实现跨越发展。组织开展“三严三实”专题教育并作为推进“全面从严治党迈上新台阶”的实践，全区“三严三实”专题教育呈现出认识深、标准严、措施实、效果好的特点，“三严三实”成为领导干部个人的终身价值取向、干部队伍建设的基本目标、组织管理监督的重要标准；坚持把《条例》作为选人用人的根本依据，突出思想政治建设和能力提升，加强监督管理，确保选得准、用得好；坚持党管人才原则，推进“长山计划”和人才重点项目，高起点谋划人才载体建设，以人才引领产业、以产业集聚人才；按照“突出政治功能、强化服务功能”要求，落实党建主体责任，打造党建工作品牌，始终抓好“带头人”队伍建设，加强党员教育管理，优化为民服务载体，推动基层党建从关注民生到凝聚民心转变；加强部机关自身建设，坚持从严治部带队伍，发挥“家文化”的导向激励作用，提振“精气神”，提升“德才能”。年内，丹徒区组织工作获镇江市组织系统年度目标考核二等奖。（樊　桦）

【“三严三实”专题教育】 2015年，丹徒区委组织部在开展“三严三实”专题教育中，履行牵头抓总、统筹谋划、督促推进的政治责任，制定专题教育实施方案等系列文件，成立专题教育协调小组，在学、查、研、改四个环节上重真、重准、重深、重实。推行“三原学习法”，区委常委带头讲专题党课、带头学习研讨、带头专题调研、带头查摆整改问题。把党的群众路线教育实践活动中尚未完成的整改任务与“三严三实”专题教育衔接起来，制定整改清单，并完成问题整改90%。集中开展“不作为、慢作为、乱作为”问题专项整治，汇总梳理3类18条问题表现，印发全区要求整改落实，推动“主动作为、廉而又勤、干在实处”良好局面的形成。（樊　桦）

【干部队伍建设】 2015年，丹徒区委组织部按照好干部“20字标准”和“三严三实”要求，开展综合分析研判工作，累计研判77个领导班子515名领导干部；制定《关于加强干部德的考核暂行办法》，坚持正向测评与反向调查相结合，全方位、广渠道、多角度对干部考“德”。加大年轻干部选拔培养力度，分批荐选29周岁以下副科级干部7名、32周岁以下正科级干部2名到基层一线任职锻炼；制定《关于对乡科级党员领导干部进行关爱提醒、函询和诫勉谈话的暂行办法》《个人有关事项报告抽查核实联系工作机制和工作方案》，抓好干部日常监督管理。制定“庸懒散”组织处理办法，明确组织处理的11种情形；强化干部培训，推行领导干部上讲台制度，邀请时代楷模赵亚夫、最美基层干部袁德贵作典型宣讲；全年举办培训班10期，培训领导干部900人次；建立宝堰新四军四县抗敌总会、恒顺醋文化博物馆、高资循环经济产业园等5个教育培训实践联系点，增强培训实效。（樊　桦）

【基层组织建设】 2015年，丹徒区委组织部下发基层党建工作考核细则，制定“一把手”党建责任清单，开展基层党委书记抓基层党建述职评议考核，落实党建主体责任；选派68名“法治指导员”进村（社区）支部，提供法律服务，全年创成“五星”党支部3个、“四星”党支部66个；实施“党支部书记素质培训计划”，先后培训村(社区)、非公企业、机关党支部书记267人，建立152名村（社区)党组织书记后备人才库；构建“村党组织+党员中心户+党员”三级联系群众的服务网络，设立“党员中心户”627个；开展不合格党员出口机制试点，推进党员组织关系排查；建立党员关心关爱专项基金，发放困难补贴1.55万元。（樊　桦）

【人才队伍建设】 2015年，丹徒区委组织部制定实施《关于加快创新驱动加速转型升级的意见》和“长山计划”，开展第一批“长山计划”综合评审和面试工作。全年新增领军人才（团队)21个，成功申报国家级博士后工作站1家、省级院士工作站1家、省级博士后创新实践基地2家、省级企业研发机构4家。落实人才服务和项目管理制度，全年新增创新人才所在企业上市数1家，创业人才领办企业年销售超3000万元2家。制定科技镇长团管理办法，促进科技镇长团有效履职。继续深化高校与企业的产学研合作，加快建设“厦门大学—丹徒新材料研究院”。（樊　桦）

【组织部门自身建设】 2015年，丹徒区委组织部制定《关于加强“家文化”建设的实施方案》，先后开展走访慰问、军事训练和篮球、羽毛球、乒乓球比赛等活动；坚持每月20日集中学习日制度，依托远程教育视频系统，参加市“组工讲坛”“组工夜课堂”等活动，实现学习的制度化、常态化；信息调研工作实现量质同升，全年被省、市《组工信息》采用信息、短讯45条，省、市以上主流媒体刊发宣传报道57篇。其中，《新常态下组织工作的方法创新》获市委组织部“新常态、新状态、新作为”征文一等奖第一名，4篇文章人选《“四个全力”征文选编》；推行组织工作项目化管理，对每个子项目定内容、定标准、定人员、定时限、定奖惩；开展“对党忠诚、公道正派”专项教育活动，夯实组工干部信念根基；开展“政策法规集中学习月”活动，增强组工干部的政策意识、依规办事意识。（樊　桦）

表2

2015年丹徒区党的基层组织情况和换届情况

单位：个

项目		总数	党委	总支部	支部	项目		总数	党委	总支部	支部
甲		A	B	C	D	甲		A	B	C	D
党的基层组织数	1	1051	34	113	904	事业单位	9	328	5	32	291
任届期满	2	902	31	113	758	机关	10	311	18	67	226
本年换届	3	902	31	113	758	中央一级	11	–	–	–	–
城市街道	4	154	2	5	147	省（区、市）一级	12	–	–	–	–
乡镇	5	492	8	23	461	市（地、州、盟）一级	13	–	–	–	–
企业 国有经济控制	6	48	1	2	45	县（市、区、旗）一级	14	255	16	58	181
企业 集体经济控制	7	39	2	–	37	其他	15	154	5	4	145
企业 非公有经济控制	8	171	3	8	160						

注：截止到2015年12月31日

（樊　桦）

表3

2015年丹徒区中共党员基本情况

单位：人

项目		党员数 总数	党员数 在岗职工
总计		20569	8071
预备党员		254	90
女性		4301	2169
少数民族		45	22
年龄	35岁及以下	3396	1818
	36岁到45岁	3883	2351
	46岁到54岁	4388	2517
	55岁到59岁	2229	1123
	60岁及以上	6673	262
入党时间	1937年7月7日至1945年9月2日	12	–
	1945年9月3日至1949年9月	22	–
	1949年10月至1966年4月	1199	3
	1966年5月至1976年10月	2330	129
	1976年11月至2002年10月	10560	4273
	2002年11月及以后	6446	3666
学历	研究生	193	137
	大学本科	3645	2502
	大学专科	3286	1981
	中专	1455	645
	高中、中技	4748	1685
	初中及以下	7242	1121

注：截止到2015年12月31日

（樊　桦）

宣传工作

【概况】 2015年,中国共产党镇江市丹徒区委宣传部(以下简称丹徒区委宣传部)围绕“聚焦强富美高,唱响发展强音”主题,推进各项工作。编印《“四个全面”党员干部读本》等辅导材料,举办“四个全面”征文活动,组织宣讲团赴基层宣讲;开展学习型党组织创建活动,“村级书记论坛”“宜城讲堂”等被评为镇江市优秀学习品牌;创新开展的“冬训三大行动”和“一镇一村一策”理论宣讲活动,在全市有影响;成功举办“聚焦大项目建设”新闻发布会,邀请省内外媒体记者报道大项目建设及服务的工作成效和创新经验;组织策划“爱满槐荫 情缘七夕”文化旅游节、“橘子红了 江心美了——央视《美丽中国乡村行》走进江心洲”等系列活动,推介展示丹徒特色亮点;完成全国文明城市和未成年人思想道德建设等年度测评目标任务,在市级以上测评中综合得分名列前茅;“乡风明德文化墙”建设工作在全市推广,并得到中共中央宣传部肯定;农村“彩虹社区”创建活动,获2015年度全市宣传思想工作创新一等奖、全省宣传思想工作创新提名奖,是镇江各辖市区在省唯一获奖项目。全年文化产业投资增速明显,文化产业增加值占地区生产总值比重持续增长。

(龚 啸)

【理论教育】 2015年,丹徒区委宣传部组织区委中心组和机关中层干部“四个全面”集中培训12期(次),成立区委学习贯彻“四个全面”宣讲团,赴基层宣讲20余次;更新全区理论专栏“党员干部冬训轮训在线”,促进10多个基层网站开通理论学习专题或专栏;开展冬训“结对行动”、“网上行动”和“讲坛行动”,让普通党员干部上讲台、谈体会、亮观点,用身边人教育周围人;在全区30多个基层党(工)委(党组)推行“三原学习法”,编制《马列原著导学》,开展集中学习80余次,专题党课20余次,收到相关学习调研文章60余篇,其中推荐10篇在市级以上刊物发表;推进学习型党组织建设,全年推荐理论书籍400余本,充实“理论学习漂流书架”;开展学习型党组织建设优秀品牌评选活动,全区参选品牌36个,其中宜城讲堂等9个学习品牌获区级表彰,2个品牌获市级表彰。(龚 啸)

【新闻宣传】 2015年,丹徒区委宣传部围绕“六化联动”战略,组织“苏南现代化、丹徒在行动”主题宣传、“聚焦丹徒大项目建设”新闻发布会和知名网友“走生态丹徒 看重点项目”等活动,在中央“三报两台”发稿32篇(其中《新闻联播》用稿3篇),在《新华日报》发稿68篇(其中头版头条3篇),在省电视台发稿60篇,获市级广播电视新闻奖项作品8件;在《镇江日报》头版发稿98篇(其中头版头条45篇)。省、市党报头版头条发稿量均位列镇江市各辖市区第一。 (龚 啸)

【文明创建】 2015年,丹徒区委宣传部紧扣社会主义核心价值观宣传教育主题,整合“丹徒好人”“道德模范”“美德少年”等评选,修订先进典型选树活动方案,形成“发现、培养、成熟、宣传、表彰”工作模式。全年当选“中国好人”2人、当选“江苏省道德模范”1人、当选“江苏好人”3人、当选“镇江好人”9人,道德典型总量位居全市第一;建好用好“图说我们的核心价值观”公益广告主题大道、主题广场等阵地,开展中国梦和社会主义核心价值观宣传教育;全面实施“乡风明德文化墙”建设,建成10个镇级示范点;以建设更高水平文明城市为目标,完善长效管理机制,落实管理、考评、督查等制度,巩固和提升创建成果;组织开展“城乡志愿服务联盟”活动,架起志愿服务的“双回路”,推进志愿服务城乡一体化发展;开展“彩虹社区”创建活动,让乡风民风美起来,让农村文化生活美起来;组织实施“养正学堂”未成年人文明礼仪养成教育,开展“我们的节日”、心理健康百场宣讲等活动,推进童谣说唱站、小橘灯志愿者工作分站建设,通过未成年人思想道德建设工作测评。 (龚 啸)

【文化事业】 2015年,丹徒区委宣传部推进文化广场标准化改造提升工程。建成示范性基本型文化广场4个、生态文明主题广场4个,完成10个基层综合性文化服务中心示范点的创建工作;实现电子阅览室村(社区)全覆盖、数字化阅读率100%;完善区、镇(街道、园区)、村(社区)三级体育设施,全区所有文体活动中心均建有2000平方米的活动场地,并配有健身房、乒乓球室、棋牌室、阅览室、电脑室、篮球场等;举办“展望丹徒美 畅想中国梦”系列文化惠民活动——乡村文化大互动、第四届“清风雅韵”广场戏曲周、第三届“丹徒田歌”大赛;推进文化惠民工程“书香六进”活动,进校园送书2000册,进机关送书3000册;开展“全民阅读手拉手·春风行动”、“你阅读我买单”、阅读推广人培训等活动;开办“国学讲堂”10余期,联合南京图书馆举办《论语》和《纪念抗战胜利70周年》大型图片展;落实2131公益电影放映工程,全区行政村放映1230场,固定点放映208场,观众40万余人次。

(龚 啸)

【文化产业】 2015年,丹徒区委宣传部发挥协调、服务职能,推进文化产业发展。做好市、区级文化产业引导资金的申报评选工作,全年指导推荐6个项目(企业)申报市级、区级引导资金;组织文化产业招商、银企合作工作,推荐3个项目参加“2015镇江文化产业招商项目推介会”,1个项目参加现场发布,1家企业签订银企合作协议,镇江软件科技产业园在“2015年镇江市文化产业招商集中签约活动”中成功签约企业1家;牵头联络全区重点园区、企业负责人参加镇江市首期文化创意产业管理培训班。全年文化产业新增投资15.3亿元,引进3亿元以上重点文化企业和各类文化企业73家，引进文化企业数全市第一，文化产业增加值占地区生产总值比重增幅继续保持全市第一。

（龚　啸）

【网络建设管理】 2015年，丹徒区委宣传部按照《关于强化舆情监管把控舆论导向的实施办法》要求，在各镇（街道、园区）和机关舆情热点部门建立网络舆情值班制度，确保落实“网络舆情24小时值班”“网络舆情1小时内回应”等制度；借助“丹徒发布”官方微博发布原创宣传信息700余条；开通微信公众号“微丹徒”，每天实时推送新闻资讯、生活服务等内容；督促各地、各部门按要求建立网评员队伍，及时更新网络发言人、网络信息员、微博管理员等人员名单，组织网络评论员培训班1期、微博管理员培训班2期，培训300余人；协调各地、各部门加大网上舆情处置力度，落实网络发言人制度，监控“镇江网友之家”论坛“百姓话题”版块涉及丹徒网络舆情1100余条，作官方回复140余条，组织网评员引导100余次；“镇江论坛”“网络问政”版块的回复率和办结率均为100%。（龚　啸）

【农村“彩虹社区”建设】 2015年，丹徒区委宣传部贯彻全省农村精神文明建设工作推进会精神，以培育和践行社会主义核心价值观为主题，以建设“最美乡村”为目标，在全区88个村（社区）中开展“彩虹社区”创建活动。以“6+1”（6个主题即学习型、法治型、友善型、诚信型、科普型和文体型；1个社区即依托各村历史文化、民间传说、产业特色等优势，打造特色型社区）为“彩虹社区”的争创内容，制定创评标准和创评办法；以“一村一彩”为重点，在争创中坚持以人为本，突出群众参与，注重弘扬中华优秀传统文化、中华传统美德和时代新风。上党镇古洞村在“友善型”社区创建中开展“暖心工程”，实施“五心”（真心助岗、孝心助老、热心助残、爱心助困、诚心助乐）工作法，在全村形成互帮互助氛围。谷阳镇槐荫村在“特色型”社区创建中，利用“董永与七仙女”传说，突出“孝老敬亲”主题，建设“乡风明德文化墙”，打造“爱满槐荫”旅游文化节，发展乡村文化旅游；以“七彩斗艳”为目标，按照“区镇统筹、分步推进”和“分类指导、突出特色”原则，不定期召开专题推进会、现场交流会，推进“彩虹社区”创建。出版《彩虹社区建设的实践与探索》专刊，在丹徒区电台、区政府网站开设专题专栏，每月开展一次成果集中展示活动。坚持共建共享，建立村与村之间、党员干部与村之间、机关部门与村之间互助共建机制，让创建过程成为践行社会主义核心价值观的过程。

（龚　啸）

【区委中心组学习】 2015年，丹徒区委宣传部协助区委举办区委中心组高层次学习讲座12次。先后邀请江苏战略与发展研究院院长、中共江苏省委研究室原副主任范朝礼作“江苏省情特征与实践”报告，江苏省委党校教授孙月平作“十三五规划建议解读”辅导讲座，中央党校教授、博士生导师张志明作“学习十八届四中全会精神”讲座，江苏省委党校副校长桑学成作“‘四个全面’战略布局”辅导报告等，组织学习中共十八届四中、五中全会和习近平系列重要讲话精神，为各级领导干部建设“强富美高”新丹徒提供知识储备和实践指导。（龚　啸）

【党员干部冬训】 2015年，丹徒区在党员冬训工作中继续开展“三大行动”（结对行动、网上行动、讲坛行动），增强冬训工作实效。2014年12月至2015年2月，区级机关各部门党组到结对村（社区）开展党课宣讲40余场次，赠送图书音像6200余册（盘），帮扶困难党员款物4万余元，冬训网页点击量达8000人次，并组织100余名党员开展讲坛活动32场。（龚　啸）

【文艺创作】 2015年，丹徒区委宣传部围绕国家、省、市重要赛事，加大对文艺团队和创作骨干的指导、扶持力度，全年有68个文艺作品在市级以上评选中获奖。其中，摄影作品《老宅来客》入选运河重镇——世界文化遗产地南浔全国摄影大展，摄影作品《游人如织》和《秋染新城》获江苏省城市摄影擂台赛一等奖，美术作品《千年西津渡》获2015新京江画派作品展金奖。

（龚　啸）

图7　2015新京江画派作品展金奖《千年西津渡》

（丹徒区委宣传部提供）

机构编制工作

【概况】 2015年，镇江市丹徒区机构编制委员会办公室（以下简称丹徒区编办）创新工作方法，改进工作作风，推进行政审批制度改革，加快政府职能转变，提高机构编制管理能力和水平，为促进全区经济社会发展提供体制机制保障。年内，核准区卫生局、区计划生育委员会组建区卫生和计划生育委员会，核准区民宗局、区旅游局组建区民族宗教旅游局，核准区工商局、区质监局、区食药监局组建区市场监督管理局。全年有14篇信息被镇江市编办采用，2篇信息被中编办采用，4篇调研文章被镇江市编办采用。（徐　伟）

【机构编制管理】 2015年,丹徒区编办按照省、市编办部署,完成新机构编制实名制管理系统更新和信息采集工作,通过核对机构、比对编制、核查人员,做到新实名制系统中行政事业机构数、行政事业编制数、行政事业人员数均与实际数相一致,确保新实名制系统数据的准确性和完整性。同时,坚持“撤一建一”原则,从严控制机构的设立,坚守不可超编进人、财政供养人员只减不增的用编原则,严控财政供养人员总量,从源头上确保在编人员管理规范有序。年内,办理全区机关事业单位新增人员进编手续178人次,其中安置军转干部5人、大学生村官10人;办理全区机关事业单位减少人员出编手续294人次,人员进出编比例为1∶1.65。 (徐 伟)

【“三责联审”工作】 2015年,丹徒区编办会同区组织、审计部门开展“三责联审”(用人责任审查、编制责任审核、经济责任审计)工作,以民主测评、查阅资料、分组约谈的方式,对丹徒区政务服务管理办公室、区商务局、上党镇、世业镇和丹徒经济开发区主要领导开展机构编制责任审核工作,并形成审核报告,为提高领导干部履职能力和施政水平、发挥机构编制主要职能奠定基础。 (徐 伟)

【行政审批制度改革】 2015年,丹徒区成立推进职能转变协调小组,健全组织体系,制发5张清单,推进政务服务体系建设,打造网上服务平台。9月底,完成《丹徒区事中事后监管责任清单》,涵盖31个职能部门共286项事中事后监管事项,有效防范监管权力缺位、越位、错位现象;11月底,公布《丹徒区行政审批事项申报材料清单》,保留407项行政审批事项及相关行政权力事项,共2551项申报材料,以目录清单的形式明确政府审批权限,做到“法无授权不可为”。 (徐 伟)

【事业单位分类改革管理】 2015年,丹徒区编办深化事业单位分类改革管理,完成全区315家事业单位分类工作,整合撤销事业单位7家、收回事业编制40名,用于加强事关中心工作、全局工作和重大民生保障方面的力量。推动公益类事业单位职能优化配置,按照医疗卫生体制改革涉及机构编制方面的有关工作精神,创新公立医院人员编制管理,探索形成公立医院“标准核定、备案管理、岗位设置、分类聘用”新机制。 (徐 伟)

【事业单位法人治理结构试点】 2015年,丹徒区编办根据镇江市编办部署,推进事业单位法人治理结构试点工作。在广泛调研的基础上,将丹徒区图书馆作为丹徒区事业单位法人治理结构改革的试点单位,成立图书馆理事会,吸纳有关方面代表、专业人士、各界群众参与管理,以彰显公益性事业单位的社会职能,激发文化事业单位活力,满足公众日益增长的公共文化服务需求。 (徐 伟)

【事业单位登记管理】 2015年,丹徒区编办完成事业单位年度报告公示工作,全区登记事业单位243家,应参加年度报告公示的单位240家,实际参加公示240家,公示率100%。按照《事业单位登记管理暂行条例》《江苏省事业单位登记管理办法》规定,办理设立登记事业单位8家,变更登记事业单位56家,证书补领3家,注销登记事业单位4家。组织对全区228家取得法人资格的事业单位法定代表人进行法人的权利、责任、信用管理与法人治理结构建设等方面内容的培训,提高事业单位法定代表人法制意识和依法办事能力。 (徐 伟)

【中文域名注册】 2015年,丹徒区编办按照中央和省、市编办部署,开展党政群机关和事业单位中文域名注册工作,推进丹徒区政务和公益中文域名的应用普及。对已注册政务或公益域名的单位网站进行资格审核与挂标工作,全区注册中文域名385家,其中注册政务域名72家、注册公益域名313家,137家单位完成网上开办主体资格审核和挂标工作,挂标率100%。 (徐 伟)

统战工作

【概况】 2015年,中国共产党镇江市丹徒区委员会统一战线工作部(以下简称丹徒区委统战部)贯彻中央、省委、市委统战工作会议和区委十二届八次、九次全会精神,围绕“突出一个重点、加强两支队伍建设、发挥三个平台作用、构建四项长效机制”开展各项统战工作。发挥统一战线智力优势,推动和支持民主党派、工商联和有关人民团体围绕各项重点工作深入考察调研,向区两会提交集体提案14件、个人提案67件,撰写有关调研报告15篇,向有关部门提合理化建议10余条,区政协大会交流发言13篇调研文章,其中党外人士占10篇;在上党镇东方村和世业镇卫星特色民族村实施农业综合开发项目,发展壮大村级集体经济,依托区位优势、“同心工程”、“特色民族村”的品牌优势和冷遹先生的统战名人效应,鼓励和支持统一战线各方面、各界人士到上党东方村实验区和世业卫星特色民族村落户发展;全年组织机关人员学习13次,组织全体党员统一活动12次,开展组织生活会1次,组织党员志愿者服务4次,并开展“三解三促”等活动;贯彻中央民族工作会议精神,加大对少数民族群众的帮扶力度,把民族团结进步活动与世业卫星特色民族村创建活动相结合,拓展并凝聚新侨领、新移民、华裔新生代和海外留学归国人员等新生力量,共同为建设“强富美高”新丹徒出力。 (杨 燕)

【统战工作部署】 2015年3月31日,丹徒区委统战部召开统战工作座谈会,谋划2015年统战工作。各镇(街道、园区)宣传统战委员,统战系统侨办、侨联、台办、工商联、民宗局等部门主要负责人,区各民主党派、无党派人士联谊会主要负责人参加座谈会。4月20日，丹徒区委统战部下发文件，就2015年全区统战工作作出部署，提出要突出苏南现代化示范区建设重点，着眼“生态领先、特色发展”战略定位，围绕项目建设、产业转型、城乡统筹、生态文明和民生幸福五大重点工作深入开展调研、建言献策；要加强党外干部、统战干部两支队伍建设，加强各党派的思想建设、组织建设、制度建设和作风建设；要发挥同心工程实验区、特色民族村、冷遹研究会三个平台作用，推进项目引领，完善配套、优化产业、改善民生，扩大丹徒统战工作对外影响力；要构建民族维稳、与民主党派无党派联谊、了解民意服务基层、加强学习提升素质的四个长效机制，深化和推进民族团结进步教育和创建工作，推进宗教工作法制化，维护民族宗教领域和谐稳定；要强化和牢固树立为人民服务的宗旨意识，开展“三解三促”活动，落实好结对帮扶工作，为群众谋利、为地方经济发展聚力，打造学习型党组织和学习型机关。（杨　燕）

【走访调研】 2015年4月21日，丹徒区委统战部部长任金华带队走访调研上党镇东方村同心行动实验区，重点调研智能大棚、花卉苗木市场和活动中心3个项目，了解实验区内的项目进展情况以及建设过程中遇到的困难，并提出相应解决方案；4月29日，丹徒区委统战部、区宗教局及世业镇主要领导走访调研世业镇卫星特色民族村，参观民族风情园和镇江市青少年活动基地，听取卫星特色民族村书记贡杰对民族村基本情况和项目建设计划的汇报，并就民族村的建设发展提出相关建议。（杨　燕）

【党外人士培训班】 2015年7月28～31日，丹徒区委统战部在江苏省社会主义学院举办党外人士培训班，邀请江苏省委统战部副部长周和平、江苏省委统战部原副部长李熙诚、江苏省委统战部党派处处长王耀强和南京野生植物综合利用研究院院长、“九三楷模”张卫明，围绕民主党派干部能力建设、中央统战工作会议精神及统一战线工作条例、党外人士参政议政等课题作专题辅导，并组织全体学员参观梅园新村纪念馆，开展革命胜利重要法宝的现场教学。区各民主党派、无党派人士联谊会班子成员及业务骨干共计30余人参加培训。（杨　燕）

【致公党丹徒总支部委员会成立】 2015年10月12日，致公党丹徒总支部委员会成立大会在丹徒新城举行。致公党镇江市委副主委宗加伟主持成立大会，致公党镇江市委主委卢章平和丹徒区委统战部部长任金华出席会议并讲话。致公党镇江市委副主委张红娣宣读关于成立致公党丹徒总支部委员会的决定，并通报成立致公党丹徒总支部委员会的前期准备工作及候选人员的产生过程。大会以举手表决的方式选举产生总支班子成员和支部班子成员，新当选的总支主委吴黎红作表态发言。29名致公党成员参加成立大会。（杨　燕）

图8　2015年10月12日，举行致公党丹徒总支部委员会成立大会

（丹徒区统战部提供）

农村工作

【概况】 2015年，丹徒区农业农村经济保持持续稳定发展态势。全区实现农业增加值19.2亿元；农村居民人均纯收入17584元，比上年增长10%；粮食总产20.46万吨，实现“十二连增”；农业农村工作列全市综合排名第二。

现代农业发展。全区26个千万元以上的重点农业项目开工、续建、在建，总投资32.9亿元；新增设施农业面积1333公顷、农业适度规模经营面积1000公顷。“三集”园区实现亿元项目全覆盖，完成固定资产投资1.32亿元，比上年增长23.1%；5家市级重点现代农业园区实现产值12.6亿元，比上年增长14.3%。新增农业龙头企业6家，全区49家农业龙头企业固定资产总额12.9亿元，比上年增长10.2%；出口创汇1600万美元，比上年增长31.2%。各类产业化龙头企业带动农户13.51万户，比上年增长28.5%。

农业品牌建设。组织新型农业经营主体推广精品蔬菜、应时鲜果、优质茶叶、特种水产等自主农产品的种植养殖，整合并推广“镇江江蟹”、“米芾·长山剑毫”、江心“滩八样”、“世业草莓”等具有区域特色的品牌。加大“农三品”认证和管理力度，全年新增“农三品”认证15个，认定的种植业“农三品”产量占食用农产品产量比为35.02%。

农业信息化推进。与淘宝、苏宁易购等知名网络销售平台合作，悦源醋业、恒康醋业、恒宇花卉3 家23 个产品实现网上销售；江心生态农业园区完成订阅号“悠然江心”、服务号“镇江江心洲旅游”2 个微信公众平台建设，并实行在线支付，上线农产品4 种；建立农产品展销中心，与社区365、“亚夫在线”签订合作协议，实行线上农产品销售。

农业新型主体培植。发展新型职业农民、农民经纪人、农业专业合作组织，完成新型职业农民培训1000 人次，完成2015 年政府优先扶持的213 家农民专业合作社名录建立和公示工作。以推广戴庄经验为重点，组织开展以上党五塘村村社共建型的综合示范社试点工作，先后有敖毅锦绣果品合作社、丰城丰阳有机稻米合作社开展戴庄经验试点工作。培育和发展家庭农场，7 个家庭农场进入省级示范家庭农场名录，65 个家庭农场进入市级示范家庭农场名录。

农业生态基础改善。全区完成成片造林面积221 公顷，占区下达任务的110.33%，15 个绿化示范村建设通过市级验收；全区森林覆盖率26.4%，林木覆盖率29.2%。实施化肥农药量减工程，推广测土配方肥8000 吨，全区化学农药用量比上年减少5%。推广以秸秆还田为主、综合利用为辅的秸秆综合处理办法，秸秆综合利用率96%。（徐 驹）

【农村土地承包经营权确权登记颁证】 2015 年，丹徒区成立由区政府主要领导任组长的农村土地承包经营权确权登记颁证工作领导小组，并从各职能部门抽调人员集中办公。各镇（街道、园区）均制定工作方案，拟定时间表和路线图，落实工作程序和内容，保障各项工作落到实处；拨付经费1000 万元，专项用于土地确权颁证工作，并建立奖励金制度，加强督查考核，依据土地确权考核办法，发放土地确权奖励资金和工作经费；制定下发《土地确权登记相关矛盾及问题调处措施》，对面上共性问题由村组提出、各镇（街道、园区）统一汇总，区领导小组依据市《三十九条解答》以及丹徒实际进行研究、统一政策标准后给予解答。对个性问题，坚持尊重历史、尊重民意，一事一议，个性化解决。2015 年，全区89.7% 的村和57% 的应确权村民小组开展试点工作，土地确权试点面积占承包面积的32%。（徐 驹）

图9 荣炳南岗山水产品养殖家庭农场

（丹徒区荣炳盐资源区提供）

【“强村富民”双达标工作】 2015 年，丹徒区强化“四个一”帮扶主体，加强建档立卡低收入户帮扶，实行财政托底保障，对未达标的11 个贫困村采取“一村一策”帮扶等办法，推动目标任务落到实处。至年底，未达标村累计落实帮扶项目22 个（其中标准厂房建设项目4 个，建筑面积25949 平方米；商业用房建购项目9 个，建筑面积13649 平方米；高效农业项目2 个，面积73.3 公顷；村投资委托理财项目1 个，投入资金600 万元；其他项目6 个），总投资5869 万元，下达到村帮扶资金548 万元。全区73 个经济薄弱村的经营性收入全部超过70 万元，2873 户建档立卡户、6136 个低收入人口人均年纯收入超过6000 元，完成“强村富民”双达标工作。（徐 驹）

机关党建工作

【概况】 2015 年，中共镇江市丹徒区委区级机关工作委员会（以下简称丹徒区级机关党工委）围绕法治型、服务型先进党支部建设工程，结合机关党建“服务中心、建设队伍”两大核心任务，以“五在支部”为重点，发挥机关党组织凝聚人心、服务群众、推动发展的重要作用，为建设“强富美高”新丹徒提供组织保证。截至年底，丹徒区级机关党工委有党总支部9 个、党支部54 个、党员2001 人。年内发展新党员26 人，预备党员转正25 人。（薛 艳）

【学习型党组织建设】 2015 年，丹徒区级机关党工委通过集中学习和自主学习相结合的形式，组织机关党员学习《党章》《宪法》以及新修订的《中国共产党廉洁自律准则》和《中国共产党纪律处分条例》。在机关各支部开展“微型党课”活动，采用推荐和自荐的形式，定期开展活动，通过每名党员“学、悟、讲”，提升党员政治理论学习的有效性。（薛 艳）

【机关党建工作专项课题调研】 2015 年9 月，丹徒区级机关党工委以“机关作风建设现状及对策研究”为主题，在全区机关党组织中开展党建工作调研征文活动，征集机关党员干部在对机关作风存在问题和对策思考等方面的意见和建议。共征集调研文章51篇，其中区国税局党总支、区人大机关党支部、区级机关党团支部、区烟草局党支部、区房管局党总支、区法制办党支部和区总工会党支部上报的7篇调研文章被评为2015年区级党建优秀调研文章。（薛 艳）

【“双型”先进党支部创建】 2015年，丹徒区级机关党工委在区级机关组织开展“法治型、服务型”先进党支部建设活动。6月，召开直属党（总）支部书记例会，进行宣传发动，部署创建工作；制定《关于创建法治型、服务型先进党支部的通知》和《关于实施党员年度积分制管理办法的通知》，逐级签订创建责任状；指导机关各党支部落实创建标准，打造党建特色；按照程序完成评星定级工作。年内，区级机关党组织中，被区委命名为“四星”级党支部12家、“三星”级党支部63家。（薛 艳）

【党务干部培训】 2015年，丹徒区级机关党工委组织开展多样化的党员干部培训工作。6月11日，以加强党务干部队伍纪律建设为目标，举办第一期“人防知识进机关”培训班，40余名机关党务干部参加；“七一”前夕，邀请党建理论专家为区级机关支部书记以及优秀共产党员集中上一堂“四个全面”主题党课；9月7日，举办“双型”党组织书记培训班，明确党支部书记的能力素质要求，抓好支部书记队伍建设。年内，党支部书记培训率100%。（薛 艳）

【区镇机关党建联建】 2015年，丹徒区级机关党工委组织实施党组织分片联建工作。将机关党组织按照片区划分为12个组，由牵头单位落实活动安排，采取集中开展或阶段开展、互学共建以及与其他领域党组织结对共建等形式，加强支部间的交流协作，实现优势互补。同时，指导协调镇（街道、园区）机关党建工作，完善区镇党建工作联动机制。7月，召开镇（街道、园区）党总支书记会议，指导各镇机关党总支明晰党建工作思路，实现区镇两级机关党建目标同向。全年在各镇（街道、园区）组织召开不同层次的作风建设座谈会4次，听取各方面对机关部门作风建设的意见和建议，并将其纳入年度反馈通报中，要求相关单位加以整改。（薛 艳）

【机关作风建设】 2015年，丹徒区级机关党工委优化调整《丹徒区区级机关绩效管理考核办法》，将作风建设列为日常考核的重要内容。修订完善《丹徒区机关工作人员行为规范》，促进机关工作人员良好作风的形成；采取日常巡查、重点抽查、明察暗访等方式，多渠道对作风建设进行经常性的监督检查；成立专项检查组，专项督查机关党员干部作风纪律执行情况，时刻保持正风肃纪高压态势。全年派出检查组2个、暗访组2个，开展督查暗访6批次。机关作风总体情况较往年有所好转，对查出的工作时间串岗聊天、工作人员不在岗在位等问题，督促相关单位整改落实。（薛 艳）

【社会各界评议机关】 2015年，丹徒区级机关党工委、区作风办在向社会通报2014年社会各界评议机关结果的同时，将评议中收集到的意见建议向相关单位反馈；布置2015年社会各界评议机关工作，及时调整更新评议人员数据库，从中随机抽取2700余名评议人员对全区69个部门、29个重点科室进行社会化评议，征求对机关的意见，并将评判结果纳入绩效考核，与年终评比评优结合，奖优罚劣。全年机关各部门在社会评议机关中的满意率比2014年上升3个百分点，机关作风建设成效显现。（薛 艳）

【群团活动】 2015年，丹徒区级机关党工委继续坚持党建带群建原则，发挥群团组织在机关党建中的作用，开展一系列机关文化活动。开展“奋进、民主、和谐、文化、温暖、规范”的“六型”职工之家创建，组织机关青年开展“青年文明号”争创和“青年志愿者行动”，组织机关妇女党员干部献爱心，争当“社会妈妈”；组织人员参加区第七届运动会、镇江市第二届“公仆杯”乒乓球比赛等活动，充实机关党员干部的文化生活，增强机关党组织的凝聚力、向心力。（薛 艳）

党校工作

【概况】 2015年，中共镇江市丹徒区委党校（以下简称丹徒区委党校）坚持以邓小平理论、“三个代表”重要思想、科学发展观和习近平系列重要讲话精神为指导，贯彻落实《中国共产党党校工作条例》，以内强素质、外树形象、求实创新、争创一流为主线，突出服务经济社会发展大局，注重干部培训实效，强化科研理论创新，加强队伍建设，各项工作取得新成绩。（薛厚平）

【干部教育培训】 2015年，丹徒区委党校围绕区委、区政府中心工作，以领导干部执政能力和党员干部素质提升为重点，发挥主阵地作用，主抓干部培训和党员教育，完成各项培训任务。全年举办科级干部培训班8期，全区副科级以上领导干部640人参加培训，参训率99%；举办新农村建设骨干培训班4期，含乡镇基层干部在内的290人参训；举办统战、共青团等其他业务培训班7期，培训人员350人。丹徒区委党校将副科级以上领导干部作为培训重点，组织开展提高领导干部行政执行力轮训班、新任科级干部履职培训班，并连续4年对全区科级干部开展普遍轮训和分类培训。举办大学生村官能力提升培训班，培训大学生村官46人，提升大学生村官综合能力。（薛厚平）

【教学和科研】 2015年，丹徒区委党校逐步完善讲课专题申报、新专题试讲、集体备课等制度，用制度强化教师管理；建立并完善学员“三考一评二通报”（公开考勤、结业考试、综合考核，评选优秀学员，向组织部门和学员所在单位通报学员在校学习情况)制度，作为全省党校联席会成员，完成党校系统社会科学课题《宁镇扬基本现代化指标体系研究》，申报新课题2项。

（薛厚平）

图10　　2015年5月8日，组织参观米芾书法公园

（丹徒区史志办提供）

史志工作

【概况】 2015年，镇江市丹徒区史志办公室（以下简称丹徒区史志办）发挥其特有的史实资源、信息优势，服务于丹徒社会发展和经济建设，推进党史、地方志工作的跨越发展，扩大史志工作社会影响。年内，《中共镇江市丹徒区地方史（1921～2012）》编修工作进入初稿编写阶段；编撰出版《丹徒年鉴（2015）》，共印刷900余册，对外发行431册；指导镇村志编撰工作；完成《中共镇江地方史三卷本（1978～2012）》改革开放以来丹徒篇的供稿，重点是丹徒的发展历程、主要成绩和宝贵经验等方面的内容；参与谷阳镇槐荫村"董永与七仙女传说"全国非物质文化遗产和上党镇敖毅村省历史文化名村的申报的相关工作，鼓励其修志编史，挖掘2个村的历史遗存和底蕴，增强古村的文化厚度；开展史志成果宣传和服务，坚持"史志六进"活动，送书进基层300余册；在区图书馆设方志专柜，让史志服务社会；开通丹徒区史志办实名微博，宣传史志文化；注重编撰队伍建设，组织人员参加全国和省、市有关年鉴、地方志、党史工作会议和培训；组织赴句容、扬中、丹阳等地学习党史、年鉴的编修经验；组织召开全区年鉴撰稿人培训会议；组织参观考察中国米芾书法公园、十里长山生态园、江心洲橘江里，学习文化产业、生态农业等知识。

（刘　芳）

【《中共镇江市丹徒区地方史(1949～2012)》编修】 2015年，丹徒区史志办继续推进《中共镇江市丹徒地方史（1949～2012）》编修工作。围绕党史资料收集和编写，制定党史工作规划；完成中共丹徒地方史的目录征求意见稿，并组织召开党史目录征求意见座谈会，邀请党史研究专家和熟悉丹徒党史的老同志审阅，征求意见和建议，进一步核实、补充和完善框架结构与内容；组织带领党史编修人员到丹阳学习党史编修的经验，并就资料征集工作和编修细节进行研讨，推动编修工作进度；9月，完成资料征集工作，10月，进入初稿编写阶段，至12月底完成近18万字。

（刘　芳）

【《丹徒年鉴（2015)》编撰出版】 2015年，丹徒区史志办调整内部人员分工，建立由1名分管领导、2名责任编辑组成的年鉴编撰队伍，创新编撰方式，开拓工作渠道，从框架设计、条目编写、装帧设计、编校质量等方面下工夫，以打造精品、特色年鉴为目标，力争提高年鉴整体编撰质量。11月底，《丹徒年鉴（2015)》顺利出版发行，该期年鉴是连续编撰出版的第23期，有29个类目、152个分目、1000余个条目、63张表格、63幅插照、72页彩页，共计60.6万字，并附电子版光盘。该期年鉴的装帧设计有突破、文字和图片质量有提高，内容丰富、数据准确、语言规范、文字简练、格式统一，全面展示现代丹徒形象和发展成就。

（刘　芳）

【指导镇村志编撰】 2015年11月，丹徒区荣炳盐资源区启动《荣炳志》编撰工作，同时启动蒲圩村、高庄村、曲阳村3个村的村志编撰工作。丹徒区史志办加强指导，与镇、村志编撰人员开展座谈，对框架结构、资料收集、编撰内容等提出要求，就如何开展工作和经费、人员、出版等事宜提出意见和建议，为下一步镇志、村志编撰工作的开展理清思路，确保编撰工作顺利进行。

（刘　芳）

【镇江市第四次辖市（区)年鉴点评会议在丹徒区召开】 2015年2月4日，镇江市第四次辖市（区）年鉴点评会议在丹徒区召开，会议内容是对《丹徒年鉴（2014)》开展专题点评，镇江市及各辖市（区）史志办分管年鉴工作副主任和年鉴业务骨干共19人参加会议。会上，市史志办点评《丹徒年鉴（2014)》的框架设计、目录、索引、彩页，扬中、句容史志办点评条目标题制作及数字应用等，丹阳、润州史志办点评条目释文要素是否齐全、语言文字是否规范等，京口史志办点评图片选材、设计以及图注要素是否齐全、表格内容和编排是否规范等。与会人员就《丹徒年鉴》编撰工作提出建议和意见，希望《丹徒年鉴》的质量和品位进一步提高。会后，丹徒区史志办将镇江市和各辖市（区）点评材料整理

汇编，作为今后编撰《丹徒年鉴》的借鉴。 （刘 芳）

【《丹徒年鉴》编撰人员业务培训会议】 2015年6月11日，丹徒区史志办在区国税局会议室举办《丹徒年鉴》编撰人员业务培训会议，全区80余家单位撰稿人参加。培训授课内容是年鉴条目编写要求和总体编撰要点，并配以PPT讲解说明。会上，向各单位撰稿人发放由区史志办编印的《丹徒年鉴》编校手册，手册内容主要是语言文字、计量单位、数字、标点符号等方面最新的规定要求，方便撰稿人编写年鉴稿时对照使用。该次年鉴业务培训会议为提高年鉴编撰人员的编撰水平、规范编撰格式与要求、进一步提高年鉴整体质量奠定基础。 （刘 芳）

老干部工作

【概况】 2015年，中国共产党镇江市丹徒区委员会老干部局（以下简称丹徒区委老干部局）贯彻落实全国、全省离退休干部"双先"表彰大会精神，加强离退休干部思想政治建设和党组织建设，深化离退休干部服务管理工作，引导激励老同志为党和人民事业增添正能量，推动老干部工作实现可持续发展取得新成绩。12月10日，丹徒区委老干部局作为区诗词进机关的唯一单位，通过中华诗词协会创建工作验收。截至年底，全区有离休干部134人（含垂直系统8人），其中行政69人、事业24人、企业41人；年龄90周岁以上37人，80～89周岁97人；享受地市级待遇4人，县处级待遇63人，科级待遇67人；抗日战争前期参加革命工作5人，抗日战争后期参加革命工作23人，解放战争时期参加革命工作106人。年内，荣炳盐资源区离退休干部党支部和辛丰镇辛丰离退休干部党支部获"镇江市离退休干部先进集体"称号，退休干部郭正英获"江苏省离退休干部先进个人"称号，胡锡忠、肖伟敏、严业明、王军、朱旭明5名离退休老同志获"镇江市离退休干部先进个人"称号。退休职工左广斌在省级以上发表诗歌16首，其中《老年之歌》《诗神闻捷》《红旗飘万代》分获"东方美"全国诗书画大赛、《新中国国学三百家》组委会和《中国国学大辞典》组委会金奖，其个人获全国人事资质资格考核办公室"中国国家一级著作家"称号。 （杨 琳）

【离退休干部党支部书记培训班】 2015年4月9日，丹徒区委老干部局组织召开全区离退休干部党支部书记培训班，学习贯彻落实全国、全省离退休干部"双先"表彰大会精神，重点学习中组部老干部局编写的《学习贯彻习近平总书记等中央领导同志在"双先"表彰大会上重要讲话精神宣传提纲》，共31人参加培训。通过学习，促进全区离退休老干部支部书记提高对老干部重要作用的认识，理解离退休干部党组织建设的地位，同时感受中央和省委的关心和重视。 （杨 琳）

【企业离休干部参观区重点项目】 2015年4月28日，丹徒区委老干部局组织全区32名企业离休干部参观丹徒文化产业园、中国米芾书法公园、镇江大学城等区重点建设项目，开展"感受丹徒发展、体验美好生活、展示阳光心态"主题活动，让老干部了解丹徒近年来的发展变化，引导老同志建言献策、献智出力。 （杨 琳）

【"四个全面"专题讲座】 2015年7月29日，丹徒区委老干部局举办"四个全面"战略专题辅导讲座，全区各镇（街道、园区）、各部门的离退休干部党支部书记、党群口离退休干部联合支部55人听取讲座。讲座围绕"四个全面"战略布局提出的时代背景、理论渊源、内在逻辑、科学内涵等方面进行分析解读，加深老干部对"四个全面"战略布局精神的领会和把握，激励其发挥自身优势，为党和人民的事业增添正能量。 （杨 琳）

【离退休干部纪念抗战胜利70周年书画摄影展】 2015年，为纪念抗日战争胜利70周年，丹徒区委老干部局举办以"铭记历史、珍爱和平"为主题的纪念抗战胜利70周年离退休干部书画摄影展，全区离退休干部共报送书法作品78幅、国画作品15幅、摄影作品21幅，经专家评审筛选出59幅作品于8月25日在丹徒区会议中心展出，并从中评选

图11 2015年8月25日，举行丹徒区纪念抗战胜利70周年老干部书画摄影展开幕暨颁奖仪式。 （丹徒区委老干部提供）

出一、二、三等奖29幅。（杨 琳）

【发放“中国人民抗日战争胜利70周年”纪念章】 2015年是抗日战争胜利70周年，中央决定，以中共中央、国务院、中央军委名义，向抗战老战士老同志、抗战将领、为中国抗战胜利作出贡献的国际友人或其遗属颁发“中国人民抗日战争胜利70周年”纪念章，表彰其历史功勋。9月2日，丹徒区委老干部局通过走访慰问等形式，将中共中央、国务院、中央军委颁发的“中国人民抗日战争胜利70周年”纪念章和5000元的一次性慰问金及慰问品，发放给全区27名抗战时期及以前参加革命工作的离休干部和1名遗属。

（杨 琳）

【老干部健康体检】 2015年10月，丹徒区委老干部局组织全区离休干部和县处级退休干部180余人健康检查。针对老干部进入“高龄、高发病”的实际情况，将原来两年体检一次改为一年体检一次，同时扩大老干部体检项目、提高检查经费标准，增加甲状腺指标筛查等老年人常见病的检查项目，受到老干部欢迎。

（杨 琳）

【离休干部和遗属特殊困难帮扶】 2015年，丹徒区委老干部局制定并实施《镇江市丹徒区离休干部和遗属特殊困难帮扶办法》，规定区财政每年拨款10万元设立专项帮扶资金，由丹徒区委老干部局负责牵头，用于解决老干部的实际困难。全年为41名困难离休干部和18名遗属落实帮扶资金10万元。（杨 琳）

【老干部诗词创作】 丹徒区老干部诗词协会成立3年来，先后组织到中国米芾书法公园、谷阳镇槐荫村、高资街道闻捷纪念馆、韦岗战斗纪念碑、江心洲橘园等地参观采风，开展以“美丽丹徒我的家”“纪念抗战胜利70周年”等主题的诗词创作活动，创作诗词210余首，并有多篇作品在国家、省、市、区的报刊发表，10余人次在全市诗词竞赛中获奖。2015年12月，丹徒区委老干部局收集其中的120余首优秀作品汇编成册，编印出版《老骥咏志》诗词选集。

（杨 琳）

保密工作

【概况】 2015年，镇江市丹徒区国家保密局（以下简称丹徒区保密局）紧扣“保安全、促稳定；保安全、促发展”主题，完成各项工作任务。连续第7年被国家保密局金城出版社评为通联工作先进单位，被市保密局考核为优秀，被评为区级机关综合考核“十佳”单位。

（周明波 孙润州）

【保密措施】 2015年，丹徒区保密局利用办文、办事等机会，主动向办公室主要领导汇报保密工作，重要工作向区委分管领导汇报，保障保密工作开展。3月上旬，及时调整区委保密工作领导小组成员，并召开领导小组工作会议。3月20日，下发2015年保密工作要点。针对基层人员流动较快的情况，及时督促各责任单位完善保密队伍，明确分管领导，责任落实到人，提高对保密工作的重视程度。4月，召开全区保密普查会议，近100家单位的保密工作人员参加会议，会上发放普查资料200余份，并部署保密普查工作，会后，按照全市统一要求，克服时间紧、人手少等困难，按时保质完成任务。5月下旬，会同区政府办、区发改经信委、区公安局、区教育局等部门联合开展全区信息安全保密检查，重点检查是否违规使用计算机、涉密信息是否连接外网、保密制度贯彻落实情况、考点安全等。12月，对全区保密重点部门开展涉密计算机、涉密移动存储介质的使用管理检查，重点检查专机专人使用、涉密机杜绝使用非涉密U盘、保密机警示标识张贴情况，同时对区民政局、区市场监管局、区卫计委、区环保局等单位进行保密检查。年内，加强与捷诚车载、镇安电力、鲲鹏世纪、军讯方舱4家军工企业的沟通联系，2次派人到军工企业了解保密工作开展情况及需要帮助的问题等，全力为军工企业服务。（周明波 孙润州）

【保密培训】 2015年，丹徒区保密局将保密知识纳入干部管理学习内容，定期或不定期组织开展全区保密知识和上级有关保密文件学习培训，提升保密工作人员业务水平。5月，利用权力阳光运行培训契机，与区政府办、区纪委、区法制办等部门联合举办培训班，各相关部门分管领导、工作人员共3批200余人次参加培训，重点培训保密知识、保密技能、保密纪律等内容。8月，会同区政府办公室组织开展全区政府信息公开保密审查培训，由市保密局专家授课，各镇（街道、园区）和重点部门的分管领导和涉密人员共85人参训，通过培训强化政府信息公开保密审查工作的意识、责任、程序。9月，选派2人参加全省保密知识培训，并组织32名区级机关重点部门保密人员参加市保密局组织的培训，促进保密工作者理论知识和工作技能的提升。

（周明波 孙润州）

【保密宣传】 2015年，丹徒区保密局到乡镇、学校、企事业单位开展调研，创新举措，加大宣传力度，全区上下保密意识增强。重点做好宣传阵地《保密工作》杂志征订工作，在中央“八项规定”和全区各项财政支出压缩的情况下，丹徒区保密局加强与基层部门的联系，争取领导支持，完成2015年《保密工作》征订任务；通过向全区机关干部发送短信、在区政府大楼电子屏幕滚动播放保密宣传口号等方式，扩大保密宣传影响力；向省、市保密刊物投稿，全年被录用信息3条，宣传丹徒区保密工作的成绩和经验。

（周明波 孙润州）

丹徒区人民代表大会

责任编校：王雪松

综 述

【概况】 2015年，丹徒区十五届人大常委会围绕区委工作中心，履行宪法和法律赋予的职责，推进丹徒现代化建设，各项工作实现新提升。全年召开常委会会议11次、主任会议7次，听取和审议"一府两院"工作报告19项，作出决议、决定5项，开展专题视察活动22次，依法任免国家机关工作人员45人次，完成区十五届人大四次会议确定的任务。

突出中心工作。审议区政府"十二五"规划纲要实施和"十三五"规划纲要编制情况；审议2015年上半年国民经济和社会发展计划执行及下半年执行意见的报告；审议2014年财政决算和同级审计情况、2015年计划和预算执行情况，分别作出《关于批准2014年区本级财政决算的决定》《关于批准调整2015年财政预算的决定》；审议2016年财政预算草案；听取重点项目、重点工程安排情况的汇报；视察农田水利"最后一公里"建设情况、市场监督管理工作情况；听取区人民政府关于旅游产业发展情况、农村公路提档升级情况的汇报；跟踪视察重点项目和重点工程建设情况。

加大监督力度。督办"创建现代农业园区加快推进农业现代化发展""扎实推进丹徒生态文明建设'六大工程'实施"重要建议；视察全区公共法律服务体系建设情况、残疾人康复中心建设和管理情况；审议《中华人民共和国专利法》《粮食流通管理条例》贯彻实施情况；听取区政府关于公共文化设施建设情况、消防工作、农业面源污染治理情况的汇报；审议区人民法院商事审判工作、区人民检察院反贪污贿赂和行政执法检察监督工作、"一府两院"关于2014年人大常委会审议意见落实情况；开展对政府工作部门和"两院"年度工作效能测评；处理来信来访，加强信访事项的督办。

强化代表工作。邀请区人大代表列席常委会，参加常委会组织的调研、视察等活动；建立和完善代表联络工作站10个、代表联络工作室7个，组织四级人大代表统一接待选民860人次，收集意见1180条；组织35名区人大代表向选民述职；加强代表建议办理工作的督办，丹徒区十五届人大四次会议及闭会期间代表提出的51件建议全部办结。10月，丹徒区市人大代表张玉宏、区人大代表吕永忠被镇江市人大常委会授予"镇江市人民奖章"称号。

（侯 闯）

重要会议

【丹徒区十五届人大四次会议】 2015年1月14～17日在丹徒新城会议中心举行。大会应到代表183人，实到代表182人，符合法定人数。区政府组成人员、区级机关及有关单位负责人，部分省、市人大代表108人列席会议。区政协委员列席大会开幕式及第三次全体会议，原担任区人大常委会领导和委办负责人的离退休人员应邀列席大会开幕式。

会议听取和审议区长张映桥所作的《政府工作报告》，丹徒区人大常委会党组书记、常务副主任许志涛所作的《丹徒区人大常委会工作报告》，区人民法院院长张蕾所作的《丹徒区人民法院工作报告》，区人民检察院检察长黄进所作的《丹徒区人民检察院工作报告》。审查区人民政府《关于丹徒区2014年国

图12 2015年1月15日至17日，丹徒区第十五届人民代表大会第四次会议在丹徒区会议中心召开 （丹徒区人大办提供）

民经济和社会发展计划执行情况与2015年计划草案的报告》《丹徒区2014年财政预算执行情况和2015年财政预算草案的报告》，并作出相应决议。

会议通过《丹徒区第十五届人民代表大会第四次会议选举办法》，采取无记名投票方式，选举范晓荣为区十五届人民代表大会常务委员会副主任，选举王正平、朱春龙、蔡扬为区十五届代表大会常务委员会委员。

会议期间，收到代表10人以上联名提出的议案14件，其中交通方面的4件、城乡建设方面的2件、财经方面的2件、农业方面的1件、生态文明建设方面的1件、教育方面的1件、公共安全方面的2件、其他方面的1件。主席团会议通过，确定范晓荣等10位代表提出的《关于建设现代化农业园区加快推进农业现代化发展的议案》和吴国良等10位代表提出的《关于加快推进丹徒生态文明建设重点项目实施的议案》作为该次会议重要建议，由区人大常委会主任会议研究处理，其他12件议案均作为建议办理。会议期间，还收到代表提出的建议、批评和意见36件。（侯　闽）

【丹徒区十五届人大常委会会议】 2015年1月8日，丹徒区十五届人大常委会举行第二十三次会议，会议表决通过有关人事任免。

1月30日，丹徒区十五届人大常委会举行第二十四次会议，通过《区人大常委会2015年工作要点、工作计划》；区人大各工作委员会、各街道（园区）人大工委作2014年度工作书面报告。

3月24日，丹徒区十五届人大常委会举行第二十五次会议，听取和审议“一府两院”《关于2014年区人大常委会审议意见落实情况的报告》，并进行票决；讨论通过《区人大常委会任命的“一府两院”干部述职评议方案》；听取和审议区知识产权局局长陈亚兴受区人民政府委托所作的《关于<中华人民共和国专利法>贯彻实施情况的报告》；表彰2014年度效能建设优胜单位。

6月3日，丹徒区十五届人大常委会举行第二十六次会议，组织对区商务局局长孙铁、区文广体局局长吴富祥、区粮食局局长丁建庭的述职评议，并进行民主测评；听取和审议区人民法院院长张蕾所作的《关于商事审判工作情况的报告》；表决通过有关人事任免。

7月30日，丹徒区十五届人大常委会举行第二十七次会议，听取和审议区发改经信委主任杨俊受区人民政府委托所作的《关于2015年上半年国民经济和社会发展计划执行情况及下半年执行意见报告》；听取和审议区财政局局长宋守雷受区人民政府委托所作的《关于2015年1～6月预算执行和2014年财政决算情况的报告》；听取和审议区审计局局长林玉祥受区人民政府委托所作的《关于2014年度区本级财政预算执行情况和财政收支情况的审计报告》，并作出相应决定；表决通过有关人事任免；补选镇江市第七届人民代表大会代表；听取和审议区粮食局局长丁建庭受区人民政府委托所作的《关于<粮食流通管理条例>贯彻实施情况的报告》。8月24日，丹徒区十五届人大常委会举行第二十八次会议，表决通过有关人事任免。

9月25日，丹徒区十五届人大常委会举行第二十九次会议，组织对区交通运输局局长洪家同、区统计局局长鲍玉荣、区人民检察院副院长孙旭东的述职评议，并进行民主测评；听取和审议区人民政府副区长朱彤所作的《关于区十五届人大四次会议代表建议办理情况的报告》，并进行票决；听取和审议区人民检察院检察长黄进所作的《关于行政执法检察监督工作情况的报告》，并作出相应决议。

10月27日，丹徒区十五届人大常委会举行第三十次会议，表决通过有关人事任免。

11月26日，丹徒区十五届人大常委会举行第三十一次会议，组织市七届人大丹徒代表团的市人大代表向丹徒区人大常委会述职，并进行民主测评；审议召开区十五届人大五次会议筹备工作意见，并作出相应决定；听取和审议区人民政府副区长田志虹所作的《关于生态文明建设“六大工程”推进情况的报告》，并进行询问；听取和审议区人民检察院检察长黄进所作的《关于反贪污贿赂工作情况的报告》。

12月18日，丹徒区十五届人大常委会举行第三十二次会议，听取和审议区财政局局长宋守雷受区人民政府委托所作的《关于<2015年财政预算调整方案的议案>的说明》，并作出相应决议；听取和审议区发改经信委主任陈正宏受区人民政府委托所作的《关于“十二五”规划纲要实施和“十三五”规划纲要编制情况的报告》；表决通过有关人事任免。

12月28日，丹徒区十五届人大常委会举行第三十三次会议，讨论区人大常委会工作报告，决定提请区十五届人大五次会议审议；讨论召开区十五届人大五次会议的有关事项；听取和审议区财政局局长宋守雷受区人民政府委托所作的《关于2016年预算草案的报告》；听取和审议关于评选和表彰优秀区人大代表、优秀议案建议、先进承办单位和先进承办个人的意见，并作出相应决定；讨论通过《丹徒区人民代表大会及其常务委员会选举任命人员宪法宣誓工作规程》；对政府工作部门和“两院”效能工作进行测评；补选市第七届人民代表大会代表。（侯　闽）

【丹徒区十五届人大常委会主任会议】 2015年1月24日，丹徒区十五届人大常委会举行第二十一次主任会议，讨论《区人大常委会2015年工作要点和工作计划》，决定提请区十五届人大常委第二十四次会议通过。

2月13日，丹徒区十五届人大常委会举行第二十二次主任会议，听取区人民政府常务副区长谈沁磊所作的《关于2014年重点项目完成情况及2015年经济建设重点项目和城建交通重点工程安排情况的汇报》；

通过区十五届人大四次会议重要建议交办意见；讨论区《人大常委会任命的“一府两院”干部述职评议方案》，决定提请区十五届人大常委会第二十五次常委会审议通过。

4月15日，丹徒区十五届人大常委会举行第二十三次主任会议，听取区旅游局局长张武民受区人民政府委托所作的《关于旅游产业发展情况的汇报》。

6月25日，丹徒区十五届人大常委会举行第二十四次主任会议，听取区公安局副局长徐成兵受区人民政府委托所作的《关于丹徒区消防工作情况的汇报》；听取区文广体局局长吴富祥受区人民政府委托所作的《关于公共文化设施建设情况的汇报》。

8月21日，丹徒区十五届人大常委会举行第二十五次主任会议，听取区人民政府副区长田志虹所作的《关于丹徒区农村道路提档升级工作情况的汇报》。

10月27日，丹徒区十五届人大常委会举行第二十六次主任会议，听取区人民政府副区长朱彤所作的《关于区十五届人大四次会议重要建议办理情况的汇报》和《关于农业面源污染治理情况的汇报》。

12月23日，丹徒区十五届人大常委会举行第二十七次主任会议，听取区审计局局长林玉祥受区人民政府委托所作的《关于干部经济责任审计情况的汇报》；讨论《区人大常委会工作报告》；讨论区十五届人大五次会议筹备工作情况；讨论区十五届人大五次会议列席人员名单、预备会议日程、代表资格审查报告三个文件情况；听取关于评选和表彰优秀区人大代表、优秀议案建议推荐情况的汇报。（侯　闯）

重点工作

【组织述职评议】 2015年6月，丹徒区人大常委会第二十六次会议，对区商务局、区文广体局、区粮食局3位局长进行述职评议；9月，丹徒区人大常委会第二十九次会议，对区统计局、区交通运输局2位局长和1名区人民检察院副院长进行述职评议。丹徒区人大常委会组成人员围绕1～2项专题内容对评议对象进行现场询问，并采取无记名投票的方式对评议对象进行民主测评，测评结果当即公布。测评结果按照干部管理权限，分别报送区委、区人民政府、区委组织部、区委政法委。（侯　闯）

【选举任命人员宪法宣誓工作规程制定】 根据《江苏省实施宪法宣誓制度办法》和《江苏省人大宪法宣誓组织工作规程》，2015年12月28日，丹徒区十五届人大常委会举行第三十三次会议，审议通过《丹徒区人民代表大会及其常务委员会选举任命人员宪法宣誓工作规程》，规程就宪法宣誓词、宣誓形式和动作、会场布置、选举任命人员着装等作出具体要求。（侯　闯）

【代表建议督办】 2015年，丹徒区十五届人大四次会议和闭会期间代表提出建议51件。丹徒区人大常委会将代表建议办理情况在电视台、区政府广场公示栏上公示，对代表初次答复为“不满意”的、列为“正在解决”和“计划解决”的3类代表建议，加强跟踪督办。51件建议办理满意、基本满意率为100%，办成32件，办成率62.7%。（侯　闯）

【丹徒代表团市人大代表述职】 2015年11月26日，丹徒区十五届人大常委会第三十一次会议，首次组织镇江市七届人大丹徒代表团市人大代表述职。张玉宏、冷青松、徐航、王巧兰4名市人大代表，围绕当选市人大代表以来的履职情况、学习情况、做好本职工作情况，向丹徒区十五届人大常委会述职。丹徒区人大常委会组成人员发表客观公正的评议意见，并对4名市人大代表的述职进行民主测评。（侯　闯）

【基层人大工作创新】 2015年，丹徒区加强各镇（街道、园区）人大规范化建设，完善运行机制，提升履职行为，并形成一系列特色亮点。高桥镇人大“一联系、两服务”活动、辛丰镇人大搭建“空中人大”履职平台、江心洲生态农业园区人大工委开展“人大代表助推民生工程五到位”活动、世业镇人大的议案办理反馈机制和代表满意率达不到60%进行重新办理机制、宜城街道人大工委发挥代表作用调处矛盾纠纷的制度、高资街道人大工委“代表履职积分办法”、上党镇人大代表“十联系”制度、谷阳镇人大“十个早”准备人代会议案建议制度、荣炳盐资源区人大工委联系选民和财政监督工作、宝堰镇人大“代表建议办理公示制”等创新举措，得到省、市人大肯定，部分做法在全市推广。（侯　闯）

重要建议

【关于创建现代农业园区加快推进农业现代化发展的建议】 2015年1月召开的丹徒区十五届人大四次会议期间，代表提出《关于创建现代农业园区加快推进农业现代化发展的建议》，建议要从强化园区建设宏观管理、增强园区建设扶持力度、增强园区发展新动力、加快培育园区主导产业等方面加快推进，早日实现丹徒区的农业现代化发展。（侯　闯）

【关于扎实推进丹徒生态文明建设“六大工程”实施的建议】 2015年1月召开的丹徒区十五届人大四次会议期间，代表提出《关于扎实推进丹徒生态文明建设“六大工程”实施的建议》，建议丹徒区政府要把“环境兴区、生态兴区”作为发展的主要战略，并从强化生态文明规划引领、推进生态文明项目建设、建立健全生态文明保障体系、树立生态文明公众理念、依法助推生态文明建设等方面，把生态文明建设的理念贯穿于经济社会发展全过程、全领域。（侯　闯）

丹徒区人民政府

责任编校：王雪松

综 述

【概况】 2015年，丹徒区经济发展稳中奋进，主要指标平稳增长。全年完成地区生产总值342.12亿元，比上年增长10%；一般公共预算收入27.79亿元，比上年增长11.4%；固定资产投资307.72亿元，比上年增长18.8%；城镇居民人均可支配收入37824元，比上年增长8.2%；农村居民人均可支配收入17456元，比上年增长9.2%；实际利用外资9100万美元，完成年度任务的102%，位列全市第一。年内，丹徒区入选“全国科学发展百强区”，位列第74位。2月9日，区委、区政府举办中国米芾书法公园国家AAAA景区授牌暨端砚落成仪式。

重大项目建设。12月28日，落户丹徒的北汽华东（镇江）基地项目第一辆整车下线；55个区级重点项目完成投资148.5亿元，新项目开工率和在手项目签约率“两个100%”目标如期实现；宝龙城市广场、万博商业街建成开业，软件科技产业园一期具备开园条件；总投资40亿元的孟家港国际物流园、80亿元的润祥油气物流园、87亿元的燃机热电联产等重大项目强势推进；总投资20亿元的平安综合金融电商物流、20亿元的中都物流和海纳川零部件等项目成功签约；镇江高校园区1所高校对外招生，2所高校主体封顶，剩余3所高校全面启动建设。

产业转型。适应新常态要求，坚持以发展理念转变引领发展方式转变，推动先进制造业、现代服务业、战略性新兴产业抢占先机，传统产业加快改造升级。全年完成工业技改投资66.2亿元，比上年增长42.1%；新兴产业销售占规模工业销售比重达到41%；完成服务业投资118.59亿元，比上年增长21.8%，服务业增加值占地区生产总值比重达到42%，长山薰衣草庄园、“开心乐之岛”等旅游项目加快推进，带动文化旅游产业发展，实现旅游综合总收入48.5亿元；新增设施农业面积1333.33公顷、农业适度规模经营面积1000公顷，新增农业龙头企业6家、市级以上家庭示范农场17个，创成省级电子商务示范村1个。产业“三集”成效显著，开工建设标准化厂房34.4万平方米，新签约“321”重大产业项目6个，18个“三集”园区主要经济指标增幅高于全区平均水平。

城乡建设。按照“全面融入主城区、推进城乡一体化”思路，实施新市镇、新园区、新农村建设。新312国道主体贯通，宜城大道二期、燕丹路、长山中路加快建设，金谷东路环境综合整治和古邑广场改造如期竣工；提档升级县道11.4千米、乡村道50千米，改造危桥6座；19个城市易积水路段改造项目全面实施；推进覆盖拉网式农村环境综合整治试点和村庄环境整治五年提升行动，建成农村分散式污水处理设施34个，新建污水管网113千米，85个村庄完成环境整治提升任务。世业镇整岛生活污水处理全覆盖，高桥京江村乾西、江心五墩村九组完成省级美丽宜居村庄建设任务；创成省级水美乡镇1个、水美乡村5个。推进生态文明建设“六大工程”，开展污染减排、水环境治理、大气污染防治等各项工作，化学需氧量、氨氮、二氧化硫、氮氧化物分别削减2.5%、2.1%、4.2%、10%，PM2.5平均浓度下降20%。推进东西部生态环境综合整治项目103项，累计关停“五小”企业162家，投入各类资金超9亿元。鹤林水泥等企业低碳循环发展走在全市前列。

民生改善。加强创业就业服务体系建设，全年新增城镇就业8872人，城镇登记失业率控制在2.1%以内。“强村富民”双达标行动圆满完成，73个经济薄弱村和2873户低收入户全面脱贫，累计投入帮扶资金4.7亿元；城乡基本社会养老保险、医疗保险覆盖率分别达到98%和98.3%；创成全国群众满意乡镇卫生院1所、省级示范卫生院6所、省级示范卫生室10所，新建和改扩建卫生院8所；完成校安工程6万平方米，创成镇江市教育现代化建设先进镇5个、先进学校23所；建成4个示范性基本型文化广场、4个生态文明主题广场和25个村级农民健身公园，成功创建“中华诗词之乡”“江苏省公共体育服务体系示范区”和新一轮“江苏省科普示范区”；全年竣工安置房35万平方米。

（倪羽娟）

【北汽华东（镇江）产业基地第一辆整车下线】 2015年12月28日，北汽华东（镇江）产业基地竣工暨第一辆整车BJ20下线仪式在上党镇举行。北汽华东（镇江）产业基地于2013年9月开工，2015年5月30日四大工艺厂房主体封顶，9月30日全面建成。北汽华东（镇江）产业基地的建成填补了北汽集团在长三角乃至华东地区的布局空白，成为其继华北、华南、西南、华中之后的第五大基地。总投资150亿元，规划总产能超过30万辆，主要生产SUV、MPV、中高端乘用车等车型和汽车发动机等核心零部件。产品主要面向华东地区及全国中高端消费市场。（倪羽娟）

【宝龙城市广场建成开业】 2015年9月26日，位于丹徒新城城市核心商圈的宝龙城市广场开业。2011年，宝龙地产进驻丹徒中心，建造镇江宝龙城市广场。该项目地处丹徒新城谷阳大道与金谷东路交汇处，总建筑面积约36万平方米，其中商业面积10万平方米，是集聚购物中心、风情商业街、酒店式公寓、复式SOHO、国际花园于一体的旗舰综合体。其全新的商业定位，为丹徒居民提供一站式购物、娱乐和休闲服务，同时为创造稳定的服务业岗位和持续的税收奠定基础。（倪羽娟）

【丹徒区强村富民“双达标”行动圆满收官】 2015年是丹徒区强村富民“双达标”三年行动计划的收官之年。截至12月，全区各镇（街道、园区）共建设标准厂房项目30个，面积10.49万平方米；商业用房项目48个，面积4.23万平方米，增收4078.38万元。3年来，丹徒区以经济薄弱村发展和低收入农户增收工作为主，发展物业经济和增收致富项目；同时，加快对农村道路、农田水利、农桥、供水、健身广场等基础设施建设，促使全区民生事业明显改善，农民生活质量显著提高。

（倪羽娟）

【4所学校被命名为全国青少年校园足球特色学校】 2015年8月，丹徒区实验学校、支显宗学校、辛丰中心小学、辛丰中学被命名为全国青少年校园足球特色学校。丹徒区成立区校园足球领导小组，制订《丹徒区校园足球工作实施方案》，推进校园足球工作，并由区教育局牵头，区文广体局、区财政局、团区委等部门配合，建立校园足球试点学校6所。截至2015年底，全区建立校园足球社团32个，为全区校园足球工作的开展奠定基础。（倪羽娟）

【校政企战略合作】 2015年5月29日，丹徒区政府与江苏大学、北汽集团共同签订校政企战略合作协议，市、区领导夏锦文、朱晓明、陈琳、张映桥，江苏大学校长袁寿其、党委书记范明以及北汽集团总经理张夕勇出席签约仪式。签订的校政企战略合作协议，将加快推进苏南国家自主创新示范区建设步伐，按照“市场运作、优势互补、互惠互利、协同创新、共谋发展”原则，北汽集团发挥企业在产品开发、资金筹措、市场开拓等方面的优势，江苏大学发挥高校的技术、人才、信息和管理资源的优势，丹徒区人民政府发挥政策、土地、财政资金扶持以及政府各级科技部门和单位管理资源的优势，共同探索和建立校政企三者之间科技合作交流和技术成果共享的创新模式，推动汽车产业的发展，促进地方经济的转型升级。（倪羽娟）

重要活动

【苏伟率队在世业镇考察低碳城市建设】 2015年3月25日，国家发改委气候司司长苏伟率队到世业镇考察镇江低碳城市建设，市政协副主席朱开宝、副区长谈沁磊陪同考察。考察中，苏伟一行实地考察世业镇卫生院、世业村永茂圩、四季春农业园和金陵润扬酒店，询问了解低碳环保工作的落实情况，听取相关单位负责人的工作汇报。苏伟要求相关部门和单位加大低碳经济发展的宣传力度，在尽可能减少环境污染和资源消耗的前提下，实现经济又好又快发展，为培育绿色现代产业体系打下良好基础。（倪羽娟）

【罗志军视察调研丹徒区】 2015年5月25日，江苏省委书记罗志军在市委书记夏锦文、区委书记陈琳等陪同下，到丹徒区视察北汽华东（镇江）基地项目建设推进工作。罗志军对北汽华东（镇江）基地项目的建设给予肯定，同时对省、市、区各级给予项目的服务和支持表示满意，并希望企业加快进度、抢抓机遇、早日达产见效，要求地方发扬“马上就办”精神，做好协调服务工作，共同为稳增长、调结构作贡献。12月28日，省委书记罗志军就学习贯彻中央经济工作会议精神、落实全省经济工作会议部署到丹徒区调研，对丹徒区2015年以来经济社会发展以及重大项目建设所取得成绩给予肯定，希望丹徒区学习贯彻中央和全省经济工作会议精神，真抓实干落实好结构性改革任务，并要求丹徒区围绕全省建设具有全球影响力的产业科技创新中心和具有国际竞争力的先进制造业基地的目标，发挥区位优势和制造业的基础条件，采取更多激励措施鼓励企业加大研发投入，提升技术装备水平和智能化程度，加快互联网化提升，增强发展新动能，为确保全省“十三五”发展良好开局做出贡献。（倪羽娟）

【徐鸣调研丹徒区水利防汛工作】 2015年6月6日，江苏省委常委、副省长徐鸣到丹徒区调研水利防汛工程建设工作。市委副书记李茂川、区委书记陈琳等陪同。徐鸣在听取长江镇扬河段三期整治工程进展、丹徒区长江江堤质量达标情况和长江江豚保护区建设情况等汇报后，实地查看江堤达标工程和江心洲大窝塘坍江治理建设工作，对丹徒区水利防汛工作给予肯定。徐鸣强调，长江江堤是生命线，江堤建设一定要做好系统设计和规划，镇扬河段三期整治工程要做好准备工作，争取2016年开工，江豚保护要多措并举，保证江豚在保护区内安全。（倪羽娟）

【李学勇率队在世业镇调研】 2015年7月20日，江苏省省长李学勇率队到丹徒区世业镇调研，市委书记夏锦文、市长朱晓明、区委书记陈琳等陪同。李学勇一行到先锋村卫生室，实地了解医保新农合政策落实和基本公共卫生服务项目开展情况，李学勇在肯定丹徒区基层卫生服务体系建设工作的同时，希望以布局合理、功能完善、方便高效为指向，进一步引导优质资源、技术、人才下沉基层，规范基层服务，优化运行机制，夯实基层医疗卫生机构服务群众的基础；在四季春农业园，李学勇听取园区规划建设情况汇报，并与农业专家赵亚夫进行交谈，对互联网+三农模式的“亚夫在线”农业电子商务平台创新做法表示赞赏。同时，希望丹徒区始终把促进农民增收作为核心，坚持走现代化农业发展之路，开创“三农”发展新局面。（倪羽娟）

【石泰峰调研丹徒区经济社会发展情况】 2015年12月15日，江苏省委副书记、代省长石泰峰在市、区领导夏锦文、朱晓明、李雪峰、陈琳陪同下，到丹徒区调研经济社会发展情况。石泰峰强调，要学习贯彻中共十八届五中全会和习近平视察江苏重要讲话精神，按照省委十二届十一次全会部署要求，主动适应经济发展新常态，自觉践行五大发展新理念，发挥自身优势，抓好用足叠加机遇，加快推动转型升级，提高发展质量效益，为“迈上新台阶、建设新江苏”提供支撑。调研期间，石泰峰先后视察北汽华东（镇江）基地、沃得重工，了解重大项目建设、实体经济运行等方面情况。（倪羽娟）

【镇江生态汽车产业园招商推介会暨项目签约仪式】 2015年4月25日，丹徒区举行2015镇江生态汽车产业园招商推介会暨项目签约仪式，区委书记陈琳、区长张映桥出席活动。镇江生态汽车产业园管委会、北京海纳川汽车部件股份有限公司和北方海拉车灯有限公司、湖南光华荣昌汽车部件有限公司、延锋伟世通（北京）汽车饰件系统有限公司、北京亚太汽车底盘系统有限公司等7家零部件企业正式签订入园协议。北京海纳川汽车部件股份有限公司、北京亚太汽车底盘系统有限公司、江苏宝山重型机械制造有限公司3家代表作表态发言。（倪羽娟）

重要会议

【丹徒区政府常务会议】 2015年，镇江市丹徒区人民政府（以下简称丹徒区政府）先后召开常务会议7次。3月13日，讨论研究《关于全面改善义务教育薄弱学校基本办学条件项目规划(2014～2018年)》、企业投资项目“多评合一”实施意见，研究新城公共服务设施配套规划方案、完善政务服务体系和建立公共资源交易中心意见，研究城乡居民基本养老保险基础养老金标准调整方案、土地储备中心融资工作方案、城市市政公用基础设施配套费调整方案、安全生产目标管理考核办法和食品安全目标管理考核办法等事宜；6月25日，研究防汛抗旱工作、城区雨水排水防涝工作，听取春节以来全区安全生产形势及“安全生产活动月”活动汇报、“东方之星”失事客轮善后处置工作通报，研究《关于加快引进高层次创新创业人才的实施意见（试行）》、被征地农民享受城乡居民基础养老金事宜、丹徒大厦附楼资产处置转让事宜、世业洲江堤改造工程项目（PPP项目），研究《关于全面推行“政社互动”工作的实施意见》，7月2日，专题研究防汛工作；9月8日，研究安全生产工作，讨论《丹徒区高污染燃料锅炉及窑炉大气污染整治以奖代补暂行办法》、公用基础设施配套费调整方案、宜城第一小学建设有关事宜，以及《丹徒区危房解危工作实施意见》、丹徒区乡镇垃圾转运站升级改造方案等事项；10月16日，研究《丹徒区政府购买公共服务实施办法》，听取区长山办关于镇江文化产业融资担保公司组建运营方案的汇报，研究丹徒区“十三五”县乡河道轮浚规划和村庄河塘轮浚规划，征收拆迁安置工作经费管理办法（试行），丹徒新城拆迁未安置特困家庭安置方案，江心洲生态农业园区管委会危房安全隐患化解方案，调整被征地农民基本生活保障标准方案，《镇江市丹徒区政府重大行政决策合法性审查规则》，雩山水泥厂关停方案，本届政府设立的各类领导小组调整方案和项目预审查工作等事宜；12月4日，审议“十三五”规划纲要，研究2016年国民经济和社会发展指标、市级五大类重点项目、区政府投资项目，丹徒新城社区布局规划调整方案，2015年预算调整、存量资金清理工作和纪律处分等事宜。（倪羽娟）

【丹徒区区长办公会议】 2015年，丹徒区政府召开区长办公会议12次。1月7日，研究部署2015年安全生产工作，传达全国安全生产电视电话会议精神，听取区安监局关于2015年全区安全生产检查月度重点工作安排的汇报，学习新《中华人民共和国安全生产法》，责成区安办于1月15日前制定下发全区安全生产检查工作方案；2月2日，研究部署当前重点工作，明确各区长2月工作重点，部署春节前工作要求和讨论《2015年度区政府60项重点工作任务分解方案》；2月27日，明确各区长3月份重点工作，部署当前重点工作和全年开局的三项要求；4月1日，研究部署当前重点工作，明确各区长4月工作重点；5月4日，明确各区长5月份工作重点，分析1～4月经济和社会发展情况，并对5月重点工作进行部署，会议要求各区长要联系镇（街道、园区），到企业车间和项目现场，鼓励和指导基层鼓足干劲，创新思路，克服困难，推动全区经济社会事业平稳发展；6月2日，研究部署当前重点工作，明确各区长6月工作重点；7月2日，研究部署当前重点工作，明确各区长7月工作重点；8月3日，研究部署当前重点工作，明确各区长8月工作重点；9月6日，明确各区长9月工作重点，主要是社会稳定和安全生产工作、“三严三实”专题教育活动、未开工市重点项目的督查推进；10月9日，研究部署当前重点工作，明确各区长10月工作重点；

11月2日，明确各区长11月工作重点，研究部署当前重点工作和其他专项工作；12月1日，明确各区长12月工作重点，研究“十三五”规划纲要草案、2016年国民经济和社会发展指标、市级五大类重点项目、政府投资项目、2015年财政预算调整等专项工作。（倪羽娟）

政府法制

【概况】 2015年，镇江市丹徒区人民政府法制办公室（简称丹徒区法制办）贯彻中共十八届四中、五中全会精神，按照《国务院全面推进依法行政实施纲要》、省政府《关于深入推进依法行政加快建设法治政府的意见》及《江苏省行政程序规定》、市政府《关于深入推进依法行政加快建设法治政府的实施意见》要求，突出法治政府基础建设、依法科学民主决策、行政权力规范运行、预防和化解社会矛盾，加大依法行政工作推进力度，在拓展职能、推进改革、规范行政程序、创新工作体制机制等方面取得新进展，为建设“强富美高”新丹徒提供法治保障。编制《丹徒区法治政府建设指标体系》明确依法全面履行职能、提高制度建设质量、行政决策依法科学民主、严格规范公正文明执法、强化权力制约监督、依法防范和化解社会矛盾、完善依法行政保障措施7个方面内容。年内，丹徒区法制办被省政府法制办评为全省政府法制工作成绩突出单位；全区加强政府法制工作、推进依法行政方面的工作信息被省政府法制网站刊用43条。（陈娅丹）

【依法行政工作会议】 2015年3月19日，丹徒区法制办在区市场监督管理局5楼会议室召开全区依法暨行政程序建设工作会议，对2014年、2015年依法行政工作进行总结和部署。区政府常务副区长谈沁磊出席会议并讲话。会上，下发《丹徒区2015年依法行政工作要点》以及目标任务分解意见，以项目化管理的方式将2015年确定的依法行政各项目标任务部署落实到位，推动以“法治第一保障”服务于“发展第一要务”的理念落到实处。（陈娅丹）

图13　2015年4月25日，丹徒区举行镇江生态汽车产业园招商推介会暨项目签约仪式

（丹徒区政府办提供）

【学法用法培训】 2015年，丹徒区法制办为推进领导干部思维和能力法治化，制定政府领导班子及其成员年度学法计划，编印《依法行政法律文件汇编》作为领导干部学法资料，落实领导干部学法制度，坚持把依法行政纳入领导干部培训内容。全年组织全区近800名行政执法人员，围绕树立法治思维、规范行政程序、应对行政诉讼法修正、规范执法文书制作、预防职务犯罪等内容集中培训，提高法律素养和实务水平。（陈娅丹）

【重大行政决策合法性审查机制】 2015年，丹徒区法制办修改完善《丹徒区重大行政决策合法性审查规则》，明确区政府重大行政决策合法性审查的启动程序以及合法性审查的主体，强化重大行政决策事项须经政府常务会议或全体会议集体讨论决定，法制机构主要负责人列席会议、发表意见，规范依法科学民主决策的程序。（陈娅丹）

【重大行政决策后评估】 2015年，丹徒区法制办制定《2015年丹徒区政府规范性文件和重大行政决策后评估工作计划》，选择《丹徒区建设苏南教育现代化示范区的实施意见》和《丹徒区关于实施国有建设用地履约保障金制度的意见》两项重大行政决策作为评估对象，明确评估责任主体，并将评估的有关事项委托高等院校、科研院所、社会中介机构等第三方，通过召开座谈会、实地考察、问卷调查、征求意见等方式进行实施效果后评估，提出改进和完善的相关意见和建议对策，规范政府重大决策行为。（陈娅丹）

【法律顾问制度】 2015年，丹徒区法制办以政府法制机构人员为主体，坚持吸收专家和律师的原则，从政府法制机构、高等院校和法律服务机构推荐人员中择优聘任17人，组建区政府法律顾问委员会。印发工作规则，组织召开政府法律顾问委员会专题讨论会，为政府重大决策、签订行政合同等重大行政事项，防范法律风险提供咨询论证。参与和推进环境整治、农村土地确权、企业改制、拆迁改造等政府重点工作，并提供法律服务。组织区政府法律顾问委员会委员组成专家评审组，集中评审推选的行政处罚和行政许可案卷，评出优秀行政执法案卷，同时查明每份案卷存在问题，并提出改进办法，为通报评查情况和督促相关行政执法单位及时整改提供准

确、权威的信息。（陈娅丹）

【规范性文件监督管理和后评估】 2015年，丹徒区法制办将公众参与贯穿到规范性文件制定全过程，在规范性文件制定计划阶段、起草阶段、审查阶段、清理和后评估阶段，广泛征求公众的意见和建议。根据省政府要求，制定规范性文件清理方案，全面清理丹徒区现行有效的政府规范性文件及部门规范性文件。其中14件规范文件拟被确认继续有效，21件拟被宣布废止。督促指导实施部门评估《丹徒区区级储备粮管理办法》实施情况，按照《镇江市丹徒区规范性文件实施效果评估制度》的要求，制定实施情况评估方案，成立评估领导小组，通过问卷调查、召开座谈会等方式客观开展评估工作，并形成评估报告，提出废止建议。（陈娅丹）

【执法监督】 2015年，丹徒区法制办选择群众普遍关注的社会热点问题，制定印发《2015年行政执法监督检查计划》。会同相关部门组成检查组，专项监督检查全区贯彻实施《中华人民共和国旅游法》情况，规范旅游市场秩序，为保障旅游者和旅游经营者的合法权益提供持续健康发展的经济环境。采取明察与暗访、职能部门督查与群众舆论监督等多种形式，开展"依法履职、有责有为"专项监督检查，全面监督各地各部门依法履职不缺位、有责有为不推诿，确保中心任务落实到位、法定职责履行到位。执行重大执法决定法制审核制度列入《镇江市丹徒区法治政府建设指标体系》，规定所有重大行政执法决定均须经过法制机构审核，并纳入年度法治政府考核内容；集中专项监督检查全区18个重点部门执行重大执法决定法制审核制度。全区开展重大执法决定法制审核事项234件。（陈娅丹）

【行政复议】 2015年，丹徒区法制办通过实行公开听证审理案件、规范行政复议证据审查、加大实地调查、实行集体研究案件等制度，进一步提升办案质量。改造和规范区行政复议受理中心、区行政复议受理窗口、行政复议基层受理点以及区行政复议听证场所相关软、硬件设施，为发挥行政复议受理点"法制宣传、便民服务、纠纷调处"等功效提供条件。丹徒区在全省行政复议工作规范化建设现场会上介绍相关经验做法，并组织观摩上党镇行政复议基层受理点。全年收到行政复议申请30件，受理20件，审结20件；其中维持1件，撤销1件，确认违法3件，终止8件，其他方式7件。（陈娅丹）

【规范行政应诉和行政负责人出庭应诉】 2015年，丹徒区法制办规范行政应诉案件办理程序，提高行政应诉工作水平。制定实施《丹徒区政府行政应诉案件办理工作意见》，落实《丹徒区行政复议与行政诉讼联席会议制度》，定期听取审判机关意见，共同研究解决行政复议、行政诉讼案件中反映的突出问题和共性问题。组织召开行政复议与行政审判工作联席会议，通报点评2014年全区行政复议与行政诉讼案件审结情况，分析研究新常态下行政复议和行政诉讼工作的形势及对策，促进行政与司法的良性互动。及时印发通知，对学习贯彻新修订的《中华人民共和国行政诉讼法》作出部署和安排，督促行政机关切实履行出庭应诉义务、指导全区行政执法机关对执法文书"诉权交待"内容依法作出相应调整，进一步规范执法机关执法行为。组织行政机关负责人参加行政应诉庭审观摩活动，增强行政机关行政应诉能力，全区行政机关负责人出庭应诉率继续保持100%。（陈娅丹）

政务服务管理

【概况】 2015年4月，根据《中共丹徒区委丹徒区人民政府关于完善政务服务体系和建立公共资源交易中心的意见》文件，镇江市丹徒区行政服务中心更名为镇江市丹徒区政务服务管理办公室（以下简称丹徒区政务服务管理办公室），下设丹徒区政务服务中心和丹徒区公共资源交易中心。职能由审批向审批、监管等多层次服务延伸，服务内容更加全面具体，对重大项目、规模骨干企业提供一站式服务，开辟审批绿色通道。对小微企业、科技型企业加大扶持力度，合力培育新经济增长点，增加小微企业窗口工作人员，通过政策咨询、联审会办、窗口协调、联合踏勘、上门指导方式，共为392家小微企业提供一站式服务。

2015年，丹徒区政务服务管理办公室进驻事项269项，其中行政许可事项191项，行政征收6项，行政强制1项，行政审批15项，行政确认13项，行政其他42项，便民服务事项1项。各窗口受理申请事项77084项，办结率100%。丹徒区权限内新立项、核准、备案内资项目109件（不含市发改委办理的较大项目），投资总额88.97亿元；外商投资新立项8家，投资总额5120万美元。全年新办各类内资企业注册登记1025家，注册资本总额66.8亿元；外资企业注册16家，注册资本总额9720万美元。（朱林林）

【丹徒区公共资源交易中心成立】 2015年5月，根据丹徒区机构编制委员会《关于成立区公共资源交易中心的通知》文件，成立镇江市丹徒区公共资源交易中心，是承担区级公共资源交易服务职能的事业单位，副科级建制，隶属于区政务服务管理办公室管理。10月28日，丹徒区公共资源交易中心正式挂牌运行。截至年底，丹徒区公共资源交易中心交易建设工程项目61项，招标金额3.85亿元、中标金额3.72亿元，节约资金1287万元；交易政府采购项目42项，招标金额1679万元、中标金额1449万元，节约资金230万元。（朱林林）

【实施"多评合一"工作】 2015年，丹徒区政务服务管理办公室在企业投资项目设立过程中，牵头实施“多评合一”工作，依托现有平台，设立“多评合一”综合窗口，组织国土、规划、水利、地震、环保、安监相关窗口实施并联评估审批。以环境影响评价报告完成时限为最终时限，各项评估由原来141个工作日，缩短为50个工作日内（含公示时间）。

（朱林林）

【试行项目预审评估】 2015年，丹徒区政务服务管理办公室依据国家产业发展政策、丹徒区城市建设规划、产业发展规划、土地利用规划以及主体功能区规划，围绕推进产业集中集聚集约发展要求，统筹项目建设产业准入、投资规模、技术水平、社会风险、综合效益、规划选址、用地规模、资源消耗和环境影响因素，综合预审评估企业投资项目，为项目实施提供科学依据。年内，与区发改经信委共同牵头，召开项目预审评估联席会议6次，对上党汽车产业园、高新园仕德汽车、弘毅锅炉、恒顺醋业等22个项目开展项目预评估，其中18家通过，4家未通过。

（朱林林）

表4 2015年丹徒区政务服务管理办公室各窗口办件情况 单位：件

填报窗口	项目受理件数			项目办结件数
	总件数	即办件	承诺件	
发改经信委窗口	132	0	132	132
商务局窗口	54	54	0	54
国税局窗口	2474	165	2309	2474
地税局窗口	1570	0	1570	1570
市场监管局窗口	3035	141	2894	3035
国土局窗口	1920	1307	613	1920
住建局窗口	262	8	254	262
交通局窗口	879	879	0	879
卫生局窗口	22	0	22	22
环保局窗口	82	0	82	82
物价局窗口	38	0	38	38
气象局窗口	57	0	57	57
人防办窗口	63	40	23	63
人社局窗口	17	0	17	17
房管局窗口	16	0	16	16
城管局窗口	143	15	128	143
财政窗口	26	0	26	26
银行归口收费	1860	1860	0	1860
住房公积金中心	3123	3123	0	3123
水利农机局窗口	76	0	76	76
民政局窗口	330	0	330	330
农委窗口	33	0	33	33
公安出入境窗口	7764	2898	4866	7764
综合窗口	2161	2161	0	2161
消防窗口	53	53	0	53
一表制窗口	1719	1186	533	1719

续表

填报窗口	项目受理件数			项目办结件数
	总件数	即办件	承诺件	
烟草局窗口	69	0	69	69
规划局窗口	75	0	75	75
行政复议窗口	26	26	0	26
安监局窗口	0	0	0	0
公交IC卡窗口	48794	48794	0	48794
公共资源交易中心	211	0	211	211
合　计	77084	62710	14374	77084

（朱林林）

信访工作

【概况】 2015年，丹徒区受理群众来信230件，比上年下降72%。群众到区政府上访741批次、3568人次，批数和人次分别比上年下降12%、4%。其中集体上访193批次、2704人次，批次比上年下降12%，人次比上年上升1%；群众到市政府上访167批次、1076人次，批次和人次均比上年下降22%，其中集体上访56批次、915人次，批次和人次分别比上年下降25%、21%；群众到省集体集访13批次、148人次，批次比上年上升18%，人次比上年下降29%；群众进京上访28批次、45人次，批次和人次分别比上年下降39%、34%。全年中央、省、市联席办、信访局挂牌交办的信访老户案件办结率100%，重大疑难信访案件化解率96%。群众反映的信访诉求主要是：土地征用类，共141批、692人次，占19%；拆迁安置类，共156批、723人次，占21%；城乡规划，共126批、576人次，占17%；劳动保障类，共111批、518人次，占15%；农民工工资与工程款类，共74批、307人次，占10%。（叶　平）

【阳光信访】 2015年，镇江市丹徒区信访局（以下简称丹徒区信访局）根据省信访局《关于推进我省阳光信访信息系统应用工作有关事项的通知》和市信访局相关文件精神，购置系统专用电脑，选派骨干参加省、市专业培训，创立受理投诉、便民查询、主动反馈、监督管理“四位一体”信访工作新模式，推进阳光信访，力求实现信访接待“关口前移”。丹徒区“阳光信访”系统集信访投诉、查询、服务、督办、分析、管理等功能于一体，覆盖全区各镇（街道、园区）和34家区级相关部门。12月，丹徒区信访局开展“阳光信访”系统运用培训，就“阳光信访”数据录入、流程办理、网上答复和网上评价等内容，对44家安装阳光信访软件的镇（街道、园区）和部门操作员进行一对一系统培训。丹徒区信访局配备阳光信访系统专业操作员3人，每天实时了解信访动态及具体办理情况，对逾期未办结的重要信访案件进行督办或组织会办，并对信访工作失职、渎职人员建议问责。（叶　平）

【信访矛盾调处服务中心成立】 2015年6月17日，丹徒区信访矛盾调处服务中心揭牌成立，办公地点设在区人民来访接待中心。该中心由区委、区政府分管领导任主任，区信访局局长任常务副主任，区委组织部、区政法委、区监察局、区司法局、区住建局、区人社局、区环保局、区卫计委、区公安局、区信访局各有1名副科级领导任服务中心副主任。该中心以“规范、便民、高效、有序”为目标，按照“条块结合、以块为主、各方联动、高效有序”的工作模式，主要履行社情民意研判、诉求甄别定性、案件协调督办、政策法规服务、法律援助服务、服务效能监督6项职能，实现“一条龙服务、一揽子解决、一个流程办理、一个机制督查”工作机制，确保群众合理诉求得到及时有效解决。同时，各镇（街道、园区）及各村（社区）同步建立信访矛盾调处服务站和信访矛盾调处服务室。（叶　平）

【《信访条例》实施10周年宣传】 2015年4月，丹徒区信访局根据省、市对《信访条例》实施10周年系列宣传活动的安排部署，发挥报刊、广播、电视、互联网等传媒作用，利用基层各种阵地，采取宣讲辅导、悬挂条幅、发放材料、咨询服务等形式，集中力量和时间开展《信访条例》宣传活动。至5月底，全区各级、各部门发放宣传手册2000余份，发放宣传单4000余张，设立咨询台10余处，悬挂各类宣传条幅30余条。活动期间，丹徒区信访局为各镇（街道、园区）信访办主任授课2次，促使《信访条例》走进农村和社区、走进机关和企业，引导群众依法有序反映诉求，规范行政机关依法信访的工作行为，维护“畅通、有序、务实、高效”的信访工作秩序。

（叶　平）

【信访投诉请求分类处理】 2015年，丹徒区信访局把信访纳入法治化轨道，对信访投诉请求，能够通过信访渠道以外的法定途径解决的，依法导入法定途径处理，形成信访投诉请求与法定途径一一对应的工作清单，不能通过以上途径解决且符合《信访条例》第十四条规定的，作为信访事项按照《信访条例》规定处理，保障群众合理合法诉求。相关职能部门按照“公开为常态，不公开为例外”原则，向社会公开信访投诉请求法定途径分类处理清单，让群众了解信访投诉请求“找谁办、谁必须办”，了解法治信访的要求和权利救济的方式。该举措成为诉访分离后信访工作又一重大改革举措。（叶　平）

侨务·港澳事务

【概况】 2015年，镇江市丹徒区人民政府侨务办公室（以下简称丹徒区侨办）主动作为、发挥优势，为归侨侨眷做好事、办实事，全年慰问归侨侨眷人数64人次，发放慰问金和定期补助20余万元。在高资街道、上党镇等地的农业服务中心举办农村实用技术培训班，60余名农村归侨侨眷子女参加培训。在《中国侨网》《江苏侨网》《镇江侨网》开展信息宣传，丹徒侨务工作信息30余条（篇），其中省级以上侨网、侨刊20条（篇），市级报刊和侨网12条（篇）。

（范国忠）

【华侨捐赠募集与服务】 2015年，丹徒区侨办做好华侨捐赠的募集、监管和服务工作，促成新加坡支显宗基金会捐赠58.65万元，用于教师培训、奖励优秀师生和资助贫困学生；引进侨资企业金轮天地控股有限公司，捐赠8万元设立“金轮关爱基金”，作为丹徒区特困归侨送温暖的专项帮扶资金，帮助16名特困归侨解决生活困难和重大疾病医疗费支出，保障困难归侨基本生活。

（范国忠）

【《加中时报》推出“中国江苏——丹徒专版”】 2015年2月20日，丹徒区侨办配合丹徒新城生态工业园区招商引资工作，在加拿大《加中时报》推出“中国江苏——丹徒专版”，重点宣传丹徒新城生态工业产业园区的区位优势、产业定位、发展规划、重点产业和特色产业，推介项目合作信息，增进海外华侨华人和留学创业成员对丹徒生态工业园区的了解。（范国忠）

【海外华裔青少年夏令营接待】 2015年8月12日，丹徒区侨办参与组织、接待的德国华裔青少年“中国寻根之旅”夏令营，到江苏省华文教育基地——江苏省大港中学访问交流。来自德国纽伦堡3所华文学校的40余名夏令营营员与大港中学学生参与制作灯笼、猜灯谜、观摩中国国粹京剧演唱等互动联谊活动，体验博大精深的中华文化。江苏省大港中学与组织该次夏令营的德国纽伦堡3所华文学校结为友好学校，双方教师就华文教育的现状和发展，以及华文教育的经验进行交流切磋。（范国忠）

【组织参与“第七届华侨华人创新创业洽谈会”】 2015年6月30日，丹徒区侨办组织各镇（街道、园区）和重点企业参加在镇江市举办的“第七届华侨华人创新创业洽谈会”，促成多个项目现场达成合作意向。为提高项目对接成效，丹徒区侨办联合区招商局、区人才办提前将项目信息发送给参加单位，做好项目信息反馈情况收集整理，搭建好海外人才项目与各镇（街道、园区）和重点企业的对接平台。（范国忠）

【服务侨资企业】 2015年11月6日，丹徒区侨办联合区法院经济庭走访区内镇江宝山重型机械有限公司、镇江华天轴承有限公司、江苏申模数字化制造技术有限公司等侨资企业，对企业在融资、担保、工伤处理、合同签订、债权债务处理等方面遇到的问题，提出司法建议和法律服务，帮助企业维护合法权益。

（范国忠）

外事工作

【概况】 2015年，镇江市丹徒区外事办公室（以下简称丹徒区外办）围绕区委、区政府工作目标，履行外事职能，完成各项工作。全年代办因公出国（境）11批13人，办理邀请外国人来华函电48批81人，外事接待3批11人，新办APEC（亚太经合组织）商务卡5张。（王松华）

【证照管理】 2015年，丹徒区外办贯彻中央“八项规定”和省委“十项规定”，落实《镇江市政府办公室转发镇江市外办关于加强我市因公出国（境）管理意见的通知》和相关文件精神，配合镇江市外办做好《镇江市科级及其以下人员因公出国（境）审批管理实施办法》实施情况调研，并按照区委《关于加强我区因公出国（境）管理工作的意见》和《关于进一步规范国家工作人员因公临时出国（境）管理的若干规定》文件纪要精神，执行因公出访团组计划申报、行前公示、经费先行审批制度，严格量化管理、实行绩效考核等，取得成效。机关干部所有公共出国（境）证照统一收缴，按级别送省、市外办保管，所有科级干部的因私护照和港澳通行证集中在区委组织部保管，杜绝未经批准擅自出访的渠道。全年未组团出访。

（王松华）

【友好城市开拓】 2015年，丹徒区与美国奥林匹亚市建立友好交往关系取得进展。4月14日，江苏省外办下达《关于同意镇江市丹徒区与美国奥林匹亚市建立友好区市关系的批复》。8月，美国原奥林匹亚市市长巴克斯·鲍姆先生期内离任，未能在约定的9月访问丹徒。丹徒区外办第一时间与新任市长谢丽尔·塞尔比女士（Cheryl Selby）

做好对接，约定来年互访。（王松华）

【服务地方经济发展】 2015年，丹徒区外办多措并举、主动作为，服务地方经济发展。4月1日，丹徒区外办接待香港太平洋资产联合有限公司董事长、美国圣马丁大学香港业务代理邱斌一行7人，双方就计划在镇江大学城联合办学展开交流磋商。6月16～18日，丹徒区外办接待深圳前海自贸区恒勤跃德投资管理与顾问有限责任公司总经理王应江、副总黄邦锐一行，客商分别与宜城街道、高新园区、高桥镇相关领导座谈开展投融资事宜。丹徒区外办全年2次赴深圳招商，4月27日，拜访深圳台商协会，促进台湾六合国际观光夜市项目与宜城街道相关板块对接并进行可行性论证；11月16日再赴深圳，拜会深圳高新企业宝舜泰公司CEO祁振强先生，邀请他参加2015中国镇江（深圳）高新技术产业合作洽谈会并择时考察丹徒。11月2日，丹徒区外办为江苏振光电力设备制造公司办理邀请4名巴基斯坦技术人员来华函电，11月25日，巴方技术人员如期到访，为"ADB-68R-2013"电力塔出口巴基斯坦进行验收，得到江苏振光电力设备制造公司好评。（王松华）

表5　**2015年丹徒区邀请外国人到华情况**　单位：人

序号	邀请单位	到华人国籍	人数	到华时间
1	科鲁迪卫浴制品（江苏）有限公司	德国	1	2015-03
2	镇江盛恒进出口贸易有限公司	孟加拉	1	2015-01
3	科鲁迪卫浴制品（江苏）有限公司	德国	1	2015-02
4	镇江创鑫机械电器设备有限公司	孟加拉	1	2015-03
5	镇江创鑫机械电器设备有限公司	巴基斯坦	1	2015-03
6	江苏力凡胶囊有限公司	印度	2	2015-02
7	镇江英赛德铸造材料有限公司	西班牙	1	2015-03
8	镇江盛恒进出口贸易有限公司	孟加拉	2	2015-03
9	科鲁迪卫浴制品（江苏）有限公司	德国	1	2015-04
10	江苏力凡胶囊有限公司	美国	1	2015-03
11	科鲁迪卫浴制品（江苏）有限公司	法国	1	2015-04
12	镇江盛恒进出口贸易有限公司	孟加拉	1	2015-04
13	科鲁迪卫浴制品（江苏）有限公司	德国	1	2015-04
14	镇江茂源化工有限公司	孟加拉	2	2015-05
15	镇江创鑫机械电器设备有限公司	土耳其	2	2015-04
16	江苏华通动力重工有限公司	斯里兰卡	5	2015-05
17	镇江市永诚制刷有限公司	孟加拉	1	2015-04
18	江苏力凡胶囊有限公司	印度	11	2015-04
19	镇江创鑫机械电器设备有限公司	孟加拉	2	2015-06
20	科鲁迪卫浴制品（江苏）有限公司	德国	1	2015-08
21	镇江盛恒进出口贸易有限公司	孟加拉	2	2015-06
22	江苏苏菱铝用阳极有限公司	日本	1	2015-04
23	镇江市润发铝业有限公司	孟加拉	1	2015-06
24	镇江创鑫机械电器设备有限公司	孟加拉	1	2015-07
25	镇江英格华杰皮业有限公司	加拿大	1	2015-08
26	镇江盛恒进出口贸易有限公司	孟加拉	1	2015-07
27	江苏省大港中学	英国	1	2015-08
28	科鲁迪卫浴制品（江苏）有限公司	德国	1	2015-09

续表

序号	邀请单位	到华人国籍	人数	到华时间
29	江苏苏菱铝用阳极有限公司	日本	2	2015-08
30	江苏力凡胶囊有限公司	美国	1	2015-08
31	镇江创鑫机械电器设备有限公司	巴基斯坦	2	2015-08
32	江苏力凡胶囊有限公司	印度	2	2015-08
33	科鲁迪卫浴制品（江苏）有限公司	德国	1	2015-09
34	江苏振光电力设备制造有限公司	巴基斯坦	2	2015-09
35	江苏振光电力设备制造有限公司	巴基斯坦	2	2015-09
36	江苏振光电力设备制造有限公司	孟加拉	1	2015-09
37	镇江创鑫机械电器设备有限公司	孟加拉	1	2015-10
38	江苏力凡胶囊有限公司	印度	5	2015-09
39	镇江京绿聚氨酯有限公司	黎巴嫩	1	2015-10
40	镇江创鑫机械电器设备有限公司	巴基斯坦	2	2015-10
41	镇江市润发铝业有限公司	孟加拉	1	2015-10
42	镇江创鑫机械电器设备有限公司	巴基斯坦	2	2015-10
43	江苏振光电力设备制造有限公司	巴基斯坦	1	2015-11
44	江苏苏菱铝用阳极有限公司	日本	2	2015-11
45	江苏苏菱铝用阳极有限公司	日本	1	2015-11
46	江苏振光电力设备制造有限公司	巴基斯坦	1	2015-11
47	科鲁迪卫浴制品（江苏）有限公司	德国	2	2015-11
48	镇江盛恒进出口贸易有限公司	孟加拉	1	2015-12

（王　东）

表6　**2015年丹徒区因公出国（境）人员情况**　单位：人

序号	派遣部门	领队	出访国家	出访任务	人数	出访时间
1	丹徒区住建局	姚建明	德国	培训	1	2015-05
2	丹徒区支显宗学校	马　欣	加拿大	进修	1	2015-07
3	江苏省大港中学	宋晓玲	澳大利亚	进修	1	2015-07
4	丹徒区教师发展中心	洪雷平	英国	进修	2	2015-10
5	丹徒区教师发展中心	王明生	美国	进修	1	2015-09
6	丹徒区商务局	孙　铁	印度 新加坡	博览会	1	2015-11
7	江苏省大港中学	邓　云	德国	交流	2	2015-10
8	江苏省大港中学	朱建国	荷兰	进修	1	2015-10
9	丹徒区教育局教研室	曹　群	加拿大	进修	1	2015-12
10	丹徒区三山中学	郑向阳	加拿大	进修	1	2015-12
11	丹徒中等专业学校	田鹏君	德国	进修	1	2015-12
合计					13	

（王　东）

台湾工作

【概况】 2015年,镇江市丹徒区委台湾工作办公室(以下简称丹徒区台办)组织精干力量,服务地方经济发展。新招引项目6个,其中意向项目4个、落户项目2个,新增到位台资1270万美元;辖区内台商台企零投诉,求助结案率100%,无重大安全责任事故。年内,完成对台合作载体产业园初步规划。7月24日,区委常委会专题听取丹徒区台办对台工作汇报,区委书记陈琳就全区对台合作载体建设、涉台项目储备和急需解决的问题作出部署;9月14日,区委召开台商中秋座谈会,区委书记陈琳到会并讲话,鼓励台企台商创新创业、克难奋进,为丹徒区发展作贡献。12月14～15日,以姚江临、李昭平为代表的国民党中常委江苏参议团一行8人到丹徒区访问,考察世业洲农业生态旅游,参观恒顺醋文化博物馆和中国米芾书法公园。区委组织部部长彭忠东陪同,双方就下一步加强合作进行交流。（徐旭婷）

【服务台企发展】 2015年,丹徒区台办坚持每季度会同区台协会召开会员工作例会交流工作情况,并同时通报区内重大事项,传达区委、区政府当前重点工作和中心工作,促使台商能够知区情、明方向、献良策、促发展。专门聘请镇江市诚和律师事务所专业律师团队为常年法律顾问,全年为4家台湾企业处理涉诉案件6起。同时,协调宜城街道管委会彻底解决森茂(江苏)生物科技食用菌有限公司多年未落实的5.33公顷土地证问题,为该企业扩大生产、增资扩股奠定基础。（徐旭婷）

【赴台经贸考察】 2015年9月19～24日,丹徒区委书记陈琳率队赴台湾开展经贸交流活动。在台湾期间,陈琳一行先后考察绿纬生化科技股份有限公司、挺卫国际集团、亚太燃料电池、昇宣科技公司等知名企业,走访在丹徒投资的崇佑建材、嘉兴水泥、立德集团、大享玻璃等台企总部,并就农业旅游、电子信息、生物科技、文化创意、新能源汽车等领域向台湾有关团体、企业推介,期间签订意向协议3个,意向投资金额5000万美元。（徐旭婷）

【对台氢能源合作】 2015年11月28～29日,第16届全国氢能会议暨第8届两岸三地氢能研讨会在丹徒区举行,这是两岸三地氢能界公认的学术和产业层次最高、规模和影响力最大的全国氢能大会。国务院参事、清华大学核能与新能源研究院学术委员会主任吴宗鑫,中国可再生能源学会副理事长兼秘书长李宝山,江苏科技大学党委常委、副校长景旭文,台湾元智大学燃料电池研究中心主任、教授翁芳伯,台湾亚太燃料电池有限公司销售总监、博士陈建豪等两岸三地专家学者,就世界氢能产业发展、技术开发与应用等领域进行近10场专题研讨。丹徒区高新技术产业园与台湾亚太燃料电池有限公司就加快推进氢燃料轻型车示范运行签订备忘录,作出加快推进"海峡两岸氢能企业育成中心"建设的承诺。（徐旭婷）

旅游工作

【概况】 丹徒区现有镇江中国醋文化博物馆、中国米芾书法公园、新四军四县抗敌总会纪念馆等国家A级景区9家,省星级乡村旅游区21家,国家级农业旅游示范点2个,国家级旅游星级饭店3家。2015年,丹徒区实施"旅游兴区"战略,加大项目开发力度,拓展旅游客源,培育塑造旅游品牌,全区旅游业发展保持良好发展态势。全区实现旅游综合收入48.5亿元,接待游客633.8万人次,年度完成项目投入15.8亿元。全年无旅游投诉,零责任事故。7月16日,镇江市丹徒区民族宗教事务局与镇江市丹徒区旅游局合并成立镇江市丹徒区民族宗教旅游局(以下简称丹徒区民宗旅游局)。（潘玉洁）

【旅游重点项目建设】 2015年,丹徒区围绕全市"旅游项目建设年"目标,推进4个重点旅游项目。1. 世业洲省级旅游度假区建设提升工程项目:全年完成投入1.59亿元,东壹运动会馆对外经营;"江岛人家"项目13幢3.34万平方米主体竣工验收,自来水、天然气等附属配套工程开始施工;民族风情园主体竣工验收,内部装修和配套道路竣工;整岛环境基础设施完成全年序时进度。2. 长山文化产业园项目:全年完成投入6亿元,宝晋怡园A区竣工并投入使用,B区室外装修完工,室内装修工程完成三分之一;长山寺桩基工程完工,罗汉世界部分罗汉烧制完成,设计方案深化;海岳天地酒店部分封顶,外墙工程开工;奇石馆剩余2公顷土地指标上报,场地内部分坟迁址西郊公墓,国土部门青苗补偿现场查看工作结束;研山园建设基本完工,商业部分开始对外招商,公交线路延伸到位;千禧路西延一期管道铺设完工,路基工程完工;北湖路一期研山园段竣工。3. 世业乐之岛休闲观光娱乐项目:全年完成投入3.05亿元,原跑马场、卡丁车、滑草场完成搬迁,乐园游客中心和售票处施工中,68米摩天轮、888米过山车、垂直极限、大摆锤、7D影院等项目启动建设。4. 玫瑰养生园项目:全年完成项目投入5000万元,玫瑰园项目总体规划设计方案完成并报规划局审定,玫瑰谷项目进场施工。（潘玉洁）

【旅游品牌创建】 2015年,丹徒区获一批国家级、省级创建成果。江心洲橘江里创成国家AAA级景区,世业镇开心农场有限公司获"2015年全国休闲农业与乡村旅游星级示范创建企业"称号,世业镇卫星村获"中国乡村旅游模范村"称号,凤凰山庄、联手创造农业生态园、新颖农业生态园、江岛庄园分别创成"中国乡村旅游金牌农家乐";荣炳沁华农业生态园、荣炳硕德农业生态园、上党仙人湖主题乐园、世业洲卫星村创成省三星级乡村旅游区,江心洲生态农业园区创成“江苏省特色景观旅游创建示范镇”，江心洲五套村橘江里创成首批“江苏省农家乐集聚村示范村”，世业镇卫星村创成第三批“江苏省特色景观旅游名村”；中国米芾书法公园入口停车场旅游厕所获江苏省旅游厕所优秀实例奖三等奖，江心洲创新项目被评为江苏省“旅游+ 互联网”模式创新优秀项目。（潘玉洁）

图14 2015年8月20日，“爱满槐荫 情缘七夕”旅游文化节之“老槐树下结姻缘”活动 （谷阳镇槐荫村提供）

【旅游品牌宣传】 2015年，丹徒区民宗旅游局扩宽宣传营销渠道，制作完成丹徒区旅游宣传折页。利用高速公路周边户外广告牌、市内公交车车身、出租车内投放平面广告。镇江报业传媒集团小记者活动基地于5月12日在仙人湖主题乐园揭牌；江心洲邀请镇江民生频道对首届无花果采摘节进行为期1个月的连续报道；“美丽中国乡村行——走进江心洲”举行开机仪式，该片于年底在央视7套播出；举办各类旅游节庆活动，先后举办中国米芾书法公园首届兰花节、中国米芾书法公园菊花艺术展览、世业洲长江国际音乐节、第二届“走进荣炳·深呼吸”摄影节、第八届江心洲柑橘节、第八届江心洲野菜节、首届江心洲无花果采摘节等；举办“爱满槐荫情缘七夕”文化旅游艺术节，并于11月21日召开丹徒区槐荫村董永传说非遗保护与旅游开发研讨会；参加各类旅游博览会、推介会，先后组织区内景区与旅游企业参加中国（义乌）国际商品博览会、山东（济南）国际旅游交易会、2015江苏旅行商交易大会、2015中国（昆明）国际旅游交易会。（潘玉洁）

【旅游行业管理】 2015年，丹徒区民宗旅游局组织旅游企业开展“安全生产月”和“打非治违”专项活动，并指导开展旅游突发事件应急预案演练，为旅游市场安全提供保障。同时，注重加强从业人员培训。4月，组织全区20余个镇（街道、园区）、村（社区）近50名旅游管理干部参加在南京旅游职业学院举办的丹徒区旅游管理干部培训班；7月，世业镇选派旅游分管干部参加镇江市旅游培训中心开办的世业洲旅游管理经营培训班；以“5·19”中国旅游日为契机，组织人员分别到江苏大学、江苏科技大学、镇江恒顺醋文化博物馆和中国米芾书法公园开展《中华人民共和国旅游法》宣传活动，倡导文明旅游新风尚，制作宣传条幅、横幅、展板30个，发放宣传资料2000余份。（潘玉洁）

表7

2015年丹徒区A级景点情况

名称	A级	所在地	评定时间
恒顺醋文化博物馆	AAAA	宜城街道	2011年
中国米芾书法公园	AAAA	宜城街道	2014年
江心洲橘江里景区	AAA	江心洲生态农业园区	2015年
世业洲旅游度假区	AA	世业镇	2005年
江心洲大套风光带	AA	江心洲生态农业园区	2005年
冷遹纪念馆	AA	辛丰镇	2006年
毓龙湾国际度假村	AA	辛丰镇	2006年
新四军四县抗敌总会纪念馆	AA	宝堰镇	2009年
凤凰山庄	AA	高资街道	2010年

（潘玉洁）

表8

2015年丹徒区星级乡村旅游区情况

名称	星级	所在地	评星时间
毓龙湾国际度假村	四星	辛丰镇	2009年
新颖农业生态园	四星	宝堰镇	2012年
凤凰山庄	四星	高资街道	2013年
联手创造农业生态园	四星	宝堰镇	2013年
十里长山生态园	四星	宜城街道	2014年
江岛庄园	三星	江心洲生态农业园区	2010年
尚水印象农庄	三星	上党镇	2011年
百之味农庄	三星	江心洲生态农业园区	2013年
荷塘橘色水景园	三星	江心洲生态农业园区	2013年
神珠观光农业园	三星	江心洲生态农业园区	2014年
恒顺生态农业园	三星	荣炳盐资源区	2014年
兴隆观光度假村	三星	世业镇	2014年
上党仙人湖主题乐园	三星	上党镇	2015年
沁华农业生态园	三星	荣炳盐资源区	2015年
硕德农业生态园	三星	荣炳盐资源区	2015年
世业洲卫星村	三星	世业镇	2015年
丰盛园	二星	世业镇	2009年
开心农场	二星	世业镇	2010年
一水间	二星	世业镇	2010年
卧龙山庄	二星	荣炳盐资源区	2011年
绿郊源农庄	二星	上党镇	2013年

（潘玉洁）

表9

2015年丹徒区星级饭店情况

名称	星级	所在地	评定时间
谷阳大酒店	三星	宜城街道	2010年
江岛庄园	二星	江心洲生态农业园区	2009年
星岛花都	二星	世业镇	2012年

（潘玉洁）

档案工作

【概况】 2015年，镇江市丹徒区档案局（以下简称丹徒区档案局）贯彻落实《中华人民共和国档案法》和《江苏省档案管理条例》，继续推进档案资源体系、档案利用体系、安全保管体系“三个体系”建设，提升档案工作服务社会、服务大众能力。全年接待查档7055人次，调阅案卷7037卷册，复制利用8512页；征集接收各类档案6040件，其中文书档案5301件、电子档案13件、资料2本；完成档案工作省三星级测评认定1家，完成档案工作星级复查省五星级1家、省二星级1家、省一星级2家，复查合格率100%。（张　磊）

【农村土地承包经营权确权登记颁证试点】 2015年，为贯彻落实《江苏省农村土地承包经营权确权登记颁证档案管理实施办法》，促使承包地确权文件材料从形成阶段即确保规范，丹徒区档案局与区农委协调开展农村土地承包经营权确权登记颁证试点工作。摸底调查显示，丹徒区涉及确权的有9个镇(街道、园区)共8万余户。6月，丹徒区档案局举办颁证工作培训班，就确权档案的具体问题进行规范化指导，全区100余名确权工作一线人员参加培训。同时，现场推进世业镇先锋村、江心洲生态农业园区五套村和荣炳盐资源区曲阳村3个区试点村，以点带面完善确权登记颁证档案工作。

（张　磊）

【档案馆新馆主体封顶】 2015年5月，丹徒区档案馆新馆主体建筑封顶。档案馆新馆位于丹徒区长香中大道以南，丹徒新城人民广场东侧，是与区妇女儿童中心、区职工活动中心、区文化馆“四位一体”建筑的一部分，位于大楼三层和四层，建筑面积2800平方米，其中库房1500平方米、爱国主义教育基地展厅300平方米、查档大厅300平方米、技术用房400平方米、办公用房150平方米、辅助用房150平方米，两层楼面均按照库房承重要求建设，能满足国家综合档案馆“六位一体”的功能要求。截至年底，档案馆新馆内部装修方案按照国家三星级档案馆建设设计规范确定，即将进入内部装修和设备安装阶段。（张　磊）

【档案数字化建设】 2015年，丹徒区档案局对利用率较高的档案进行全文数字化扫描，将利用率高的11个全宗进行全文数字化，新增全文数字化扫描13.7万件约119.5万页，累计全文数字化扫描40.2万件约184.8万页。同时，继续对馆藏档案目录数据进行输录补充，利用率高的档案优先，其中新增输录案卷级目录0.5万条，文件级目录20.5万条，累计输录案卷级目录3.4万条，文件级目录135.1万条。同时，为实现馆室数据联网，提升全区档案数字化管理水平，丹徒区档案局依托区政务内网系统，从10月起，更新全区70余家单位的“永乐方正档案综合管理应用系统”档案室版软件，由单机版升级为网络版，为实现在线管理奠定基础。

（张　磊）

行政事务管理

【概况】 2015年，镇江市丹徒区机关事务服务中心（以下简称丹徒区机关服务中心）履行管理、保障和服务职能，提升服务水平和业务能力，在体制建设、安全保障、公务用车制度改革、办公用房管理、会议中心品牌创新、节能减排等方面取得成效。全年承办各类会议1127场次，接待中外宾客158120人次。（王　江）

【体制建设】 2015年，根据丹徒区机构编制编委会《关于同意区机关事务服务中心调整机构规格和核增领导职数的批复》文件，丹徒区机关服务中心机构规格由“副科级”调整为“正科级”；6月，丹徒区公务用车管理职能划入丹徒区机关服务中心；结合丹徒区办公用房管理工作的新要求，经报丹徒区机构编制委员会同意，丹徒区机关服务中心增设资产管理科。（王　江）

【安全保障】 2015年，丹徒区机关服务中心加强办公区域人防、技防建设，严格出入登记检查管理制度，做到对来访人员有询问、登记、检查；加大夜间值班巡查力度，加强重大节假日期间机关内部安全防范工作；对来访群众做好劝导工作，注重工作方式，坚持规范言行；加强岗位培训，配全消防专业设施器材，确保消防设施设备运行正常；规范政府广场车辆停放，安排专人指挥，改善车辆无序停放现象。年内，被镇江市公安局评为先进单位。

（王　江）

【公务用车制度改革】 2015年，丹徒区机关服务中心按照中央、省、市公务用车改革要求，组织对全区79家参加公车改革的党政机关、参公事业单位236辆公车进行摸底调查；召开各层次座谈会，宣传公务用车改革的重要性和必要性，解读公车改革的政策；牵头制定《丹徒区公务用车制度改革总体方案》和配套的7个办法。至年底，完成机关部门公车改革，保留车辆202辆，封存处置车辆31辆，节支率16.96%。

（王　江）

【办公用房管理】 2015年，丹徒区机关服务中心参与江心洲生态农业园区办公用房翻新审批工作；推进“四位一体大楼”即区工会、区妇联、区文化馆、区档案局办公用房的调配工作；协调解决丹徒区民族宗教旅游局、丹徒区生态汽车产业园管委会的办公用房问题。全区调整办公用房面积4500平方米，清理合并后腾空面积1800平方米。（王　江）

【会议中心品牌创新】 2015年，丹徒区机关服务中心多措并举，打造会议中心品牌。推广特色“龙虾”系列菜肴，举办首届“龙虾美食节”，推出龙虾套餐、平价套餐，带动社会群体消费；注重服务技能培训，在服务上树标兵，通过征求宾客意见、日常考核、业务技能比武等形式，规范服务程序和提高服务人员服务水平；狠抓食品卫生安全，按照食品卫生法要求，从厨房和餐厅每个环节入手，加强工作人员安全卫生意识和责任感，自觉维护卫生环境；会议中心物管以“亮化、美化、绿化”为工作要求，建立定期检查、定期保养、快修服务机制，投入20余万元对会议中心主楼顶层进行防水维修，及时处置空调、电梯、水电等设施设备故障报修。会议中心多年来在菜色菜品和服务质量上得到宾客认可，2015年宾客满意度98%。

（王　江）

【节能减排】 2015年，丹徒区机关服务中心开展节能减排工作。加大节能宣传力度，在机关食堂、政府大楼等公共场所张贴节能提示语，营造节能宣传氛围；举办机关节能低碳建设培训班，提升全区机关干部职工对低碳机关建设的认识，增强开展节能工作的积极性和主动性。年内，丹徒区法院创建为全区第四家省级节能示范单位。（王　江）

政协丹徒区委员会

责任编校：王雪松

综　述

【概况】 2015年，中国人民政治协商会议镇江市丹徒区委员会（以下简称丹徒区政协）贯彻落实习近平视察丹徒重要讲话精神和区委十二届八次、九次全会精神，发挥协调关系、汇聚力量、建言献策作用，履行政治协商、民主监督、参政议政职能，为建设“强富美高”新丹徒作贡献。

咨政建言。围绕丹徒区发展汽车及零部件产业的基础优势、面临的机遇挑战等进行调研，形成专题调研材料5篇，并在区政协九届二十次常委会议上进行专题讨论交流；政协常委会议把标准化厂房建设和运营情况列为重点协商议题，提出“顺应大势、明确目标、统筹推进”等重要建议；主席会议成员围绕高新园区建设进行专题调研，就如何整合资源创建省级高新园提出具体建议；跟踪调研高桥镇苏南现代化示范镇建设情况，向区委、区政府报送《关于高桥“苏南现代化示范镇”建设的建议案》，就高桥苏南现代化示范镇建设的目标定位、工作重点、瓶颈突破等提出具体建议；政协常委会议把秸秆综合利用列为重点协商议题，通过调研形成一批专题建言材料，就农作物秸秆综合利用的渠道和收贮运体系建设提出具体建议；组织部分委员开展“生态丹徒的城乡一体化建设”专题视察调研，形成《抓住生态文明主线，推进丹徒城乡一体化发展》的重要建议；主席会议成员围绕新成立的市场监督管理局工作推进情况开展调研，就“机构改革带来上下连接不畅、法律保障衔接不到位、乡镇食品安全工作重视程度不够”等问题提出合理化建议；组织开展全区卫生和计划生育工作专题视察，就医药卫生体系规范化建设提出建议6条；主席会议成员还围绕丹徒区农村土地确权登记工作的进展情况开展视察，对具体操作部门和乡镇板块提出重要建议。

关注民生。主席会议成员对全区文化惠民工作开展专题视察，从提高文化自觉、做好地方文化特色、创建丹徒文化品牌等方面提出建议；牵头组织“中华诗词之乡”创建活动；政协常委会议把推进“强村富民”双达标工作列为重点协商议题，就“加强村‘第一书记’履职管理、增收项目难度大、工作推进不平衡”等方面提出重要建议；集中开展“村村到、户户访”和“三解三促”结对帮扶活动，对结对的8户困难家庭给予扶持并帮助解决小孩上学、残疾人就业等实际困难；利用区政协资源优势，协调推进帮扶村的强村项目和挂钩联系的重点项目建设；组织医卫界部分政协委员，对侨乡、侨属、侨眷家庭开展义诊活动。

履行职责。创新主席扩大会议召开形式，结合市场监督管理工作推进和区法院司法公正落实情况的专题视察，将2次主席（扩大）会议分别安排在区市场监督管理局和区法院召开，并安排政协委办人员和部分界别委员参加，使政协的议政建言更加精准有效；把关区政协九届五次大会发言材料质量，在落实区政协九届五次大会拟定的发言内容和任务分解基础上，及早做好资料收集、信息采集，确保大会发言材料的质量和品位；制定《丹徒区政协关于密切联系委员的实施意见》，建立主席、副主席带队走访委员制度，使联系走访成为政协与委员沟通交流、收集委员信息、帮助委员议政建言的重要渠道；选派政协委员32名分赴15家单位担任民主监督员，围绕行政执法、行政审批、行政许可以及区委区政府中心、重点工作落实情况，通过视察调研、明察暗访、协商座谈等形式开展监督；组织部分界别委员调研全区海外捐赠情况，形成详细调研报告；组织归侨、侨眷部分代表开展“话丹徒”联谊活动，密切与港澳台侨人士的联络联谊；继续做好支显宗基金会的对接联络和捐资助学工作。全年接待浙江省、贵州省以及省内20余批次政协考察团，展示丹徒区政协工作亮点。

自身建设。按照《政协章程》和《关于加强人民政协政治协商的意见》有关规定，完善区政协常委会工作纪律、政协例会制度，结合区委《关于整治“庸懒散”十项措施（试行）》通知要求，加强区政协常委的思想、能力、作风、制度和廉政建设。全年15次重点调研视察活动中，18名常委领衔或参与。加强政协委员队伍建设，以委员活动小组为单位，从八个方面对委员履职情况进行百分量化考核，通过考核激励委员争先创优，提高委员参政议政的积极性和主观能动性。《镇江日报》对吴黎红、蔡正飞委员以及民建丹徒基层委员会的履职事迹作报道。在区政协开展的“适应新常态、建言十三五”主题活动中，政协各联络委、各委员活动小组和广大政协委员开展调研并形成32篇有质量的建言材料，为丹徒“十三五”规划编制提供参考。加强政协机关队伍建设。巩固群众路线教育实践活动的成果，部署开展“三严三实”专题学习教育活动，为政协常委、政协各镇（街道、园区）联络委主任、副主任，政协机关工作人员开展专题党课教育。强化委办工作考核，将政协委办工作细化成四个方面进行量化考核，提升和创新政协委办工作。建立和完善政协党组和机关党支部定期上课制度、每月学习制度、政协委办同志列席政协常委会制度等，提高政协机关干部的党性、悟性、可靠性，提高政协机关综合服务能力和水平。推进信息化服务平台建设，在丹徒政协网站起用“网上提案”数字化平台，探索网上议政、网上监督，增强政协的综合履职效能。

（陈珍娜）

重要会议和主要工作

【丹徒区政协九届四次全委会议】 2015年1月14～17日召开。会议应到委员142人，实到委员133人。区委书记陈琳在开幕式上作重要讲话。会议赞同区长张映桥所作的《政府工作报告》《丹徒区2014年国民经济和社会发展计划执行情况及2015年国民经济和社会发展计划报告（草案）》和其他报告。会议同意毕增立代表区政协第九届委员会常务委员会所作的工作报告和张国金代表区政协第九届委员会常务委员会所作的提案工作情况报告。大会选举徐新祥为政协镇江市丹徒区第九届委员会主席，选举蔡怀根为政协镇江市丹徒区第九届委员会秘书长。会议认为，2014年，丹徒区政协在中共丹徒区委的领导下，自觉融入发展大势，以科学发展观为统领，把握团结民主两大主题，围绕中心，服务大局，主动作为，为全区经济、社会发展作贡献。会议号召，丹徒区政协各参加单位和全体政协委员要在中共丹徒区委的统一领导下，以党的十八届三中、四中全会精神为统领，学习领会、贯彻落实习近平视察丹徒的重要讲话精神，坚持团结民主主题，把握改革创新总基调，适应新常态、不辱使命敢于担当，关注新业态、切实履职勤于助推，激发新状态、团结奋进勇于创新，提升新质态、引才聚智善于作为，为打造百姓满意的生态丹徒、和谐丹徒、幸福丹徒作贡献。（陈珍娜）

【政协常委会议】 2015年，丹徒区政协召开常委会议6次。

1月9日，召开九届十六次常委会议，审议通过召开丹徒区政协九届四次会议的决定和有关事项，讨论通过丹徒区政协常委会工作报告和丹徒区政协常委会关于提案工作的情况报告，审议通过增补政协委员及有关人事事项。

1月15日，召开九届十七次常委会第一次全体会议，听取各讨论小组汇报讨论情况，听取区委对候选人提名情况的说明并酝酿候选人名单，讨论通过选举办法（草案）和监票人建议名单；16日，召开九届十七次常委会议第二次全体会议，讨论《会议决议》《政协镇江市丹徒区第九届委员会常务委员会工作报告的决议》《政协镇江市丹徒区第九届委员会常务委员会关于提案工作情况报告的决议》，听取提案委员会关于提案审查情况的汇报，听取各讨论组分组讨论区政府工作报告、区国民经济和社会发展情况报告（草案）及区财政预算决算报告（草案）的情况汇报。区委常委、常务副区长谈沁磊和区政府办公室、区发改经信委、区财政局负责人列席会议听取讨论汇报。

3月19日，召开九届十八次常委会议，审议通过有关人事事项和《区政协2015年工作要点》。

7月31日，召开九届十九次常委会议，主席徐新祥主持。会议听取区政府关于上半年国民经济和社会发展情况通报，听取并讨论区政府关于“强村富民”双达标工作情况通报。区政协副主席江灿就全区上半年国民经济和社会发展情况作专题发言。委员吴国斌、张芙萍、李雪义就“强村富民”双达标工作作专题发言，部分委员作即席发言。区长张映桥作重要讲话。

10月30日，召开九届二十次常委会议，主席徐新祥主持。会议听取区政府听取和讨论区政府关于提案办理情况、农作物秸秆综合利用情况、标准化厂房建设运转情况的通报，审议通过有关人事事项。区政协部分常委、委员就三项通报分别作专题发言，部分列席的委员作即席发言。副区长谈沁磊作重要讲话。

12月30日，召开九届二十一次常委会议，审议通过召开丹徒区政协九届五次会议的决定和有关事

图15　2015年1月14～17日，政协丹徒区第九届委员会第四次会议在丹徒区会议中心召开

（丹徒区政协办提供）

项,讨论丹徒区政协常委会工作报告(征求意见稿)和丹徒区政协常委会关于提案工作的情况报告(征求意见稿)。（陈珍娜）

【丹徒区政府、区政协联席会议】 2015年2月4日在丹徒新城会议中心召开。丹徒区政府区长张映桥、区政协主席徐新祥出席会议并讲话。会上,区政府就2015年60项重点工作、区政协就2015年工作要点和安排进行介绍并开展交流讨论。张映桥指出,区政府将贯彻市、区两级全委会、人代会要求,结合丹徒工作实际,坚持区政府工作一个规则、四大机制、八项制度,落实区政府60项重点工作任务,并在生态文明建设、重大项目、民生改善、文化旅游、财税改革等方面,加强与区政协的联动协作,把区政府各项工作抓好抓实。还对班子成员强调"三加一"要求,即参加一次政协常委会议、参加一次政协的调查研究、参加一次政协的专题协商会议,推动一项制度创新。徐新祥表示,丹徒区政协将围绕中心、紧扣民生、注重团结、强化基础、履职尽责,为建设经济强、百姓富、环境美、社会文明程度高的现代化新丹徒贡献智慧和力量。区政府副区长谈沁磊、田志虹、黄辉,区政协副主席郭祥明、江灿、李晓娟参加会议。（陈珍娜）

【主题活动】 2015年,丹徒区政协为编制"十三五"规划建言献策,发挥人民政协围绕中心、服务大局、资政建言的职能,开展政协委员"适应新常态、建言十三五"主题活动。3月19日,召开主题活动部署动员会。丹徒区政协各委员活动小组、各界别委员积极参与,至7月底,共收到建言材料32篇。建言材料紧扣"生态领先、特色发展"主题,涵盖产业发展、科技创新、城乡建设、生态保护、民生改善和社会事业等方面内容。丹徒区政协选择具有代表性和较高质量的建言材料9篇摘要报送区委、区政府,供决策参考。（陈珍娜）

【提案工作】 2015年,丹徒区全体政协委员、政协各参加单位学习贯彻习近平系列重要讲话精神,围绕区委十二届八次全会提出的目标任务,发挥协商民主作用,运用提案履行职能,共提交提案110件(经审查立案105件),其中集体提案22件、委员联名提案26件。提案交由37个单位承办,其中解决或被采纳的54件,列入计划逐步解决的49件,留作参考或说明的2件。《关于"营改增"工作的建议》等重点提案4件,其中解决或采纳的2件,列入计划逐步解决的2件。委员对提案办理满意的82件,基本满意的23件,满意率和基本满意率100%。（陈珍娜）

【文史工作】 2015年,丹徒区政协组织文史资料撰稿人,初步编成《丹徒文史资料(第20辑)》书稿;牵头组织"中华诗词之乡"创建工作,12月30日,丹徒区获批为"中华诗词之乡";与区文广体局合作,在丹徒电视台开设《说丹徒》专题节目,邀请镇江著名节目主持人海天以讲故事的形式话说丹徒,受到观众好评;组织专委会委员,参加谷阳镇槐荫村老槐树移植选址、非遗保护与旅游发展专题研讨会,发挥各自专长,建言献策;先后就江心洲旅游、黄墟传统村落保护与开发、宝堰古镇建设等具体项目建设,开展调研并出谋划策。（陈珍娜）

【政协委员讲堂】 2015年,丹徒区政协共组织举办委员讲堂2期。5月15日,丹徒区政协邀请上海市委党校发展研究院讲师、博士邹磊作"一带一路"的战略透视专题讲座,讲解"一带一路"的时代背景、主要内涵、最新进展、风险应对等,为政协委员理解"一带一路"战略、把握国家内政外交的最新政策提供帮助,丹徒区政协委员,区各民主党派、工商联成员和无党派人士代表,以及区政协、区委统战部、区民宗局、区台办、区侨办(侨联)机关工作人员共130人参加讲座。9月24日,丹徒区政协举办"长江经济带战略与当前经济形势"政协委员讲堂,邀请全国人大代表、上海市政府发展研究中心咨询部主任、博士张兆安,讲解长江经济带战略的背景、内涵和作用,拓宽政协委员的视野和知识面。（陈珍娜）

【省政协在丹徒区举行委员活动日】 2015年6月17日,省政协在丹徒区举行以"发展高效设施农业、促进农业增效农民增收"为主题的委员活动日。省政协主席张连珍率150余名省政协委员,先后实地视察十里长山生态农业园、米芾书法公园、智海农业生态园和世业镇四季春高效农业园,委员们听介绍、进大棚、品蔬果,了解以高效农业发展促进农民增收的做法与成效,对生态环境、科技运用、产品品质、产出效益等表示赞赏,对丹徒区"三农"工作取得的成绩给予肯定。市、区领导夏锦文、朱晓明、陈琳、张映桥等陪同视察。（陈珍娜）

民主党派·工商联

责任编校：王雪松

民革丹徒总支

【概况】 2015年，民革丹徒总支有2个支部，有党员32名，其中当年新发展党员3名。党员中有市人大代表1名，区政协委员7名，其中常委3名。民革丹徒总支在区委统战部和民革镇江市委会的关心支持下，以提高素质强基础、参政议政显作用为主线，开展各类活动，增强支部凝聚力和号召力。全年完成调研文章2篇，上党课1次，向区“两会”提交集体提案3件、个人提案9件。年内，党员赵爱华获“中国审计宣传先进个人”称号；党员王巧兰撰写的《树立职工宝意识　建立职工需培训机制》论文获镇江市交通系统政研论文二等奖；党员王曼国带领的学生获镇江市“中学生阳光体育比赛”团体第三及四个单项第一，并获首届“市长杯”高中足球比赛第三名；党员贾梅萍获镇江市教育系统基本功竞赛一等奖；党员王柏萍获镇江市“信息化教学能手竞赛”一等奖；党员魏丽受邀为全市造价执业资格人员授课。（王巧兰）

【总支建设】 2015年，民革丹徒总支在发展新党员中，注重学历层次和年龄结构，34名党员的平均年龄34岁，新发展的3名党员均为本科学历，总支整体知识结构和年龄结构均得到优化。组织党员开展登圌山、“扑克掼蛋”比赛、游句容赤山湖、观南京菊花展等活动，增强组织凝聚力和向心力；建立“三必访”（党员生病住院必访、80岁以上党员春节前必访、党员过70岁以上周岁生日必访）制度，让年老体弱党员感受组织温暖。全年慰问生病住院党员5人，春节前慰问80岁以上党员5人。（王巧兰）

【抗战胜利暨反世界法西斯战争胜利70周年纪念活动】 为纪念抗战胜利暨世界反法西斯战争胜利70周年，民革丹徒总支分别于9月7日和9月29日，组织党员参观新四军云岭军部和南京大屠杀纪念馆，接受爱国主义和革命传统教育；8月26日，邀请对丹徒历史熟悉的原区政协文史委主任肖伟敏为党员作《丹徒人民的抗战史》党课辅导，了解抗战历史的同时，增强民族自豪感；组织党员参加抗战胜利暨世界反法西斯胜利70周年知识竞赛和唱抗战歌曲等活动。（王巧兰）

【参政议政】 2015年，民革丹徒总支注重党员参政议政作用发挥，鼓励党员结合区委、区政府中心工作开展调研，撰写调研文章，参政议政。主委贯金海在区“两会”上作《丹徒区污水处理情况的报告》发言，受到区长张映桥肯定；镇江市人大代表、党员王巧兰在市“两会”上提交的《关于多多组织高中学生参加社会实践，提升社会责任感的建议》，获镇江市教育局好评。其他代表结合自身工作和调研，提出相关建议和意见，分别被有关单位和部门采纳，为丹徒经济社会的发展作贡献。（王巧兰）

【“为社会献爱心”活动】 2015年，民革丹徒总支以“为社会作奉献、为发展添点力”为指导，组织党员开展“为社会献爱心”活动。与丹徒实验高中10名高三贫困学生结对，帮助解决学习和生活方面的困难；党员高文权春节前走访慰问福利院孤寡老人；党员王巧兰热心公益事业，主动报名成为“社会妈妈”并与实验小学1名学生结对；党员贾梅萍参与义捐义卖活动，为困难学生筹集善款。（王巧兰）

民盟丹徒支部

【概况】 2015年，民盟丹徒支部新增盟员6人，盟员总数30人。其中教师16人，政府机关和事业单位工作人员12人，民营企业和银行各1人，均为在职人员。盟员中有镇江市人大代表1人，丹徒区政协常委1人、委员4人。年内，民盟丹徒支部被民盟镇江市委评为“组织工作先进集体”，盟员肖涛被评为“镇江市首届诚信之星”并获民盟镇江市委“特别贡献奖”，邹国俊被评为“组织工作先进个人”，徐海燕、孔令萍被评为“优秀盟员”。（孔令萍）

【支部活动】 2015年，民盟丹徒支部根据民盟镇江市委和丹徒区委统战部部署，继续开展坚持和发展中国特色社会主义学习实践活动，参与民盟镇江市委组织的“学习身边人、身边事”活动和“民盟情、中国梦”主题征文活动。组织和发动教师盟员围绕“全面提升素质教育”主题，参与镇江市民盟“第五届教育论坛”征文活动。坚持每季度至少组织开展支部活动1次，加强理论学习，提升支部活力和凝聚力，鼓励盟员立足本职岗位建功立业。（孔令萍）

【参政议政】 2015年，民盟丹徒支部在丹徒区政协九届五次会议期间，提交《关于建立区体育活动中心》《关于加强区文化休闲旅游景点开发的建议》和《关于建立农村老年人服务体系的建议》等个人提案3件。 (孔令萍)

民建丹徒区基层委员会

【概况】 2015年，民建丹徒区基层委员会下设4个支部、会员56人，其中当年发展会员2人。会员中有市、区政协委员13人，其中任区政协常委3人，政协委员中有非公经济代表人士4人；在区政协机关和政府部门担任领导职务的有3人、任政府部门中层职务的有5人。会员中高、中级知识分子41人，占73.2%。12月，民建丹徒区基层委员会被民建中央授予"全国先进集体"称号。 (纪桂发)

【参政议政】 2015年，民建丹徒基层委员会发挥整体优势，注重调查研究，围绕区委、区政府中心工作，运用多个参政议政平台，履行职责，收集社情民意，建言献策。加强与区环保局、区国土局、区住建局的对口交流联系，参加其举办的政务通报、重要政策规章制定、重大建设项目规划论证等座谈会及活动，并提出意见与建议。在区政协大会上提交大会发言材料3篇、集体提案6件、个人提案20件。 (纪桂发)

【建言献策】 2015年，民建丹徒基层委员会提交的提案《关于落实校车导护员补贴的建议》被区政府办、区教育局采纳，补贴标准和经费保障得到落实。会员王荣的《关注和调整国有改制企业在政策性关停时职工经济补偿金的发放标准》建议，在镇江市人民建议征集办公室2015年度"平安镇江、法治镇江建设"专题建议征集活动中获三等奖。 (纪桂发)

【组织建设】 2015年，民建丹徒区基层委员会组织开展活动7次，各支部分别组织活动3次。开展慰问老会员等9人次，组织部分会员参观陆小波故居、重庆民主党派纪念馆等爱国主义教育基地。会员蔡正飞、赵鹏当选民建市委会青年委员会委员，会员李美霞、王荣当选民建市委会文化委员会委员；10名会员被民建市委会评为优秀会员。4月14日，与荣炳中学开展"结对助教"活动，向荣炳中学捐款1万元；8月7日，赴上党镇东方村慰问8户贫困家庭，资助每户500元。重视会务宣传工作，全年发表稿件20余篇，分别被民建中央网、人民政协网、团结网、《镇江日报》、《镇江政协》等录用。会员王荣撰写的文章《同行的岁月，精神的港湾》获民建中央优秀作品奖。 (王　荣)

【中华职业教育社镇江（丹徒)社员小组】 中华职业教育社是1917年5月6日，由著名爱国民主人士黄炎培先生联合蔡元培等48位教育界、实业界知名人士在上海创立的群众团体，是党和政府团结、联系国内外职业教育界人士的桥梁和纽带。2006年7月，"冷遹纪念馆"成为中华职业教育社团体社员。2013年11月18日，中华职业教育社组织宣传部批准丹徒区王荣、杨中顺、雷骏3人为个人社员。2013年11月26日，在丹徒区水泥厂会议室召开第一次会议，建立镇江社员小组。2015年，由社员王荣执笔的《传承冷遹先生职业教育思想与实践，让职教之花在镇江大学城绚丽绽放》提案，分别提交市、区政协大会，并入选《"首届海峡两岸暨香港职业教育论坛"文集》。《孙中山与中华职教社的先辈们》《镇江应积极申报"中华职教论坛"的建议》《设立"全国职业教育促进日"的建议》《发行中华职教社成立100周年纪念邮票的建议》，提交中华职教社总社和江苏省中华职教社研究参考。 (王　荣)

农工民主党丹徒区基层委员会

【概况】 2015年，农工民主党丹徒区基层委员会下设3个支部，有党员51人，其中任副处级干部职务1人、副科级干部职务7人，有市人大代表1人、市政协委员1人，区人大常委2人、区人大代表2人、区政协常委3人、区政协委员10人，当年新发展党员1名。农工民主党丹徒区基层委员会及支部组织活动坚持制度化、规范化、特色化，全年活动12次，参与率90%以上。年内，殷飞撰写的论文《行政事业单位国库集中支付制度研究》在《中国经贸》上发表，《浅议如何加强建筑企业内部控制》在《中国集体经济》上发表；赵明撰写的《自拟方治疗气滞血瘀型月经不调的疗效观察》等3篇论文发表于《中医临床研究》等杂志；孙开霞撰写的《让青春的翅膀飞得更高》等8篇论文分别发表于《中小学心理健康教育》《大众心理学》《高中生》《班主任之友》杂志。农工民主党丹徒区基层委员会被农工民主党镇江市委员会评为"优秀基层委员会"。戴文妍当选镇江市第十四次妇女代表大会代表；邢朝富被聘为镇江市第三届消化病专业委员会委员，镇江市第一届消化内镜专业委员会委员；殷飞获镇江建筑会计学会先进个人；王卫方、周润生、崔萍等15人被农工民主党镇江市委员会评为优秀党员。

(王卫方　戴文妍)

【建言献策】 2015年，农工民主党丹徒区基层委员会在区政协九届四次会议上，提交《关于改进"营改增"工作的建议》等集体提案2件，党员中的区政协委员个人或联名提案共17件，其中《关于改进"营改增"工作的建议》提案被列为区政协重点提案，受到区委、区政府主要领导的重视。在政协九届四次会议上，党员中的政协委员姚金保、崔萍、戴文妍撰写的相关建议被收录大会《交流材料汇编》中，姚金保作大会交流发言。党员戴文妍、崔萍、姚金保等撰文参与区政协组织的"适应新常态、建言十三五"主题征文活动。

(王卫方　戴文妍)

【支部调研活动】 2015年，农工民主党丹徒区基层委员会组织调研活动，增强基层委员会的凝聚力。5月8日，组织全体党员考察江心洲生态农业园区，感受丹徒农村的变化和发展；10月27日，农工党江苏大学支部组织党员到农工党丹徒区基层委员会开展活动，就如何落实人才强党战略、加强组织建设、加强参政议政能力建设等方面作交流，其间，农工党江大支部党员到中国米芾书法公园参观学习；11月4日，组织全体党员考察镇江沿江旅游发展情况，通过实地参观和听取介绍，了解镇江发展沿江旅游的基本情况，并就如何找准镇江的城市定位、突出发展特色等开展交流和讨论。

（王卫方　戴文妍）

致公党丹徒总支部

【概况】 2015年，致公党丹徒总支部在原致公党丹徒支部基础上成立，有党员29人，其中科级职务3人，当年新发展党员3人；有镇江市政协委员2人，丹徒区政协常委2人，丹徒区政协委员9人，致公党江苏省委妇女委员会委员1人，镇江市侨联委员1人，镇江市青少年成长中心指导员及丹徒区荣炳盐资源区司法所社区矫正师1人，丹徒区司法局行风监督员1人，丹徒区教育局行风监督员1人。年内，吴黎红的事迹分别在《镇江政协》杂志、《镇江日报》及致公党镇江市委成立30周年专辑《党员风采》上刊发；季道静被江苏省司法厅授予“社区矫正先进个人”称号，被致公党镇江市委会授予“优秀党务工作者”称号；盛莉莉被评为镇江市维护妇女儿童合法权益联席会议暨“平安家庭”创建活动先进个人、被致公党镇江市委会评为优秀党务工作者、参政议政和信息先进工作者，并在致公党江苏省委会“我的致公路”主题演讲比赛中获纪念奖。（王心如）

【总支活动】 2015年，致公党丹徒总支部组织党员活动11次。1月14日，总结2014年度支部工作，集体讨论2015年工作目标；2月27日，布置2014年度支部档案立卷工作；3月19日，讨论支部年鉴内容；4月23日，制定申报调研课题，确定调研小组成员分工；5月7日，传达致公党市委文件精神，讨论发展新党员情况；5月27日，与对口联系单位区国土局座谈交流工作；6月30日，围绕调研课题与区侨办共同开展调研；8月21日，走访侨企百瑞吉有限公司；9月6日，讨论发展新党员情况，学习中央统战工作会议精神；10月12日，发展戴毅、周昕力、郑晖3名新党员；同日，致公党丹徒总支部委员会成立，下设3个支部，大会表决通过总支人选，吴黎红任总支主委，季道静任副主委，盛莉莉任一支部主委，朱正化任二支部主委，徐英姿任三支部主委。

（王心如）

【参政议政】 2015年，致公党丹徒总支部向区“两会”提交《关于加强农村留守儿童健康工作的建议》《关于促进生态农业旅游可持续发展的建议》集体提案2件，提交个人提案15件。孔淑琴提交《关于教师课外辅导和管理费用发放的建议》《关于教师岗位设置的建议》《关于教师车贴发放的建议》，盛莉莉提交《关于加强盲道建设和管理的建议》《关于打击虚假信息诈骗的建议》《关于对镇荣公路与官塘桥衔接处坡道合理改造的建议》，郭建霞提交《关于推进生态文明建设的建议》，朱正化提交《关于加快沪宁城际铁路丹徒站周边地块开发的建议》《关于农村卫生长效管理的建议》，吴黎红提交《关于住房维修基金规范使用的建议》，赵祥平提交《关于对赵家窑312国道交叉口施行减速措施的建议》《关于化解高资幼儿园债务的建议》，丰源提交《关于湖上线延伸到新镇荣公路的建议》《关于打造中国爱情村——槐荫村的建议》；致公党丹徒总支部的调研报告《关于充分发挥海外华侨华人专业人士的独特优势支持地方经济社会发展》被区政协九届五次大会列为发言材料；吴黎红的《致公党赋予我政治生命》、郭建霞的《我的致公路》、冷丽的《致公路，成长路》、崔鹏的《中国梦，在你我心间》、盛莉莉的《学习延安精神，践行工作实际》、朱卫华的《一名普通党员的骄傲与梦想》等文章，分别被致公党中央、江苏省委和镇江市委网站刊载。（王心如）

【社会服务】 2015年，致公党丹徒总支部坚持致力为公的宗旨，热心社会公益事业。1月20日，主委吴黎红带领部分党员慰问高资困难归侨；7月10日，党员盛莉莉、金云霞参加上党法制宣传咨询服务活动；8月29日，党员徐坚到侨乡高资为困难归侨上门义诊；9月，党员魏朝新以志愿者的身份参加致公党全省羽毛球比赛服务工作；党员吕卓、丰源资助3名新疆高三贫困学生，帮助其完成高中阶段的学习。

（王心如）

九三学社丹徒支社

【概况】 2015年，九三学社丹徒支社有社员9人（均为在职人员）。其中在读博士1人，硕士2人，学士6人；副处级职务1人，副科级职务4人；镇江市人大代表1人，镇江市政协委员1人，丹徒区政协常委2人、委员2人。社员殷克勤被九三学社镇江市委评为“2015年度优秀社员”，社员严慧被九三学社镇江市委评为“2015年度参政议政工作先进个人”；社员徐洁被九三学社镇江市委评为“2015年度社会服务先进个人”。（徐　洁）

【支社活动】 2015年，九三学社丹徒支社组织社员学习中共十八届四、五中全会和全国政协、统战工作会议精神，贯彻落实科学发展观和社会主义核心价值观；组织社员参加社市委开展的纪念抗战胜利70周年纪念活动，增进社员爱社爱岗意识；组织社员对江苏江大环境工程有限公司开展环保调研，为企业解决转型升级过程中的问题出谋划策；组织社员参加“坚持和发展中国特色社会主义学习实践活动”；组织社员参加世业洲茅以升纪念馆“九三学社全国传统教育基地”和“九三学社江苏省委思想教育基地”揭牌仪式。社员贺丽娟赴重庆社会主义学院参加镇江市委统战部组织的民主党派骨干培训班。（徐 洁）

【参政议政】 2015年，九三学社丹徒支社以履职尽责为工作中心，从发挥政治责任和使命担当入手，找准服务大局和发挥自身优势的切入点，将民生和关系群众切身利益的热点问题作为重点，建言献策、参政议政。九三学社丹徒支社向市、区两会提交《关于优先发展市内公共交通的建议》《关于加强城区主干道绿化带建设的建议》《关于加大在丹徒新城公共文化、体育设施建设力度的建议》《关于切实解决高桥自来水问题的建议》等提案，得到相关部门和领导的重视，为镇江市和丹徒区的发展贡献智慧和力量。（徐 洁）

工商联

【概况】 2015年，镇江市丹徒区工商业联合会（以下简称丹徒区工商联）以“大众创业、万众创新”为指导思想，创新工作方式、方法，促进小微企业适应新常态下的经济发展；履行职能，围绕非公有制经济发展工作参政议政。截至年底，共有商会10家，下属会员企业600个。年内，丹徒区工商联被镇江市工商联评为先进集体。（钟雪花）

【建言献策】 2015年1月14日，丹徒区工商联在区政协九届四次会议上提出的《关于让“产权证”成为撬动盘活企业存量资产着力点的建议》被确定为重点提案。丹徒区工商联及时组建调研小组，召开部分区政协委员及有关职能部门负责人座谈会议；选择到3～4个镇（街道、园区）和部分板块实地调研，与有关部门和企业沟通联系。5月19日，组织多家企业参加区政协重点提案督办会，促进企业与相关部门面对面交流；与有关部门、镇（街道、园区）到典型企业推进落实工作；牵头负责《关于标准化厂房建设运转情况》的重点调研课题，组织力量全面摸清区情，多次赴外地学习，形成调研报告，并在区政协九届五次会议上作大会发言，向区委、区政府提出建议案。（钟雪花）

【服务小微企业发展】 2015年，丹徒区工商通过媒体、会议、走访等方式，宣传国家关心小微企业发展的重大决策和经济信息；宣传典型创业精神，推荐好的经验和做法；搭建沟通联系平台，改善创业发展环境，推动全区形成“想创业、敢创业、会创业、创成业”的氛围。高桥镇裘皮鞋业行业商会发展“互联网+”产业，会员企业由传统营销模式发展成为网上销售电商，大幅度提升产品销售能力。（钟雪花）

【促进非公企业发展】 2015年，丹徒区工商联加强与区人社、工商、税务、金融等部门联系，完善服务职能，搭建服务非公企业平台。加大与区内工商银行、中国银行、民生银行、农村商业银行等银行网点的对接频率，组织10余家企业和金融机构开展银企对接活动，近10家企业与银行签订融资协议，解决部分企业的资金需求。部分基层商会帮助企业吸纳人才，组织会员企业参加人社部门开展的招聘活动，解决企业用工问题。与区总工会、区人社局开展和谐劳动关系三方协商，规范企业劳资关系，保障企业和职工的合法权益。加大与地税维权协会的合作，检查涉及小微企业减免税政策落实情况，召开征求意见座谈会，走访会员企业100余家，征集意见20余条。通过走访调查及时了解和掌握企业在发展过程中遇到的问题，协助相关部门为企业解决用电、项目用地等具体问题2个。联系上党、谷阳等基层商会，引导其发挥优势与北汽华东（镇江）基地项目对接，组织宝山重工、江苏申模、合力紧固件等5家会员企业在产业配套洽谈会上与北汽集团签订合作意向协议。（钟雪花）

【公益事业宣传】 2015年，丹徒区嘉宁建材有限公司总经理、丹徒区工商联副主席吴祥在坚持资助贫困家庭3年的基础上，年初资助大港中学3名贫困学生高中3年的全部学费；丹徒区工商联执委、长丰建材厂总经理仲金福捐助40余万元支持村级道路建设和村庄整治；高资镇商会向域内企业募集资金5万元，帮助水台村贫困户危房翻新。丹徒区非公经济人士公益事业捐赠全年累计200余万元。丹徒区工商联组织区电视台多次采访、宣传他们的先进事迹。（钟雪花）

图16　2015年，企业家资助贫困学生仪式　（丹徒区工商联提供）

社会团体

责任编校：王雪松

丹徒区总工会

【概况】 2015年，丹徒区新建工会组织37个，新发展会员1200余人，其中农民工627人。建会企业建立工资集体协商制度462家，达到全年应建数100%。村（社区）开展区域性工资集体协商67家，覆盖企业1362家，完成年度目标100%。在餐饮、裘皮等8个行业推进工资集体协商，覆盖企业875家。全区建会企业职代会建制率85%以上。免费就业技能培训下岗失业人员近1500名，安置困难人员就业1300余名。年内，镇江市丹徒区总工会（以下简称丹徒区总工会）等36家单位被评为2015年度镇江市模范职工之家；丹徒区总工会先后获全国职工互助保障先进单位、全省推进厂务公开民主管理工作先进单位、全省工会财务会计工作竞赛评比一等奖、全市工会工作目标考核一等奖、区级机关绩效管理考核"十佳单位"等荣誉。 （王 纲）

【工会换届选举】 2015年7月29～30日，召开丹徒区总工会第十四次代表大会，完成换届选举工作。会上，选举产生丹徒区总工会第十四届委员会委员27名，王正平当选丹徒区总工会第十四届委员会主席，孙宇东、陈跃荣、王俊为副主席。会议号召，丹徒区总工会新一届委员会以服务科学发展为主题，以发展和谐劳动关系、维护职工合法权益为主线，以"六型"职工之家建设为载体，以工会工作项目化建设与管理为引擎，以强化自身建设为根本，依法治会、依法管会、依法履职、依法维权，团结动员全区广大职工为建设"强富美高"的新丹徒建功立业。 （王 纲）

【职工创业者"领航行动"】 2015年，丹徒区总工会推进职工创业就业工作，将创业精神与发展生态农业相结合，实施职工创业者"领航"行动。围绕生态农业园、高效养殖业、规模种植业三大类农业产业，对初始创业人员实施"三免一补"（免小额贷款利息3年，免3年税收，免技能培训费，给予补助费1000元）政策。集中安排创业政策咨询、典型介绍、小额贷款等专项服务活动26场次，为47名无业失业人员提供免息小额贷款76万元；组织6名创业成功者到镇、村宣讲创业事迹，累计宣讲19场；收集编写《永不放弃——职工创业风采录》，宣传创业先进典型，展示创业工作成果；培树农村创业示范基地12家，得到市委书记夏锦文批示肯定。 （王 纲）

【职工之家建设】 2015年，丹徒区总工会推动以"奋进、民主、和谐、文化、温暖、规范"为主要内容的"六型"职工之家建设，夯实工会基层基础。制定实施"点、线、面"布局整体推进、"建会、建家、建制"全面开展的工作思路，整合资源、聚力打造6个镇（街道、园区）30余家企事业单位职工之家建设的示范典型。丹徒新城以名和公司职工文化艺术节为契机，打造规模企业"文化之家"品牌；世业镇提供一幢办公楼专门用于职工之家建设，鼓舞工会干部和职工建设阵地的热情。年底，作为全区职工之家建设的主阵地——丹徒区职工活动中心主体建设完成，总建筑面积近3000平方米，主要包括职工服务中心（内设困难救助、法律援助、信访接待、职介婚介、互助互济等6个窗口）和职工书屋、电子阅览室、职工休息大厅、职工健身中心、职工培训中心等设施。 （王 纲）

【工会送温暖活动】 2015年，丹徒区总工会加大对困难职工、农民工的帮扶力度，维护职工队伍稳定和社会稳定。办理困难职工互助互济保障2万余名，赔付和慰问金额28万元；实施临时特困救助职工30余名，救助金额12万元；资助困难职工子女就学100余对，助学金额160余万元；免费就业技能培训下岗失业人员1500名，安置困难人员就业1300余名；开展"安康杯"劳动竞赛活动企业400余家、职工3万余人。 （王 纲）

【工会项目化管理】 2015年，丹徒区总工会借鉴经济部门项目管理经验，制定《关于实行工会工作项目化建设与管理的实施意见》，将全区工会主要工作汇总为"建载体、强功能，服务职工一条龙"职工之家创建活动、"庆'五一'、歌'五一'，唱响劳模奋进曲"系列庆祝活动、"练内功、增本领，工会干部争一流"素质提升行动等8大项目和24个具体目标任务，分为定量指标和定性指标。通过实践，增强工会上下的执行力和落实力，形成"落实项目靠执行，转变作风出效率"的共识。 （王 纲）

【和谐劳动关系】 2015年，丹徒区总工会紧扣发展和谐劳动关系主线,维护劳动关系协调稳定。以“和谐劳动关系进万家”活动为重点,推动职代会、共决劳动规章等民主管理制度在企业落到实处,引导职工依法有序表达利益诉求。全区建会企业职代会建制率超85%,以劳动规章程序依法倒逼12家企业建立工会组织。推动职工维权工作实现接待、受理、协商调解处理、解释宣传、生活救助、困难帮扶、法律援助的集成升级。全年排查出存在劳资隐患的企业35家,接待处理信访案件17件。与区司法局联合开展“送法进企业”系列活动,凸显法律维权工作在推进企业发展、维护职工权益中的实效性。至年底,全区10个镇(街道、园区)全部建立工会劳动法律监督委员会,426家独立建会企业成立劳动争议调解委员会,其中建立劳动法律监督组织比例超85%。 (王　纲)

【法律检查和劳动规章评估活动】 2015年,丹徒区总工会组织开展法律检查和劳动规章评估活动,为企业查问题、谋稳定、促发展。联合区人社局到10个镇(街道、园区)开展法律检查行动,共抽查企业32家,重点检查劳动合同签订、社会保险缴纳、工资收入等情况。检查结果显示,工会组织的作用发挥明显,企业劳动关系和谐,职工队伍稳定,但还存在中小企业社会保险缴纳面不高、工资增长不达预期等问题。邀请市中级人民法院、市总工会法律专家到上党镇、宜城街道的22家重点企业,开展劳动规章评估活动,就部分企业规章制度中反映出的关于职工加班加点、工资支付、劳动保护等问题提出修改意见,从制度源头上保护职工合法权益。 (王　纲)

【职工技能提升】 2015年,丹徒区总工会以市、区劳模评选工作为契机,发挥劳模示范引领作用,开展“六比六赛”劳动竞赛活动,推出新一批劳动竞赛示范工程、示范单位和示范性劳模创新工作室。56名职工通过参加技术比武获中级以上职业技术资格证书,3项职工科技创新成果、2项合理化建议、1项职工先进操作法申报全市三个“十佳”;组织3200余名企业职工、外来务工人员参加学历教育、岗位技能、专业技术培训,涌现出30余名职工自学成才带头人。 (王　纲)

丹徒区妇女联合会

【概况】 2015年,镇江市丹徒区妇女联合会(以下简称丹徒区妇联)推进妇联组织创新、家庭文明创建、关爱服务体系构建、妇女维权机制建设等各项活动,完成年度各项工作任务。年内,召开纪念“三八”国际劳动妇女节105周年大会暨“女童自我保护漫画手册”首发式,开展“城管杯”寻找“最美家庭 最美女性”活动并召开表彰大会,开展“迎新春送温暖”系列活动、“12·4”法制宣传日活动,举行“镇江市女性周末讲堂”丹徒专场,举办儿童安全知识讲座,联合举办妇女健康知识讲座、关爱留守儿童活动、青年相亲交友联谊会,丹徒区实施“十二五”妇女儿童发展规划通过终期评估。丹徒区妇联先后获“省妇女报刊宣传工作先进单位”、镇江市妇联系统信息工作一等奖等荣誉。 (王荟慧)

【“迎新春送温暖”系列活动】 2015年2月11日,丹徒区妇联走访慰问谷阳镇8户困难妇女家庭,了解慰问对象的家庭情况及生活状况,鼓励其树立信心、战胜困难。春节前,丹徒区妇联摸底调查全区贫困妇女儿童的生活状况,市、区两级妇联走访慰问困难妇联干部、贫困妇女、困难单亲母亲、孤残儿童、留守流动困难妇女儿童、贫病妇女等80余人,赠送慰问金和慰问品共计4万余元。 (王荟慧)

【纪念“三八”国际劳动妇女节105周年大会暨“女童自我保护漫画手册”首发式】 2015年3月6日,丹徒区妇联在区政府八楼会议室召开纪念“三八”国际劳动妇女节105周年大会暨“女童自我保护漫画手册”首发式。镇江市妇联副主席罗娟,区委常委、组织部部长彭忠东,区政府副区长贺丽娟,区委宣传部副部长、区文明办主任蔡杨,区公安局党委委员、政治部主任庄红宇出席会议。会上,彭忠东发表讲话,公安系统巾帼志愿者代表宣读巾帼志愿服务行动倡议书,10支巾帼志愿服务队用PPT的形式展示“奉献、友爱、互助、进步”的志愿者风采,并表彰13支优秀巾帼志愿服务队;介绍“女童自我保护漫画手册”情况,点亮手册微信电子版首发启动球,

图17　2015年3月6日,召开纪念“三八”国际劳动妇女节105周年大会暨“女童自我保护漫画手册”首发式 (丹徒区妇联提供)

并向镇（街道、园区）、学校、女童代表发放手册。（王荟慧）

【妇女健康知识讲座】 2015年3月12日，丹徒区妇联联合区妇幼保健所在区卫计委会议室举办妇女健康知识讲座，邀请镇江市妇儿专家钱秋菊，讲解女性“两癌”发病机理、预防方法、检查手段等知识，来自全区各部门单位和镇（街道、园区）50余名妇女参加讲座。通过举办妇女健康知识讲座，向广大妇女宣传健康知识，促进其关注自身健康，共创和谐健康生活。（王荟慧）

【“城管杯”寻找“最美家庭 最美女性”活动】 2015年4～8月，丹徒区妇联联合区委宣传部（区文明办）、区城管局在全区范围内开展第二届“城管杯”寻找“最美家庭 最美女性”活动，其中“最美女性”的评选范围由最美妈妈（婆婆）、最美妻子扩展到最美女教师、最美女医护工作者、最美农村女致富能手等各行业优秀女性。活动期间，共发放最美家庭宣传海报1000张、传单1300份，通过推荐、评审、公示，推选产生典型家庭和典型人物。9月25日，丹徒区妇联在区政府八楼会议室召开会议，表彰各类最美典型42名，5名最美家庭、最美女性典型代表进行事迹宣讲，引导广大妇女和家庭感悟和传承家庭美德、提升文明程度、促进社会和谐，以实际行动践行社会主义核心价值观。（王荟慧）

【儿童安全知识讲座】 2015年6月18日，丹徒区妇联在三山艺术幼儿园举办以“关爱儿童安全，做放心父母”为主题的儿童安全知识讲座，邀请原润州区人民法院副院长赵明，讲解室内居家安全、室外游乐安全以及儿童性侵伤害防范等知识，增强家庭安全防范意识。学生家长100余人参加讲座。（王荟慧）

【关爱留守儿童活动】 2015年6月19日，丹徒区妇联联合区公安局妇委会共同举办“微心愿圆梦播希望，金盾天使促成长”关爱留守儿童活动，镇江市级机关妇工委、丹徒区妇联、区公安局妇委会共40余人参加。来自区实验学校的10名留守儿童先后参观区公安交警大队事故中队和消防大队，现场接受交通、消防安全教育，镇江市级机关妇工委的爱心妈妈现场为留守儿童实现“微心愿”。区公安局的爱心爸爸、妈妈还带着自己的孩子，与留守儿童牵手互助共促成长。市妇联副主席郑迎伟出席并为活动揭幕。（王荟慧）

【“镇江市女性周末讲堂”丹徒专场】 2015年7月2日，“镇江市女性周末讲堂”丹徒专场在驸马国际幼儿园举行，邀请老约翰绘本馆教师朱琼为参加活动的学生家长和教师进行幼儿绘本知识与运用专题讲座。活动中，丹徒区妇联分别向驸马国际幼儿园、三山艺术幼儿园、画意江南幼儿园的负责人，颁发由区房管局和区妇联捐建的“爱心快乐小屋”和“爱心绘本书屋”牌匾。（王荟慧）

【“12·4”法制宣传日活动】 2015年12月4日，丹徒区妇联在丹徒新城宝龙广场开展“12·4”全国法制宣传日活动，主要是宣传男女平等基本国策、未成年人保护法、新婚姻法等内容。活动中，丹徒区妇联向群众发放《中华人民共和国妇女权益保障法》《中华人民共和国未成年人保护法》、平安家庭建设、《女童自我保护漫画手册》等宣传资料800余份。同时，现场接受群众的法律咨询，促进妇女儿童自我保护、自我防范维权意识的提高，增强群众依法行使权利、依法表达利益诉求、自觉履行法定义务的法治观念。（王荟慧）

【青年相亲交友联谊会】 2015年12月12日，丹徒区妇联联合镇江彩虹网在碧榆园举办“要爱要爱！缘来是你！”青年相亲交友联谊会，60余名单身青年参加活动。活动中，开展“抢红包”“爱情大阅兵”“爱情奏鸣曲”“闪电约会”“爱情速配”等互动游戏，通过自我介绍、互相提问、展示才艺拉近青年男女的距离，现场共促成2对男女青年成功牵手。（王荟慧）

【“十二五”妇女儿童发展规划终期评估】 2015年12月29日，镇江市“十二五”妇女儿童发展规划终期评估督导组来到丹徒区对“十二五”妇女儿童发展规划（以下简称“两规”）实施情况开展终期评估督导工作。丹徒区副区长、区政府妇儿工委主任贺丽娟代表区政府妇儿工委汇报“两规”实施情况，区卫计委、区人社局、区民政局等成员单位作交流发言。随后，市督导组实地查看丹徒区妇幼保健所、驸马国际幼儿园，查阅丹徒区妇女儿童“两规”实施情况的相关台账，了解丹徒区“两规”实施过程中，妇女儿童事业在社会保障、教育福利等领域的具体落实情况并给予肯定。（王荟慧）

共青团丹徒区委员会

【概况】 2015年，丹徒区有团员青年7273人，基层团委28个、团总支36个，团支部265个。共青团镇江市丹徒区委员会（以下简称丹徒团区委）突出“把握机遇、创新实干”主题，做好基础工作，提升工作实效，打造品牌特色，强化“四个导向”（主业导向、问题导向、需求导向、基层导向），实现“四个突破”（在引领青少年思想上有新突破、在提升团工作实效上有新突破、在构建服务型团组织上有新突破、在扩大团的工作有效覆盖上有新突破），团结带领广大团员青年为建设新丹徒贡献力量。年内，镇江共青团“暖冬行动”暨丹徒区青少年弘扬中华传统文化系列活动启动仪式在丹徒区举行，联合举办青年创业帮办服务表彰暨青春风采展示会，发放“希望工程圆梦行动”助学金，联合开展“阳光助残”志愿服务行动、造血干细胞捐献活动，组织开展“保护母亲河共植青年林”活动，联合举行“珍爱生命之水争做小小节水员”青少年环保志愿活动启动仪式、开展“青春自护，快乐成长”安全自护校园行活动，组织青年消防志愿者开展消防安全宣传活动，召开丹徒区青年联合会二届一次全体会议。

（周　文）

【镇江共青团“暖冬行动”暨丹徒区青少年弘扬中华传统文化系列活动启动仪式】 2015年1月30日，镇江共青团“暖冬行动”暨丹徒区“缤纷的冬日 最炫民族风”青少年弘扬中华传统文化系列活动启动仪式在丹徒区支显宗学校举行。镇江团市委书记贾敬远，丹徒区委常委、组织部部长彭忠东出席并共同为活动揭幕。贾敬远代表镇江团市委向支显宗学校援赠希望工程专项帮扶资金3万元，丹徒区青年企业家王兴文、肖涛向学校捐赠国学图书角，并向贫困学生赠送助学金、羽绒服等。与会领导参观“缤纷国学社”“缤纷茶道室”“缤纷爆竹堂”“缤纷舞会池”4个冬日缤纷教室，欣赏绘画、泥塑、篆刻作品，观看茶艺、书法、舞蹈展示，听取团区委负责人介绍相关情况。来自市、区各行业40余名团组织负责人和100余名学生参加活动。

（周　文）

【青年创业帮办服务表彰暨青春风采展示会】 2015年5月7日，为纪念中国共青团成立93周年、“五四”运动96周年，教育引导全区团员青年传承“爱国、进步、民主、科学”的“五四”精神，丹徒团区委联合区委组织部、区人社局在丹徒区会议中心举办“建功新丹徒 青春勇担当”丹徒区青年创业帮办服务工作优秀帮办员表彰暨青春风采展示会。该次活动主要用“成长”“奋斗”“青春”“梦想”“祖国”五个篇章展示基层团干以及优秀团员青年、青少年的才艺，通过舞蹈、小品、朗诵等形式体现团员青年的活力与青春风采，并对2014年度优秀共青团员、优秀创业帮办员、优秀共青团干部以及五四红旗团支部给予表彰。来自全区各直属团组织负责人及青年代表200余人参加活动。

（周　文）

【“希望工程圆梦行动”助学金发放】 2015年9月2日，丹徒团区委在区人大二楼会议室举行“希望工程圆梦行动”助学金发放仪式，向全区20名达本二线以上品学兼优的贫困学子发放每人5000元的助学金。“希望工程圆梦行动”是丹徒团区委开展的一项服务青年、助力青年的公益活动，旨在帮助品学兼优、生活贫困的高考学子实现求学梦想。近3年来，丹徒团区委共募集爱心助学款22.5万元、帮助贫困学子55名。

（周　文）

【“阳光助残”志愿服务行动】 2015年5月17日是第二十五次全国助残日，丹徒团区委联合区残联组织志愿者20余人，赴上党镇其一村开展“阳光助残”行动。活动中，志愿者向残疾儿童赠送慰问金、玩具、学习用品等，并进行互动交流，建立结对帮扶关系。“阳光助残行动”让残疾儿童感受社会的关爱和温暖，同时增强青年志愿者的社会责任感和使命感。

（周　文）

【造血干细胞捐献活动】 2015年5月8日，为弘扬“奉献、友爱、互助、进步”的志愿者精神和“人道、博爱、奉献”的红十字精神，丹徒团区委联合区文明办、区红十字会在丹徒区会议中心开展2015年度丹徒青年造血干细胞捐献志愿者血样集中采集活动。活动现场，来自各基层团组织近百名志愿者参加，成功捐献血样加入中华骨髓库。该次活动在展示丹徒青年博爱胸襟和“大爱镇江”人文底蕴的同时，为全区公益事业的发展营造良好的舆论氛围。

（周　文）

【“保护母亲河　共植青年林”活动】 2015年3月13日，丹徒团区委组织各基层直属团组织负责人、武警消防官兵以及绿荣环保社团的志愿者50余人，到荣炳盐资源区胜利村解放军青年林区开展“青春助力生态丹徒——保护母亲河 共植青年林”植树造林活动，共植树800余株。通过开展植树造林活动，提高志愿者的绿色文明意识和生态环保理念，展示丹徒青年建设生态丹徒、美丽丹徒的新形象。

（周　文）

【“珍爱生命之水争做小小节水员”青少年环保志愿活动启动仪式】 2015年5月29日，在“6·5”世界环境日来临之际，丹徒团区委联合区教育局、区环保局在丹徒实验学校举行“珍爱生命之水争做小小节水员”青少年环保志愿活动启动仪式。丹徒团区委书记张源之介绍活动的基本情况，丹徒实验学校学生代表宣读“珍爱生命之水”倡议书，团市委青农部部长王思思向志愿者颁发聘书，区教育局副书记华腊明、区环保局副局长戴文妍向学生代表发放节水宣传材料，志愿者向学生们开展节水宣传。全区各小学大队辅导员15人及实验学校60余名学生参加活动。

（周　文）

【“青春自护，快乐成长”安全自护校园行活动】 2015年9月1日，丹徒团区委联合宜城街道团工委、区公安局团委在丹徒实验学校开展“青春自护，快乐成长”安全自护校园行活动。活动中，区公安局交警使用PPT宣讲交通安全知识，以有奖问答的形式鼓励学生强化学习，教育学生在上学放学路上遵守交通法规、注意出行安全；志愿者以“我们开学了”为讨论话题，讲述自己的开学故事和应该注意的安全事项；丹徒团区委向学生们发出“致青少年朋友的一封信”，号召从自身做起、把安全自护放在心上。该次活动，促使学生增加安全知识、树立安全防范意识，促进全区青少年自护教育工作发展。来自丹徒团区委、宜城街道团工委、区公安局团委、区实验学校的8名志愿者及100余名学生参加活动。

（周　文）

【消防安全宣传活动】 2015年11月9日，丹徒团区委联合丹徒消防大队，组织青年消防志愿者30余人到北汽华东（镇江）基地开展消防安全宣传活动。消防安全志愿者与区消防大队官兵实地了解北汽华东

(镇江)基地的建设规划,参观涂装、整装车间,了解车间消防设备,围绕企业安全生产、冬季防火等重点领域对新职工进行消防安全知识培训,现场演练灭火器的使用方法,并向车间职工发放消防安全知识宣传单和宣传读本。通过开展消防安全宣传活动,增强青年职工自身防火、灭火安全意识和基本技能,促进企业的消防安全管理水平和应急处理能力的提高。 (周 文)

【丹徒区青年联合会二届一次全体会议】 2015 年 12 月24 日,丹徒区青年联合会二届一次全体会议在丹徒区会议中心召开,来自全区各行业112 名青联委员参加会议。会议听取并审议镇江市丹徒区青年联合会第一届委员会常务委员会工作报告,选举产生镇江市丹徒区青年联合会第二届委员会常务委员、主席、副主席。会议号召,青联委员要高举中国特色社会主义伟大旗帜,坚定理想信念,凝聚青年智慧力量,团结带领全区广大青年为建设“强富美高”新丹徒贡献青春力量。

(周 文)

丹徒区科学技术协会

【概况】 2015 年,镇江市丹徒区科学技术协会(以下简称丹徒区科协)围绕全区工作大局和科协工作重点、难点及热点,立足科协“三服务一加强”工作职责,推进丹徒区《全民科学素质行动计划纲要》的实施,加强组织建设,开展各项工作。拓宽科普宣传途径,扩大科普宣传效应;突出科普宣传主题,组织重大科普活动;融合学校资源,推进青少年科学素质提高;组织先进争创和推优工作,成功创建2016 ~2020 年度江苏省科普示范区。年内,与相关部门组织慰问丹徒科技工作者代表柯宜京、包昌升等6 人;组织开展结对帮扶活动,资助辛丰镇下方村及3 户贫困家庭2 万余元。 (魏 游)

【科普信息宣传】 2015 年4 月,丹徒区科协印发《关于印发〈丹徒区科协信息工作实施方案〉》和《丹徒区科协信息任务分解表》至各部室,强化信息宣传工作。在省、市公众科技网发布科协工作动态,展示科协形象;在区政府网站“生态丹徒”上开通“科普之窗”栏目;在区政府大楼、区城管局以及社区电子显示屏上,滚动播放科普知识;利用政府橱窗、展板以及新开辟的乡风明德文化墙等宣传科普知识;与区文广体局合作,在丹徒电视台开设科普专题栏目。5 月16 ~22 日第27 届科普宣传周期间,丹徒区科协联合区委宣传部利用短信平台,围绕“为科技点赞 为生活添彩”和“大众创业 万众创新”主题,自编短信在科普宣传周开幕的第一时间发送到全区广大领导干部手机上,弘扬科学精神、倡导科学理念、传播科普知识。 (魏 游)

【科普活动】 2015 年 5 月19 日,丹徒区第27 届科普宣传周现场活动暨健康科普讲座——“中医药就在你身边”系列活动在丹徒区谷阳镇三山集镇举行。镇江市科协副主席杨维勤、丹徒区委副书记杨伟民以及全区科普宣传周领导小组20 余家成员单位领导出席活动,丹徒区科协向谷阳镇科协赠送笔记本电脑1 台专用于科普工作。现场组织科普展览、展示、体验、讲座、咨询、义诊、有奖问答、科普大篷车等互动性强、贴近实际和百姓生活的科普宣传活动,发放资料6000 余份,吸引千余名群众参与。科普宣传周期间,丹徒区医学会和区中医院在各镇(街道、园区)开展“中医药就在你身边”系列科普健康讲座,向农村居民普及中医知识。9 月25 日,丹徒区科协联合区双拥办开展以“科普进军营”为内容的全国科普日活动,现场向部队赠送《食品药品知识问与答》《生活安全知识读本》等8 种共计300 册科普书籍以及电脑1 台。9 月29 日,丹徒区科协联合区食安委、区级机关党工委举办新修订的《中华人民共和国食品安全法》知识竞赛活动,来自各镇(街道、园区)共10 支代表队参加,上党镇代表队获第一名,丹徒区科协、区食安委成员单位、区级机关党工委等相关单位120 余人全程观摩。 (魏 游)

【创成江苏省科普示范区】 2015 年6 月10 日,丹徒区根据省科协《关于开展2016 ~2020 年江苏省科普示范县(市、区)创建工作的实施意见》,召开全区争创科普示范区工作推进会,成立创建工作领导小组,分解并落实各创建单位职责。7 月9 日,丹徒区接受上级创建检查,检查组一行听取区政府分管区长汇报创

图18 2015年7月9日,市科协检查组到丹徒区开展创建省科普示范区现场检查

(丹徒区科协提供)

建工作情况，查阅创建台账资料，到创建单位实地检查，对丹徒区创建工作和科普工作所取得的成效给予肯定。10月20日，丹徒区被省科协命名为2016～2020年度江苏省科普示范县(市、区)。（魏 游）

【青少年科学素质行动】 2015年，丹徒区科协组织全区中小学生参加各类科普知识竞赛活动，提高青少年科学素质。3月23日，组织学生参加镇江市气象知识科普竞赛活动，高资小学、辛丰中学获三等奖；5月19日，举办科普大篷车进校园活动，组织大港中学1500名学生参加科普大篷车活动，激发学生的科普求知欲；2月21日至11月29日，组织学生参加省"金钥匙科技竞赛"，丹徒区获团体竞赛二等奖，个人获特等奖4名、一等奖13名、二等奖25名，丹徒区另获优秀科技教育校长3名、优秀辅导员5名、先进个人2名、先进学校2所。江苏省大港中学创成省级科技特色教育学校。（魏 游）

【先进争创和推优工作】 2015年，丹徒区科协与区财政局合作，实施科普惠农兴村计划，开展丹徒区科普惠农兴村先进单位和带头人评比和表彰活动，全区20家单位和5名个人分别被授予"丹徒区科普惠农兴村先进单位"和"带头人"称号。年内，丹徒区永利蔬菜专业合作社被评为国家级科普示范基地，丹徒区茗缘茶叶专业合作社被评为省级科普惠农服务站、被推荐为国家级科普示范基地（获公示）；宝堰镇创建成省级科普示范镇，世业镇先锋村和高桥镇四方桥村创建成省级科普示范村；丹徒区马金蟹虾养殖专业合作社、丹徒区醉园春茶叶合作社被评为镇江市科普惠农兴村先进单位，世业镇先锋村聂永平被评为市级科普惠农兴村带头人；谷阳镇、高资街道创建成市级科普示范镇（街道）；世业镇兴隆村、荣炳盐资源区蒲圩村、高桥镇安丰村创建成市级科普示范村。（魏 游）

丹徒区文学艺术界联合会

【概况】 2015年，镇江市丹徒区文学艺术界联合会(以下简称丹徒区文联)面向基层和大众，团结和引导广大文艺工作者开展各类文艺活动，丰富和活跃基层群众文化生活。举办江苏城市摄影擂台赛丹徒站活动、镇江市中国画学术邀请展·丹徒画家三人展、庆祝中华人民共和国成立66周年主题书画展、"中国梦·丹徒情"专题书法作品展等活动；组织文艺家赴高资街道、宝堰镇、紫檀小区等地，为群众义务写春联560幅、拍摄"全家福"200张；开展第四届"清风雅韵"广场戏曲周、阳光残疾人文化艺术团专场综合文艺演出、"共筑中国梦，同唱劳动美"镇江市职工演唱比赛等系列活动；重新设计《丹徒文苑》的报头题字、版式编排，对征稿采稿渠道进行相应调整，全年出刊5期，发表各类文艺作品100余篇。年内，赵建平的壁画作品《镜头·北京》等入选省级以上展览，6名丹徒区摄影家协会会员被吸收为省级以上协会会员，1人被江苏省作家协会吸收为会员。（巫智勇）

【摄影家协会会员被吸收为国家和省级会员】 2015年，丹徒区摄影家协会联合《中国摄影报》社、江苏省摄影家协会共同举办江苏城市摄影擂台赛丹徒站活动，40余件作品在团体系列擂台赛中入展并获奖。《镇江摄影报》刊发丹徒区摄影家协会会员作品专版。年内，吴呈昱被中国摄影家协会吸收为会员，曹来喜、梁爱平、王崇泉、葛恒娟、徐斌被江苏省摄影家协会吸收为会员。（巫智勇）

【镇江市中国画学术邀请展·丹徒画家三人展】 2015年5月31日，镇江市中国画学术邀请展·丹徒画家三人展在镇江市美术馆举办。共展示卞美岗、王小军、潘志荣3位画家作品近60件，同时发行3人单册画集。来自市及辖市区500人次参加展览活动。同日，举办专题研讨会，就丹徒美术的优势和特点、丹徒作者中国画形式和笔墨语言的独特性等开展研讨交流。镇江电视台、镇江电台、《镇江日报》《京江晚报》及"0511论坛"等媒体予以报道。（巫智勇）

【文艺作品及研究获奖】 2015年，丹徒区文联组织全区文艺工作者深入社会和基层，开展文艺创作并取得成果。美协赵建平的壁画作品《镜头·北京》入选全国第四届壁画艺术求索展，潘志荣的作品《瑞雪》、王小军的作品《韶山记游》、卞美岗的作品《茅山纪事》入选江苏省纪念抗日战争胜利70周年画展，卞美岗的作品《千年西津渡》获新京江画派中国画展金奖，王小军的《新四军东进泰州谈判处旧址》等9件作品入选"灵秀镇江·运河风韵"主题创作展览，吴煜明《竹子林叠翠》等3件作品被制作成"镇江新二十四景"纪念邮册；书协范祥的作品《草书宣和书谱叙论节录》中堂入选第十一届全国书法篆刻作品展览；音舞协会的广场舞《千古一醉》《昆力奔驰》《张灯结彩》参加镇江市"灵秀镇江·梦想舞台"全民广场舞大赛并分获三等奖，其中《千古一醉》《张灯结彩》代表镇江市赴香港参加第一届中华老年体育舞蹈(香港)国际艺术节并获金奖；摄影家协会佘佳虎、吴呈昱被评为2014年度镇江市优秀摄影家；吴呈昱的作品《老宅来客》获中国摄影家协会举办的"运河重镇——世界文化遗产地南浔全国摄影大展"优秀作品奖。美术教师王忠的论文《本土文化精神才是绘画艺术的出路——议墨西哥画家鲁菲诺塔马约》《校园环境设计对学生身心健康发展探析》分别在《艺术教育》2015年第5期和第8期发表，《从毕加索艺术作品看立体绘画的审美特征》在《读者文摘》2015年8月期发表，《由金·李罗与他的抽象绘画》在省期刊《新课程》2015年第11期发表；美术教师徐飞的论文《美术高考色彩教学策略再探索》获市教科研论文二等奖。（巫智勇）

丹徒区归国华侨联合会

【概况】 2015年，丹徒区旅居海外的华侨、华人、侨澳同胞有1500余人，主要分布在美国、日本、澳大利亚、西欧和东南亚等国家和地区。全区范围内有归侨、侨眷7500余人，主要分布于高资街道、上党镇、辛丰镇和宜城街道等地。

镇江市丹徒区归国华侨联合会（以下简称丹徒区侨联）贯彻全国、省、市侨联有关会议精神，坚持“组织起来，活跃起来”要求，开拓“海内海外”两个市场，把握“为侨服务，为发展服务”中心，完成各项工作任务。争取省、市侨联和区委、区政府支持，走访慰问特困归侨、留学生家庭和侨眷属50余户次、80余人次，发放慰问金、慰问品和定期补助共计18万余元。履行参政议政职能，侨界人大代表、政协委员向区“两会”提交提案、议案6件，其中涉及侨企发展和归侨侨眷子女就学3件。全年处理来信4件、来电3件，接待来访侨眷8人次，接待海外华人华侨来访6人次，结案率100%。

组织侨港资企业参加市侨联举办的“创业中华·创新镇江”2015侨资侨智对接洽谈会。走访调研侨港资企业，提供法律服务；与区法院、区侨办联合举办服务企业法律宣讲班，为全区20余家重点侨港资企业负责人宣讲《中华人民共和国经济合同法》《中华人民共和国劳动法》《中华人民共和国行政诉讼法》等内容，并介绍《丹徒区企业法律服务办法（试行）》主要内容及操作流程。

完成冷遹纪念馆创建“江苏省海外华侨华人文化交流基地”工作，指导谷阳镇成立侨联工作小组，完成省侨联“五好侨联组织”材料的申报工作。在《欧洲时报》推出丹徒新城生态产业园区专版，宣传丹徒生态产业园区发展情况和项目合作信息。全年在各级书刊和电子刊物上登载信息18篇。邀请7名丹徒籍留学人员参加“迎中秋、庆国庆、话发展”座谈会。元旦、春节期间向海外发送贺年（节）卡电子邮件50余份。（姜健俊）

【参加“创业中华·创新镇江”2015侨资侨智对接洽谈会】 2015年6月20日，丹徒区侨联组织区属8家侨港资企业参加镇江市侨联举办的“创业中华·创新镇江”2015侨资侨智对接洽谈会。丹徒区侨联根据市侨联提供的海外华商信息，鼓励企业主动上网联系外商进行自我推介。其间，共有5家企业与外商对接，4个项目落实签约意向。（姜健俊）

【走访调研侨港资企业】 2015年11月6日，丹徒区侨联联合丹徒区法院走访调研5家侨港资企业，为维护企业合法权益提供法律援助。走访中，丹徒区法院2名法官以案说法，分析解读企业在融资、担保、签订合同、处理债权债务、工伤处理等方面面临诉讼的案件，并提出司法建议，帮助企业用法律维护合法权益。（姜健俊）

【“迎中秋、庆国庆、话发展”座谈会】 2015年9月28日，丹徒区侨联在区政府八楼会议室举办“迎中秋、庆国庆、话发展”座谈会。邀请7名来自美国、加拿大、日本、澳大利亚和德国回国探亲、考察的丹徒籍留学人员参加，他们主要从事大学教授、政府机关人员、机电工程师、交通设计工程师和贸易主管等职业。会上，丹徒区侨联主席吴林华汇报丹徒区近年来在经济发展和社会事业方面取得的成绩，介绍丹徒投资环境、优惠政策和相关项目，并邀请嘉宾作为丹徒在海外引资引智的顾问和联络人，7名受邀留学人员表达为丹徒经济社会发展牵线搭桥的意愿。（姜健俊）

【谷阳镇侨联工作小组成立】 2015年10月22日，谷阳镇侨联工作小组挂牌成立。该工作组由12人组成，组长由谷阳镇党委副书记担任，副组长由宣传委员担任，成员由各行政村副书记、宣传干事、留学生亲属和社会有识之士担任。侨联工作组主要职能是方便侨情的上传下达、帮助留学生亲属解决生活困难、帮助解决镇属侨港资企业发展中遇到的问题。（姜健俊）

【接待德国华裔青少年寻根之旅夏令营】 2015年8月20日，丹徒区侨联接待德国华裔青少年寻根之旅夏令营一行45人。在江苏省大港中学，中外师生在港中艺术楼开展联谊活动，互赠纪念品。在中国米芾书法公园，代表团一行在欣赏美景和参观米芾碑帖的同时，感受和体验中国书画的文化底蕴和魅力。

（姜健俊）

丹徒区残疾人联合会

【概况】 2015年，镇江市丹徒区残疾人联合会（以下简称丹徒区残联）完成残疾人事业“十二五”规划各项任务，深化残疾人“两个体系”建设，在加强残疾人保障、推动多渠道就业、促进残疾人增收、完善残疾人服务体系、维护残疾人权益等方面稳步发展。全年免费向残疾人发放公交卡149张，发放残疾人燃油补贴296人、7.69万元，新发放残疾人证381份。5月17日“助残日”向残疾人赠送意外伤害保险，全区6342人受益，保险额29.14万元。开展残疾人按比例就业工作，集中安置残疾人就业27人、分散和个体就业50人；购买公益性岗位16人，开展特色农业技能职业培训72人。录用残疾人专职委员12名，分配到区残联机关和各镇（街道、园区）残联，全区形成以区级残联为主导、镇级残联为骨干的残疾人组织服务网络。规范信访接待秩序，全年受理残疾人来信、来访210人次。利用网络、电视、报纸等媒体宣传残疾人事业和残疾人典型事迹，全年向新闻媒体投稿30余篇；与丹徒电视台联合录制“残疾人之友”系列专题报道节目，每月播出1次；资助镇江市首个乡镇残疾人艺术团——阳光残疾人文化艺术团赴乡镇演出。年内，丹徒区残联唐俊伟被省残工委评为“残疾人基本服务状况和需求专项调查”工作先进个人。

（许惠敏　赵　刚）

【扶残助残工作】 2015年，丹徒区残联对全区一户多残、依老养残家庭中的残疾人实施生活救助，全年向残疾人发放护理补贴712人、77.54万元，重残补贴305人、25.34万元。区一级发放重残救助金3324人、1168.68万元，发放特困残疾人补助经费326人、61.48万元，发放大学、高中阶段残疾学生补贴28人、5万元，走访残疾人困难户100余户，发放扶贫、慰问资金5.38万元。

（许惠敏　赵　刚）

【残疾人康复服务】 2015年，丹徒区残联帮助贫困精神病残疾人免费用药276例；帮助白内障患者免费复明手术143例；帮助假肢安装16例；发放儿童轮椅20台；康复训练0～6岁儿童30例、7～14岁儿童康复训练3例；残疾人无障碍设施改造10户；在世业镇、宝堰镇设置残疾人康复室并提供康复训练器材。

（许惠敏　赵　刚）

丹徒区红十字会

【概况】 2015年，镇江市丹徒区红十字会（以下简称丹徒区红色会）履行《中华人民共和国红十字会法》赋予的各项工作职责，按照省、市红十字会目标管理考核要求开展各项工作，完成各项目标考核任务，发挥红十字会作为政府人道领域的助手作用。组织开展基层红十字达标、示范学校创建活动，全区28所学校均参加创建活动，11月28日、29日完成全区红十字示范校、达标校验收工作。

（丹徒区红十字会）

【何权慰问丹徒茅山老区宝堰镇特困家庭】 2015年1月23日，江苏省政协副主席、红十字会会长何权和省红十字会常务副会长盛放率队慰问丹徒茅山老区宝堰镇特困家庭。该次走访慰问对象主要是因病致贫、孤寡老人和残疾人家庭等弱势群体。何权带领省、市、区红十字会工作人员向困难家庭了解其生活情况和需求，并赠送大米、食用油、毛毯、棉被等慰问物品和慰问金，共发放救助物资15万余元，受益3500人次。

（丹徒区红十字会）

【红十字志愿服务活动】 2015年3月21日，丹徒区红十字会学雷锋志愿者服务队到丹徒新区驸马山社区居家养老服务中心开展志愿服务活动，丹徒新区驸马山社区居家养老服务中心是丹徒区红十字会建立的第二个红十字志愿服务基地，成为区红十字会学雷锋志愿者服务队每月开展志愿服务活动的新阵地。该次活动，主要是为社区居民提供免费遗体捐献以及造血干细胞捐献等宣传材料，并开展社区志愿者招募宣传活动。

（丹徒区红十字会）

【“三献”活动】 2015年，丹徒区红十字会开展造血干细胞、遗体（器官）捐献和无偿献血知识的宣传普及活动，激发群众参与公益事业的热情。5月，与区级机关工委、区卫计委联合制定下发在全区开展无偿献血活动的通知，并在活动现场开展无偿献血知识宣传。9月，印发遗体捐献宣传折页6000份，分发到各镇（街道、园区）和各医疗卫生单位。当年新增遗体捐献志愿者1人。

（丹徒区红十字会）

丹徒区见义勇为基金会

【概况】 2015年，镇江市丹徒区见义勇为基金会（以下简称丹徒区见义勇为基金会）围绕经济建设发展大局，调动各方面工作积极性，见义勇为组织网络建设、基层基础工作、权益保护工作等取得进步和发展。全年通过见义勇为人员的正义之举，抓获各类违法犯罪嫌疑人47名，协助公安机关破获盗窃案件67起、案值24.8万元，缴获赃款赃物价值14.3万元，破获电信诈骗案件3起，避免经济损失9.85万元，施救落水被困人员6名，挽回他人生命6名，抢救危急病人7名，扑救火灾3起。全年表彰见义勇为积极分子51件87人，其中“一案一奖”表彰13件19人，5人被市见义勇为基金会表彰为见义勇为积极分子。全区发放奖励金、慰问金19.29万元。

（丹徒区见义勇为基金会）

【业务培训】 2015年，丹徒区见义勇为基金会重点加强见义勇为信息员的培训工作，各协会坚持每季度举办1次培训，促进发挥信息员作用。全年43名信息员报送信息68条。7月，举办志愿者培训班，主要培训工作任务和工作方法，促进结对帮扶、登门访问工作方式的细化和提高。9月，在谷阳镇举办协会档案管理、财务工作培训班，重点培训文件资料、文书资料、台账资料、事迹卷宗、制度资料等档案的收集和存档知识，促使全区各协会档案统版式、整齐有序。聘请区见义勇为基金会会计钱瑛就财务建账要求进行辅导，重点要求基金、基金增值、办公经费分类清楚，账册清晰、程序规范。至年底，90%的基层财务管理达到要求并通过考核验收。

（丹徒区见义勇为基金会）

【见义勇为人员权益保护工作机制落实】 2015年，丹徒区见义勇为基金会做好见义勇为人员权益保护工作，贯彻落实绿色通道救助机制、走访服务机制、奖励优待机制、宣传机制、保障机制、信息收集反馈机制、信访机制7个工作机制。做到安全及时救治负伤流血、身患重病的见义勇为人员；有效保护见义勇为人员合法权益，帮扶其生产、生活方面的困难，在重大节日组织慰问看望；各协会开辟宣传阵地，积极宣传涌现出来的见义勇为事迹；足额兑付见义勇为人员表彰奖励、抚恤慰问、困难帮扶以及其他所需经费。

（丹徒区见义勇为基金会）

丹徒区慈善总会

【概况】 2015年，丹徒区慈善总会贯彻落实国务院《关于促进慈善事业健康发展的指导意见》和省政府《关于促进慈善事业健康发展的实施意见》，召开慈善工作座谈会、全区村（社区）慈善工作站建设动员会、丹徒区慈善会第三届会员代表大会暨三届一次理事会，调动社会各界开展慈善活动的积极性。为推动全区慈善事业发展和促进社会和谐稳定，慈善工作取得新成绩。全年实现慈善资金收入670.89万元，比上年增长48%；支出慈善救助资金820.41万元（含省、市慈善总会配套资金），惠及4.47万人次。（付久成）

【慈善资金募集】 2015年，丹徒区慈善总会多措并举，动员社会爱心人士参与慈善募捐活动。5月8日，区委办公室和政府办公室联合下发《关于开展2015年“慈善一日捐”活动的通知》。至年底，全区“慈善一日捐”实现慈善资金收入202.35万元，完成计划任务的101%；累计到账企业慈善捐款235万元，比上年增长24%；9月起，村（社区）慈善工作站将募集资金作为重要环节宣传推进，至年底，全区有16个村（社区）募集资金238万元。（付久成）

【慈善救助】 2015年，丹徒区慈善总会开展系列慈善救助活动。实施“慈善温暖行动”，由低保户和低保边缘户申请，经各镇（街道、园区）民政办初审、区慈善总会复核，并报请市慈善总会核准，全区1344人获得慈善救助资金180.9万元；实施“慈善圆梦行动”，向87名低保户和遭遇特殊困难的低保边缘户家庭大学生、高中生发放慈善助学资金21.4万元；实施“助孤行动”，向全区8名孤儿发放养育费2.19万元；实施“慈善助医行动”，全年为低保户和低保边缘户家庭成员患重大疾病且符合救助病种的人员共支付医疗费502.4万元，惠及4万余人次；实施“定向救助行动”，万向集团向辛丰镇孤寡老人、孤儿和贫困儿童72人发放慈善救助资金12.76万元；实施“慈善助老行动”，为改善各镇（街道、园区）敬老院条件，向9所公办敬老院赠送大容量洗衣机9台、39英寸彩色电视机102台，共支出19.76万元；实施“慈善临时救助”，全年向低保户和低保边缘户家庭、因病住院和发生重灾家庭共计522人，发放慈善临时救助金69.5万元；实施“情暖江苏行动”，根据省、市慈善总会要求，共慰问困难家庭30户，每户发放慰问金1000元，共计支出3万元；实施“慈善暖流行动”，对9名特困职工，人均救助3000～5000元，共计支出3.5万元。（付久成）

【“三届一次”理事会】 2015年12月11日，丹徒区慈善会第三届会员代表大会暨三届一次理事会在丹徒新城召开，会议审议并通过丹徒区慈善会第二届理事会《工作报告》及《财务收支管理情况报告》，表决通过《丹徒区慈善总会章程（修改草案）》，选举产生第三届理事会理事103名、监事8名，审议通过丹徒区慈善会更名为丹徒区慈善总会。会议聘请区委书记陈琳、区政府区长张映桥、区政协主席徐新祥、区人大常委会副主任许志涛为丹徒区慈善总会第三届理事会名誉会长。丹徒区慈善总会第三届理事会第一次理事会选举产生常务理事45名，选举产生龚玉华为会长的新一届领导机构。区委书记陈琳到会并发表讲话。（付久成）

【村（社区）慈善工作站成立】 2015年8月，丹徒区委、区政府下发《关于在全区村（社区）建立慈善工作站实施意见的通知》，并于9月15日在谷阳镇湖滨村召开全区村（社区）慈善工作站建设现场会和动员会，88个村（社区）党组织书记参加会议。区政府副区长朱彤出席会议并讲话，对全区村（社区）慈善工作站建设提出要求。至年底，全区88个村（社区）全部挂牌，成立慈善工作站，其中16个村（社区）达到“六有”（有组织、有制度、有人员、有场所、有基金、有档案）标准，为全区开展慈善事业奠定基础。（付久成）

【重点救助】 2015年，丹徒区慈善总会始终把精准救助摆在首位，做好儿童大病和成人重大疾病、尿毒症、精神病患者等慈善救助申请工作，及时救助困难群众。高资街道巢凰村贫困家庭儿童姜佳维8月罹患白血病，9月经医检需要进行异体造血干细胞移植，并与其父亲配型成功。丹徒区慈善总会及时为其办理慈善“儿童大病”救助申请，并于10月会同市慈善总会及时将30万元救助款送至苏州大学第一附属医院。（付久成）

丹徒区商业联合会

【概况】 2015年，镇江市丹徒区商业联合会（以下简称丹徒区商联会）强化组织、协调、交流职能，发挥会员企业与政府之间的桥梁纽带作用，宣传、推动企业诚信经营，维护消费者合法权益，鼓励会员单位增强基础投入、增强经营服务能力、配合相关部门推进电子商务发展，促进全区商贸流通服务业提升整体综合实力。（丁德荫）

【推进商业诚信建设】 2015年3月15日，丹徒区商联会会同区市场监管局等10余家单位，到丹徒新城冠城商业中心广场举行“3·15”国际消费者权益日纪念活动，活动内容是宣传新《中华人民共和国消费者权益保护法》，向企业代表赠送法律法规书籍、发放牌匾，现场执法和接受消费者投诉，共发放相关资料860余份、接受咨询65人次、接受现场投诉26件。7月，中国商业联合会在西安召开全国首届商业诚信大会并发表《西安宣言》，对全国商业诚信建设发出倡议，丹徒区商联会在大会结束后一周内，在内刊通讯上以大量篇幅宣传大会精神及《西安宣言》内容，对全区商贸服务业行业的诚信建设起到推动作用。宝堰震元商贸行是区商联会的常务理事单位，其负责人兼任宝堰镇个私分会会长，多年来坚持文明经商、优质服务，年逾古稀仍坚持带领全镇个私业主诚信经商，并从1984年起带领个体工商户开展学雷锋活动，至今30余年从未间断，区商联会多次在内刊上宣传介绍其先进事迹。（丁德荫）

【助推商联会常务理事单位发展】 2015年，丹徒区商贸流通服务业投资额近50亿元，其中区商联会常务理事单位——世业洲开心农场全年基础设施及新项目总投资2亿余元，投资新建开心乐园、“开心乐之岛”两大游乐设施项目，安装摩天轮、过山车、飞行塔等18个新设施并进入安装调试阶段，形成占地总面积87公顷、总投资3.5亿元、具5大功能区域的大型旅游娱乐场所，为世业洲创建国家级旅游度假区奠定基础。丹徒区商联会作为该企业招商引资参与者之一，多次到现场了解工程进度，参与协调相关问题，帮助解决企业遇到的困难。

（丁德荫）

【推动电子商务发展】 2015年，丹徒区商联会响应国家加快发展电子商务的号召，主动配合区市场监管局等职能部门，宣传、推动全区电子商务发展特别是电子商务进农村工作。1月，国务院发布《关于加快电子商务发展的若干意见》；4月，国务院再次提出“互联网+”行动，建设促进居民消费的电子商务平台；5月，国家商务部制定发布《“互联网+流通”行动计划》。丹徒区商联会均立即响应，把相关意见要求等内容及时向各会员单位传达。高桥镇京江村成为镇江市首个“江苏省农村电子商务示范村”，丹徒区商联会及时将京江村的经验向所有会员单位宣传介绍，促进商贸流通企业加快电子商务发展。（丁德荫）

镇江茅山老区兴教助学协会

【概况】 2015年，镇江茅山老区兴教助学协会（以下简称兴教助学协会）围绕兴教助学协会四届三次理事会提出的目标任务，各项工作取得新进展。发扬“四千四万”精神捐资助学，全年完成募捐任务70万元；坚持难中选难，优中选优的助学原则，全年资助贫困学子225人，发放助学金41.4万元，助学标准普遍高于上年；以纪念中国人民抗日战争和世界反法西斯战争胜利70周年为契机，把“牢记历史，不忘过去，珍爱和平，开创未来”作为育人主题，组织受助学生代表接受革命传统教育。（兴教助学协会办）

【兴教宣传】 2015年，兴教助学协会共编发简报6期、内刊4期，并重视运用媒体舆论宣传。市有关领导对协会刊物和简报作出批示，要求市新闻媒体广泛宣传报道镇江茅山老区兴教助学育人事迹。7～8月，江苏电视台城市频道《零距离》和江苏电视台教育频道《青年江苏》栏目，多次报道兴教助学协会助学育人的事迹，提升协会的社会影响力；9月22日《镇江日报》、《京江晚报》、镇江电视台、镇江广播电台、金山网用相当篇幅宣传报道兴教助学协会。（兴教助学协会办）

【育人工作】 2015年，兴教助学协会开展革命传统和爱国主义教育，结合纪念中国人民抗日战争和世界反法西斯战争胜利70周年活动，向225名受助学生发放“抗战家书”等育人典型学习材料，组织51名受助学生代表赴南京参观；实施完成9.91万元的省“青少年教育”招投标公益项目“找寻失落的翅膀——关爱茅山老区单亲家庭子女成人成才”；继续加大“家访校访信访”力度，组织协会42名志愿者对93名重点对象进行家访。5月9日，协会理事长姚美玲利用出差机会，到北大外国语学院走访丹徒（黄墟）籍受助生虞雪健，并赠送助学金3000元。7月30日、8月23日和8月26日，姚美玲分别给南京理工大学的张子阳、在法国里昂留学的杜扣、东南大学的匡桐和苏州职业大学的丰燕写信，关心贫困受助生的成长。

（兴教助学协会办）

【自身建设】 2015年，兴教助学协会领导班子开展“三严三实”主题教育实践活动，带头执行党的方针政策和协会的规章制度，带动和提升兴教助学协会各项工作。1月18日，

图19 2015年7月14日，兴教助学协会组织受助学子到南京参观，图为《零距离》栏目采访协会理事长姚美玲（左）（兴教助学协会提供）

兴教助学协会举办中共十八届四中全会精神学习讲座，邀请省委党校李忠伟作辅导报告，60余名兴教助学志愿者参加学习；3月12日至6月30日，先后开展“精准助学”调研与“助学扶贫”活动6次，提升兴教助学协会领导班子的凝聚力、战斗力和创新能力。（兴教助学协会办）

丹徒区老区开发促进会 扶贫开发协会

【概况】 2015年，镇江市丹徒区老区开发促进会、扶贫开发协会（以下简称丹徒区老促会、扶贫协会）坚持从老区和老促会实际出发，帮助经济薄弱村发展产业和低收入农户就业增收，谋划扶贫开发新思路，为促进老区经济发展 、改善老区群众生活作贡献。全年订阅《中国老区建设》150份、《江苏老区》80份，分发到各镇（街道、园区）和政府各部门，订阅《铁军》杂志500份，分发到老区所有村委会和中、小学校。培育扶贫联系点12个，开展各类技术培训50余期，发放培训资料500余份，培训人员3000余人次，转移农村劳动力2000余人。9月13日，朱罗军代表丹徒区老促会、扶贫协会参加在北京召开的全国老区宣传报道工作研讨会，会上作题为“努力做好宣传工作，加快推动老区发展”的发言；丹徒区老促会获中国老区建设促进会颁发的2015年度老区宣传工作三等奖。年内，被江苏省老区开发促进会、扶贫开发协会、扶贫开发基金会评为先进集体。

（张水楠）

【调查研究】 2015年，丹徒区老促会、扶贫协会以推进新农村建设致富老区人民为主题，组织开展各项调研工作。上党镇分会撰写的《上党镇西南片区生态环境综合治理工作调查报告》《上党镇高标准农业示范区建设调查报告》等，为全镇生态文明建设和强村富民工作提供决策依据；辛丰镇分会在推广德胜村扶贫工作成效的同时，调研剖析石城村脱贫致富过程，并总结其经验做法，为镇政府开展强村富民工作提供借鉴；高资街道分会撰写《关于高资街道卫生工作的调查报告》，就推进村级卫生事业、提高群众健康水平提出建议。丹徒区老促会、扶贫协会到茅山老区开展各级政府落实省政府91号文件情况的调研；对茅山老区贫困村和贫困家庭脱贫情况、各项扶贫措施落实情况、优势特色产业发展情况、农村基础设施建设情况等进行调研，为上级政府决策提供依据。

（张水楠）

【多元化产业扶贫】 2015年，丹徒区老促会、扶贫协会实施多元化产业扶贫，把联系点工作与抓项目落实相结合，取得扶贫工作新业绩。世业分会帮助先锋村做好“四季春”农业项目的落实，与村委会共同组织村干部、种植能手到山东寿光市农业示范园参观学习，对接市蔬菜办聘请技术人员指导，水果、蔬菜大棚全面投入生产，带动剩余劳动力就业40余名，人均收入2万余元；上党镇分会帮助联系点村上党村在镇农贸市场开发建设门面房1200平方米，在扬溧高速路段建设大型广告牌2块，增加村集体收入40万元，并协助上党村推进总投资8000万元的小城镇建设项目；江心园区分会争取挂钩扶贫部门的支持，为联系点村新建标准厂房6000平方米，年租金收益60万元；荣炳分会围绕“强村富民”中心，根据宜农则农、宜工则工、宜商则商原则，按照“一村一品，一村一特”思路，发挥各村资源优势、区位优势，引导带动产业化扶贫。年内，丹徒区老促会、扶贫协会促进民营企业家投身老区扶贫开发事业，江苏华诚酒业与上党镇五塘村实行村企对接，捐赠扶贫款，帮助村销售有机大米。

（张水楠）

【实用技能培训】 2015年，丹徒区老促会、扶贫协会重视产业发展对人才和技能的需求，组织各类实用技能培训。世业镇分会全年举办各类实用技术培训班11期，培训1000余人次，发放农技资料3000余份，并通过远程教育举办培训班23期，重点培训草莓科学栽培技术、病虫害防治、水利管理等专业知识；高资分会通过菜单式培训，培训农民1874人次，161人取得技术合格证，成功创业108人，带动就业552人；上党镇分会联合劳动职能部门强化农村劳动力的培训，共举办创园培训、企业培训6期，培训农民320人次，转移农村劳动力700人，帮助创业者成功创业230名，带动就业603人。

（张水楠）

图20　2015年9月13日，朱罗军代表丹徒老促会、扶贫协会在全国老区宣传报道工作研讨会上发言（丹徒区老促会提供）

国 防

责任编校：刘 芳

人民武装

【概况】 2015年，镇江市丹徒区人民武装部（以下简称丹徒区人武部）学习贯彻习主席系列重要讲话精神，本着“备战、整顿、改革、规划”总基调，聚力强军目标，加强思想政治建设，开展民兵整组和军事训练，严格程序标准征集兵员，拓展和深化军事斗争准备，做好拥军优属、拥政爱民工作，人武部建设保持良好发展势头。

（张 沂）

【思想政治建设】 2015年，丹徒区人武部开展“三严三实”教育，注重与学习习近平系列重要讲话精神、与“争做新一代革命军人”专题教育、与经常性教育相结合；对照上级下发的八项11类95个方面的问题，通过采取找准责任人、列出时间表、拿出真措施、定期“回头看”等办法，自查自纠，确保问题清零；拓展延伸国防教育，利用民兵整组、训练和征兵等时机，开展《中华人民共和国国防法》《中华人民共和国兵役法》宣传活动，组织爱军精武教育，夯实干部职工和民兵预备役人员的思想根基；贯彻落实民主集中制原则，以创建“三型”党组织和创先争优活动为中心，加强部党委班子能力建设和先进性建设；紧贴人武部实际，坚持作风建设和廉政建设一手抓，部党委一班人对照规定，查找反思在全面建设中存在的问题，相互做到常拉袖子、常提醒，确保公正用权、清正廉洁；坚持遵循“十六字方针”根本原则，贯彻党委议事规则，坚持按程序办事、按规矩办事。在干部晋职晋衔、专武干部考核、重大军事活动、大项经费开支等重大问题上发扬民主、集思广益，部党委集体研究决定，做到透明公开、阳光操作。

（张 沂）

图21 2015年11月，组织参加镇江市民兵应急连实战化比武竞赛

（丹徒区人武部提供）

【民兵组织建设及抢险训练】 2015年，丹徒区人武部始终把组织整顿作为工作重点，编实编强防卫作战、应急维稳和应急救援等队伍，完成民兵组织整顿任务。全区10个基层人武部，共计1000余人。年内，丹徒区人武部组织完成4期共380人次的民兵应急分队训练任务。4～5月，针对可能出现大汛的实际，丹徒区人武部及早筹划，组织民兵干部骨干集训2期，并于5月中旬参加军分区组织的军地联合防汛抢险综合演练；6月下旬，境内连续强降雨造成胜利河出现险情，丹徒区人武部启动应急响应机制，先后组织出动民兵205人次，赶赴救灾现场，完成搜救转移被困群众、加固堤坝、处置管涌等抢险任务；11月中旬，组织民兵应急分队参加军分区民兵应急连实战化考核并获第二名。

（黑华征）

【年度征兵】 2015年，丹徒区新兵征集任务名额130名。丹徒区人武部在兵役征集过程中，利用多种方式开展征兵宣传工作，确保兵员质量和征兵任务的完成。加强组织领导，狠抓兵员质量，强化廉洁征兵，把好基层推荐、体格检查、政治审查、走访调查和审批定兵5个关口，顺利完成兵员征集任务（其中大学学历54人）。所有征集兵员在部队表现良好，无责任退兵现象。

（黑华征）

【安全管理】 2015年，丹徒区人武部坚持强化安全管理，形成“人人想安全、人人抓安全”的氛围。在重大节日前、季节转换、执行重大任务等节点，及时开展安全教育，强化干部职工的安全防范意识和遵规守纪意识。在人员管理上，落实领导、单位、家庭三位一体管理制度，确保8 小时以外处于有效管理中；在车辆管理上，落实各项规章制度，证、匙集中保管，出车手续齐全，定期组织驾驶员安全知识学习教育培训；在信息保密上，坚持人防和技防相结合，每台办公电脑安装保密系统，建立健全保密组织机构，制定安全保密工作责任，落实计算机及涉密载体登记集中管理制度，并定期逐一清查保密室和计算机网络，防止失泄密问题的发生。

（黑华征）

【拥军优属、拥政爱民工作】 2015 年，丹徒区人武部按照“全面融合、全面提升”的双拥思路，组织广大民兵预备役人员投身“四个文明”建设。筹资8 万余元，定点帮扶江心洲生态农业园区益平村、辛丰镇下方村经济社会事业发展；在八一、春节等节点，走访慰问丹徒籍营连主官、贫困现役战士和伤残军人家庭30 余户；开展“双带双扶”“双百双建”活动，参加区“春晖行动”，组织全体干部职工参加区“慈善一日捐”活动；配合协调区法院、区司法局做好军人军属合法权益维护工作，全年接待来信来访6 人次，妥善解决军属涉法问题6 起。

（张 沂）

公安消防

【概况】 2015 年，镇江市公安消防支队丹徒区大队（以下简称丹徒区消防大队）下辖1 个消防中队（谷阳中队），现役编制34 人，合同制消防员8 人。有执勤车辆5 辆，分别为2 吨水罐车1 辆、抢险救援车1 辆、4 吨水1.5 吨泡沫水罐车1 辆、7 吨水3 吨泡沫水罐车1 辆和9 吨水3 吨泡沫水罐车1辆。年内，全区发生火灾101 起，火灾损失197 万元，未发生亡人火灾事故，火灾起数比上年下降25.2% ，直接经济损失上升339.73%；下属谷阳中队共接警出动237 起，解救被困人员81人，疏散被困人员27 人，抢救财产价值1864 万余元。

（周 玉）

【火灾防控】 2015 年，丹徒区消防大队结合夏季消防大检查、抗战胜利70 周年纪念活动消防安全保卫、劳动密集型企业专项整治、今冬明春火灾防控、社会福利机构消防安全专项整治等专项行动，突出抓好源头性、区域性、行业性、习惯性等火灾隐患的排查整治。全年检查单位2120 家，发现火灾隐患或违法行为2078 处，整改火灾隐患1980 处，下发责令改正通知书1006份；落实单位消防安全主体责任，全区213 家二、三级消防安全重点单位全部落实“六加一”措施，20 家设有消防控制室的消防安全重点单位建成微型消防站，培育社会单位标准化管理典型示范单位16 家，社会单位消防管理水平明显提升。

（侯德元）

【消防行政窗口服务】 2015 年，丹徒区消防大队在消防业务受理窗口实行项目消防行政审批首问负责和一次告知制度、限时补正制度、审批跟踪责任制度等，提高行政服务效能。开通“消防审批绿色通道”，按照“提前介入，上门服务，优先审批，跟踪指导”原则，组织开展重点在建工程安全指导，随时掌握工程进展，及时提供消防技术服务，发现问题并指导整改，实现安全与经济效益最佳结合。年内，共受理建设工程备案项目51 个，消防竣工验收备案项目60 个，消防安全检查项目53 个。

（周 玉）

【消防宣传】 2015 年，丹徒区消防大队贯彻《全民消防安全宣传教育纲要》，创新消防宣传教育形式、方法和机制，扩大消防宣传覆盖面。建立农村公交车宣传阵地，联合镇江市燃气公司开展“消防进万家”宣传，在宾馆、酒店、KTV 等场所设立电子显示屏等宣传阵地100 余处，开展广场消防咨询28 次，发放宣传资料5000余份，开放消防站52 次，受教育2 万余人次。消防宣传月期间，丹徒区消防大队在华府天地小区、北汽华东（镇江）集团、辛丰三茅宫道院、大圣寺组织开展集中消防宣传，受众1000余人次，并利用宝龙城市广场大屏设立固定宣传阵地，滚动播放消防公益宣传片，营造浓厚舆论氛围。

（侯德元）

【消防训练】 2015 年，丹徒区消防大队调整执勤训练思路，由“应试型”向“应战型”转变。制订“六熟悉卡”96 份，制作丹徒区道路水源电子地图，建立83 个行政村、14 个协同作战单位联系网络；装备大功率进口泡沫消防车，研发高层水带固定器、新型挂钩梯等装备，钻研防盗门破拆技术从30 分钟缩短为5 分钟，熟悉辖区12 家化工企业40 余种危险化学品属性；开展“百炼成钢”体能提升活动，联合特勤中队开展“武状元”训练对抗，开展高层、地下、化工等实战化演练20 余次。

（吴叔兵）

人民防空

【概况】 2015 年，镇江市丹徒区人民防空办公室（以下简称丹徒区人防办）坚持“长期准备、重点建设、平战结合”指导方针，贯彻落实《中共中央国务院中央军委关于深入推进人民防空改革发展若干问题的决定》，加强机动指挥所和防空警报体系建设，推进人防工程建设，强化人防专业队伍建设，注重人防宣传教育，完成人防各项目标任务。

（陈 亮）

【机动指挥所建设】 2015 年，丹徒区人防办根据省民防局《关于加快推进县级人防机动指挥通信系统建设的意见》文件精神，及时成立区人防机动指挥通信系统建设领导小组。经过一系列前期调研和方案设计，综合丹徒区实际，最终确定项目为单建式，采用“中型指挥车+ 信息采集车”构架。主要通信手段包括车载卫星通信、超短波语音和图像通信、短波通信、有线通信以及综合调度系统等。12 月，委托镇江市政府采购中心完成项目的公开招投标工作，项目由中国电子科技集团公司第五十四研究所承建。

（陈 亮）

【防空警报体系建设】 2015 年，丹徒区人防办依据《中华人民共和国人民防空法》对防空警报建设与管理的规定，组织警报管理员培训，加强与各警报管理员沟通，发挥警报管理员作用，确保防空警报体系的建设和运转。做好巡查工作，定期组织警报器供货厂家巡检防空警报设施，及时排除故障，并对警报点管理员情况进行跟踪，发现问题，及时纠正。9月18日，按省、市民防局统一部署和要求，完成警报试鸣工作，警报鸣响率100%，完好率100%。（陈 亮）

【人防专业队伍建设】 2015年，丹徒区人防办加强人防专业队伍建设。对抢险抢修、医疗救护、消防、治安、防化、通信、交通运输7支人防专业队，进行组建规模、组建布局、人员结构、人员编组和数量情况的详细摸底，并扩编引偏诱爆、信息防护、心理防护3支人防专业队；严把专业队成员的素质关，通过适时补充、调整、变更各专业队人员，优化人员结构；建章立制，以制度建设促进规范化管理，建立较为完善的专业队整组、训练、工作和检查评比等制度；将专业队训练纳入年度重点工作，4月15～17日，组织专业队骨干培训，学习有关法律、法规和业务知识，提高人防专业队在应对城市防空袭和突发公共安全事件中的应急救援能力。（陈 亮）

【人防工程建设和经费征收】 2015年，丹徒区人防办执行人防法律法规，推进人防工程建设和经费征收工作。建成丹徒区首座国防主题公园，该项目处于区政府北广场，工程规划面积8525平方米，总投入280万元。规划建设区人防体验馆，建筑面积300平方米，投资180万元，分2年实施完成。人防工程审批做到应建必建，全年报建立项人防工程4个，合计建筑面积比上年增长1.7倍，开工建设人防工程3个，竣工人防工程4个，续建工程7个。行政服务中心人防窗口共受理项目62件，办结62件，办结率100%；加大经费筹集力度，全年征收人防易地建设费1535.69万元，完成年度目标任务。（陈 亮）

【人防宣传教育】 2015年，丹徒区人防办推进人防知识和法制宣传教育进学校、进社区、进企业、进机关、进家庭、进媒体工作。"5·12"防灾减灾日，联合区教育局在区实验学校、区宜城中学组织4000名师生开展以地震为背景的紧急疏散演练；9月16日，为纪念抗日战争胜利暨世界反法西斯胜利70周年，在区政府广场举办"勿忘国耻，情系人防"系列宣传活动；全年向上级单位和媒体报送人防宣传稿件，其中国家级录用1篇，省级录用5篇，市、区级录用30余篇。（陈 亮）

双拥工作

【概况】 2015年，丹徒区双拥工作以中共十八届四中、五中全会精神为引领，以镇江市"七创"全国双拥模范城为契机，以"双拥在基层"活动为重点，按照"全面融合、全面提升"工作思路，开展一系列的双拥活动，巩固和发展军政军民团结，完成年度各项双拥工作并取得较好成绩。

丹徒区采取多种形式开展走访慰问活动。春节和八一前夕，区委、区政府分管领导带领有关部门负责人走访慰问部分困难企业军转干部家庭，区四套班子领导春节前带领镇（街道、园区）和有关部门负责人走访慰问部分重点优抚对象家庭，分别赠送慰问品和慰问金。2月6日，区四套班子主要领导带领有关部门负责人走访慰问镇江军分区、丹徒区人武部、镇江预备役高炮二团、武警丹徒消防大队、丹徒预备役高炮营等部队官兵，共赠送慰问品和慰问金13万元；7月23日，区四套班子领导带领有关部门负责人分别走访慰问12家驻军部队官兵，共赠送慰问品和慰问金24万元；各镇（街道、园区）在春节和八一前夕走访慰问结对挂钩部队、区人武部、武警丹徒消防大队和优抚对象，分别赠送慰问品和慰问金；驻军各部队在春节和八一前到丹徒区结对扶优对象家庭走访慰问，分别赠送慰问品和慰问金；春节前，区政府向各类优抚对象赠送年画和对联，并对2014年夏秋季入伍的战士家庭分别悬挂"光荣人家"牌；9月初，向全区国防生家庭赠送"投笔从戎、无上光荣"牌。全年发放慰问品、慰问金共45万余元。

丹徒区按照国家和省市双拥政策法规，落实优抚安置政策。提档升级烈士陵园，在2014年上党烈士陵园提档升级的基础上，2015年推进荣炳烈士陵园的提档升级工作，成为一流的乡镇烈士陵园，并完成丹徒区烈士陵园建设；提高优抚对象医疗待遇，继续为所有重点优抚对象办理新型农村合作医疗和大病住院商业保险，全年有93名重点优抚对象享受大病住院商业保险理赔，理赔金额17.6万元。9～10月，组织全区重点优抚对象免费体检活动，采用集中体检和上门体检两种形式进行；及时上调下拨抚恤补助经费，按照政策将带病回乡补助金从每人每月776元调至822元，义务兵家庭优待金从每月1223元上调至1312元，按季度及时、足额下拨抚恤事业费、农村籍退役士兵财政补助经费、老复员军人和残疾军人遗属补助经费；全年接收2014年冬季退役士兵111人，2015年秋季退役士兵83人，2015年转业士官4人、残疾军人1人、无军籍职工1人、副团职复员军官1人，及时兑付退役士兵、复员转业士官地方一次性经济补助512.5万元。按照政策规定组织退役士兵专业技能免费培训，职业技能培训自愿参训率94%，"双证"（等级证和学历证）获取率、就业率均为95%以上。安置5名转业干部到区级机关公务员岗位，7名随军家属中，2名有编制的按专业对口安置在机关事业单位，5名无编制的按照货币安置的办法安置，安置率100%。

丹徒区做好国防和双拥宣传教育工作，营造浓厚的双拥工作氛围。区电台、电视台发挥国防教育和双拥宣传主阵地作用，春节和八一期间，及时报道、集中宣传国防和双拥工作，连续15天在新闻节目前播出双拥公益广告1～2条，并在镇江电视台《今日丹徒》栏目播出；《生态丹徒》网站双拥专题、《丹徒双拥网》、《丹徒双拥工作简报》定期不定期登载和刊发全区各地、各部门开展国防教育和双拥活动的经验做法、典型事迹；镇江市丹徒区双拥办公室（以下简称丹徒区双拥办）向各级新闻媒体投稿，全年在中国双拥网、《江苏双拥工作简报》、镇江双拥网、《金山》杂志、《镇江日报》等媒体发表双拥稿件50余篇。 （张芳进 凌 青）

【春节军政座谈会】 2015年2月10日，丹徒区委、区政府在区政府八楼会议室召开丹徒区春节军政座谈会。驻镇江市区和丹徒驻军部队军政首长，区委、区人大、区政府、区政协主要领导，区委、区政府分管领导，各镇（街道、园区）党（工）委书记、人武部长、民政助理和区双拥工作领导小组全体成员出席会议。会议由区委副书记、区长张映桥主持；区委常委、区委政法委书记、区双拥工作领导小组组长韩宏亮作2014年双拥工作总结，并部署2015年双拥工作；谷阳镇和区人民法院负责人在会上作双拥述职报告；73860部队、73057部队、镇江军分区首长代表部队发言；区委书记、区人大常委会主任陈琳作重要讲话。 （张芳进 凌 青）

【"让军功章永放光彩"活动】 2015年8～9月，为纪念中国人民抗日战争暨世界反法西斯战争胜利70周年，推进"双拥活动在基层"活动深入开展，丹徒区双拥工作领导小组在全区组织开展"让军功章永放光彩"活动。丹徒区双拥办会同各镇（街道、园区）、区级机关有关部门，收集整理17位功臣和烈士的先进事迹并制作成展板，到区级机关、大港中学、丹徒实验学校、各镇（街道、园区）机关、中小学和73860部队、73057部队、武警丹徒消防大队巡回展出，激发全社会热爱祖国、热爱军队和崇尚荣誉、敬重功臣的热情，收到良好效果；组织参加镇江市"官塘杯"《让军功章永放光彩》有奖征文活动，2篇征文获一等奖，1篇获三等奖，丹徒区双拥办获最佳组织奖。 （张芳进 凌 青）

【为驻军部队办实事】 2015年，丹徒区委、区政府本着"动真情、办实事、求实效"原则，为驻军部队解难事、办实事。7月22日，区委、区政府分管领导带领区民政局、区财政局、区双拥办负责同志在镇江京城饭店开展"丹徒区第25次军地议事园"活动，现场为73860部队落实援建远程教育系统支持经费15万元，为73057部队落实援建导一连连史馆支持经费10万元，为南京军区联勤部镇江副食品基地落实援建双拥路支持经费10万元，为丹徒区人武部落实图书室建设支持经费5万元，完成年初确定的为驻军部队办4件实事的目标。 （张芳进 凌 青）

图22 2015年8月1日，73056部队官兵接上党镇沈国良烈士父母到军营共度八一建军节 （丹徒区双拥办提供）

【驻军部队官兵拥政爱民活动】 2015年，驻丹徒各部队官兵发扬人民军队爱人民传统，本着地方所需、群众所盼、部队所能的原则，参加和支援驻地经济社会建设。2月15日，73860部队政委成军和政治处主任葛军炜带队到荣炳盐资源园区蒲圩村，走访慰问3户困难退伍军人家庭。3月2日，镇江船艇学院20余名官兵组成"八百行动"服务队，到上党镇开展捐资助学、送医送药等活动，这是该院官兵连续第22年到上党镇开展爱心接力活动，现场向10名贫困学生赠送1万元的助学金和学习用品，向当地居民发放近2万元的常用药品，并免费提供医疗咨询、体检。3月5日，中国人民解放军第359医院组织开展"学雷锋、在行动、结对子、扶弱贫"系列活动，与谷阳镇老复员军人卞金山、带病回乡复员军人任洪祥签订帮扶责任书；8月25日，走访慰问上党镇92岁抗战老兵李成正。6月3日，73860部队派出90余名官兵参加丹徒区第七届运动会开幕式；六一儿童节和教师节前，73057部队官兵走访慰问驻地小学，赠送慰问金1.5万元。驻军各部队组织官兵开展"学雷锋献爱心"活动，免费为30余名老人理发、体检和常见病诊治；2次派出医疗小分队到驻地义务巡诊，为村民送去常用药品400份；出动120名官兵、4台工程车清理村庄环境卫生。中秋节前，73057部队、73860部队走访慰问高资敬老院五保老人；南京军区联勤部镇江副食品基地与谷阳镇槐荫村3户贫困户结对帮困，共赠送5千克装食用油20桶、慰问金8000元；武警丹徒消防大队春节和八一分别走访慰问结对挂钩贫困户和贫困学生，派出消防车为缺水居民和丹徒新城有关单位义务送水；丹徒预备役高炮营与宝堰镇残疾人王锡风结对帮扶，春节和八一上门走访慰问2次，共赠送慰问金2000元；73056部队59分队、63分队走访慰问烈士戴振平、黄青云母亲，分别赠送慰问金1000元、2000元及食品，并派出76名官兵参加西斛村青龙水库抢险，资助高资中心小学3名贫困学生2800元。经常性开展为驻地缺劳户助耕帮种、为驻地打扫环境卫生等活动；驻军各部队派出官兵为全区初一、高一新生开展军训活动。 （张芳进 凌 青）

政　　法

责任编校:刘　芳

综　述

【概况】 2015年,丹徒区政法战线贯彻落实中央和省、市、区委决策部署,以维护社会大局稳定、促进社会公平正义、保障人民安居乐业为己任,政法工作实现新提升。年内,丹徒区被授予"全国法治区创建活动先进单位"称号,连续11年被评为"省级平安区";世业镇被授予省级"和谐社区建设示范镇"称号,上党镇被评为"镇江市法治镇",高资街道、谷阳镇被评为"镇江市社会治安综合治理先进镇(街道)",高桥镇等6家单位被评为"全市法治镇(街道)创建工作先进单位"称号。 (朱俊华)

【社会稳定维护】 2015年,丹徒区深化"零上访村、零发案村"创建,完善"3+1"大情报信息系统建设,组织开展社会稳定风险评估、信访积案攻坚化解等系列行动。全年完成稳评项目50个,信访总量比上年下降30%,进京"非访"量比上年下降33%,未发生有影响的群体性信访和个人极端事件;完成全国"两会"、"9·3大阅兵"、中共十八届五中全会、省委巡视组巡视等重要时节的维稳任务;打击各类违法犯罪活动,推进各项破案会战行动,全年命案、"八类"案件全破,刑事破案总数比上年提高41%,万人刑事发案率全市最低。 (朱俊华)

【平安建设】 2015年,丹徒区健全"大调解"机制,全区镇村调解组织达标率、矛盾排查预警覆盖率、矛盾纠纷调解率均为100%;落实公共安全责任,火灾起数比上年下降19.83%,危化品管理连续14年"零事故";完善特殊人群社会关怀帮扶体系,刑释解教人员帮教率和社区矫正重点对象监控定位率100%,未发生重新犯罪案件。推行技防"以租代建"模式,新改造升级高清技防探头969个,镇村监控设施运行率、联网率均实现100%,"三进"覆盖率全省领先。年内,丹徒区司法局被评为省人民调解委员会规范化建设示范点,丹徒区国安办被评为省二级国安办。 (朱俊华)

【依法治区建设】 2015年,丹徒区在全市率先制定实施各级领导干部依法办事、司法人员公正司法、全民知法守法三个行为规范,完善"两法衔接"、行政执法检察监督工作机制,行政机关负责人出庭应诉率连续10年保持100%,公民代理工作继续保持全市领先。组建成立丹徒区法学会,建设并启用丹徒区涉法涉诉联合接访中心,顺利完成"六五"普法工作,新建丹徒区德法文化主题馆,新建成一批镇村法治文化广场(公园、长廊),全区广大群众遵纪守法意识测评得分位居全市第二。 (朱俊华)

【基层基础工作】 2015年,丹徒区深化政法"强基工程",区社会管理服务中心、区公共法律服务中心、区检察为民服务中心建成使用。全年新增省级法治文化示范点1个,省级和谐社区建设示范村2个,省级民主法治示范村5个,城乡和谐社区达标率实现100%;深化村级"五大员"(一村一警、一村一法律指导员、一村一专兼职调解员、一村一支治安巡防员队伍、一村一民情信息员)队伍建设,民情信息工作获全市政法工作"改革创新奖";全面应用综治信息系统,建立完善"综治E通"移动终端,全年采集认领各类社会数据累计5万余条。 (朱俊华)

【政法队伍建设】 2015年,丹徒区开展"三严三实"专题教育,推进思想政治建设和作风建设,强化技能培训和执法监督,政法工作绩效和队伍素质实现新提升,涌现出江苏省人民满意公证员丁锐、镇江市最美警察李平等一批先进典型,"一案三防"责任制建设获首届江苏省优秀实践案例和第二届十大法治事件提名奖,丹徒区公安局"红绿蓝"三色警营文化建设经验被公安部推广,丹徒区检察院多起案件被评为"全国检察机关优秀案例"和省、市"十大精品案件",丹徒区法院全年一审服判息诉率90.71%,宝堰法庭"法园"文化广场成为镇江法院系统文化建设新亮点。 (朱俊华)

公　安

【概况】 2015年,镇江市丹徒区公安局(以下简称丹徒区公安局)坚持以服务生态丹徒、幸福丹徒、和谐丹徒建设为己任,以全面深化公安改革为动力,以建设法治公安目标为引领,以打造革命化实战化队伍为保障,维护社会大局和谐稳定,为全区经济社会发展营造安全稳定的社会环境、公平正义的法治环境和优质高效的服务环境。完成"9·3"纪念活动、"12·13"国家公祭日以及中共十八届五中全会等重要节点的维稳安保任务,成功化解处置复杂敏感矛盾187起,全区未发生有影响的涉稳事件;推进各项破案会战行动,全年刑事破案总数比上年上升41%;实施城市巡逻体系重组工程，推进社会面技防建设，智能交通系统、镇村社会面技防“一网化”升级改造全面完成，年内全区万人刑事发案率为全市最低；紧扣全区重点项目，落实专班结对服务制度和领导包点负责制度，及时协调解决影响生产发展的交通、治安、消防等方面难题73件，保障重点工程项目建设顺利进行；投身全区城市治理、环境整治、违法用地、秸秆禁烧、文明城市测评等各项重点工作，倾力优化生态和谐环境；坚持“安全至上”，公安安全监管绩效位列全市第一；推进法治公安建设，连续14年实现执法队伍零违法犯罪，以及执法案件零撤销、零变更、零败诉；开展“三严三实”、“秉公执法、人民公安为人民”、“三铁”警队等主题教育实践活动，“红绿蓝”三色警营文化建设经验被公安部推广，取得队伍建设满意度全市第二、社会治安满意度全市第三、全区绩效管理考核优胜单位等成绩，先后有8个集体、48名个人受到上级表彰，并涌现出以镇江最美警察李平为代表的一批先进典型。

（姚 欢）

【维护社会稳定】 2015年，丹徒区公安局坚持情报信息引领，狠抓民警、特情耳目两支骨干队伍，建立情报信息每日研判机制，全年搜集上报各类信息1134条，其中涉稳预警信息325条；加强互联网信息监控，落实网上巡查24小时分级负责制，及时发现和处置涉及丹徒的网络负面舆情、帖文；分层级落实对涉稳、涉恐重点人员和群体的针对性教育管控措施，加大滚动排查的密度和频次，化解调处各类民事纠纷1380起，处置突发群体性事件36起，辖区内未发生重大涉稳事件；建立由情报信息研判中心、刑侦、技侦、网侦、图侦组成的“合成侦查作战中心”，推进基础信息、源头信息采集录入工作，提高现场勘查率和痕迹物证提取率，实现命案、“八类”(杀人、纵火、投毒、抢劫、强奸、绑架、爆炸、故意伤害)案件全破，破案总数、打击人头数比上年有较大幅度上升，打击侵财犯罪质效提升年活动绩效居全市前列；狠抓入室盗窃、电信、网络诈骗、食药环等案件，破获江苏省首起公安部挂牌生产销售假药案件；筑牢以全区5个固定治安卡点和24个临时卡点为依托的“环区封锁圈”，以专业武装巡逻和巡特勤队伍为依托、以案件高发地区为重点的“机动防控圈”，以全区9300余人义务巡逻队伍为依托的“社区自治圈”，“八类”案件发案数比上年下降35%；建成集信号灯控制、违法抓拍、天网监控、智能卡口、GPS定位为一体的全区智能交通系统，丹徒主城区一般道路交通事故减少30%，死亡交通事故减少50%，保障路畅民安的效果凸显。交通事故调解中心建设经验在全市、全省推介。 （姚 欢）

【服务地方经济发展】 2015年，丹徒区公安局紧扣全区重点项目工程，超前制定安保方案，为经济发展提供政策倾斜、服务优先和安全保障。建立健全经济犯罪动态预警信息平台，严厉打击经济犯罪，维护市场经济秩序；落实重大项目、重点企业专班结对服务制度和领导包点负责制度，及时协调解决影响生产发展的交通、治安、消防等方面难题13件，确保“大学城”、镇荣公路拓宽等重点工程项目建设顺利推进；加强公安外网、警务微博建设，完善行政许可项目网上咨询、网上申请受理、失物招领等便民利民举措，倾力打造效率警务；深化城乡一体化户籍制度改革，探索实行户籍查档就近服务，开展户籍档案数字化加工工作，实现信息共享，方便群众查询户籍档案。 （姚 欢）

【公安基层基础工作】 2015年，丹徒区公安局开展基础信息和业务信息采集会战，执行信息质量“四级查”机制，每周通报数据质量；加大民警信息采录率、准确率及服务实战奖励比重，案件信息质量累计审核合格率保持100%，丹徒区公安局平台数据质量一直位居全市前列，多库联侦平台数据质量综合绩效居全省前列；争取地方党委、政府支持，将“一村一警”建设纳入“平安建设”的重要内容，在组织、经费、装备等方面提供足额优先保障。推行社区警务、巡逻防范、先期处警“三位一体”的社区勤务模式，并将入户调查、信息采集作为社区民警的主要工作方式。年内，全区社区民警入户走访群众86226户次，录入和维护信息32336条，开展治安防范宣传1224场次，密切警民联系，提升群众安全感和满意度。

（姚 欢）

【公安执法规范化建设】 2015年，丹徒区公安局建立各警种法治人才库，遴选业务条线办案能手担任执法规范化教员，通过一对一、点带面的形式，提高执法民警专业素质。全局通过国家司法考试民警2人、通过高级执法资格考试民警28人，通过中级执法资格考试民警175人，通过中高级执法资格考试民警占比达60.8%；推进“三个中心”建设，先后完成全区10个派出所办案功能区的改造和建设工作，全局所有讯（询）问室实现监控和录音录像全覆盖；围绕接处警、窗口服务、纠纷调处等重点环节，健全细化执法规范化制度9大类114项，制定法制员管理、执法过错责任追究、主办民警职责等管理制度。丹徒区公安局连续14年实现执法队伍零违法犯罪，以及执法案件零撤销、零变更、零败诉。 （姚 欢）

【公安队伍建设】 2015年，丹徒区公安局围绕开展人民警察核心价值观、“秉公执法、人民公安为人民”、“三铁”警队等主题教育实践活动，完善队伍内部管理制度和工作规范13项，加强公安队伍建设。紧贴基层和实战需求，开展常态轮值轮训、实战演练、岗位比武竞赛，全年组织技能培训28场，受训民警900余人次；充实教官人才库28人，聘请法学专家、院校教授等专业人士开设法律专题讲座和社会学公开课，提升队伍综合素质；打造“红绿蓝”三色警营文化品牌，选树在全省、全市有影响的典型，营造人人争先的氛围。全年队伍未发生违法违纪事件。 （姚 欢）

【“东方之星”沉船事件处置】 2015年6月1日发生的“东方之星”沉船事件共涉及丹徒区旅客3户6人。事故发生后,丹徒区公安局党委第一时间召开局党委会和局长办公会议,并在密切关注前方进展的同时,做好各项应急处置工作。在区委、区政府和市公安局的统一领导下,分别成立前方、后方两个工作组,后方工作组由丹徒区公安局党委书记、局长贺文任组长,前方工作组由局党委委员、副局长李春及3 名民警组成。3 日晚,前方工作组到达湖北监利,同3 户涉事家属会面并做好有关抚慰工作。其间,通过成立失联家庭“一对一”抚慰工作小组、家属接待站等方式,加强前后方、上下级之间的密切联系,关注现场救援情况。在遇难者遗体通过DNA 比对确认身份之后,第一时间帮助协调火化工作,并护送遇难者骨灰及家属回家,同时开展心理疏导、落实跟踪帮扶和政策兑现,确保“东方之星”沉船事件的妥善处置。（姚　欢）

【夏季防汛】 2015 年6 月后,天气变化异常,恶劣天气频发,6 月2 日、6 月16 ~17 日、6 月27 ~30 日,连续多日强降水使全区主要道路多处积水,部分路段积水深度超过1.5 米,造成大量车辆抛锚和拥堵。丹徒区公安局根据上级工作部署,成立由局党委书记、局长贺文任组长,指挥中心、治安、刑侦、交警、消防等部门为成员单位的局防汛工作领导小组,并多次召开防汛工作会议。制定完善《丹徒公安局防汛抢险应急预案》,强化情报信息报送、日常巡逻防范、交通秩序维护等工作,落实24 小时值班备勤、领导带班和请销假制度,在强降雨天气保留一半警力在岗待命,并保持车辆性能良好、通讯畅通,随时准备应对各类突发险情。其间,共出动警力1500 余人次,出动车辆320 余辆次,帮助转移重点汛情地区群众565 人,解救被困群众52 人,施救被困车辆56 辆,抢救群众财产价值20.5 万元。（姚　欢）

【“金盾天使促梦圆,警营一日助成长”活动】 2015 年6 月19 日,丹徒区公安局联合市、区妇联,邀请丹徒区实验学校的10 名留守儿童和他们的“社会妈妈”走进警营,与民警及其子女共同开展“金盾天使促梦圆,警营一日助成长”亲子联谊活动。活动中,丹徒区公安局的“金盾天使”志愿者们带领大家参观交通安全宣传长廊、民警装备库,观看消防处警演练、单警装备演练,并通过播放动画片、案例讲解、有奖问答等形式向孩子们宣传安全自护、防火防盗、禁毒防诈骗等知识。同时,民警子女与留守儿童们相互交换联系方式并赠送小礼品,以“小手拉小手”的形式与留守儿童交朋友,帮助留守儿童完成微心愿,携手共成长。活动期间,丹徒区公安局向区实验学校赠送《女童自我保护手册》500 册,增强女童防性侵的保护意识。（姚　欢）

【抗战胜利70 周年纪念活动安保】 2015 年,丹徒区公安局贯彻落实习近平关于抗战胜利纪念日安保工作的重要指示精神和公安部及省、市部署要求,做好抗战胜利70 周年纪念活动安保维稳工作。围绕“四个坚决防止、三个确保”工作目标,强化预警处置一体化运作,落实情报信息平台、网络舆情信息的24 小时巡查值守和每日研判机制,共搜集上报涉稳情报信息356 条,及时妥善处置涉及丹徒的网络负面舆情、帖文;成功化解调处各类民事纠纷987 起,以打击盗窃电动车及电瓶犯罪专项行动、打击侵财犯罪质效提升年活动为契机,提升打击犯罪整体质效、增强群众安全感和满意度;紧盯侦防的重点案件、清查的重点人头、工作的重点环节,开展短平快的集中清查行动,及时整改隐患、堵塞漏洞。其间,共出动警力2364 人次,临时设卡30 处,清查中小旅馆945 家（次）、网吧213 家（次）、出租房屋1021 家（次）,及时发现、整改安全隐患81 处,确保全区涉危领域持续安全稳定,完成抗战胜利70 周年纪念活动各项安保工作任务。（姚　欢）

【全国文明城市迎评】 2015 年11 月18 ~24 日,镇江市迎接新一轮全国文明城市测评工作。丹徒区公安局党委多次召开专题工作会议部署迎检工作,形成集指挥调度、维稳管控、安全防范、应急处置于一体的工作体系。全体局党委成员挂靠蹲岗,在蹲点岗参加执勤,引导车辆、纠正违章,疏导交通,同时以岗带片,强化对责任路段、责任区域文明管理工作的指导检查;全体民警根据测评迎检工作部署要求,紧扣交通秩序、网吧、游戏机室、校园及周边环境、公安窗口服务等重点环节,细化措施,落实责任,完成全国文明城市公安各项迎检工作。其间,共查处违法停车300 余辆次,查处闯禁区等交通违法行为170 余起,劝阻交通违法行为5000 余起,超前化解矛盾纠纷89 起,服务群众咨询1500 余人次。（姚　欢）

检　察

【概况】 2015 年,镇江市丹徒区人民检察院（以下简称丹徒区检察院）依法履行各项检察职能,加强自身监督,以效能攻坚推动检察工作迈上新台阶。

立足检察职能护航“生态丹徒”,集中开展“破坏环境资源和危害食品药品安全犯罪专项立案监督”活动,批准逮捕涉嫌非法占用农用地的犯罪嫌疑人3 名,立案监督5 件;“全国土地日”前夕,联合市检察院在辛丰镇开展非法占用土地犯罪立案监督工作展示、“举报宣传周”宣传及“代表委员接待日”活动;打击危害食品药品安全犯罪,办理公安部挂牌的销售假药案,批准逮捕5 人;严厉打击传销犯罪,批捕4 件4 人;办理拒不支付劳动报酬案件3 件3 人,追讨工资170 余万元。

全年查办职务犯罪案件14 件17 人,其中处级干部1 件1 人,科级干部4 件4 人。承办市检察院交办的原镇江新区党工委委员、管委会副主任、公安局长王某涉嫌受贿案;立案查办市公安局警保处原处长施某、区法院原副院长朱某、区法院辛丰法庭原庭长韦某涉嫌受贿、挪用公款案;查办渎职犯罪案件4 件4 人,在全省率先开展对科技专项资金案件查处工作;成功查办区科技局原局长魏某滥用职权、受贿、贪污案，在全省反渎工作推进会议上作经验交流；加强重大工程专项预防，将丹徒区安居房建设、北汽物流用地项目、镇荣公路改造等重大工程列为预防对象。以区委党校为平台，对镇村干部开展法制培训7期700余人次。

坚持以司法办案为中心，依法、全面、正确履行刑事检察职责。全年批捕各类刑事犯罪嫌疑人47件66人，提起公诉128件167人；与公安机关会签关于《重大疑难案件听取检察机关意见》文件，建立通案机制，共立案监督6件8人，追捕1人，追诉3人，纠正侦查活动违法4件，建议行政执法机关移送公安机关办理案件1件；加强对刑事审判活动的监督，依法提请抗诉1件，并获改判；强化刑罚执行监督，提出书面检察建议5次，书面纠正违法通知1次，监督收监执行5人；向区人大常委会专题报告行政执法检察监督工作，制订《丹徒区行政执法检察监督工作实施办法（试行）》和《丹徒区行政执法检察监督实施细则（试行）》，由区两办印发。年内，1名干警获全市检察机关公诉人大赛三等奖。（胡晓莼）

【检察为民服务中心建成】 2015年，丹徒区检察院服务保障和改善民生，健全完善联系群众、服务群众的平台和机制，建成检察为民服务中心并投入使用。该中心位于龙山路132号、建筑面积约2400平方米，总投资1500万元，设法律咨询、控申接待、案件受理、行贿犯罪档案查询等窗口，方便群众快速办理业务。同时，开通运行网上行贿档案查询、举报控告、“网络法治在线”等平台，打造线上线下同步运行的“一站式”便民服务窗口。（胡晓莼）

【“一村一检察官”活动】 2015年，丹徒区检察院结合检察职能，延伸工作触角，实现检力下沉，以“三进三访”（进小区、进村组、进农户，有矛盾纠纷的家庭必访，人大代表、政协委员必访，社区矫正人员家庭必访）为载体，开展“一村一检察官”活动。全年走访人大代表、政协委员220余人次，开展社区矫正人员谈心谈话活动200余人次，走访农村家庭190户次，收集社情民意110余条。（胡晓莼）

【规范司法行为专项整治】 2015年，丹徒区检察院按照高检院统一部署，坚持问题导向，围绕专项整治工作实施方案中确定的9个方面重点，对2014年以来所办理的401件案件逐案自查。通过集中排查和条线自查相结合、数据分析与专项抽查相结合的方式，实行“拉网式”排查；开展“双百”案件专项评查，并坚持即知即改，对发现的问题剖析原因，及时整改落实，提升案件质量。（胡晓莼）

【法律监督】 2015年，丹徒区检察院“陈福友刑事申诉案件”继获评江苏省检察机关刑事申诉“十大精品案件”后，被市委政法委评选为2014年度镇江市“十佳精品案件”。该院审查并建议市检察院提请抗诉的“孔宪俊与镇江市丹徒区人力资源和社会保障局劳动和社会保障行政确认纠纷提请抗诉案”被评为全国检察机关优秀案例和全省检察机关民事行政检察十大精品案件；该院办理的“支持夏红芳起诉张春波抚养权纠纷案”被评为全省检察机关民事行政检察优秀案件，获奖等次和数量再次位居全市第一。（胡晓莼）

法 院

【概况】 2015年，镇江市丹徒区人民法院（以下简称丹徒区法院）围绕“努力让人民群众在每一个司法案件中都感受到公平正义”的工作目标，完成各项审判工作任务。共受理各类案件5805件，结案5191件（含旧存1087件），涉案标的19.7亿元。年内，丹徒区法院宝堰法庭获2015年度镇江市“巾帼文明岗”称号，“法之苑”巾帼志愿服务队被评为镇江市第二届十佳巾帼志愿服务队；张蕾被全国妇联授予“全国三八红旗手”称号，周珏宇被江苏省高级人民法院授予个人二等功，眭咏梅、罗晓文被镇江市中级人民法院授予个人三等功；5篇论文获市级以上表彰，其中1篇获最高法院征文比赛三等奖；1人被评为《法制日报》年度优秀通讯员。

全年受理各类刑事案件173件，审结164件（含旧存12件），判处被告人194人。贯彻宽严相济刑事政策，全年判处拘役、管制和适用缓刑128人；坚持严打方针，开展禁毒、禁赌等专项活动，确保社会治安和谐稳定；推进惩治腐败工作，依法审理镇江发电公司原总经理陈某、区科技局原局长魏某等职务犯罪案件5件6人；推行以“庭审为中心”的诉讼制度改革，严格执行非法证据排除规则，全年有

图23　　2015年，新建检察为民服务中心。图为便民服务窗口

（丹徒区检察院提供）

3起案件因证据未达到定案标准而不予认定；做好未成年人犯罪案件审理工作，坚持“教育、感化、挽救”方针，实行轻微犯罪记录封存制度，为失足青少年提供改过自新的机会；加强刑事附带民事诉讼调解工作，调解率72.7%，促进社会和谐；做好社区矫正衔接机制，保障社区矫正工作健康发展。

全年受理各类民商事案件3409件，审结3085件。其中，审理婚姻家庭类纠纷473件，审理医患纠纷、劳动争议、交通事故等纠纷案件848件，审理商品房买卖、建筑工程合同、物业管理纠纷案件243件，审理民间借贷纠纷案件472件，涉案金额1500.9万元；审结镇江市丹徒区创宇五金有限公司破产案件，安置职工82人；走访大中小企业27家次，为华商企业提供法律咨询16次，发送司法建议3条，规范和引导企业依法诚信经营。5月，丹徒区人大常委会专题审议丹徒区法院商事审判工作报告并给予肯定。

依法审理行政案件43件、审结37件，审查行政非诉执行案件75件、审结75件。全年因判决撤销、确认违法等行政机关败诉案件2件；召开行政联席会议8次，深入行政机关专题授课12次、培训1800人次，发送行政司法建议8条；通过形式多样的联动指导，辖区行政机关行政执法案卷及执法文书制作水平在省、市均名列前茅；推进行政机关负责人出庭应诉工作，行政机关负责人出庭应诉率连续10年保持100%。

全年受理执行案件2072件，结案1799件，执行标的额4.7亿元，标的额到位率92.67%。8月，完成金融查控系统与最高法院的对接工作，至年底共查询账户918人次，查询到被执行人银行账户金额960余万元，解决案件186件；向社会公布失信被执行人名单237例，被执行人主动缴纳案款1440万元，解决陈年旧案38件；开展反规避执行治理、涉民生案件专项执行等活动，健全与相关部门间的执行联动机制，交叉执行6次，司法拘留12人；利用淘宝网司法拍卖平台成功拍卖涉案资产97件，成交金额1739.07万元，溢价率4.12%。

（王璐丹）

【司法体制改革】 2015年，丹徒区法院在司法体制改革中，坚持分门别类、统筹推进原则，采取先行先试、积累经验的方法，提升司法体制的系统化和规范化建设水平。自5月1日实施立案登记制改革以来，丹徒区法院共收到起诉材料3482件，其中符合立案条件的3443件，当场立案3443件，当场立案率100%；落实一次性告知制度，对不符合起诉条件坚持起诉的案件依法裁定不予受理(或不予立案)；创建诉讼服务大厅、诉讼服务网、12368诉讼服务热线三大平台，在“有案必立，有诉必理”前提下，提高诉讼效率，保障当事人诉权。推行院庭长办案制度，让具有审判职称的非审判岗位人员全部挂庭办案，院庭长全年办理案件2271件；建立案件繁简分流机制，采用小额诉讼与要素式审判模式，一审终审各类道路交通事故、物业服务纠纷等案件255件，解决争议标的180.7万元；深化书记员制度改革，按照省高院统一要求，依据书记员专业技能分级分档分标准，逐步建立起符合司法审判工作需要的书记员单独序列管理体制。丹徒区法院宝堰人民法庭通过以审判权运行机制改革为核心的司法体制改革试点，构建“1+N+N”(主审法官+法官助理+书记员)审判团队模式，缓解案多人少的工作压力。该法庭1个审判团队全年审结案件530件，解决争议标的额5556.7万元；探索完善主审法官、合议庭办案责任制，将裁判文书的审批权限由院、庭长下放给主审法官，防止院、庭长以行政职权干预案件审理；建立办案质量终身负责制、错案责任倒查问责制和监督权全程书面留痕制，实现“让审理者裁判、由裁判者负责”。（王璐丹）

【司法为民】 2015年，丹徒区法院继续发挥“郭正英调解工作室”诉前调解功能，该工作室成功调解1起在上党镇影响较大的离婚纠纷案，受到镇江电视台民生频道关注并跟踪报道2次；创新采用QQ、微信等方式进行法律咨询与案件调解，节省异地当事人诉讼成本，提高工作效率；继续开展送法进乡村、进企业、进校园、进军营等巡回审判、普法宣教工作，共巡回审理各类案件1079件，举办法制讲座42次，为辖区部队培养法制辅导员68人；全年依法为经济困难当事人缓、减、免诉讼费23.68万元，对特困执行申请人、信访当事人及刑事被害人实施司法救助49.15万元。加强源头预防和控制，从立案、审判、执行的各个环节做好信访风险评估、排

图24　　2015年4月，开展送法进社区巡回审判

（丹徒区法院提供）

查、化解工作，通过“1+4”院庭长信访接待制（1人1日信访接待制度、4级预约接访制度），全年接待群众来访385人次，回复网络舆情29条、化解信访积案17件。（王璐丹）

【司法公开】 2015年，丹徒区法院坚持把代表联络工作与法院整体工作结合，全年走访代表、委员35次，邀请代表、委员旁听庭审评议26次，参与案件调解8次，观摩对外委托鉴定2次，向代表、委员发送《丹徒法院工作通报》1213份，提升代表、委员联络工作水平；发挥人民陪审员、人民调解员、廉政监督员“三员”职能，保障公众对法院工作的知情权、参与权、监督权；推进司法公开，利用报纸、电台、官网、微博、微信等平台进行司法宣传；针对辖区物业服务纠纷案件逐年增加的情况，及时召开新闻发布会，做好法律指导和信息传递，提高司法工作透明度；在中国裁判文书网应上传生效法律文书上网率102.63%；完善审执信息数据及时汇总、即时更新机制，诉讼档案电子化录入率100%；实行“庭审三同步”工作，文书上网率及“庭审三同步”工作处于全市法院前列。（王璐丹）

【法院队伍建设】 2015年，丹徒区法院以量化、公开、动态管理机制为基础，在全院上下开展各类争先创优活动，形成比学赶超的良好风气，全年组织各类业务培训55期186人。通过庭审考评、讲评研讨、技能竞赛等形式，提高审判业务水平；严格日常教育管理，对苗头性、倾向性问题及时提醒，在全院干警中严明政治纪律、组织纪律、工作纪律和生活纪律。向社会公布“工作人员违纪违法举报中心网”及举报电话，拓宽发现违纪违法问题线索渠道，对群众信访、网络举报投诉做到有报必查、有腐必惩；重视公共机构节能减排工作，优化科技法庭建设，该院于11月通过江苏省公共机构节能示范单位的考核验收；按照“文化兴院”要求，构建“环境熏陶、行为渗透、精神培育、自我完善”法院文化氛围，宝堰法庭“法园”文化广场和青少年法制教育基地成为镇江法院文化建设的新亮点。（王璐丹）

司法行政

【概况】 2015年，镇江市丹徒区司法局（以下简称丹徒区司法局）组织实施维稳管控安心工程、法律服务贴心工程、普法宣传润心工程、队伍建设放心工程，“六五”普法任务通过省、市考核验收。70%以上村（社区）、80%以上镇（街道、园区）和500人以上企业2个调委会达到省级规范化建设标准。法律援助案件增幅5%，满意率98%以上；全年法律服务业收入增幅10%；司法所政法专编实行收编直管，基本理顺司法所管理体制；通过接收军转干部、选调业务骨干和招录公务员充实政法专编23人。年内，丹徒区司法局在省司法厅综合绩效考核中名列辖市区第三，获推荐创建2016～2017年度全国“青少年维权岗”，区人民调解委员会和高资街道调委会、高桥镇调委会、谷阳镇金河村调委会被省司法厅评为“人民调解委员会规范化建设示范点”，上党镇司法所被评为省级优秀司法所，宜城街道司法所被省司法厅评为“法润江苏”系列活动先进集体，宝堰镇司法所被评为全区人民满意基层站所。

矛盾调处。通过整合矛盾调处、法律援助、信访接待等资源，突出提升实战能力，构筑由区矛盾调处服务中心、区信访接待中心、区法律援助中心组成的社会矛盾化解“三联平台”。区、镇、村三级按照5∶2∶1标准配备专职调解员，规范建立矛盾纠纷的统一受理归口管理机制、矛盾化解快速反应机制和公平公开依法办案机制，形成区矛盾调处服务中心、各专业调委会和镇、村调委会“四级联动”工作机制，并在全市作经验推广；及时更新补充53名调解员，三级专业调解员达到配备要求，涌现出郭正英、俞建华、凌桂林等人民调解专家10名及百名调解能手；组织开展第14期调解业务培训，落实调解个案补贴（共计发放个案补贴45360元），激发调解员积极性。全年组织矛盾纠纷排查1826次，接待群众3315人次，受理纠纷861件，调解纠纷861件，调解率100%，调解成功855件，调解成功率99.3%，劝阻群体性上访12批160人次，防止“民转刑”2件4人。

社区矫正。实施结构化监管运行机制，强化信息数据监督管理，建立重点对象月排查制度、外出请销假制度，配备执法装备，加强与公检法等部门的合作沟通，杜绝社区服刑人员脱管漏管等违规违纪现象。全年接收社区矫正人员134人，解除矫正179人，在册社区服刑人员177人，6名服刑人员因违法而收监执行，未发生一例因监管不力而重新犯罪。

法治惠民。丹徒区公共法律服务中心如期投入运行。镇级“法治服务中心”、村级“司法惠民服务站”实现全覆盖，人民调解员和一村一法律顾问全部配备。新聘“12348”专职接线员1名、专职律师1名，服务平台接通率、满意率保持全优状态。复员军人、残疾人、农民工等特殊人群维权工作站建立健全。法律援助管理科科长尹鸣参与“东方之星”沉船事件处置工作，为妥善处理事故后续工作提供法律保障。区法律援助中心受理案件219件，公证处办理各类公证 883件，公证服务收费34万元。

法治建设。实施全区法治文化建设五年规划，探索法治建设的有效途径，法治文化建设再上台阶。区法治文化展示馆建成开放，“尚法明德文化墙”建设经验得到省司法厅肯定。与丹徒区电视台合作，成功改版《法治时空》电视节目。全区行政村（社区）均创成市级民主法治村（社区），新增省级法治文化示范点1个、省级民主示范村5个，创建成功率超过30%。（吴新中　刘　丽）

【司法惠民平台建设】 2015年，丹徒区司法局加强司法惠民平台建设。建成总投资约1500万元、建筑面积近4000平方米的丹徒区公共法律服务中心，于6月23日投入使用。该中心依托“12348”司法行政公共服务平台，通过“办公信息化、流程科学化、服务窗口化”运作，形成法治宣传、法律服务、法律保障“三位一体”、整体联动的服务格局,并有效整合行政资源、集成管理要素、融合服务窗口,按照“5+1+X”(“5”为法律援助中心、社会矛盾纠纷调处中心、社区矫正中心、安置帮教中心、法治宣传中心5个中心;“1”为“12348”公共服务平台;“X”是除公证外,经批准的其他与司法行政相关的业务窗口)模式设置各业务功能,实现司法行政工作的无缝衔接和资源整合。同时,围绕“全、新、雅”设计理念,建设法治文化展厅,为社会大众全方位接受法教育、感受法文化、领会法精神提供新途径。该展厅整体采用江南园林风格,划分为序厅、法治人物及典故、成果展示和展望未来四大区域,通过展厅空间与陈列平面结合的方式展示,并借用现代信息技术,改变传统单调的看板模式,引入虚拟翻书、互动游戏等科技手段,引导参观者体验、参与、互动。

(吴新中　刘　丽)

【社区矫正监管】 2015年,丹徒区立足于社区矫正结构化监管运行,创新监管模式,提升特殊人群服务管理质量。为打造升级实战化平台,丹徒区社区矫正中心整合现有执法力量,依照法定权限和执法程序,接管宜城街道社区矫正工作,抓好调查评估、交付接收、管理教育、考核奖惩、收监执行、解除矫正等工作环节;结合社区服刑人员数量和执法力量分布情况,统一调剂执法主体,按照地域相近、人缘相熟的原则,改变属地管理模式,将荣炳盐资源区纳入宝堰镇管理,执法资源得到充分整合和利用;借助“互帮共建”机制,发挥挂职民警专业优势,做好特殊人群服务管理、刑释人员安置帮教和解除强制隔离戒毒人员安置帮扶等工作。6月1日,丹徒又一家公益劳动基地——森茂公司挂牌成立,成为谷阳、上党、宝堰、荣炳4个镇(园区)的社区服务基地,改变以往社区服务组织难、时间落实难的状况。辛丰镇司法所按照《社区矫正实施办法》等规定,结合实际制定《社区矫正三字经》,促使社区矫正各项规定通俗易懂便于阅读记忆,有利于指导服刑人员遵守相关规定,丹徒电视台等媒体宣传报道该做法。

(吴新中　刘　丽)

【结对共建句东戒毒所】 2015年,丹徒区司法局为落实全省戒毒系统启动“书香戒毒所”建设精神和《镇江市司法行政系统与驻镇监所结对开展“书香狱园”活动的实施意见》要求,与句东戒毒所开展结对共建活动。7月16日,丹徒区司法局走访句东戒毒所,就开展“书香狱园”创建活动进行座谈,研究“书香狱园”创建活动方案。8月13日,与句东戒毒所共同举行“书香戒园”争创活动启动仪式暨“德法同行”中华传统文化讲座活动,双方签订帮教协议,丹徒司法局向戒毒人员赠送传统文化书籍,并邀请镇江市农委办副主任朱凯生就中国传统文化开展专题讲座,100余名戒毒人员参加讲座。12月3日,句东戒毒所走访丹徒区司法局,开展结对共建活动座谈,总结“书香戒园”创建活动,并决定下阶段把“德法同行”精神融入创建活动中,定期开展形式多样、重在实效、突出特色的共建活动,发挥各自优势,相互学习借鉴,共同探索戒毒矫治的方式方法、机制模式,提高戒治成效。

(吴新中　刘　丽)

【“德法同行　送法进校园”法制讲座】 2015年10月,丹徒区司法局开展“德法同行　送法进校园”活动,走进高资中心小学举办法制讲座,该校200余名学生和10名教师参加讲座。丹徒区司法局工作人员讲授法律基本知识,并通过案例讲解与学生现场互动,调动青少年学习法律知识的积极性,增强其法制观念和法律意识。

(翟　佳　刘　丽)

图25　2015年10月15日,丹徒区司法局举办“德法同行　送法进校园”法制讲座

(丹徒区司法局提供)

综合经济管理

责任编校：刘 芳

发展改革与经济信息化

【概况】 2015年，镇江丹徒区发展改革和经济信息化委员会（以下简称丹徒区发改经信委）坚持稳中奋进工作总基调，加快产业转型升级，推进重大项目建设，提高经济运行的质量和效益，增强经济运行稳定性和协调性，全区经济运行总体呈现平稳发展、转型加快态势。

重大项目建设。全年有135个项目获审批，总投资156.38亿元。其中：市级及以上审批项目8个，总投资62.29亿元；丹徒区发改经信委审批项目127个，总投资94.09亿元。其中：农业项目4个，总投资1.66亿元；工业项目87个，总投资92.12亿元；服务业及社会公共事业项目44个，总投资62.6亿元。亿元以上项目36个，总投资124.21亿元。55个区级重点产业项目完成投资148.5亿元，完成年计划90.9%；31个计划新开工项目中，开工26个，开工率83.8%。其中，29个市重点项目完成投资133.9亿元，超额完成年度投资计划，其中12个计划新开工项目开工，3个在谈项目完成签约，开工率和签约率均为100%，在全市重点项目建设工作考核中位列第一。

强化企业服务。丹徒区发改经信委实施全区"40强"工业企业生产运行监测月报制度，及时把握企业运行动态；加强中小企业融资担保平台、中小微企业统贷平台等服务平台建设；企业上市步伐加快，新增上市企业1家（江苏联海通信股份有限公司），有7家企业与券商签订挂牌辅导协议。新增市级企业技术中心1家（镇江市黄墟锚链公司）。全区有企业技术中心23家，其中国家级1家、省级6家、市级16家。

产业集聚发展。市重点建设园区实现"321"项目（"321"项目是市级重点建设集聚区要求每个园区必须有的重大项目：制造业园区为总投资30亿元以上项目、服务业园区为总投资20亿元以上项目、农业园区为总投资1亿元以上项目）全覆盖，北汽、孟家港国际物流园、晋工机械等项目进展顺利，宝龙城市广场建成并投入运营；重点洽谈推进项目100余个，成功签约总投资26亿元的"冰雪世界"、总投资20亿元的平安综合金融电商物流和总投资20亿元的长山温泉漂流主题文化公园项目等"321"项目；市重点建设先进制造业园区完成应税销售收入114.29亿元、比上年增长21.3%；现代服务业园区完成应税营业收入79.34亿元，比上年增长64.8%；现代农业园区完成总产值13亿元，比上年增长24.9%。

信息化建设。全区软件产业营业收入44.8亿元，比上年增长33.3%；信息化发展总指数90，比上年增长1.7%。新增省两化融合试点企业2家；恒顺醋业的醋业全生命周期食品安全追溯体系创新工程被评为2015年江苏省两化深度融合创新示范工程；镇江明润信息科技有限公司研发的疏浚集成系统软件入选2014年度镇江市软件和信息服务业名品名单；推进"企企通"工程，提升全区信息基础设施建设水平。

新兴产业和服务业发展。全区新兴产业实现销售收入433亿元，比上年增长11.6%，增幅比规模上工业销售收入提高3.5个百分点，占规模工业销售收入39.6%，比上年提高0.2个百分点；新增江苏省首台（套）重大装备及关键部件产品1个，全区总数达8个，居全市第一。服务业增加值143.79亿元，占地区生产总值比重42%，完成服务业投资118.59亿元，比上年增长21.8%；新增列统服务业企业（新增列统服务业企业指新增加的列入统计库的服务业企业，具体标准为年营业收入1000万以上或者用工人数50人以上的服务业企业）15个。四大服务业集聚区加速发展，丹徒新城市商圈初步形成，宝龙城市广场开业，万博商业街对外招商，天盛广场推进中，谷阳湖开发项目规划中，长山科技文化产业园建设初现成效，中国米芾书法公园对外开放，玫瑰园、动漫游乐城、海岳天地、道宣律院、世界奇石园、宝晋怡园、长山寺等一批配套项目加快建设，世业洲旅游度假区"乐之岛"游乐场的"长江之心"摩天轮、888米水上过山车等20余种设备正在安装。镇江软件园一期南区主体建成。

产业转型升级。全年工业技改投资66.2亿元，增幅42.1%，位列全市第一；开展节能降耗，对4个项目开展碳评，从源头上控制高能耗、高污染、高碳排放项目，对6家大中型企业进行清洁生产审核，推广分布式光伏发电项目，全年并网发电4.5兆瓦；推进发展散装水泥工作，全区水泥生产企业总产量为890万吨，比上年增长6%，其中散装水泥量为870万吨，比上年增长7%，水泥散装率97.6%；加强东西部环境整治，共关闭东部地区违规、污染企业2家。淘汰落后产能企业15家。（施 皓）

【固定资产投资】 2015年，丹徒区完成固定资产投资307.72亿元，比上年增长18.8%，增幅居全市第二。其中工业投资完成189.12亿元，比上年增长17.2%；工业技改投资66.2亿元，比上年增长42.1%，增幅居全市第一；新兴产业投资完成92.7亿元，比上年增长8.4%，服务业投资完成118.6亿元，比上年增长21.8%。 （蒋　莹）

【规模工业企业发展】 2015年，丹徒区定报工业累计完成产值1120亿元，比上年增长9%；实现销售收入1093.5亿元，比上年增长8.1%；实现利税总额129亿元，比上年增长12.8%，其中利润78.3亿元，比上年增长11.3%。五大主导产业规模以上企业实现销售收入798.6亿元，比上年增长7.9%，占全区规模以上工业的73.5%；"40强"企业实现应税销售收入233.7亿元，占全区工业的62.2%。 （凌秀华）

【产业三集发展】 2015年，丹徒区产业三集发展主要指标均完成或超过年度目标。服务业集聚区应税销售收入79.34亿元、比上年增长14.8%，入库税收2.6亿元、比上年增长63.7%。制造业园区应税销售收入114.29亿元、比上年增长21.3%，入库税收完成2.99亿元、比上年增长36%。农业园区固定投资额1.34亿元、比上年增长28.7%，农业总产值13.02亿元、比上年增长24.9%，全区新增规模经营面积2556.53公顷，比上年增长11.43%；推进产业三集发展重大项目，"321项目"11个，实现重大项目全覆盖；加快楼宇经济及标准化厂房建设，新建成产业楼宇10万平方米，新建标准化厂房34.4万平方米；全年组织参加综合性、专题性招商活动8场，签约项目13个、总投资近56亿元。组织招商小分队300余批次赴北京、长三角、珠三角等地跟踪、洽谈和推进项目近百个。 （徐　玲）

【物流业发展】 2015年，丹徒区物流业增加值完成19亿元，增幅11%，完成年度目标任务。推进3个市重点物流项目，全年完成投资19亿元。其中船港物流园完成投资4亿元，建成3万平方米的港务物流中心配套仓；孟家港公共物流完成投资10亿元，基本具备开港试运营条件；润祥石油产品物流园完成投资5亿元，水域部分完成横梁安装。1家重点物流企业（江苏苏润港务物流有限公司），全年营业收入6715万元，上缴税金783万元，实现利润1534万元。 （徐　玲）

图26　　船港物流　　（季　翔　摄）

【服务北汽华东（镇江）基地项目】

北汽华东（镇江）基地是由北汽集团和镇江市政府合力打造的大型汽车整车生产基地，项目选址位于镇江市丹徒区上党镇，占地177公顷，总投资150亿元。基地建设分两期实施，一期主要生产SUV、MPV和新能源汽车，二期主要生产中高端乘用车及汽车发动机等核心零部件，产品主要面向华东地区及全国中高端消费市场。项目于2015年1月全面开工建设，9月30日建成，11月16日首台自制白车身顺利下线，12月28日第一辆整车下线。丹徒区发改经信委作为服务北汽项目的核心部门，发挥"上传下达、左右衔接"的纽带角色。做好土地指标争取、道路基础设施建设、供电杆线迁移等有关部门的问题协调与衔接；对接上级发改、经信等部门做好各类专项资金和优惠扶持政策的争取工作；与北汽镇江公司加强联系，做好为企业服务的各项协调工作。 （冯　涛）

国土资源管理

【概况】 2015年，镇江市国土资源局丹徒分局（以下简称丹徒国土分局）围绕"保护资源、节约集约、维护权益、改革创新"要求，坚持以服务经济建设为中心、以保护耕地为宗旨，推进和提升国土资源管理工作，增强社会经济发展保障能力。

开展"严守耕地红线"主题行动。制定《"严守耕地红线"主题行动的实施意见》，组织村干部国土知识专题培训并播放国土资源违法刑事案件警示教育片；制作《拆违专项行动》和《国土资源典型案例分析》宣传片；向全区镇村干部发放《镇村干部国土资源知识读本》，加大耕地保护警示教育力度，提高全社会耕地保护意识和依法用地水平。

服务地方经济发展。全年完成土地报批面积252.4公顷。其中，中心城区37.6公顷，北汽华东（镇江）基地项目二期及高校园区99.07公顷。省、市重点项目孟家港物流、天然气热电联产和连镇铁路等独立选址计划220公顷在组件报批阶段，润祥油品码头项目26.27公顷计划在申请阶段；全年新增建设用地面积498.67公顷，列全市第一。完成镇荣公路、镇江高专、市委党校等73.87公顷用地供地网上备案工作，江苏大学、江苏科技大学等项目的供地在推进阶段；全年上市土地40宗、面积63.47公顷、成交额4.45亿元；编制完成2015年土地储备计划和土地储备规划，利用土地储备融资9亿余元。

开展民生国土建设。全年对247个、624.47公顷建设地块实施两公告工作，对98个、196.13公顷建设地块的征地补偿安置方案进行补偿会审，保护被征地农民合法权益；全年颁发国有土地使用证2947本，其中单位发证89本、商品房分割登记发证2858本（含住宅），抵押登记543本、面积491.53公顷、金额32.1亿元；排查和治理辖区地质灾害隐患点和危险点，成功处置丹徒新城正耀服装厂滑坡险情。在窑厂取土坑和采石宕口设置警示标志，保护群众生命财产安全。（赵学刚）

【国土执法】 2015年，丹徒国土分局加强国土资源保护力度。拆除整改恢复土地原状7.33公顷，向公安部门移送违法用地涉嫌刑事犯罪12起，追究刑事责任4起；加大卫片拆除整改力度，共拆除违法用地面积13.33公顷；与公安部门配合加大非法盗采打击力度，现场抓获偷盗采行为18起，扣押盗采机械22台，查处并罚款120万元。（赵学刚）

【土地节约集约利用】 2015年，丹徒国土分局处置低效闲置土地9宗、52.46公顷，其中闲置土地2宗、21.13公顷，低效土地7宗、31.33公顷，发出《闲置土地调查通知书》6份，约谈违规违约项目法人70人次，推进低效闲置土地处置利用；清理全区2008年以来批而未供土地1206.67公顷，其中收储融资类378公顷、道路等基础设施262公顷、安置房80公顷、市项目106.67公顷、难以供地项目46.67公顷、其他供地333.33公顷；对面积小于0.67公顷、投资总额低于4000万元的小项目坚决不予供地（特殊历史遗留问题例外）；优先安排产出效益较高的项目和高标准厂房建设供地，全年完成工业用地出让31宗、48.93公顷，平均投资强度超26.67万元每公顷。（赵学刚）

【土地规划与整治】 2015年，丹徒国土分局按照省、市有序推进土地利用总体规划调整完善工作要求，主动与各镇（街道、园区）对接，调研指导各地修订完善土地利用规划方案。对国土资源部下发的3373.33公顷城市周边永久基本农田进行全面、有效举证，编制2640公顷高标准基本农田建设方案，保证丹徒区长远发展需要；全年完成占补平衡项目18个，涉及8个镇（街道、园区）的15个行政村，建设规模233公顷，净增耕地171.01公顷，并全部通过市级检查验收；推进国家级废弃矿山治理项目，完成3标段工程决算及1、2标段余量资源处置。（赵学刚）

市场监督管理

【概况】 2015年1月16日，丹徒区工商行政管理局、丹徒区质量技术监督局、丹徒区食品药品监督管理局合并为丹徒区市场监督管理局（以下简称丹徒区市场监管局），该局负责履行丹徒辖区内相关行政审批、食品安全监管、药品与医疗器械监管、消费者权益保护、商标广告合同监管、质量监管等职能。市场监督管理局的成立有利于转变政府职能、整合资源配置，构建统一开放的市场监管和食品药品监管体系，解决多头执法、多头管理等问题，提升执法监管水平，维护群众利益。2015年，丹徒区市场监管局围绕“抓规范、促融合、保安全、助发展、创特色”总体要求，创新机制，理顺关系，规范市场，服务发展，取得初步成效。该局商事登记制度改革在全省率先实现“个体工商户全程电子化登记”，并设置“三证合一”综合窗口；加大商标、品牌、标准化创建，新增国家、省、市名牌及项目31个。年内，该局被评为镇江市工商行政管理先进单位一等奖，丹徒区级机关综合考核优胜“十佳”单位。

（张乃武）

【商事登记制度改革】 2015年，丹徒区市场监管局着力商事登记制度改革，实现注册资本实缴制改为认缴制、先证后照改为先照后证、企业年检改为年报公示转变，实现“三证合一”（营业执照、组织机构代码证和税务登记证合一）和“一照一码”（统一加载社会信用代码），“两证合一”（食品流通许可证和餐饮服务许可证合并成为食品经营许可证），推行“住改商”“一址多照”等登记服务。设置“三证合一”综合窗口，推行“一表申报、一窗受理”，下放监管审批权限，推出“全区通”异地登记模式，将个体户、个人独资、合作社注册及餐饮和食品流通许可权下放基层分局，实现企业登记窗口全覆盖。2014年2月至2015年11月底，全区新设企业1925家，新增注册资本102亿，分别增长39%和36%；新增工商个体户4396户，新增注册资本12亿，分别增长34%和28%；2015年42户个体户转型升级为企业组织形式，市场主体存量和新增实现“双增长”。落实年报公示强化自律，完成年报数19158户，年报率92.1%，位居全市第一。开展企业即时公示信息等定向、不定向抽查工作6次，共抽查企业402户，完成率100%；对2013年度、2014年度未按规定年报的1678户及在抽查中住所失联的21户列入企业经营异常名录。（张乃武）

【实施商标品牌战略】 2015年，丹徒区市场监管局引导企业申请注册商标，对全区具备一定规模和知名度的企业引导其申报市知名、省著名、国家驰名商标品牌；对在全国、省、市具有领先地位的产品或服务，引导其申报名牌产品。全区新增江苏省质量奖1家、省名牌产品1个、市名牌产品5个，新申报江苏省著名商标5件，新增“三品”认证产品17个。截至年底，全区拥有江苏省名牌产品10个、镇江市名牌产品23个，中国驰名商标2件、江苏省著名商标19件、镇江市知名商标77件，江苏省质量奖1家、镇江市质量奖1家。（张乃武）

【实施质量强区工程】 2015年，丹徒区市场监管局召开全区质量强区联络员会议2次，推进18个相关部门工作。通过召开质量提升暨卓越绩效管理现场交流会、开展系列质量知识培训指导等活动，帮扶区内企业导入和实施先进质量管理方法，提升企业核心竞争力。全区共有质量管理体系认证企业219家，环境管理体系认证企业66家，职业健康安全管理体系认证企业51家，3C认证（强制性产品认证）企业21家，125张3C证书。其中，2015年新增质量管理体系认证企业63家，环境管理体系认证企业14家，职业健康安全管理体系认证企业9家，11张3C证书。全区市长质量奖1家（江苏恒顺醋业股份有限公司），质量标杆企业1家（镇江市恒康调味品厂），申报江苏省质量奖1家。实施标准化引领工程，国家级项目丹徒经济开发区循环经济标准化试点及省级项目长山剑豪茶农业标准化示范区项目成功立项，镇江市恒康调味品厂获镇江市质量管理标杆示范企业称号，镇江香醋地理标志产品获中欧“10+10”地理标志互认。（张乃武）

【服务企业发展】 2015年，丹徒区市场监管局对北汽、大学城、宝龙商业综合体等重大项目，实行零距离服务；对江苏力凡胶囊有限公司无菌车间新生产线改造、江苏中兴药业电子监管生产线改造和电子监管平台联调测试进行指导；跟踪服务世业洲“开心乐之岛”主题公园大型游乐设施项目建设；在宝龙商业中心增设办证服务点；开展动产抵押登记，为企业提供担保服务；召开银企对接会，帮助企业融资。全年办理股权出质登记19件，为企业办理动产抵押物登记29件，担保融资4.99亿元，比上年增长56.3%。主动引导企业和个体工商户开展电子商务诚信经营活动，与阿里巴巴合作举办高桥电商培训会，宣讲网络交易规范，开辟网络品牌创建课程，推动电子商务协会注册产地品牌，引导电商健康快速发展；加大文化创意产业支持力度，全程跟踪服务广告企业。（张乃武）

【消费维权整合增效】 2015年，丹徒区市场监管局整合原区工商局、区质监局、区食药监局举报投诉和舆情收集资源，建立举报投诉中心归口接收、分派、反馈，提升举报投诉的反应速度和处置效率。建立“12315”维权服务站23家，与宜城街道和中心社区对接，成立老年人维权教育基地；与诚和、东方之光2个律师事务所联合，组建消费维权律师团，针对物业管理投诉多、焦点问题多的特点，会同住建局商议物业服务合同备案工作。全年接受消费者咨询、投诉、举报463件，办结率100%，满意率99%。以政府关注、群众关心的重点、热点问题为指向，加强产品质量抽检力度，其中，食品速测756批次，食品抽检1033批次，床上用品、电暖器、电热毯、汽车轮胎、电视机等商品质量抽检70批次，农资抽检161批次，立案查处各类违法案件240件。（张乃武）

【食品安全监管】 2015年，丹徒区市场监管局先后开展农产品质量安全专项整治、农村和城郊结合部食品安全专项整治行动，开展亚硝酸盐、食用明胶、肉及肉制品等一系列专项检查。做好节假日期间食品安全保障，完成世业洲长江音乐节、中高考等重大节点食品安全保障任务。完善管理食品流通和餐饮许可系统延伸至乡镇，实现基层分局许可受理，推进餐饮食品两证（照）一体化工作，实现“一口受理、一表申请、一门办理”。全年新办理食品流通许可证447份、餐饮服务许可证180份、生产许可证6份，共管辖食品流通经营户1956户、餐饮服务单位1080户、食品生产企业77户。加强日常巡查，全年巡查食品经营户1800余户次。开展食品安全抽检，完成省、市抽检447批次，其中流通领域抽检183个批次、餐饮服务抽检212个批次、生产企业抽检52个批次，不合格18件（已依法处理）。自行组织抽检，全年计划自主抽检700批次，完成700批次，不合格77批次，合格率89%；各分局开展食品速测，对各类高风险食品进行常规监控，全年开展食品速测800批次。（张乃武）

图27　　2015年，开展市场商品质量抽检
（丹徒区市场监管局提供）

【药品药械市场监管】 2015年，丹徒区市场监管局以基本药物生产企业、无菌医疗器械生产企业、停产半年以上企业为重点，以农村为重点整治区域，以群众关心、关注的热点难点问题为专题，开展药械整治。全年办理食药案件109起，协助破获涉及全国22个省份的假药生产销售案1起，抓获犯罪嫌疑人10人。结合换证工作，开展日常监督、专项检查，各分局对不同层次、类别的涉药单位监督检查，药械日常检查覆盖率100%，并重点突出毒性药品、麻醉药品、精神药品、放射性药品以及含麻黄碱复方制剂管理情况等检查；加强医疗机构、药用辅料生产企业、无菌药品企业的检查，开展抗菌药物、中药饮片、特殊药品专项检查行动，保障基本药物安全。全区药品经营企业均加入中国药品电子监管网，督促企业对基本药物做到100%核注核销；按规定对赋码药品核注核销和上传信息，电子监管网每周登录率不少于2次，及时处理平台预警信息，企业预警处理率100%。做好新修订药品GSP认证工作，开展证前指导35家次，举办专题培训班2期，培训98人次。全年完成药品零售药店新修订GSP认证22家，全区正常经营的药店通过新修订GSP认证率100%，不符合新修订GSP要求的药店全部注销，全区未发生1起在执行新版GSP工作中的群体性事件及矛盾纠纷。开展药械不良反应监测工作，全年完成ADR（药品不良反应）388份，其中新的严重的报告比例51%；MDR（医疗器械不良反应）487份，严重的占比18%。（张乃武）

【特种设备监管】 2015年，丹徒区市场监管局审验特种设备开工告知575项；全区特种设备在用单位937家，其中450家完成隐患自查工作。先后开展“蒸汽锅炉、叉车、气站专项检查”“高温季节和汛期特种设备安全专项检查”“电梯安全监管大会战”等主题检查活动，检查特种设备使用单位67家，查处违规单位4家，违规行为及安全使用隐患86处，督促隐患整改86条，隐患整改率100%。联合区安监局对6家港口码头企业进行突击安全检查，消除安全隐患4处，查处特种设备类案件9起。推进标准化管理与分类分级监管，通过企业自查、各基层分局核查、该局特设科复查的“三级评价”机制，推进特种设备使用单位的安全管理标准化与分级监管，在全区826家特种设备使用单位开展标准化管理，覆盖率88%，树立标杆单位60家。推进气瓶信息化条码管理，全区11家气体充装单位录入数据库条码123310只，8家民用气体充装单位安装带扫描电子秤17台，基本实现扫码后充装。（张乃武）

【计量监管】 2015年，丹徒区市场监管局做好企事业单位的计量检定员的资格复核换证工作，完成4项企事业单位计量标准证书的复查换证。在全区集贸市场、村级卫生室开展在用计量器具“两免费”检定服务；完成对集贸市场和农村医疗机构的计量器具免费检定，其中16家集贸市场计量器具共检定571台件，51家农村医疗机构共检定441台件。全年检查商场、超市、餐饮店58家，检查定量包装商品计170批次，检查过度包装情况28批次，其中抽检32批次，合格率100%；强检计量器具99台次，合格率100%；开展涉农物质计量检查，共检查44家农资销售单位，农资定量包装商品131批次，抽检30批次，不合格4批次。开展定量包装商品生产企业分级分类监管工作，列入名单的27家企业检查工作全部完成，覆盖率100%。（张乃武）

【推进企业诚信建设】 2015年，丹徒区市场监管局开展“守重企业”评选公示活动，全年评定“守重企业”189家，并在网站公示，加强“守重企业”审核，全年撤销32家，提高“守重企业”社会知名度，引导企业诚信经营。推进药械企业诚信体系建设，结合日常监管、专项整治、违法案件查处等情况，对全区95家正常经营满一年及以上、新开办企业正常经营满半年的零售药店药品安全信用等级进行综合评定和公示，其中55家零售药店被评为A级（诚信），34家零售药店被评为B级（基本诚信），3家零售药店被评为C级（轻微失信），3家零售药店被评为D级（严重失信）。39家药品零售企业被评为“2015年度星级药店”，比上年增长18%。开展食品信用分类分级管理，对食品经营户进行信用评价，完成900户食品经营主体的等级评定任务，餐饮服务单位量化分级894家，其中A级单位23家，并及时公示评定结果。（张乃武）

图28　2015年6月，开展“安全生产月”宣传咨询活动

（丹徒区安监局提供）

安全生产监督管理

【概况】 2015年,丹徒区健全"党政同责、一岗双责、齐抓共管"的安全生产责任体系,实现生产安全事故起数和死亡人数连续"双下降",安全生产形势保持持续稳定。镇江市丹徒区安全生产监督管理局(以下简称丹徒区安监局)履行安全生产监管职责,加强安全生产宣传教育,夯实安全生产基础,狠抓隐患排查治理,定期组织应急救援演练,增强监管力度。年内,先后获全省烟花爆竹安全生产监督管理先进集体、镇江市安全生产工作先进单位、丹徒区单项工作突出贡献奖、丹徒区依法行政及法治政府建设先进单位等荣誉。 (刘　波)

【安全生产宣传教育】 2015年,丹徒区安监局与丹徒电视台联合制作宣传贯彻新《中华人民共和国安全生产法》的公益广告和专题节目,在丹徒区人民广场、重要路口投放70余个安全生产公益广告。《中国安全生产》杂志、《新华日报》、《镇江日报》、《安全与健康》杂志等对丹徒区安全生产工作均有报道;6月,围绕"加强安全法治、保障安全生产"主题,组织开展"安全生产月"咨询活动。6月16日,联合区交通运输局在新运公交运输有限公司、上党小学、上党镇公交站台,开展营运大客车司机安全宣誓活动;18日,组织公安、消防等部门在辛丰镇举办安全生产大型咨询宣传活动。开展2015年度三项岗位人员培训,举办工矿商贸企业安全生产培训班13期,培训905人;举办危险化学品生产、使用、经营单位安全生产培训班2期,培训454人;举办烟花爆竹安全生产培训班2期,培训258人。 (刘　波)

【安全生产基础建设】 2015年,丹徒区安监局推进基层安监规范化建设,各镇(街道、园区)所有安监站达到市级优秀标准,其中通过省验收4家,并获省安监局奖励安全执法车4辆,增强全区基层安监站建设;落实企业安全生产主体责任,继续推进隐患排查治理信息系统、工作场所职业病危害项目等网上申报系统建设,发挥企业在安全生产方面的主体作用。 (刘　波)

【安全生产大检查】 2015年,丹徒区安监局制定《丹徒区安监局2015年度安全生产监管执法计划》,组织开展执法检查,加大对企业在事故发生前违法违规行为的处罚力度,保持打击非法违法生产经营行为的高压态势。丹徒区在坚持日常检查的同时,对4个重点行业领域开展专项检查,消除各类隐患。区安委办每月统计各地、各相关部门安全生产检查开展情况,每季度考核安全生产检查情况,形成安全生产检查和考核的长效机制。全年检查企业9133家,查出隐患10472条。截至年底,整改10423条,整改率99.5%,剩余隐患在跟踪整改中。 (刘　波)

【安全生产应急救援体系建设】 2015年,丹徒区针对重点领域和重点行业,分别编制重特大安全生产应急救援预案,定期组织开展全区综合性应急演练,加强安全生产应急救援体系建设。8月,结合高温、汛期安全生产工作特点,全区组织各类以汛期安全生产、水上交通、消防、劳动密集型企业、危化企业等内容为重点的应急演练24次,参加演习人员1158人。丹徒区安监局组织优秀企业参加由市安监局主办的"安全月"杯优秀生产安全事故应急预案评选活动,并获组织奖。 (刘　波)

价格管理

【概况】 2015年,镇江市丹徒区物价局(以下简称丹徒区物价局)加强价格调控,服务民生改善,维护市场稳定,整合调控力量,稳定价格总水平。完成推进平价商店建设、市场监督检查、强化收费监管、推广价格诚信、价格政策宣传、价格认证服务等工作。全年办理"12358"价格投诉举报23件,政府热线网络信箱62件;完成各类价格鉴证、认证、认定558件、价格争议调处2件;结合"3·15"消费权益日和"三下乡"活动,出动物价人员160余人次,发放相关价格法律法规宣传资料1900余份;编制涉及17个收费部门51项行政事业性收费的《镇江市丹徒区涉企行政事业性收费目录清单》,并被全市推广;采取市、区两级联动的方式,共组成巡查小组10个,出动检查人员62人次,开展"规范价格秩序,维护消费权益"为主题的市场大巡查活动;完成全区227家行政事业性收费和经营服务性单位的数据采集、汇总工作。 (金荣贵)

【参改医院督查考评】 2015年,丹徒区物价局对2家参改公立医院的9项指标费用控制实施动态监管。开展调研,督查2家医院的医疗政策执行情况,做好医药价格调整情况、医院运行情况和费用控制情况的数据采集、汇总分析等工作,进行医疗改革情况评估,形成评估报告上报市物价局医药价格处,为推进公立医院改革奠定基础。 (金荣贵)

【教育收费行为规范】 2015年,丹徒区物价局为规范各级各类学校收费行为,在春季开学前后开展教育收费专项检查,治理教育收费中存在的突出问题。重点抽查大港中学、宜城中学等16所学校、幼儿园,重点查处义务教育阶段择校收费、公办普通高中违反"三限"政策收费以及各中等职业学校、中小学校代收费、服务性收费中存在的乱收费等问题。对因省、市下达文件的时间落差而存在的不规范收费,以及公办普通高中学校涉嫌违反"三限"政策规定等问题,均下发整改通知书。 (金荣贵)

【物业收费监管】 2015年,丹徒区物价局规范物业收费中标单位的备案程序,将服务等级、服务项目、每项服务收费标准逐项备案,对中标

单位不按中标承诺要求的不予备案。全年对丹徒新城8个片区的前期物业收费和9个小区的停车收费进行备案。（金荣贵）

【价格认证服务】 2015年，丹徒区物价局完成各类价格鉴证、认证、认定558件，标的7294万元。价格争议调处2件，标的1.4万元。联合区综治办、区司法局、区法制办等监管部门，在基层司法所和村镇矛盾调解室成立调处点，建立价格纠纷调处联络点14个，加大宣传力度，加强价格争议调处工作。（金荣贵）

【涉企收费行为规范】 2015年，丹徒区物价局清理全区工业企业及小微企业在投资建设、生产经营过程中的相关行政事业性收费、政府性基金和经营服务性收费，共梳理出主要涉企减免收费项目（含部分政府性基金）45项，其中免收（含暂停征收）19项、减半征收17项、降低和优惠9项；会同区财政局逐项梳理17个收费部门（系统）、51项行政事业性收费，审核各收费单位上报的收费项目、收费标准、收费依据等资料。编印价格政策宣传手册，开展行政事业性收费目录清单发送等活动，先后向北汽（镇江）有限公司、江苏晋工机械等8家重点企业发放《镇江市丹徒区涉企行政事业性收费目录清单》，并现场做好价费政策解读和宣传工作。（金荣贵）

【平价商店建设】 2015年，丹徒区物价局为发挥全区10家平价商店"稳价惠民、平抑市场"的作用，制定丹徒区《平价商店建设与管理工作意见》，统一更新门头标识、服务承诺和平价标价签，聘请义务价格监督员10名，加大对平价商店管理考核力度。至年底，平价商店由单一的蔬菜增加到粮、肉、蛋、蔬4项农副产品共20余个品种，价格均低于市场10%以上。（金荣贵）

【价格诚信单位评定】 2015年，丹徒区物价局在全区范围内开展"价格诚信单位"创评活动。创评标准包括创建组织、台账资料、价格管理、制度建设、价格管理、消费者评价共6大项22个考核内容。通过7个月的考核评比工作，丹徒区支显宗中学、辛丰中学、辛丰中学小学、丹徒区世纪联华超市、丹徒区三联汽车销售服务有限公司、镇江弘帆汽车销售服务公司、北京华联超市丹徒冠城店8家单位通过"价格诚信单位"认定并获授牌表彰。（金荣贵）

图29 2015年11月，丹徒区世纪联华超市获"价格诚信单位"授牌表彰（丹徒区物价局提供）

审 计

【概况】 2015年，镇江市丹徒区审计局（以下简称丹徒区审计局）实施"三提升一强化"行动计划，履行审计监督职能，发挥审计"免疫系统"功能，各项工作取得新成绩。开展"同级审"、稳增长等政策落实情况跟踪审计、固定资产投资审计、行政事业（企业）审计、专项资金（绩效）审计（调查）、经济责任审计等，共完成审计项目73个，查出违规金额42.5万元、管理不规范金额6.16亿元，提出审计建议185条，撰写审计信息（文章）80篇，其中被市级以上媒体采用46篇（次）。年内，丹徒区审计局获"2012～2014年度镇江市文明单位称号"、"镇江市模范职工之家"称号，获2015年度区级机关综合考核十佳单位第二名，1人获"市级劳动模范"称号，1人获"财税贡献先进个人"称号。（李 芸）

【区级财政预决算审计】 2015年，丹徒区审计局邀请区人大、区政府主要领导就"同级审"工作多次到局调研，形成更强的工作合力；开展财政存量资金审计，拓展审计资金覆盖面。审计各类财政资金的使用、结存、管理情况，摸清财政存量资金总量规模，厘清结构，总体上掌握政府性收支规模及变化趋势；加强民生资金项目审计，维护群众利益。将区拆迁工作管理费、区公共自行车运营情况、区学生上下学接送车及镇村公交线路运营费、区市政公用基础设施配套费作为配套项目进行专项审计（调查），对审计中发现的问题及时提出整改建议，得到区政府及被审单位认可。（李 芸）

【固定资产投资审计】 2015年，丹徒区审计局完成固定资产投资审计项目55个，主要是北汽华东（镇江）基地项目土方平整工程、城镇保障性安居工程、镇南安置房工程、盛丹路与兴园路、恒顺大道等22项节点绿化工程，送审金额9.26亿元，核减1.32亿元，平均核减率14.2%，为地方经济建设提供支持。（李 芸）

【经济责任审计】 2015年,丹徒区审计局安排经济责任审计项目(含"三责联审"项目)13个。经济责任审计在配合全区党建工作和干部监督中发挥作用。 (李 芸)

【专项资金(绩效)审计(调查)】 2015年,丹徒区审计局以民生工程作为审计重点,做好专项资金审计(调查)。先后对丹徒区公共自行车运营情况、市政公用基础设施配套费2014年度征收管理情况进行专项审计(调查),提出审计建议9条。 (李 芸)

【行政事业(企业)审计】 2015年,丹徒区审计局对镇江市丹徒化肥厂、丹徒区建设投资有限公司2014年度资产负债损益情况、镇江新运公交运输有限公司2014年度学生上下学接送车及镇村公交线路运营费用进行审计,查处管理不规范金额1692万元,提出审计建议14条。 (李 芸)

【审计公告】 2015年,丹徒区审计局实行审计结果公告制度,开展"阳光政务"公开工作,将城东新村安置小区工程、镇南安置房工程等15个项目审计结果在网站公告,公布审计发现的问题、处理情况和建议,以及有关部门、单位整改落实情况,接受社会监督。 (李 芸)

【审计法治建设】 2015年,丹徒区审计局坚持"预防为主,防查结合"原则,继续深化"法治丹徒"建设,将法制建设和廉政建设贯穿于审计工作全过程并渗透到每个环节。建立健全《审前教育制度》《现场审计执法情况反馈制度》《审计执法情况监督回访制度》《审计机关执法过错责任追究制度》等,促进审计人员严格执行审计"八不准"等各项纪律和制度规定,规范审计行为。开展审计回访工作,由局纪检组牵头,不定期到被审计单位进行审计回访,有效避免审计风险。定期召开行风监督员座谈会,征求社会各界对审计工作的意见书和建议,加大对审计执法行为的监督力度,保证审计工作在"阳光"下运行。加大审计法律法规的宣传力度,通过"12·4"法制宣传日活动,宣传《审计法》《审计法实施条例》等。 (李 芸)

统 计

【概况】 2015年,镇江市丹徒区统计局(以下简称丹徒区统计局)以改革创新为突破口,开展"三百行动"(百企互联、百员互动、百项互惠),推进统计体制改革,加快统计信息化进程,夯实统计基础力量建设,提高统计数据质量,打造诚信统计品牌,提升统计服务水平。完成2014年统计年报和2015年定期统计报表,以及月度劳动力、工业企业生产经营及景气状况、体育产业、游客满意度、公众安全感测评、1%人口抽样等调查工作。年内,江苏省丹徒经济开发区统计站被评为2015年度省级基层基础建设示范单位。 (王 薇)

【"三百行动"】 2015年,丹徒区统计局贯彻落实镇江市统计局《关于在全市统计系统实施"三百行动"建设现代化服务型统计的意见》精神,探索统计工作新模式,力争通过3年时间提升全区统计工作水平和能力,确保初步建成现代化服务型统计体系,并创出"三百行动"的丹徒特色和品牌。全年组织调研恒顺醋文化博物馆、中国米芾书法公园、世业洲旅游度假区、江心洲生态农业园区、宝堰镇等旅游景点和高桥直销网店等10余次,召开专题研究落实会8次,覆盖全区10个镇(街道、园区)80%以上的规模以上工业企业、商贸服务业、交通旅游业和现代农业企业,建立创建四项机制、搭建四个平台、服务三大对象等工作要求,促使"三百行动"成为统计人员的自觉行为。 (王 薇)

【"四上"单位入库工作】 2015年,丹徒区统计局加强"四上"单位(规模以上工业企业、资质等级建筑业企业、限额以上批零住餐企业、规模以上服务业企业等四类规模以上企业的统称)入库管理,对接区发改经信委、区住建局等部门,对新引进注册单位采取"先进库,再有数"原则,对新增企业运营情况及时梳理入库监测,继续延续准规模以上企业季报制度,监测企业规模变化,对新增规模以上单位按照国家规定及时补充纳入各专业报表单位库,确保体现"四上"单位应统尽统的原则和经济发展成果。年内,共申报审批单位114家(包含新增和退出),其中新增单位83家,新增单位中工业企业32家,批零住餐企业5家,重点服务业企业8家,投资38家,全区退出单位31家。 (王 薇)

【统计依法行政】 2015年,丹徒区统计局加强"四上"单位监督检查,开展联网直报专项整治工作。通过对部分"四上"单位开展专项统计执法检查,了解"四上"单位统计基层基础工作现状,指导"四上"单位建立健全统计基层基础工作,宣传统计法,增强调查对象统计法制观念,鼓励全员执法;统计法制机构配合数据质量检查,加大统计违法案件查处力度,理顺统计渠道,遏制统计作假,为提高统计能力、统计数据质量和政府统计公信力提供法制保障。 (王 薇)

【统计服务工作】 2015年,丹徒区统计局提升统计服务能力,打造统计服务精品。每月收集统计数据和统计资料,建立快速报送机制,增加统计专报、短信快报、微信快报等服务形式,做到点对点服务,满足领导对统计信息需求的时效性,公布的统计数据更加全面、翔实和贴近需求。编写统计调研分析文章12篇、行业统计预警分析材料14篇、分析研判书面材料8篇,为各级领导了解和掌握全区经济运行情况提供依据,为领导决策和行业发展提供参谋,提升统计部门社会影响力。 (王 薇)

【统计基层基础建设】 2015年,丹

徒区统计局结合廉政防控风险，规范行政权责清单风险等级程度，在丹徒统计信息网上公开部门工作动态信息，定期公开干部任免、奖惩和领导干部廉洁自律情况。年内，丹徒区创成省级统计示范单位1家，新申报合格统计站1个，“四上”单位省级达标验收通过率90%；基层规范化建设经费由省级财政下拨区、镇级财政，严格用于购买办公设备、光纤专线租赁；组织全区统计从业资格考试，参加考试160人，通过106人，通过率为2006年组织从业资格考试以来的历史最高。至2015年底，全区600余家规模企业会计人员全部持证上岗。（王　薇）

能源管理

【概况】 2015年，丹徒区规模以上工业企业能源消耗243.4万吨标准煤。镇江市丹徒区能源办公室（以下简称丹徒区能源办）组织工业企业开展节能生产，镇江宏顺热电有限公司、江苏镇江发电有限公司、镇江雩山水泥有限责任公司、镇江茂源化工有限公司、金海宏业（镇江）石化有限公司、江苏鹤林水泥有限责任公司、中化镇江焦化有限公司7家企业被列入“万家企业节能低碳行动计划”；实施清洁生产，江苏百佳斯特汽车制品有限公司、江苏蓝圈新材料有限公司、镇江市丹徒区全茂新型建材有限公司、江苏苏建路桥机械有限公司、镇江北固海螺水泥有限责任公司、中盐镇江盐化有限公司6家企业完成自愿性清洁生产审核；组织企业申报节能与循环经济专项资金，助推企业发展。（徐晓江　赵倩倩）

【争取节能与循环经济专项资金】 2015年，丹徒区能源办组织企业申报节能与循环经济专项资金项目，共获专项资金200万元。江苏苏菱铝用阳极有限公司、江苏利德尔复合材料有限公司、江苏鹤林水泥有限公司、江苏海雷德蒙环境工程有限公司4家企业申报省级节能减排（节能与循环经济）专项引导资金改造项目，共获专项资金120万元；江苏鹤林水泥有限公司申报镇江市节能专项资金项目，获专项资金80万元。（汤　萌）

【5兆瓦分布式光伏发电项目并网】 2015年12月30日，丹徒区能源办着力调整全区能源结构，促成沃得重工4.5兆瓦光伏发电与镇江润茂钢球0.5兆瓦分布式发电项目顺利并网。2个项目投运后为丹徒区提供超过460万千瓦时的绿色电力，与同等发电量的火电厂相比，每年可节约标准煤1240千吨，减少二氧化碳排放量3744吨，减排二氧化硫28.4吨，减排氮氧化合物7.47吨，对丹徒区能源结构调整起到推动作用。（冯文斌）

散装水泥管理

【概况】 2015年，因市场需求和政策调整，水泥价格较低，再加上其他因素，水泥企业生产受到影响。丹徒区3家水泥生产企业中，2家企业（江苏鹤林水泥有限公司、江苏北固海螺水泥有限责任公司）生产状况较稳定，1家企业（镇江市雩山水泥有限责任公司）基本处于停产状态。全区水泥总产量890万吨，比上年增长6%，其中散装水泥量870万吨，比上年增长7%，水泥散装率97.8%。北固海螺水泥公司生产70万吨，鹤林水泥公司生产800万吨。丹徒区完成水泥发散量870万吨，占全年水泥总产量97.8%，节约水泥包装纸6.1万吨，折合优质木材34.5万立方米，节水1219.6万立方米、节煤8.2万吨、节电0.8亿千瓦时、节烧碱2.2万吨、节棉纱406.4万吨、节油墨54.8吨，创综合经济效益7亿元，减少水泥粉尘排放4.4万吨，为丹徒区建设资源节约型和环境友好型社会作贡献。全区预拌混凝土和预拌砂浆产量在丹徒区减少房地产市场和企业新开工项目的情况下，未有明显下滑。预拌混凝土产量500万立方米，与上年持平；预拌砂浆产量40万吨，比上年增长29%。（吴志良　王　然）

【散装水泥宣传】 2015年，镇江市丹徒区散装水泥办公室（以下简称丹徒区散装水泥办）加大散装水泥宣传力度，全年制作并悬挂宣传横幅40余条。开展工地专项检查的同时，在每个工地的醒目位置悬挂张贴宣传标语，提高企业及施工人员对使用散装水泥、预拌砂浆的认知。为江苏省散装水泥办公室主办的“省散网”提供通讯报道12篇，全部被采用。（陈　琴）

【散装水泥行政执法】 2015年，丹徒区散装水泥办强化散装水泥、预拌混凝土和预拌砂浆的推广应用，共开展专项检查47次，检查施工单位20余家，发现使用袋装水泥的有10家，现场搅拌砂浆的有6家。针对各类违规行为，开出整改通知12份，并跟踪督查，确保所有违规行为全部整改到位。（殷　俊）

【省级散装水泥示范乡镇创建】 2015年9月，丹徒区散装水泥办向镇江市经信委提出“省级散装水泥示范乡镇”创建工作考核验收的申请。10月13日，镇江市散装水泥创建考核验收小组到丹徒区高资街道对街道创建散装水泥示范乡镇工作进行现场验收评分。考核验收小组实地检查丰泽新苑工地散装水泥应用情况，听取项目负责人关于企业使用散装水泥、预拌混凝土和预拌砂浆情况的汇报，听取高资街道创建领导小组负责人关于高资街道近年来使用散装水泥和“禁现”情况、创建工作开展情况及创建活动所取得的社会效果和生态利益等情况的汇报，并查看相关台账资料。镇江市创建考核小组同意丹徒区散装水泥办95分的自查成绩。高资街道通过“省级散装水泥示范乡镇”创建工作考核验收。（张　静）

人力资源和社会保障

责任编校：刘　芳

综　述

【概况】 2015年，镇江市丹徒区人力资源和社会保障局（以下简称丹徒区人社局）围绕区委、区政府“60项重点工作目标任务”和苏南现代化建设指标任务，开展“六大提升”行动，在就业创业、社会保障、人才队伍建设、维护劳动关系和谐稳定方面取得新成绩。

全区新增城镇就业8872人，新增转移农村劳动力3054人，分别完成目标任务的118.3%、152.7%，城镇登记失业率控制在2.1%以内。开展“就业援助月活动”和“春风行动”等系列就业服务专项活动，依托镇（街道、园区）人社服务中心及社区，对要求就业的“零就业”家庭、登记失业人员等就业困难人员，通过“送政策、送岗位、送培训”活动及组织招聘会等方式进行就业援助，全年组织各类招聘会33场，提供就业岗位24090个，达成就业意向8317人，失业人员再就业2574人，就业困难人员再就业354人；举办“筑巢引凤，祝您成功”活动，组织区创业志愿者参观多家创业载体，促成创业载体与新创客直接互动，让创业者了解创业载体的基本情况、服务手段、优惠项目，为初次创业者提供良好的创业环境，2名创客成功入驻。全年扶持创业1304人，引领大学生创业114人，创业带动就业6367人，分别完成目标任务的108.7%、114%和106.1%。

全年企业职工养老、医疗、失业、工伤和生育保险参保人数分别为6.9万人、5.9万人、3.3万人、4.7万人和3.6万人，分别完成目标任务的100%、100.2%、103.1%、100%、128.6%。养老金按时足额发放率100%。城乡居民参保人数达4.03万人，完成目标任务的100.8%。以个体私营企业和灵活就业人员为扩面重点，加大监察和稽核工作力度，每月公布《丹徒区企业职工养老保险扩面进度表》。通过政策宣传、电话催缴等方式鼓励灵活就业人员、断保人员及时续保缴费。继续推行社保补贴政策，为参保人员提供便捷服务，镇江市农商行被列入社保卡协作银行。丹徒区人社局登记有换卡、扣款意向的灵活就业人员，实现灵活就业人员缴费银行扣款。

全区推进“百千万人才工程”，围绕六大战略性新兴产业和传统优势产业，贴近产业发展需要，推行“项目+人才+资本”引才模式、创新人才引进和毕业生就业服务模式，组织参与第八届新兴产业项目与人才对接洽谈会、就业见习专场招聘会等活动，引进全区紧缺、急需的高校毕业生人才及成熟人才。全年引进本科以上人才835人，其中硕士及以上115人；引进企业经营管理人才130人，创业企业家培训11人，分别完成目标任务的108%、110%；开展省“双创计划”、市“331”计划、省“六大人才高峰”项目的申报工作，5人申报省“双创计划”创业类项目，9人入围市“331计划”；启动区级人才引进计划“长山计划”，根据《关于做好第一批区“长山计划”申报工作的通知》要求，组织各类创业人才申报，全年申报创业类项目15个。

全年受理投诉160起、举报85起，接待各类劳动保障法律法规咨询580起；主动巡查用人单位616家，发出询问通知书230份、整改指令书90份，处罚6起；行政处理9起，涉及金额843.72万元；帮助1200名职工追回工资1531万元；受理各类劳动人事争议案件1199件，其中各类基层调解组织调解案件555件，占全区案件总数54.6%，平均办案周期14天，调撤率93.2%；仲裁案件结案率94%，完成目标任务的99%；推进工资集体协商工作，联合工会在非公有制企业集中的地区，扩大推进行业性工资集体协商、工资集体协商制度的覆盖范围；城镇居民人均可支配收入38112元，增幅9%。年内，丹徒区人社局组织开展各项专项检查。1月，开展农民工工资支付专项检查；3月，开展清理整顿劳动力市场秩序专项行动；4月，开展全区用人单位2014年用工情况书面审查；8月，开展对部分劳动密集型企业、劳务派遣单位以及部分餐饮企业、船舶修造企业劳动用工情况专项检查；9月，开展中秋国庆期间工资支付情况专项检查，检查用人单位371户，涉及劳动者9446人。

全年招录公务员31名，公开招聘事业单位人员107名。公务员在职培训2000人次，完成目标任务的100%。完成2014年度公务员和事业单位人员的考核工作，全区参加公务员考核1537人、参加事业单位考核5368人，公务员考核备案率100%。拓宽渠道，采取货币安置与市场结合的方式，推进军转干部安置改革，全年接受安置营职军转干部5名，随军家属7名。（王　度）

就业创业

【概况】 2015年，丹徒区完善提升创业载体建设，市级创业孵化基地——高新技术创业园功能齐备、设施健全、制度完善，先后孵化出12家初次创业企业。丹徒区人社局联合高新技术产业园拓展创业服务功能，在原有孵化功能基础上打造新型省级大学生创业园，为实施大学生创业引领计划奠定基础，12月，高新技术创业园被评为“省级大学生创业园”。丹徒区人社局完善企业、劳动者、培训机构“三位一体”职业技能培训模式，提升职业技能培训质量和成效，全年举办企业职工技能培训班103期，培训4965人次；举办创业培训班50期，培训1629人次；举办再就业培训班63期，培训3565人次；发放职业资格证书3676份，其中高级工发证人数1363人。全年新增高技能人才1161人，建成区级创业见习基地1个。

（王 度）

【“2015春风行动”大型就业招聘会】 2015年3月1日，丹徒区人社局在高资街道举办“2015年春风行动”全市联动大型就业招聘活动。该次招聘会前期借助媒体宣传，同时利用人社部门“就业e图”网络平台，方便求职者预先了解用工信息；拓宽用人单位信息采集，组织区域内用人单位和邀请周边地区大中型企业参加，拓宽求职人员的岗位选择性；突出创业带动效应，发放《创业者的故事》《创业项目推介》《春风卡》《社保政策》等资料4000余份，为创业者提供创业方向指导。该次招聘会参加单位120家，提供岗位2580个，进场人数3400余人；达成意向1055人，政策咨询200余人。

（王 度）

【灵活就业人员登记备案】 2015年，丹徒区人社局为实时掌控各类人员的就业动态，全方位实施公共就业服务管理，并通过完善就业创业政策，为服务对象提供及时、有效帮扶。该局利用金保系统的信息功能，依托镇、村两级公共就业服务平台，对灵活就业人员进行登记备案。通过调查新一轮的劳动力资源和就业状况，分类整理、汇总灵活就业人员的相关信息，同时完善灵活就业人员登记备案业务流程，建立健全灵活就业人员登记备案制度。定期指导镇、村两级公共就业服务平台常态化开展灵活就业人员登记备案业务，及时、准确汇总上报相关统计报表。丹徒区劳动就业管理中心根据统计数据做好统计分析，并就灵活就业人员的后续跟踪服务提出具体方案。1～7月，完成光明社区和姚庄社区两个试点部门120人灵活就业调查登记工作。通过对灵活就业人员登记备案，实时掌控其就业状态，全面了解其后续跟踪服务需求，在力求全区就业创业统计数据准确无误的基础上，为区政府制定富民规划、完善就业创业扶持政策提供参考依据。

（王 度）

【失业保险金动态监测】 2015年，丹徒区人社局通过宣传失业保险政策，强化征缴力度，增加筹资渠道，确保保险基金正常运行。在巩固扩覆成果的基础上，做好摸底调查，明确应保对象，依法加大征缴力度，做到应保尽保，增加保险基金积累。完成征收基金1417万元，全区失业保险覆盖率98%。在失业保险制度建设过程中，按照“保一方平安，建和谐社会”要求，继续完善用人单位岗位流失情况监测、失业动态监测、人力资源市场供求变化监测和农民工返乡重点监测四项制度，强化保障失业人员基本生活和促进就业的双重功能。同时，做好失业保险发放工作，解决失业职工的生活困难，共为999人次失业人员发放失业保险金492万元。

（王 度）

【创业见习基地建成】 2015年，丹徒区人社局于年初开始筹建丹徒区创业见习基地，7月试运行，9月建成。该基地为初始创业人员提供具有实效的模拟创业环境，提高创业成功率。并与领先电子、沃德重工、恒顺集团、滨湖生态园、茶园等区级企业和单位联盟，针对不同创业人群、行业和技术类型，由丹徒区人社局提供符合各种创业需求的创业见习岗位。基地内，位于镇江市智慧大道冷通路168号的高新园区产业园为大学生提供科技研发类见习场所，位于丹徒新城内的宜城中小企业创业园为商贸服务型创业者提供见习场所，位于谷阳镇湖山路35号的谷阳成教中心为生产经营型创业者提供见习场所。丹徒区人社局专门聘请专家学者以及创业成功人士组建创业见习基地指导服务团

图30 2015年3月1日，“2015春风行动”全市联动大型就业招聘活动现场

（丹徒区人社局提供）

队。全年见习人数32人(科技研发类6人,生产加工类16人,商贸经营类10人),其中11人通过见习实现成功创业。(王 度)

【高新技术产业园被认定为省级大学生创业园】 2015年12月,丹徒高新技术产业园被认定为省级大学生创业园。近年来,该中心为加强对大学生团队的科技人才服务,先后联合中国科学院、上海交通大学、南京工业大学等科研院所和高校,组建服务平台和专家库,为创业创新人群提供政策优惠与产业基金补贴。免费提供创业创新场所5400平方米,减免房租50余万元;帮助企业成功申报国家“863”、国家“千人”、省重大科技成果转化、省“双创”等10余个国家级和省级科技人才项目,申报市级科技人才项目30余项,企业获取各类科技人才拨款3000余万元。新增高新技术企业3家,新增高新技术产品8件,新申报各类专利130余件。2010年以来,该中心先后被认定为市大学生创业园、市小企业创业基地、市留学人员创业园、市中小企业公共服务平台、市创业孵化基地示范区和市青年创业孵化基地,并被省科技厅认定为省级科技创业园。(王 度)

【援企稳岗政策实施】 2015年,丹徒区人社局针对区内部分企业批量裁员的情况,实施援企稳岗政策,对用工比较规范、无主动裁员行为的规模型企业进行调查摸底,北固海螺水泥作为首个申报享受援企稳岗政策的企业,获得由失业保险基金中列支的稳定岗位补贴4万元。该政策的实施,为缓解全区就业压力提供新途径。(王 度)

社会保障

【概况】 2015年,丹徒区实施《镇江市征地补偿和被征地农民社会保障办法》,推进被征地农民社会养老保险全覆盖,将被征地农民由原先的基本生活保障全面升格纳入社会保障制度体系,推动劳动年龄段被征地农民参加职工基本养老保险或城乡居民基本养老保险,全年新增被征地农民参加职工基本养老保险2802人。加强对定点医疗(医药)机构的监管工作,制定年度总控指标,按月跟踪定点医疗(医药)机构指标使用情况,重点检查其执行医保政策情况,确保医保基金的合理支出。按照人社部、公安部联合印发的《关于加强社会保险欺诈案件查处和移送工作的通知》要求,与公安部门开展打击社会保险欺诈违法犯罪活动,维护法律权威和统一。加强社保服务窗口标准化、规范化、制度化建设,丹徒区社保中心于3月被共青团江苏省委评为“省级青年文明号”。(王 度)

图31 高新技术产业园 (丹徒区人社局提供)

【被征地农民基保标准增长机制建立】 2015年,丹徒区贯彻《镇江市征地补偿和被征地农民社会保障办法》,建立被征地农民基本生活保障标准增长机制,按照“被征地农民基保待遇随城乡最低生活保障标准同步调整”要求,从7月起劳动年龄段被征地农民月基本生活保障标准提高10%,老年段被征地农民月基本生活保障标准为城乡居民最低生活保障标准的1.1倍。新一轮提高被征地农民保障待遇,第二年龄段月标准由130元调整为140元,第三年龄段月标准由230元调整为250元,第四年龄段(老年段)月标准由638元调整为671元。此次调整标准是自2005年以来丹徒区第8次提高被征地农民基本生活保障待遇,全年基保资金实际增加支出516.09万元,其中老年段人员年增支404万元。(王 度)

【定点医疗(药)机构年度考核】 2015年,丹徒区医保中心加强定点医疗机构和零售药店的管理,从12月中旬起,组织人员对全区22家定点医疗机构和12家定点零售药店开展年度考核,对二级医院、社区卫生服务机构、一级医院、零售药店、医务所(室)分别采用不同的考核评分标准,评分标准从总控管理、医疗管理、药品管理、合理收费等方面规定。开展定点医疗(药)机构年度考核,有利于规范医疗服务行为、提升医疗服务水平以及合理、规范使用社会医疗保险基金,促进定点医疗机构和零售药店履行各项职责。(王 度)

人力资源

【概况】 2015年,丹徒区人社局开展博士后创新实践基地培育工作,指导有设站意向的企业建立设站培育计划,并组织推荐申报,江大泵业、百瑞吉2家企业申报博士后创新实践基地。在站博士研究工作取得新成果，2015年恒顺集团在站博士余永建负责的“镇江香醋产酸功能微生物研究及其在酿醋过程中的强化作用”项目获得省“博士后科研资助计划”C类资助。开展第一批“长山计划”申报工作，共申报创业类项目15个。贯彻《事业单位人事管理条例》，深化事业单位人员聘用制度、公开招聘制度、岗位管理制度等人事制度改革，参与事业单位管理体制改革。探索不同类型事业单位岗位总量、结构比例和最高等级的调控办法。开展“职称服务零距离”活动，走进非公企业为一线专业技术人员职称申报提供上门服务，进行政策宣传和业务辅导。全年新增专业技术人才2295人，完成目标任务的153%。11月21日，组织天成农业科技有限公司等3家企业参加在句容市举行的由省人社厅开展的“千名专家进千企”活动。年内，丹徒区人才交流服务中心被授予2014年度“市级青年文明号”称号。

（王　度）

【“三新”企业吸纳高校毕业生就业补贴发放】 2015年，丹徒区人才中心做好“三新”企业吸纳高校毕业生就业补贴申报工作，“三新”企业吸纳2014年高校毕业生就业补贴获市财政、人社部门审核批复。力凡胶囊、百佳斯特、捷诚车载、北汽（镇江）、沃得集团5家区域内企业28名高校毕业生获得补贴11.2万元。“三新”企业吸纳高校毕业生就业补贴办法的实施，激发全区“三新”企业吸纳高校毕业生的积极性和主动性，为全区引进人才、促进高校毕业生就业提供保障。

（王　度）

【北汽（镇江）汽车有限公司首届人才专场招聘会】 2015年3月1日，北汽（镇江）汽车有限公司人才招聘启动仪式暨首场人才招聘会在镇江市苏南人力资源市场举行。市、区领导张洪水、陈琳、孙沛然、谈沁磊、缪其国等出席启动仪式。北汽（镇江）汽车有限公司是由世界500强企业北京汽车集团有限公司与镇江市政府合力打造的大型整车生产基地，总投资150亿元，2014年8月启动建设，2015年底建成投产并实现第一辆整车下线。该次招聘会目标岗位包括部分管理岗位和汽车钣金、汽车调整、维修以及机械电气维修高级工以上人员，同时兼顾社会上有一定工作经验的初级工、中级工，招聘人数约300人。北汽（镇江）汽车有限公司作为丹徒区重点项目，对推动全区产业发展、人才引进提供支撑作用，丹徒区人社局将做好接洽服务工作。

（王　度）

【“百千万”人才工程申报】 2015年，丹徒区人才中心做好“百千万”（百名创业企业家，千名企业经营管理人才，万名高技能人才）人才工程奖补申报工作，第一批千名企业经营管理人才引进培养补贴获市财政、人社部门审核批复，北汽（镇江）汽车有限公司、江苏力凡胶囊有限公司的44名经营管理人才获得补贴共计17.6万元。“百千万”人才工程奖补办法的实施，推动企业吸纳高层经营管理人才，促进全区引进人才和经济增长。

（王　度）

【公务员和事业单位管理人员能力建设培训】 2015年8月，丹徒区人社局举办全区公务员和参照管理单位工作人员能力建设培训班。该次培训以“依法行政与综合法律知识”和“作风建设”为主题，通过学习宪法、法律基础知识以及依法执政、依法决策、依法管理等知识，提高公务员和事业单位管理人员依法行政能力，增强运用法律管理经济及社会事务的能力。培训主要采取网络学习方式，除必修课外，还提供100余门科目的选修课。培训人员课程学习结束后，需通过网络参加考试。丹徒区委组织部、丹徒区人社局按应考总人数的5%比例，抽选43人参加统一组织的书面开卷考试，并将各单位参考人员的平均成绩作为检验各单位培训效果的重要依据。

（王　度）

维权维稳

【概况】 2015年，丹徒区人社局针对发现的未签订劳动合同、未办理劳动用工备案手续、未及时发放工资等问题，下达《劳动保障监察限期改正指令书》14份，书面审查1636户用人单位报送的2014年用工资料，涉及劳动者37510人。走进52家企业宣传、指导劳动保障法律法规。责令补签合同311份，责令补参保险35人，处理群体性上访12起，追讨工资600余万元。移送

图32　2015年3月1日，北汽（镇江）汽车有限公司首届人才专场招聘会现场

（丹徒区人社局提供）

涉嫌欠薪逃逸案件11起,涉及职工340人,涉及金额750万元。主动巡查用人单位616户,人均巡查60户,完成全年目标的100%;书面审查用人单位1636户,完成全年目标的106%。通过全省联动举报投诉平台办理案件242件,案件按期运行率100%;调处劳动关系矛盾纠纷63件,调处成功59件,调处成功率94%。新增或更新信息用人单位2232户,完成全年目标的100%。通过网上调解服务平台案外受理案件173件并全部结案,其中调解结案170件,转入仲裁程序3件,按期结案率100%,调解率98.3%,平均办案周期8天。 (王 度)

图33 2015年12月4日,开展法律咨询活动 (丹徒区人社局提供)

【农民工工资专项检查】 2015年11月25日起,丹徒区人社局与区公安局、区住建局、区交通运输局、区水利局、区财政局、区工商局、区总工会7个部门联合开展农民工工资支付专项检查,力争实现元旦、春节期间全区农民工工资"零拖欠"。对存在拖欠工资问题的用人单位,人社部门将按照有关规定依法作出行政处理或处罚;对涉嫌拒不支付劳动报酬犯罪案件,将依法移送公安机关;对无故拖欠农民工工资数额大、时间长、性质恶劣的用人单位,按照有关规定向社会公布。对恶意欠薪案件,依法移送司法机关追究刑事责任;对发生欠薪逃匿事件、欠薪恶性突发事件和涉及10人(含)以上欠薪群体性事件,24小时内报市专项检查领导小组办公室;对欠薪100万元以上、10人以上的违法案件,实施挂牌督办,上报列为市级监控重点。至年底,共帮助农民工追回拖欠工资约80万元。 (王 度)

【"E网"仲裁调解】 2015年,丹徒区劳动人事争议仲裁院专门编制《网上调解服务平台服务指南》,方便指导劳动者操作。制定《网上调解服务平台办案规范》,提高办案流程中各个时间节点的要求,由接待大厅工作人员负责初步了解案情,将案件事实简单、适用法律明确案件的劳动者引导至网上平台调解,随后交由仲裁员电话联系双方当事人了解案件具体情况,进而汇报调解专家由其决定调解方式,创新提出"1+3+3+3"(1天了解情况,3天说服用人单位,3天说服劳动者,3天缓冲)模式,提升办案工作效率。网上专家调解服务平台受理案件64件,其中调解成功57件、在调解中5件、转入仲裁程序2件,按期结案率100%,调解率89%。 (王 度)

【法制宣传活动】 2015年,丹徒区人社局贯彻落实新《中华人民共和国劳动合同法》,开展"送法进企业"活动,利用报纸、网络及QQ群等载体,开展案例分析、特殊时段用工提醒等劳动保障法律法规宣传,累计"送法进企业"120余次,发放《中华人民共和国劳动合同法》《工资支付条例》《农民工维权手册》《劳动监察条例》等宣传资料2500余份,现场解答咨询。12月4日,该局参加在丹徒新城宝龙城市广场举办的宪法日"12·4"法制宣传活动,各科室业务骨干就劳动仲裁、劳动监察、就业创业等方面政策开展宣传和咨询,并发放各类劳动保障法律法规宣传资料800余份,现场解答群众各类咨询60余人次。 (王 度)

【仲裁办案质效提升】 2015年,丹徒区率先推行庭前证据交换与质证,结合修订后的《中华人民共和国民事诉讼法》制定《仲裁庭前证据交换与质证制度》,对庭前证据交换的案件范围、庭前证据交换的主持程序以及证据交换的时间、次数、方式等作出规定,提高庭审效率,促进案件调解。并制定统一的仲裁自由裁量基准,从制度上保障权力在阳光下运行,避免仲裁部门在裁决过程中发生标准不一、处置不当、显失公平等现象。对工伤待遇争议案件采取列表式仲裁文书,包括仲裁诉辩和裁决结果2个部分。针对仲裁疑难问题开展"问计于大家,问策于众人"主题活动,收集筛选出亟待解决的10个疑难问题,组织4次复杂疑难案件研讨会,邀请市中级人民法院、区法院、市仲裁委及兄弟辖市区仲裁委参与研讨,促进互动交流,确保活动效果。裁决案件上诉率10%,裁决案件零错误率,无一裁终局案件被撤销。 (王 度)

农林·水利

责任编校:刘 芳

农 林

【概况】 2015年,丹徒区按照“坚持生态领先导向,增创特色优势发展”战略部署,围绕“推进农业现代化,促进农民增收”总体目标,坚持转方式、调结构、促改革,全年农业农村经济发展保持稳中向好的发展势头。镇江市丹徒区农业委员会(以下简称丹徒区农委)制定的省级长山剑毫茶加工技术规程通过专家认定,并于9月10日颁布实施。丹徒区在第十一届“中茶杯”全国名优茶评比中获特等奖3个和一等奖3个,在镇江市第十届“三山杯”名优茶评比中获特等奖2个和一等奖6个,丹徒区农委获组织奖二等奖。

综合农业。全区农林牧渔增加值19.2亿元。粮食总产量19.38万吨;园艺总产量19.52万吨,新增设施园艺面积1166.7公顷;新增永久菜篮子基地面积93.3公顷,设施化率70%;生猪饲养量19.1万头,生猪大中型规模养殖比重61.2%;家禽出栏1287万羽;水产品总产量1.64万吨,新增高效设施渔业面积133.3公顷;农业信息化覆盖率75%。

项目建设。26个千万元以上重点农业项目开工、续建、在建,总投资32.9亿元;新申报立项省高效设施农业项目10个、农业产业化项目3个、农业综合开发土地治理项目1个,省级丘陵山区项目3个,总投资3306.4万元;48家农业龙头企业年销售额20.6亿元,比上年增长11.3%;5个农业“三集”园区实现亿元项目全覆盖,完成总产值13.02亿元,比上年增长24.9%。

产业发展。新增“农三品”产品认证15个,检测农产品样品近5000个。整合并推广“镇江江蟹”、“米芾·长山剑毫”、江心“滩八样”、“世业草莓”等特色品牌,23个产品实现网上销售。江心洲生态农业园区建成订阅号“悠然江心”、服务号“镇江江心洲旅游”2个微信公众平台。高桥镇京江村被评为江苏省“一村一品一店”示范村。

农民收入。完成“三资”投农12.6亿元;73个经济薄弱村的“强村富民”双达标行动任务完成;培训新型职业农民1000人,213家农民专业合作社进入政府优先扶持名录;316家家庭农场经农业部门认定,分别有7家、65家和100余家进入省、市、区级示范家庭农场名录,全年上级财政投入示范家庭农场项目资金188万元;50%以上的村组开展土地确权试点工作。农村居民人均可支配收入17456元,比上年增长9.2%。

生态农业。全区秸秆综合利用率95.3%;森林覆盖率和林木覆盖率分别为26.43%和29.2%;成片造林220.7公顷,完成全区任务的110.33%;新增绿化合格面积174.1公顷,15个绿化示范村建设通过市级验收;大中型规模养殖场畜禽粪便无害化处理与资源化利用率98.5%;推广测土配方肥8000吨,化学农药用量比上年下降5%。

(仇 优)

表10 2015年丹徒区农业“三集”园区重点指标完成情况

园区名称	固定资产投资(万元、%)				农业总产值(万元、%)				规模经营面积(公顷、%)			
	目标增幅	2015年	2014年	实际增幅	目标增幅	2015年	2014年	实际增幅	目标增幅	2015年上半年	2014年年底	实际增幅
丹徒现代农业产业园	20	4760	3900	22.05	12	51760	43200	19.81	10	688.00	610.00	12.79
荣炳现代渔业园	30	1100	770	42.90	20	24600	17820	38.05	10	507.33	453.33	11.91
山水湾现代农业产业园	25	3610	2860	26.22	12	16931	14106	20.03	10	220.13	200.00	10.07
宝堰渔业精品园	20	685	560	22.32	15	15860	12700	24.88	10	323.73	294.27	10.01
江心洲现代蔬菜产业园	20	3190	2630	21.29	12	21000	16400	28.05	10	817.33	736.67	10.95
总计	18	13345	10720	24.49	13.7	130151	104226	24.87	10	2556.52	2294.27	11.43

(丹徒区统计局)

【农业龙头企业】 2015年，丹徒区有48家农业龙头企业，其中省级6家、市级29家、区级13家，涵盖农产品生产、农产品初级加工以及裘皮制品、调味品生产等行业。全区农业龙头企业固定资产总额11.04亿元，比上年增长6.16%；年销售总额20.6亿元，比上年增长11.3%；实现利润2.3亿元，比上年增长12.3%；各级产业化龙头企业带动农户数12.07万户，比上年增长14.9%。 （朱平义）

【"一村一品"创建】 2015年，丹徒区根据《镇江市特色经济发展——"一村一品"项目申报指南》文件精神，促进全区"一村一品"产业发展，共申报特色园艺发展项目9个，总投资561万元，争取财政资金178万元。9月，上党镇墅山村（墅香茶叶）获第五批全国"一村一品示范村"称号，是全区首次。 （朱平义）

【农业重点项目建设】 2015年，丹徒区有26个千万元重点农业项目(1000万元以上项目11个、5000万元以上项目15个)开工和续建，总投资32.9亿元。其中：镇江开心农场有限公司承担的世业开心农场休闲观光项目，位于丹徒区世业镇世业村，占地面积64公顷，总投资1.8亿元，完成钢管蔬菜大棚28公顷，旅游配套项目"开心乐之岛"主题公园项目在建中；镇江恒宇园艺有限公司承担的恒宇园艺设施基地建设项目，位于丹徒区上党镇东方村，总投资3000万元，新建连栋大棚5952平方米、大棚内苗床4500平方米、连栋大棚加温设备5952平方米，用于种养蝴蝶兰、仙客来、常春藤碧玉等花卉。全年申报省级高效设施农业项目10个、农业产业化经营项目3个，争取省级资金1025万元。（王亚萍）

【农业"三集"园区建设】 2015年，丹徒区有农业"三集"园区5个，分别是江苏省丹徒现代农业产业园、宝堰现代渔业精品园、镇江山水湾现代农业产业园、丹徒区荣炳现代渔业园区、丹徒江心洲现代特色园艺（蔬菜）产业园区。规划总面积3366.7公顷，建成面积2910公顷。年内总投入3.3亿元，比上年增长36.3%；基础设施投资0.7亿元，比上年增长26.9%；固定资产投资1.33亿元，比上年增长30.7%。5个农业园区实现总产值13.02亿元，比上年增长24.9%，占全区农业总产值38.9%，比上年增加3.1个百分点。实现销售收入10.9亿元，比上年增长18.1%，其中规模经营销售额10.1亿元，比上年增长19.6%；销售利润3.43亿元，比上年增长27.4%，其中主导产业销售利润2.94亿元，比上年增长23%。 （张　军）

图34　丹徒江心洲现代特色园艺（蔬菜）产业园区——江心荷花大道

（丹徒区农委提供）

【农业招商】 2015年10月25～27日，丹徒区组织恒顺醋业、恒宇花卉、京友调味品、润龙铁皮石斛、三泉茶叶、森茂食用菌6家企业参加在镇江市举办的首届海峡两岸(江苏)名优农产品展销会，会上实现产品销售额3万余元。其间，举办"农联·亚夫在线"开通仪式暨2015中国镇江现代农业项目洽谈会，丹徒区有5个项目参加集中签约，吸引资金6.6亿元。 （吴玉青）

【园艺生产】 2015年，全区园艺业总面积10562公顷，总产值13.27亿元。其中，蔬菜种植面积7773.3公顷，年产蔬菜18.07万吨，产值6.33亿元，分别比上年增长3%、1.1%、10.6%；果树种植面积1100公顷，产量1万吨，产值8805.3万元，分别比上年增长3.1%、1.7%、1.4%；茶叶种植面积1053.3公顷，产量335.3吨，产值1.1亿元，分别比上年增长5.3%、0.84%、10.1%；花卉种植面积585.4公顷，产值4611万元，分别比上年增长1.7%、6.2%。观光旅游农业产值3.6亿元，比上年增长37.1%。 （凌须美）

【惠农补贴】 2015年，丹徒区良种补贴、病虫害防治药剂补贴、绿肥种植补贴、商品有机肥推广应用补贴"四项补贴"共涉及补贴资金857.69万元，全部按照有关程序和要求发放。其中：良种补贴518.19万元（水稻、玉米及棉花良种补贴拨付资金303.51万元，小麦、油菜良种补贴因天气未能播种核减拨付资金214.68万元）；病虫害防治药剂补贴资金183.5万元，包括新增的蔬菜病虫绿色防控生物药剂补贴；绿肥种植补贴资金66万元；商品有机肥推广应用补贴资金90万元。 （袁　祥）

【种植业"农三品"认证】 2015年，丹徒区农委推进农产品"三品一标"（无公害农产品、绿色食品、有机农产品、地理标志农产品)认证,打造优质农产品,增加农产品附加值。全年种植业“农三品”认证企业45家,认证种植业“农三品”产品115个,认证的种植业“农三品”产地面积1.48万公顷,占耕地面积60.39%,认证的种植业“农三品”产品产量11.84万吨,占种植业食用农产品总产量37.31%。(包 丹)

【秸秆综合利用】 2015年,丹徒区农委全面推广以秸秆还田为主、多种形式为辅的秸秆综合处理办法,发挥项目带动效应,争取省级秸秆补助资金60万元。全区粮、油面积共3.3万公顷,其中三麦面积1.19万公顷,油菜面积0.41万公顷,水稻面积1.35万公顷,玉米面积0.25万公顷,大豆0.1万公顷;秸秆总量26.43万吨,其中水稻11.72万吨,三麦7.65万吨,油菜2.23万吨,玉米4.2万吨,豆类0.63万吨。机械化还田面积夏季1.12万公顷、秋季0.99万公顷,消耗秸秆15.9万吨,秸秆饲料化、秸秆肥料化、秸秆能源化和秸秆原料化等多种形式利用率31%,消耗秸秆量9.4万吨,秸秆综合利用率95.3%。(高山林)

【农业法治与执法】 2015年,丹徒区农委开展农资打假、农产品质量安全、种养殖业专项整治活动30余次,抽检肥料样品23个,种子样品36个,农药样品28个,共出动执法车辆320辆次,出动执法人员560人次,检查农资生产经营企业1250家次,查处各类农资案件5起。参加“3·15消费者权益保护日”宣传活动、“2015年江苏省放心农资下乡进村启动仪式”活动等,共接受群众咨询2300余人次,发放涉农法律宣传资料1.8万余份。(李 超)

【农村土地承包经营权确权登记颁证】 2015年,丹徒区完善农村基本经营制度,加快推进试点工作,保障农民土地权益。印发《关于全面开展农村土地承包经营权确权登记颁证试点工作的意见》,按照前期准备、入户调查、测量制图、公示审核、登记颁证、建档入库“六步法”稳步实施。5月7日,丹徒区政府召开全区农村土地承包经营权确权登记颁证工作推进会,要求50%以上的村组推进试点工作。其中2014年整镇试点的世业镇、江心洲生态农业园区完善后续工作,2015年整镇试点高桥镇,荣炳盐资源园区、宝堰镇、高资街道、谷阳镇、上党镇、辛丰镇完成1个以上村的整村试点工作,其余村完成2个以上组的试点;宜城街道基本完成1个村整村试点。截至12月底,全区有89.7%的村和57%的应确权组开展试点工作,试点面积占承包面积32%。(朱伟俊)

【村级公益事业一事一议财政奖补项目】 2015年,丹徒区按照“统筹规划、规划管理、阳光操作、强化考核、保障质量”总体要求,对一事一议进行科学谋划、完善机制,组织实施公益事业建设资金1316.5万元,区级财政安排预算资金10万元。全年建成村级公益事业一事一议财政奖补项目43个,受益农民群众12.71万人。实施项目涵盖43个村,具体涉及村内道路20个、健身广场项目9个、老年活动中心9个、村庄亮化工程4个、农民公园项目1个。(王冬顺)

农业资源开发

【概况】 2015年,镇江市丹徒区农业资源开发局(以下简称丹徒区农资局)围绕夯实基础农业、推进农业现代化建设这一中心,加大高标准农田建设力度,加强和改善农业生产条件,提高农业综合生产能力,在农业综合开发和“强村富民”双达标行动、农业动态监测等方面取得进步。(袁海燕)

【农业综合开发项目】 2015年,丹徒区农资局向上争取农业综合开发项目6个,其中国家土地治理项目2个、省级丘陵项目3个以及市级高标准农田项目1个。项目总投资2439.19万元(其中各级财政资金1972.5万元),治理面积952公顷。国家土地治理项目安排在辛丰镇(涉及南岗、东街村),实施面积666.67公顷,总投资1335.52万元(其中各级财政资金1300万元、自筹资金35.52万元);省级丘陵项目实施面积205.33公顷,总投入891.17万元(其中财政资金460万元);市级高标准农田项目安排在江心洲生态农业园区五墩村,实施面积80公顷,总投资212.5万元(均为财政资金)。项目实施后,新增灌溉面积233.33公顷,改善灌溉面积433.33公顷,改善除涝面积600公顷,新增节水灌溉面积200公顷,增加农田林网防护面积266.67公顷,新增农业总产值772.77万元,项目区农民收入增加总额646.28万元。(袁海燕)

【“强村富民”双达标行动】 2015年是“强村富民”双达标行动的收官之年。丹徒区扶贫开发工作以“强村富民”双达标行动为载体,以帮助经济薄弱村发展和低收入农户增收为主线,以发展物业经济和增收致富项目为主渠道,组织各级、各部门开展结对帮扶活动。73个经济薄弱村经营性收入全部达到70万元以上,2873户建档立卡户6136个低收入人口年人均收入达到6000元以上,完成双达标任务。被市委、市政府评为“双达标”工作先进集体。(李 霞)

【农业动态监测】 2015年,丹徒区农资局开展农业资源与农村经济信息调查监测工作,为上级部门和领导决策提供数据参考。重点对宝堰镇、上党镇、高资街道进行监测分析和定点农村农户家庭经营性监测分析。宝堰镇、上党镇、高资街道的农业动态监测数据呈现农村社会总产值增幅趋缓、耕地面积减少、农村人口减少(劳力低速增长)、农业结构调整增多、农作物面积有所增长等特点;定点农户家庭经营监测数据呈现土地大面积流出、小麦和稻谷面积有所下降、畜禽饲养量有所降低、农民收入有所

增长、农民家庭现代化水平有所提高等特点。 （李 霞）

水利·农机

【概况】 2015年，镇江市丹徒区水利农机局（以下简称丹徒区水利农机局）坚持“以水生态文明为引领，以提升农业装备为动力”原则，围绕民生水利、生态水利、资源水利和安全水利体系建设，加强水资源管理和保护，推广农业机械，服务基层和企业，为促进丹徒经济社会发展提供支撑。年内，投入水利建设费1.13亿元，清淤整治河道18条、43.95千米，土方50万立方米；清淤村庄河塘84个（条），土方75万立方米；兴建小沟以上建筑物757座；恢复治理水土流失面积4.8平方千米，新增有效灌溉面积933.33公顷，建设旱涝保收面积1082公顷；修建防渗渠道88.6千米，新建泵站41座，改造各类泵站24座，装机容量共计859千瓦时；改造、新建滚水坝28座，改造、新建涵闸53座、干渠疏浚及护砌17.12千米、重建农桥8座；创建上党镇薛村、塔山2座规范化水库，全区小型水库规范化管理单位达25座，规范化率83.3%，在全省名列前茅。7月23日，丹徒区机构编制委员会同意撤销“镇江市丹徒区水利农机技术学校”，收回事业编制4个，实有在编人员分流到“镇江市丹徒区农机化技术推广服务站”。 （徐 军 王 吉）

【农田水利建设】 2015年，丹徒区在实施“2015年小型农田水利重点县”项目中，对高资街道、世业镇、江心洲生态农业园区进行区域治理，总投资3600万元；实施荣炳茹墅河小流域综合治理工程，总投资500万元；实施长山中型灌区节水改造项目，总投资2313.18万元。重点项目中共整治渠道39.47千米，配套建筑物748座，整治塘坝5座，整治引水堰闸49座，新建、改造各类灌溉泵站（含灌排结合）20座，新建、改造各类排涝泵站6座，整治排水闸（涵）40座，疏浚整治沟道13.67千米，新建水保林17.33公顷、经济林10公顷，农桥8座。完成农村水利一事一议项目4个，投资158万元；创成省级水美乡镇1个、水美乡村5个。 （刘艳明）

【农机推广】 2015年，丹徒区水利农机局落实国家惠民政策，推广先进适用农业机械。全区实施农机购置补贴资金735.2万元，其中中央、省补资金574.2万元，市补资金50万元、区补资金100万元，共补贴机具642台套，享受补贴288人次。全区农机配置结构更趋合理，农机作业水平进一步提高，基本实现主要农作物生产过程的机械化作业，农机化综合水平达80%以上，完成政府下达的目标任务。 （苏文华）

【秸秆还田】 2015年，丹徒区种植面积31866.67公顷，共投入大中型拖拉机605台，配套的大型秸秆还田机650台以上，小型拖拉机及配套的秸秆还田机为边小田块、丘陵地区、梯零田块耕种发挥作用。全区完成秸秆机械化还田面积19933.33公顷次（29.9万亩次），其中夏季10760公顷，秋季9173.33公顷。由于秋种期间连续阴雨，机械无法作业，加之部分乡镇散户抛荒较多，稻套麦、免耕麦面积有所上升，但全区仍完成秸秆还田目标任务。 （陈杏华）

【防汛工作】 2015年6月2日、6月17日、6月27～28日，丹徒区遭遇3次暴雨袭击，累计降雨量769.5毫米，通胜流域的通济河及其支河幸福河，胜利河及其支河光华河、禄食支河均达到或超过历史最高水位，部分河堤发生险情。同时全区31座中、小型水库全部在高水位运行。区防汛抗旱指挥部统一调度，紧急调拨编织袋6万只、编织布1.2万平方米、木桩371根、草包3万只、495柴油机5台（套），冲锋舟3艘至上党、宝堰、荣炳等地。各地累计投入抗灾抢险人员1.2万人次、抢险舟（船）50舟次、运输抢险设备800班次、机械设备1960台次、抗灾用油60吨、抗灾用电118万，确保全区河道及水库的度汛安全。 （王 吉）

【水资源管理】 2015年，丹徒区水利农机局组织行政执法人员参加省、市、区组织的各类培训160人余次，提高执法水平。着重抓好取水大户和重点工程项目的管理，安装取水计量设施4台套、远程监控系统6台套；严格全区范围内企业取水许可，加大取水许可证的监督巡查力度，对全区取水口开展普查。保护重点水源区，划定饮用水源保护区，保障群众饮水安全。全年完成企业取水年审18户；加强地下水管理，对照江苏省水利厅的“四个一”（一证、一表、一卡、一账）管理方针进行办

图35 2015年重点工程——洋灯河泵站施工 （丹徒区水利农机局提供）

理，对未按照要求的限期改正；全年查处水事违法案件24起，现场处理24起；创建节水型社会，全年创建市级节水型学校5所、省级节水型企业2家；参加省、市组织的打击长江非法采砂行动，保证水事秩序稳定、协调发展。（刘正法）

【“世界水日”和“中国水周”宣传】 2015年3月22～28日，丹徒区水利农机局开展“世界水日”和“中国水周”集中宣传活动。22日，在高桥镇组织集中宣传活动，发放宣传资料600余份。宣传周期间，该局出动宣传车7台次，在全区范围内巡回宣传，在区政府广场悬挂气球，在各镇（街道、园区）张贴临时标语520张，共制作横幅、条幅、固定标语24条，提高全社会的水法规意识。

（刘正法）

【农机安全监理】 2015年，丹徒区水利农机局贯彻《江苏省农业机械安全监督管理条例》等法律法规，落实农机安全监管措施，开展农机安全生产大检查、农机安全隐患排查治理和安全生产月等活动。全年拖拉机注册登记及转入登记105台，年检341台次；联合收割机注册登记34台，年检59台次；初次申领拖拉机驾驶证21人；拖拉机、联合收割机驾驶证有效期满换证80人，驾驶人健康审验62人、违章审验1人。享受农机购置补贴的拖拉机90台、联合收割机33台全部按牌证管理要求，纳入安全监管。落实安全生产责任，与农机手签订安全生产责任状450份。全年组织农机安全生产检查38次，排查单位186家，排查一般隐患83项、整改83项，整改率100%。落实农机监理惠农政策，办理农机政策性保险295台，保费总额90775元，财政补贴45387.5元。全年未发生道路外农机重特大安全事故。（符荣良）

【农机行业职业技能获证奖补资金兑现】 2015年，丹徒区受理农机行业职业技能获证奖补资金申请100人，其中：初级65人（含农业

图36 2015年3月在辛丰镇宣传水法律法规（丹徒区水利农机局提供）

机械操作工40人，拖拉机驾驶员25人），奖补标准为600元/人；农业机械操作工中级30人，奖补标准为1000元/人；拖拉机驾驶员高级5人，奖补标准为1200元/人。共兑付奖补资金7.5万元。（符荣良）

【李亚平调研丹徒区水利农机工作】 2015年12月18日，江苏省水利厅厅长李亚平率队到丹徒区调研水利农机工作。在听取区水利工作情况汇报后，李亚平对近年来丹徒区在水利建设、防汛抗旱等方面取得成绩给予肯定，并就做好当前和“十三五”期间的水利工作提出要求，希望丹徒区进一步加大重点水利工程建设力度，重点做好水利服务体系达标建设，完善水利基础设施网络，促进水利工作再上新台阶。市区领导胡宗元、陈琳陪同调研。

（徐军）

农业气象

【概况】 2015年，镇江市丹徒区气象局（以下简称丹徒区气象局）围绕率先基本实现气象现代化目标，提高气象监测预报服务能力、气象防灾减灾能力和应对气候变化能力。全年综合气象观测质量优秀，共发布重要天气报告31期，雨情报告15期，重大天气预警信息60条，重大天气服务短信57条，气象服务工作准确、高效、及时；开展特色农业气象服务，成功创建为省级标准化现代农业气象服务县（市、区）；履行社会安全管理职能，对区内近100家企业进行防雷设备安全检测，规范气象科技服务行为；利用“3·23世界气象日”、科普宣传周、“安全生产咨询日”“三下乡”等活动向公众普及气象灾害防御知识，制作《气象观测员：观天公表情，记阴晴冷暖》专题栏目在镇江民生频道、镇江资讯频道播出。（张亚男 巫培源）

【水稻种植与气象】 2015年，水稻从播种至成熟历时156天，期间≥0.0℃的积温3820.6℃，比历年平均偏多99.1℃，比上年偏少126.2℃；降水量1032.4毫米，比上年多315.5毫米；日照时数763.9小时，比上年偏多104.9小时。水稻全生长发育期间，农业气象条件利大于弊，属丰产年景，单产较上年略增。

秧苗期（5月中旬至6月中旬），气温偏高，降水偏多，日照偏少，以晴雨相间天气为主，利于水稻播种出苗和壮秧的培育；移栽分蘖期（6月下旬至7月下旬），水稻移栽后，多阴雨天，利于水稻活棵。6月24日入梅，较常年迟，强降水集中在梅雨前段，后段晴雨相间，利于水稻的分蘖发棵。但6月27日降水量达151.7

毫米，降水急，部分低洼田块排水不畅，致使水稻田短期淹水，对水稻生长略有影响。7月13日出梅后，多晴热高温天气，利于水稻水肥管理；拔节孕穗期（8月上旬至中旬），气温偏高，降水偏多，日照偏少，8月上旬前期多晴热高温天气，利于搁田控苗，控制群体旺长。8月中旬晴雨相间的天气条件对水稻生长较为有利，水稻生育进程和质量总体较好；抽穗成熟期（8月下旬至10月中旬），气温偏高，降水偏少，日照充足，气温日较差大，利于水稻抽穗扬花和灌浆结实，灌浆速度较快，开花后20天烘干千粒重达13.57克，比上年同期多3.65克，成熟时测定的千粒重也高于上年；收获期多降水过程，连续晴好天气少，给水稻的收割和晾晒带来不利影响。

（张亚男　巫培源）

表11　**2015年丹徒区温、光、水与历年平均值比较情况**

项目		12月	1月	2月	3月	4月	5月	6月	7月	8月	9月	10月	11月	12月	全年值	常年值
平均气温（℃）	历年	5.1	2.7	4.7	8.9	14.9	20.5	24.3	27.8	27.2	23.2	17.7	11.2	5.1	–	15.7
	本年	4.7	5.0	6.2	10.3	15.5	21.2	24.2	26.5	27.6	23.9	18.9	12.1	6.6	16.5	–
极端最高气温（℃）		–	–	–	–	–	–	–	–	37.5	–	–	–	–	37.5	39.5
≥35℃高温日（天）		–	–	–	–	–	–	–	5	7	–	–	–	–	12	11.5
极端最低气温（℃）		–	–	-5.5	–	–	–	–	–	–	–	–	–	–	-5.5	-12.0
≤0℃低温日（天）		11	9	6	2	–	–	–	–	–	–	–	2	5	24	43.5
降水量（毫米）	历年	33.5	50.7	55.1	82.9	76.8	85.1	171.5	206.3	147.8	76.5	57.8	62.0	33.5	–	1106.0
	本年	4.2	26.8	47.8	98.0	124.2	132.9	579.2	171.7	139.4	62.6	42.4	138.3	15.8	1579.1	–
梅雨量（毫米）		–	–	–	–	–	–	312.2	69.2	–	–	–	–	–	381.4	251.8
日照时数（小时）	历年	153.0	140.2	130.8	150.3	174.1	202.5	165.7	199.3	204.8	175.5	172.1	157.4	153.0	–	2025.7
	本年	178.3	112.5	113.7	120.7	178.2	157.0	85.6	126.2	184.8	175.1	175.0	75.8	121.5	1626.1	–

注：表中第一个“12月”指2014年12月，历年为1981～2010年平均值，常年值为1981～2010年平均值

（张亚男　巫培源）

农村能源

【概况】　2015年，镇江市丹徒区农村能源办公室（以下简称丹徒区农能办）实施农村能源建设工程，邀请省级专家验收组对镇江市宝成生态农业有限公司沼气工程进行现场考核验收。全年争取省级项目经费65万元、市级配套经费5万元，新建规模养殖场Ⅲ–b型沼气治理工程各1个，项目招投标工作完成并与施工建设单位签订合同。继续加强农村清洁能源宣传和培训工作，组织农村能源管理人员和技术人员，对全区农村沼气服务网点、户用沼气池、规模养殖场沼气工程、秸秆气化集中供气工程进行检查，掌握全区农村清洁能源项目使用情况，对使用、管理方面存在问题的沼气池用户进行指导，对用户在沼气和秸秆气使用中存在的安全隐患及时指正，帮助整改到位，消除农村能源工程安全隐患，发挥农村清洁能源建设的综合效益。组织规模畜禽养殖场沼气工程建设单位的管理技术人员参加省（沼气生产工）职业技能培训班。配合农委做好秸秆综合利用工作，完成秸秆综合利用示范区建设年度工作任务。（曾　俊　杨传俊）

【申报规模养殖场沼气工程1个】　2015年，丹徒区农能办组织实施沼气治理工程，严把项目建设材料招标采购关、质量关和技术关，坚持统一规划、统一图纸、统一施工队伍、统一质量标准、统一材料供应。新申报规模养殖场沼气工程1个，在宝堰镇小康猪场内建设规模养殖场Ⅲ–b型沼气工程（300立方米地上厌氧发酵池、60立方米储气柜）1座。（曾　俊　杨传俊）

工业·民营经济

责任编校：王雪松

全区工业

【概况】 2015年，丹徒区销售超亿元企业157家，比上年净增8家，其中：销售额1亿元～5亿元的企业95家，销售额5亿元～10亿元的企业41家，销售额10亿元～20亿元的企业17家，销售额超20亿元以上的企业4家。全区定报工业累计完成工业产值1120亿元，比上年增长9%；实现销售收入1093.5亿元，比上年增长8.1%；实现利税总额129亿元，比上年增长12.8%，其中利润78.3亿元，比上年增长11.3%。五大主导产业规模以上企业实现销售收入798.6亿元，比上年增长7.9%，占全区规模以上工业73.5%；40强企业实现应税销售收入233.7亿元，占全区工业62.2%。

（凌秀华）

表12 2015年丹徒区工业应税销售前40强企业名单

序号	企业名称	所属部门、镇（街道、园区）	序号	企业名称	所属部门、镇（街道、园区）
1	江苏真绩机械制造有限公司	丹徒新城(宜城街道)	21	镇江合力汽车紧固件有限公司	谷阳镇
2	江苏捷诚车载电子信息工程有限公司	丹徒新城(宜城街道)	22	江苏领先电子有限公司	谷阳镇
3	江苏沃得起重机有限公司	丹徒新城(宜城街道)	23	镇江银海铝业有限公司	谷阳镇
4	镇江李裕碳素有限公司	丹徒新城(宜城街道)	24	镇江大力液压马达股份有限公司	谷阳镇
5	江苏镇安电力设备有限公司	丹徒新城(宜城街道)	25	江苏城科建设发展有限公司	高资街道
6	江苏百佳斯特汽车制品有限公司	丹徒新城(宜城街道)	26	镇江宏顺热电有限公司	高资街道
7	江苏恒顺醋业股份有限公司	丹徒新城(宜城街道)	27	江苏苏亚迪炭材有限公司	高资街道
8	帝高力装饰材料(江苏)有限公司	丹徒新城(宜城街道)	28	江苏苏菱铝用阳极有限公司	高资街道
9	江苏力凡胶囊有限公司	丹徒新城(宜城街道)	29	金海宏业（镇江）石化有限公司	高资街道
10	沃得重工（中国）有限公司	丹徒新城(宜城街道)	30	镇江北固海螺水泥有限责任公司	高资街道
11	江苏凯力德科技有限公司	辛丰镇	31	江苏苏润高碳材股份有限公司	高资街道
12	江苏西卡特密斯建筑材料有限公司	辛丰镇	32	江苏鹤林水泥有限公司	高资街道
13	江苏钱潮轴承有限公司	辛丰镇	33	中化镇江焦化有限公司	高资街道
14	镇江维科精华棉纺织有限公司	辛丰镇	34	镇江李长荣综合石化工业有限公司	高资街道
15	江苏希西维轴承有限公司	辛丰镇	35	江苏镇江发电有限公司	高资街道
16	江苏振光电力设备制造有限公司	上党镇	36	中盐镇江盐化有限公司	高资街道
17	华邦（镇江）铝业有限公司	上党镇	37	江苏长三角精细化工有限公司	高资街道
18	镇江市华铖旅游用品有限公司	上党镇	38	镇江利德尔复合材料有限公司	高资街道
19	镇江市欧泊服饰有限公司	荣炳盐资源区	39	江苏中靖新能源科技有限公司	高新园
20	镇江市富华面粉有限公司	粮食局	40	镇江宏联电工有限公司	高桥镇

（凌秀华）

区属工业

【概况】 2015年，镇江市丹徒区工业资产管理总公司（以下简称丹徒区工业总公司）在经济下行压力明显增加的形势下，继续强化区属企业管理，提升企业服务成效，为工业系统的稳中有升、改革发展创造良好环境。区属定报企业全年完成现价工业总产值3.5亿元，产品销售收入2.6亿元，利润、税收继续保持增长。（卢　勃　张　君）

【东西部环境整治】 2015年，丹徒区工业总公司按照市政府序时要求，推进镇江市东西部生态环境整治工作。丹徒化肥厂搬迁前的入户摸底、资产调研、初步方案制订按序时进度逐步开展，搬迁用地正在协调落实；丹徒区长飞建材有限公司、华森白云石矿业关停后，职工安置工作顺利开展，企业实现平稳过渡；丹徒区天龙化工有限公司关停前各项准备工作就绪，等待资产收储主体确定；镇江雩山水泥有限责任公司干拌砂浆项目的搬迁用地落实，关停方案正在完善，与市规划、市国土等部门就土地收储问题正在磋商。

（卢　勃　张　君）

图37　　丹徒化肥厂改造水杨酸车间干燥系统

（丹徒区工业总公司提供）

【丹徒化肥厂创新发展】 2015年，丹徒化肥厂抓住河北敬业化工水杨酸系列产品关停带来的市场机遇，多措并举，取得销售、技改、降耗新成绩。全年完成销售收入1.98亿元，比上年增加4180万元，增幅30%；完成自营出口1676万美元，比上年增加296万美元；完成税收1250万元。投入技改资金300万元，改造水杨酸车间干燥系统，节约液碱、硫酸约200吨，节约冬青油12吨，有效降低原料成本；严格执行废气、污水、废渣达标排放，全年处理污水89.4万吨，累计去除化学需氧量618吨，污水处理后出水达标率98%、氨氮达标率99%。（卢　勃　张　君）

镇（街道、园区）工业

【概况】 2014年，丹徒区有镇（街道、园区）工业企业3908家，实现工业总产值1103.62亿元，完成规模以上工业销售收入1120.38亿元、利税120.32亿元。高资街道列全区各镇（街道、园区）工业经济第一位。丹徒新城（宜城街道）、辛丰镇、谷阳镇分别列第二至四位。（丹徒区史志办）

表13　　2015年丹徒区镇（街道、园区）工业情况

镇（街道、园区）	工业企业数（家）	工业总产值（亿元）	规模以上工业销售收入（亿元）	规模以上工业利税（亿元）
高桥镇	315	30.60	28.17	2.30
辛丰镇	885	209.66	205.47	16.93
谷阳镇	792	146.75	139.00	12.70
上党镇	794	47.89	87.90	4.64
宝堰镇	376	21.78	21.10	3.49
世业镇	13	2.74	2.64	0.19
高资街道	178	375.00	368.00	43.00
江心洲生态农业园区	31	9.00	8.80	0.72
荣炳盐资源区	146	22.30	22.30	3.35
丹徒新城(宜城街道)	378	237.90	237.00	33.00

（丹徒区史志办）

民营经济

【概况】 2015年，丹徒区民营经济继续保持平稳增长发展态势。全年新增私营企业1224家，新增个体工商户2467户，新增私营企业注册资本44.78亿元，均超额完成市全年计划目标。（卢 勃 张 君）

【招商引资】 2015年，丹徒区结合自身产业资源特点，加强招商引资工作。9月，丹徒区民发局组织参加2015中国镇江先进制造业发展（厦门）推介会，活动邀请闽、粤、浙等地客商16名，丹徒新城“综合金融工商物流产业园”等3个项目参加全市集中签约，签约总投资额15亿元。年内，全区完成亿元以上民资招商项目36项，签约意向金156.5亿元，完成项目投资额（含年内新开工及上年度结转项目）约35亿元。

（卢 勃 张 君）

图38 2015年9月，组织参加2015中国镇江先进制造业发展（厦门）推介会。图为签约仪式现场 （丹徒区民发局提供）

【服务平台建设】 2015年，丹徒区中小企业公共服务平台建设取得新进展。全区组建各类中小企业公共服务平台8家，服务企业500余家，共组织开展各类培训16场，提供服务420余次，受训人员600余人次，招商推介、信息服务、人才培训、创业辅导等方面工作水平显著提升。

（卢 勃 张 君）

表14 **2015年丹徒区民营经济主要经济指标完成情况**

镇（街道、园区）	新增私营企业（户）			新增个体工商户（户）			新增私营企业注册资本(亿元、万元)		
	新增目标	实际完成	完成比例（%）	新增目标	实际完成	完成比例（%）	新增目标（亿元）	实际完成（万元）	完成比例（%）
丹徒新城（宜城街道）	180	465	258.33	380	798	210.00	7.6	140178	184.44
辛丰镇	100	137	137.00	190	281	147.89	4.9	66806	136.34
高资街道	100	131	131.00	190	313	164.74	4.9	65184	133.03
高新园	15	17	113.33	40	40	100.00	2.0	37852	189.26
宝堰镇	70	83	118.57	140	217	155.00	2.5	26270	105.08
上党镇	90	95	105.56	180	229	127.22	3.8	40216	105.83
高桥镇	90	66	73.33	170	173	101.76	3.8	39560	104.11
谷阳镇	95	95	100.00	190	155	81.58	4.0	21743	54.36
荣炳盐资源区	70	71	101.43	140	186	132.86	2.5	1370	5.48
世业镇	65	54	83.08	130	55	42.31	2.5	5780	23.12
江心洲生态农业园区	25	10	40.00	50	20	40.00	1.5	2890	19.27
合计	900	1224	136.00	1800	2467	137.06	40.0	447849	111.96

（卢 勃 张 君）

重点项目建设

责任编校:王雪松

综　述

【概况】 2015年,镇江市丹徒区发改经信委、区重大项目服务中心始终把重点项目建设作为稳增长、调结构、优环境、惠民生的核心支撑和关键抓手,围绕五大类项目和“三集”园区建设,进一步完善工作机制,优化资源配置,形成“项目加速驱动发展”的良好态势,全区项目管理和建设迈上新台阶。55个区级重点项目完成投资148.5亿元,31个计划新开工项目中,开工26个,开工率83.8%。其中,29个市重点项目开工率和签约率实现两个100%。

(赵　平)

项目服务

【重大项目服务机制】 2015年,丹徒区坚持以项目建设为中心,创新思路,多措并举,建立健全项目调度、挂钩、督查以及考核奖惩等机制。主要做到“四个到位”,即思想认识到位:将项目建设列为“一把手工程”,通过会议动员、观摩学习、新闻宣传等多种形式,营造“一切围绕项目转、一切围绕项目干”氛围;协调服务到位:推行领导挂钩、每周调度等工作机制,创造性建立项目预评估、土地成本核算联席会议等服务机制,为项目推进提供扶持;督查考核到位:健全区领导、重大项目办、责任板块三级督查推进网络,每月督查、每季观摩,并将项目建设纳入绩效考核内容,加大考核权重,增强考核力度;重点突出到位:推动大项目建设,发挥重大项目带动作用,北汽项目一期竣工并实现首车下线,大学城有4所高校主体封顶,孟家港国际物流园、润祥油气物流园、燃机热电联产、长山薰衣草庄园等重大项目强势推进。

(赵　平)

【“多评合一”项目预审管理】 2015年,丹徒区发改经信委贯彻全面深化改革要求,在全市率先启动项目预审管理机制,对将落户的产业项目进行预审管理。创新提出项目前期推进阶段所涉及的节能评估、环境影响评价、碳排放影响评估、安全评价、水土保持方案、地质灾害危险性评估、地震安全性评价共7项评估,由串联方式调整为并联方式合而为一进行,加强整合优化,探索开展区域评估,实行统一受理、统一评估、统一评审、统一审批的服务新模式,优化投资软环境,减轻企业负担。实行“多评合一”后,项目审批周期缩减,由原来串联的141个工作日调整到并联的50个工作日;实施区域评估,由项目所在地政府承担部分费用,并将部分功能近似的评估合并,减轻企业负担;明确对中介机构加强管理,对中介机构的服务时限、服务质量提出更高要求,促进服务效率提高。 (赵　平)

项目推进

【29个市重点项目超额完成年度目标】 2015年,丹徒区列入市级重点产业项目共29个,总投资488.1亿元,年度计划投资131.5亿元。其中,12个计划新开工项目全部开工,3个前期项目全部签约,完成投资133.9亿元,超额完成投资序时进度,项目开工率和签约率均为100%。在全市重点项目建设工作考核中位居第一。 (赵　平)

【重点项目建设推进】 2015年,丹徒区推行领导挂钩、督查考核等工作机制,创造性实施项目预评估、土地成本核算联席会议和“多评合一”、并联审批等服务机制,加大项目建设的推进力度。总投资120亿元的北汽华东(镇江)基地项目第一辆整车下线;总投资40亿元的孟家港国际物流园项目水域工程施工结束,进入港口设备安装阶段,与其相关的“长江大宗散货交易中心”这一总部经济项目正在同步洽谈推进;总投资30亿元的镇江软件科技产业园项目,南区3万平方米研发大楼进入内部装饰阶段,北区主体建设全面启动并成功签约入驻软件信息服务等企业60余家;碧桂园项目加快推进,优化调整原方案中的酒店、会议中心等内容,计划建设资源跨界融合、业态多元合一的现代“文旅荟”项目;总投资80亿元的润祥油气物流园、总投资87亿元的热电联产等重点项目有序推进;长山薰衣草庄园项目顺利开园,宝龙城市广场建成投入运营,平安综合金融电商物流、中都物流和海纳川零部件、长山漂流及温泉度假等项目签约;高校园区建设进展迅速,镇江技师学院建成招生,镇江高专、市委党校主体封顶,省交通技师学院进入内部装修阶段,江苏科技大学、江苏大学京江学院启动建设;三类园区公共服务平台同步推进，氢能产业园展示平台、临港物流园长江电子商务平台、现代农业产业园规划展示馆等建成并投入使用；市重点建设园区实现"321"重大项目全覆盖。（赵　平）

图39　2015年11月28日，举行燃机热电联产项目签约仪式
（丹徒新城管委会提供）

重点项目选介

【燃机热电联产项目】　该项目由江苏镇江燃气热电有限公司在丹徒新城工业园区投资建设。计划总投资87亿元，占地33.33公顷，分两期建设。其中，一期投资40亿元，建设9F系列2×400MW级机组，年供气量9.3亿立方米，每小时520吨蒸汽的产能，蒸汽管网铺设总长10千米，分南北两条线输出，南区主供谷阳镇、上党镇企业，北区主供丹徒新城、高新园区、辛丰镇企业；二期投资47亿元。该项目建成达产后，能满足全市南部片区和主城区部分区域蒸汽需求，可替代镇江市南部片区现有燃煤小锅炉、小煤电等分散供热方式，有效减少区域燃煤总量和二氧化硫、氮氧化物及烟尘的排放量，改善区域内大气环境。2015年11月28日，该项目签约落户丹徒；年底，一期工程开工建设。
（赵　平）

【幻速车型驱动桥及零部件生产项目】　该项目由镇江国控专汽公司与吉林车桥汽车零部件有限公司在丹徒高新园区投资建设，总投资5亿元，占地5.33公顷。计划建设桥总成装配线，桥壳、差减壳的研制开发及生产均由吉林车桥公司完成，经过与北汽多轮洽谈，确定为北汽研制M50驱动桥与汽车零部件研发与生产，该产品与北汽株洲、北汽昌河、北汽重庆银翔及今后北汽镇江的MPV、皮卡均是一个车桥技术平台，预计产能100万台套/年，可年产30万套轻型车后驱动桥、20万套减速器、51万只差壳及减壳。2015年8月19日，该项目签约落户丹徒。（赵　平）

【长山薰衣草庄园项目】　该项目由江苏长山庄园薰衣草有限公司投资建设，总投资5亿元，分三期实施。一期占地120公顷，投资1.5亿元，以生态丹徒十里长山的优良生态环境为依托，以国际化视角管理的理念打造江苏长山薰衣草主题公园，重点打造薰衣草园、向日葵园、锦鲤观赏区和攀岩拓展基地四大景区。2015年，一期工程完成种植薰衣草苗1200万株，面积46.67公顷；种植樱花、红枫、紫薇、玫瑰、向日葵29.47公顷；建成绿化林带3.6千米；铺设草坪2万平方米；主园9千米道路贯通；锦鲤池60万尾锦鲤放养到位，四周景点基本建设完成；配套的路灯、休闲椅、景区大门等设施建设完成，游客服务中心主体工程完工、装修完毕。年底，长山薰衣草主题公园对外营业。
（赵　平　徐　驹）

【平安综合金融电商物流产业园项目】　该项目由青岛东方铁塔股份有限公司与平安不动产有限公司共同投资建设，计划总投资20亿元，分两期建设。一期用地约12.73公顷，投资8亿元，主要包括电商加工基地、金融服务平台、产业链服务平台和物流配套服务平台，依靠平安集团强大的产业链金融实力和现代电子商务技术，打造集"金融服务、产业服务、物流服务"为一体的新型综合金融产业园。依托北汽华东（镇江）基地项目落户的契机，建立服务苏南的装备物流中心，功能覆盖北汽生态产业园和丹徒高端装备产业园，辐射整个苏南地区。拓展汽车贸易、汽车金融、汽车物流等延伸产业，打造服务于镇江乃至苏南的大型工业装备物流中心。2015年9月15日，该项目签约落户丹徒。
（赵　平）

开发区和产业集中区

责任编校：王雪松

江苏省丹徒经济开发区

【概况】 2015年，江苏省丹徒经济开发区（以下简称丹徒经济开发区）贯彻“四个全面”战略布局，围绕“强富美高”战略目标和“生态领先、特色发展”战略定位，稳增长、调结构、促转型，在项目建设、经济和社会事业发展方面取得新成绩。全年完成地区生产总值79.32亿元，比上年增长8.5%；完成工业总产值356亿元、销售收入351亿元、利税47.53亿元、利润30.65亿元，分别比上年增长10.3%、9.7%、23.2%、9.9%；完成公共财政预算收入2.95亿元；完成规模以上投资69.58亿元，比上年增长7.6%；实际利用外资及港澳台资2200万美元。年内，中盐镇江盐化有限公司、江苏苏亚迪碳材有限公司入选市工业循环经济示范企业。（黄　伟）

【项目建设】 2015年，丹徒经济开发区重点项目29个，其中列入市、区重点项目9个；续建项目9个，总投资28.6亿元，年内投资13.7亿元；计划新开工项目14个，总投资149.5亿元，年内投资17.1亿元；前期及在谈项目6个，总投资186.2亿元。2个市重点项目进展顺利，总投资20亿元的船港物流园项目配套仓库基本建成，国机二重重装装备基地项目配套及形象提升工程有序推进。李长荣石化产业升级项目建成MIBK、甲醇制氢等生产装置，苏菱二期项目竣工投产，建科科技园、万特福建筑构件、煤安矿用设备、沃科传动机械等项目加快推进。（黄　伟）

【特色园区建设】 2015年，丹徒经济开发区被国家标准委、国家发改委认定为国家级循环经济标准化试点园区，省级循环化改造示范试点园区通过验收，落实各项循环化改造项目和标准化实施方案，为推进园区循环经济发展奠定基础。跟踪推进总投资10亿元的绿色建筑集聚园区开发、总投资30亿元的船港物流、总投资18亿元的美人谷生态旅游度假区、总投资10亿元的镇江西部现代铁路物流中心、总投资5亿元的高效清洁煤粉和古香山寺旅游开发等项目。（黄　伟）

【民生工程】 2015年，丹徒经济开发区丰泽新苑二期安置房工程完成建设12万平方米；投资50万元改造园区纬一路道路，投资15万元新建枫丹东苑小区排水沟；重建东方桥，重修竹柯路、继发路，加固高水线、高巫线、肖朱侯线、高石线，实施闻捷路亮化工程，疏通和维修集镇下水管网和垃圾中转站，实施双仙河、中心河清淤工程；先后办理农民基本养老保险1128人，完成新型农村社会养老保险扩面227人、农村居民最低生活保障353户，建成省级居家养老服务中心10个，完成中心幼儿园、中学操场扩建工程。（黄　伟）

【科技创新】 2015年，丹徒经济开发区完成高新技术产业产值96.14亿元，全社会研发投入2.7亿元；发明专利授权12项；新增本科以上人才120人、高技能人才115人，企业职工技能提升培训828人次；申报并通过高新技术企业认定1家，获批江苏省企业研究生工作站1家；全年申报各类科技项目10项，其中市级科技项目4项、区级科技计划项目6项。（黄　伟）

江苏省世业洲旅游度假区

【概况】 世业洲位于镇江市西郊，四面环江，南与镇江市区一水之隔，北与扬州市隔江相望，为长江中第三大岛。全岛呈“元宝状”，东西长16.5千米、南北宽3.5千米，总面积44平方千米，其中陆域面积26平方千米，四周筑有防洪大堤长26.5千米，岛上有120公顷的自然式开放公园和湿地景观。润扬长江公路大桥横跨世业洲南北，并在世业洲东部建有双向互通，北与扬州市相连，南与沪宁高速、宁杭高速、312国道、沿江高等级公路相连，区域交通优势突出。世业洲环境幽静、空气清新、河道纵横，是名副其实的江中绿岛、生态之岛。

2015年，江苏省世业洲旅游度假区完成地区生产总值7.65亿元，比上年增长7.89%，其中：第一产业增加值0.9亿元，第二产业增加值0.56亿元，第三产业增加值6.19亿元。全年接待游客167万人次，直接带动经济收入2.4亿元。（杨　陈）

【“开心乐之岛”项目开工建设】 2015年5月，世业洲“开心乐之岛”项目开工建设。该项目是以音乐为主题的游乐园，总投资6.1亿元，占地面积约29公顷，分为亲子互动区、科普区、刺激挑战区等，旨在打造镇江一流的游乐场。至年底，该项目一期工程完成投资2.1亿元，原跑马场、卡丁车、滑草场完成搬迁，乐园游客中心和售票处正在施工，68米摩天轮、888米过山车、垂直极限、大摆锤、7D影院等项目均启动建设，配套的观光温室大棚建成并投入使用，动物园对外试营业。

（杨 陈）

【“华夏文化世业博览园（和园）”项目签约】 2015年12月12日，“华夏文化世业博览园（和园）”项目签约落户世业洲。该项目规划用地10公顷，总投资8亿元，计划建设古典园林式、极具传统内涵和艺术美感的大型文化旅游项目。该项目建成后，将成为一个旅游景点，同时成为学术交流、国学培训和艺术创作的平台和阵地，为丹徒区和世业洲的文化产业增添活力。（杨 陈）

【长江国际音乐节在世业洲举办】 2015年5月1～2日，长江国际音乐节在世业洲鹭岛音乐文化村举办。长江国际音乐节由镇江文广集团主办，北京华江亿动文化传媒有限公司承办，主要服务于长三角地区观众并辐射全国，集音乐演艺、休闲娱乐、旅游度假于一体。该届音乐节突出“音乐无界 生活万岁”宗旨，以“带着家人来旅行”为主题。邀请到世界摇滚王牌蝎子乐队、美国流行歌手DEMI LOVATO等国际艺人，以及曹格、萧亚轩、陈珊妮、罗琦等港台大陆艺人多元化演出。2天共接待游客16万人次。该届音乐节将生活方式与音乐节融合起来，为世业洲音乐岛带来更多度假型游客，促进长江文化的传播。（杨 陈）

【镇江—苏宁互联网农业孵化基地揭牌】 2015年6月10日，镇江—苏宁互联网农业孵化基地揭牌与动工仪式在世业洲四季春农业园举行。由苏宁集团援建的智能大棚项目，总面积5000余平方米，主要用于种植草莓、火龙果、樱桃、番茄等蔬果品种，可以通过棚内传感器等智能设备对温度、湿度、光照强弱、场景等监测，适时对大棚远程控制，调节棚内环境，提高亩均收益。该项目将促进村集体增加集体土地租金收入、吸纳农村劳动力和增加农民工资性收入。（杨 陈）

图40 2015年12月12日，“华夏文化世业博览园（和园）”项目签约仪式

（丹徒区世业镇提供）

丹徒星火技术密集区

【概况】 丹徒星火技术密集区位于辛丰镇，控制规划面积74.9平方千米，以京杭运河、沿江公路和241省道为轴心，分规模工业区、现代服务业区、仓储物流区、高效农业区和旅游休闲区5个园区，以轴承、电子、纺织、旅游四大产业为主导，有规模企业63家。2015年，丹徒星火技术密集区的明联电子、富达秸秆、上豪包装、特友诺、南方电子5家企业先后申报丹徒区第一批长山计划，江苏润杰通讯科技有限公司在上海Q版成功上市。

（姜国平 庞之列 王 昊）

【希西维轴承有限公司建成投产】 江苏希西维轴承有限公司位于镇江市丹徒区辛丰镇石城村，项目总投资约5.2亿元，占地面积10.9公顷，总建筑面积7万平方米，其中生产厂房及仓库约5.4万平方米，办公楼约1.6万平方米。至2015年底，项目全部建成并投入生产，年生产精密滑动轴承4233万套，产值超5亿元，利税近6000万元。

（姜国平 庞之列 王 昊）

丹徒高新技术产业园

【概况】 2015年，丹徒高新技术产业园立足苏南国家自主创新示范区战略定位，坚持以“生态领先、特色发展”为导向，按照适应新常态发展的新要求，推动载体提升、项目集聚、人才创新，加快建设氢能源产业园、高新技术创业园、文化创意产业园等三大特色“园中园”。园区地区生产总值24319万元，完成社会固定资产投资20.46亿元，其中规模以上工业固定资产投资14.01亿元，园区主要经济指标平稳增长，各项重点工作有序推进，整体发展呈现质态领先、持续向好的奋进态势。

（肖向平 赵 宇）

【承载功能提升】 2015年，丹徒高新技术产业园加快基础设施建设，不断完善园区载体功能配套，进一步优化投资环境。完善路网体系建设，总长2.6千米的经十路、总长1千米的博园路竣工通车，经四路续建工程结束并实现与主路贯通。同时，对南纬十路道路绿化进行改造提升，完成全部乔木的栽种；做好管网衔接工作,与供水、供电、燃气、通讯等部门沟通,确保管线配套到位,为落户项目开工建设提供便利条件;加快孵化载体建设,5.5万平米标准厂房全面对外招商,1号综合楼开始入驻办公。

(肖向平 赵 宇)

【项目建设】 2015年,丹徒高新技术产业园紧扣“特色化引项目,常态化推项目”主线,集聚要素,合力攻坚,园区重点项目建设推进有力。总投资20亿元的市重点项目乾景文化创意产业园项目一期3.4公顷土地控规编制完成;总投资6亿元的先锋汽车零部件项目2栋办公研发楼封顶;总投资1.96亿元的东艺纺织机械项目办公楼封顶,厂房加快建设;总投资1.1亿元的昕嘉仕电子项目2号钢结构厂房正在施工,6号办公楼主体完工,转入外立面装修;总投资1.1亿元的贝达机电项目4500平方米厂房基坑基础施工出正负零。(肖向平 赵 宇)

【特色亮点培育】 2015年,丹徒高新技术产业园继续突出品牌创建,精心培育特色亮点。成功获批省级创业示范基地、省级大学生创业示范园、市级青年创业孵化基地、市级志在千里众创空间等,在全区率先高标准建成“三集”展示平台——氢能产业展示馆,进一步提升园区新兴产业先导形象;江苏乾景新能源产业技术研究院、中科华泰威新能源产业设备研究院、江苏科技大学新能源与船用推进系统研发中心、南京理工大学材料科学与工程研发中心等研发机构,以及江苏云邑系统科技有限公司、江苏海克力斯电力科技有限公司、镇江九域安辰信息科技有限公司等一批高科技创新型企业纷纷落户;由园区企业——江苏乾景文化创意产业发展有限公司投资的国内首部百集双语《中华少儿国学剧》在丹徒开机,为园区文化创意产业发展注入新活力;承办第16届全国氢能会议暨第8届两岸三地氢能研讨会,进一步提升园区的知名度和影响力。

(肖向平 赵 宇)

【创业创新】 2015年,丹徒高新技术产业园响应“大众创业、万众创新”号召,谋划“互联网+”产业布局,加大人才引进、技术创新、优惠政策等方面的支持力度,促进互联网向多领域渗透。组织申报各类科技人才项目11项,其中人才项目立项1项,为中兴药业成功引进国家“千人计划”1人,研发新型抗原发性肝癌药物“水飞蓟宾”的联合用药技术;新增领军人才团队3个;科技项目立项4项,成功申报高新技术产品2件;新增科技孵化项目3个;发明专利授权8件;跟踪对接弘飞E采购、中智跨境电商、鸿声铝型材B2B商务平台等项目,使之与前期入驻孵化的科众信息、益海芯芯片、云邑大数据等企业信息交互、资源共享,形成技术开发链式衔接,实现数字经济与实体经济的高度融合;邀请以色列巴依兰大学、上海交通大学、上海同济大学等高校专家学者与入园企业开展产学研交流活动。年内,丹徒高新技术产业园完成高新技术产业产值6.65亿元,实现全社会研发投入3300万元。

(肖向平 赵 宇)

【第16届全国氢能会议暨第8届两岸三地氢能研讨会在丹徒区举行】 2015年11月28日,第16届全国氢能会议暨第8届两岸三地氢能研讨会在丹徒区举行,区委书记陈琳出席会议并致辞。国务院参事、清华大学核能与新能源研究院学术委员会主任吴宗鑫,中国可再生能源学会副理事长兼秘书长李宝山,区委常委、常务副区长谈沁磊出席会议。来自两岸三地的专家、学者和企业家代表共350余人参加会议。

(肖向平 赵 宇)

图41 2015年7月14日,百集双语《中华少儿国学剧》在丹徒开机

(丹徒高新技术产业园提供)

丹徒区长山文化产业园

【概况】 2015年,镇江市丹徒区长山文化产业园(以下简称丹徒区长山文化产业园)以创建省级旅游度假区、创建省级生态旅游示范区“双创”工作为契机,提升园区功能性配套内涵,强化中国米芾书法公园市场运营,促进项目建设达效,构建融资平台,探索适应市场化运作的体制机制,完成各项工作任务。年内,按现代企业制度要求,创新运营模式,由镇江市财政和长山文产公司共同出资500万元设立“米芾文化产业引导基金”,以政府信用为担保引入社会资本,为尽早实现公司向社会公众企业转型奠定基础;通过银企合作及省财政厅旅游发展基金贷款,实现融资6000万元,保证园

区基础设施及功能性配套设施建设的资金需要。（杜　宇）

【“双创”工作】 2015年，丹徒区长山文化产业园通过组建工作机构、细化目标、推进硬件建设达效、整合区域内有效资源等工作，完善园区软件及硬件建设，省级旅游度假区和省级生态旅游示范区申报资料如期上报省政府和省旅游局。10月，省住建厅领导到园区就创建省级旅游度假区开展调研，查阅相关台账资料，实地考察园区项目建设和软硬件设施。11月26日，省旅游局、省环保厅组织省级生态旅游示范区评审组到丹徒，对创建生态旅游示范区工作进行初步验收，丹徒区长山文化产业园按评审组整改意见逐项落实。（杜　宇）

【中国米芾书法公园投入运营】 2015年春节前，国家AAAA级旅游景区——中国米芾书法公园投入运营，开创丹徒旅游业新篇章。中国米芾书法公园与华侨城运营团队合作，采用顾问咨询和实地管理相结合的模式，建立全新的景区管理机制，提升管理水准；参加苏州、上海等地的专场旅游推介活动，加入镇江文化旅游精品工程旅游主线序列，并运用现代和传统宣传方式推介，通过《镇江日报》等主流媒体的宣传和在镇江主要公交线路及出租车投放广告，提升景区市场知名度；举行“端宜同砚”揭幕仪式，设计建造“研亭”安放“砚王”，并用红木定制成高4米的“巨笔”，供游人参观；通过举办“春节兰花展”“五一盆景展”“金秋菊花艺术展”等大型展览，建设开放米芾机器人场馆、米芾文化精品拓片馆互动项目，开工建设和故宫深化合作项目——南宫书房等，扩大影响力，提升美誉度。年内，公园共接待游客30万人次。（杜　宇）

图42　2015年2月19日至3月5日，“情动长山，兰墨飘香”首届兰花节在中国米芾书法公园举办（丹徒区长山产业园提供）

【园区项目建设】 2015年，丹徒长山文化产业园推进落户项目开工建设进度。宝晋怡园项目一期竣工对外营业，二期完成装饰工程；海岳天地酒店部分主体封顶，外装工程启动，二期餐饮部分用地积极运作上市；开工建设世界奇石园百石园；重建长山寺崇拜部分天王殿、钟楼、鼓楼及山门工程主体完工；尚湖雅居旅游地产项目一期封顶，具备对外销售条件；长山古镇项目完成建设规划及产业定位论证，一期用地完成报批工作；长山温泉漂流旅游综合体项目签约落户；集餐饮、购物、观光、休闲、自驾为一体的游客集散中心——砚山园主体建设完工，进入装修阶段；千禧路西延一期工程（米芾西路—米芾东路段）、北湖路一期（砚山园段）工程竣工通车，公交首末站建成投入使用；开工建设米芾书法公园入口牌楼，打造景区文化新标志；完成丹徒文化新标志——福因阁工程方案设计论证工作；长山寺宕口治理工程开工。（杜　宇）

【中国米芾书法公园举办首届兰花节】 2015年2月19日至3月5日，由丹徒区长山文化产业园主办、镇江香格里拉花卉有限公司布展的“情动长山，兰墨飘香”首届兰花节在中国米芾书法公园举办。此次花展分为米氏云山、宝晋英光、千秋山林、研山云烟四个部分，由组合式、单株式、悬崖式、下垂式等姿态各异的兰花造型组合形成米芾书体。兰花节共吸引游客8万人次到园赏花。（杜　宇）

【长山漂流温泉文化旅游综合体项目签约落户】 2015年10月21日，长山漂流温泉文化旅游综合体项目签约落户丹徒区长山文化产业园。该项目由香港佳世投资有限公司投资建设，规划总占地面积约40公顷，总投资20亿元。项目建设主要以现代园林建筑风格为主，具有漂流体验、休闲观光等功能，计划打造成为丹徒区长山文化产业园的高端旅游基地项目，促进全区旅游业和文化产业发展。至年底，利用社会投资额2.5亿元。（杜　宇）

交通·通信

责任编校：刘　芳

交　通

【概况】 2015年，丹徒区完成交通基础设施建设投资4.43亿元。至年底，全区公路总里程1036.74千米，公路密度168.02千米/百平方千米。其中，高速公路55.92千米，一级公路111.89千米，二级公路106.35千米，三级公路86.89千米，四级公路675.69千米；航道总里程45.98千米，其中三级航道10.26千米，七级航道18.53千米，等外级航道17.19千米。港口22个，码头泊位58个，码头总延长1573米。公路客运站场15个（含公交站场），长江汽渡2个；全区有镇村公交线路25条，总里程230千米，配备公交车29辆。全区公交站点750个，其中建成公交站亭的有212个。年内，开通丹徒荣炳至金坛西阳镇村公交线路，这是首次开通镇江毗邻市镇村公交。

（路建树　陈治国）

【行业管理】 2015年，镇江市丹徒区交通运输局（以下简称丹徒区交通局）完成行政许可362件，年审4432件，办结率100%；受理行政处罚案件438件，驳载货物2003吨，无一件“三乱”及行政诉讼败诉和行政复议被撤销案件；辖区客运车辆和危化品运输车辆全部按要求安装卫星定位装置，入网率100%。全年新增运营车辆648辆。全区水陆路交通、交通工程施工、局属单位、监管企业无伤亡事故发生。

（路建树　陈治国）

【运输生产】 2015年，丹徒区完成公路客运量254万人，公路客运周转量12879万人千米；完成公路货运量1160万吨，公路货物周转量129944万吨千米；完成水路货运量266万吨，水路货物周转量81304万吨千米。大港汽渡和渡管所共安全渡运62042航次，运送车辆1587655辆次，全年实现营业收入5773万元。

（路建树　陈治国）

【公路养护应急基地建设】 2015年3月，丹徒公路养护应急基地正式启用。该基地占地面积5335平方米，建筑面积约1100平方米，总投资550万元，主要负责辖区内国省干道、农村公路因自然灾害、交通事故及其他突发事件造成公路险情的养护应急处置、救援及抢修等工作。年内，全区养护总里程270.71千米，其中省道73.51千米，县道197.2千米。全年清扫路面72390千米，清理边沟103865米，整修路肩107975平方米，清除杂草158555平方米，清理边坡种植8.19千米，大雨巡查疏导64.1千米。年度干支线平均好路率89%，其中干线好路率100%，县道好路率85%。

（路建树　陈治国）

【公路危桥改造】 2015年，丹徒区改造公路危桥7座，分别为苏南运河四改三项目辛丰公路桥、上党镇沟南桥和三板桥、辛丰镇沿西桥和官庄桥、荣炳盐资源区下坝一桥和下坝二桥，总投资2600万元，全部竣工通车。其中：辛丰公路桥，属运河四改三项目，属二级公路桥，原桥为中承式拱桥，长153.1米、宽10.5米，通航孔净宽50米、净高7米，新改建后桥跨152.4米，桥梁主桥宽12.9米，引桥宽10.5米，设计时速60千米；沟南桥，原桥为3孔板拱结构，长21.5米、宽5.1米，净宽4.6米，新改建后桥梁全长32米、全宽7.5米，是空心板梁结构桥；三板桥，原桥为双曲拱桥，长29.3米、宽8米，净宽7.5米，新改建后桥梁全长30.2米、全宽10米，是空心板梁结构桥；官庄桥，原桥为双曲拱桥，长30.7米，净跨径为21.6米，宽6.4米，净宽5.5米，新改建后桥梁全长32米、全宽7.5米，是空心板梁结构桥；沿西桥，原桥为桁架拱桥，长39.5米，净跨径27.5米，宽4.5米，净宽3.5米，新改建后桥梁全长39米、全宽7.5米，是空心板梁结构桥；下坝一桥，原桥为3孔2米板拱结构，长16米、宽4.6米，净宽3.9米，新改建后桥梁全长16米、全宽7.5米，是空心板梁结构桥；下坝二桥，原桥长16.3米、宽6.8米，净宽5.5米，新改建后桥梁全长16米、全宽为7.5米，是空心板梁结构桥。

（路建树　陈治国）

【农村公路提档升级】 2015年，丹徒区完成县道改建工程乡村道提档升级工程。改造县道7条、17千米，总投资5300万元。其中：上青线凌塘段，起点为上党村，终点为大凌塘，长1.2千米、宽7米，为沥青混凝土路面类型；宝春线二期，起点为通济河桥，终点为向阳桥，长0.5千米、宽7米，为沥青混凝土路面类型，通过省级验收；上伏线东沛段，起点为东沛村，终点为沪宁上跨桥，全长1千米、宽7米，为沥青混凝土路面类型，通过省级验收；黄高线谷站段，起点为谷阳村，终点为站岗，全长2.41千米、宽7米，为沥青混凝土路面类型，通过省级验收；

湖上线湖义段，起点为东湖村，终点为义村，长6.74千米、宽7米，为沥青混凝土路面类型；高上线上墅段，起点为上党村，终点为付家边，长2.15千米，宽7米，为沥青混凝土路面类型；黄高线辛丰段，起点为辛桥村，终点为辛丰转盘，长3千米，宽7米，为沥青混凝土路面类型。全年完成乡村道提档升级工程29条、50.51千米，总投资4000万元。

（路建树　陈治国）

【港口码头建设】 2015年，丹徒区交通运输局做好瑞鸿物流园有限公司码头跟踪服务工作，累计完成投资约6500万元，码头主体工程建设基本完成。大港汽渡投资1000余万元，新建2405号渡船1艘，并与2402号、2401号一起在渡船驾驶舱前后安装倒车影像装置，保障渡运生产安全。渡管所投资300万元，维修改造北岸码头，于4月建成并投入使用。

（路建树　陈治国）

图43　　265省道镇江至荣炳段改扩建工程（二期）施工现场

（丹徒区交通运输局提供）

【265省道镇江至荣炳段改扩建工程（二期）】 265省道镇江至荣炳段改扩建工程（二期）起点位于上党镇精功路平交口，终点位于上会加油站，全长5.5千米，采用双向四车道一级公路标准建设，设计时速100千米，为沥青混凝土路面结构。计划总投资1.75亿元元，2015年完成投资约1亿元，占总计划57%。至年底，完成征地、拆迁、杆管线迁移和道路左半幅水稳基层施工。

（路建树　陈治国）

表15

2015年丹徒区农村公路建设情况

序号	项目名称	起点	终点	建设规模		路面类型	路面宽度（米）	桥梁分类	进展
				道路里程（千米）	桥梁面积（平方米）				
	合计			67.51	2914.70				
	县道小计			17.00					
1	上青线凌塘段	上党村	大凌塘	1.20		沥青混凝土	7		完工
2	宝春线二期	通济河桥	向阳桥	0.50		沥青混凝土	7		省验收
3	上伏线东沛段	东沛村	沪宁上跨桥	1.00		沥青混凝土	7		省验收
4	黄高线谷站段	谷阳村	站岗	2.41		沥青混凝土	7		省验收
5	湖上线湖义段	东湖村	义村	6.74		沥青混凝土	7		完工
6	高上线上墅段	上党村	付家边	2.15		沥青混凝土	7		完工
7	黄高线辛丰段	辛桥村	辛丰转盘	3.00		沥青混凝土	7		完工
	乡村道小计			50.51					
	谷阳镇			3.54					
1	丹上线一期	勤政路	西麓村	1.98		沥青混凝土	6		完工
2	辛庄线二期	湖马村	中沟边	1.56		水泥混凝土	6		省验收
	上党镇			13.89					
3	敖西线	陶巷村	大李甲	0.40		水泥混凝土	6		省验收
4	上盘线	冯甲	盘荣村	3.70		水泥混凝土	6		完工

续表

序号	项目名称	起点	终点	建设规模		路面类型	路面宽度（米）	桥梁分类	进展
				道路里程（千米）	桥梁面积（平方米）				
5	上宝线二期	上会	陶巷村	4.40		水泥混凝土	6		省验收
6	上薛线二期	薛村	红胜	1.85		水泥混凝土	6		省验收
7	上郦线一期	丰城	蒋庄	1.70		水泥混凝土	6		省验收
8	步甲线	上司线	步甲	0.90		水泥混凝土	5.5		完工
9	西林线	上青线	五塘村	0.94		沥青混凝土	6		完工
	宝堰镇			5.28					
10	宝安线二期	镇荣线	邓巷	0.40		水泥混凝土	6		省验收
11	禄食线	新村	俞甲桥	0.60		水泥混凝土	5.5		省验收
12	宝鲁线一期	鲁溪桥	大山	1.00		水泥混凝土	5.5		完工
13	开发线	丁角	刘东桥	2.50		水泥混凝土	6		完工
14	鲁徐线	行宝线	养殖厂	0.78		水泥混凝土	5.5		省验收
	荣炳盐资源区			16.86					
15	赵南线	赵甲桥	南庄	1.00		水泥混凝土	5.5		完工
16	荣蒲线二期	镇荣线	埝坡桥	1.98		水泥混凝土	6		完工
17	洋湖线	镇荣线	洋湖	2.45		水泥混凝土	5.5		完工
18	宝荣线二期	幸福河桥	南岗山	2.98		水泥混凝土	6		完工
19	荣盐线	高庄	盐矿	1.72		水泥混凝土	5.5		完工
20	荣胜线	茹墅桥	森林	2.63		水泥混凝土	5.5		完工
21	荣高线二期	高庄桥	凡石桥	4.10		水泥混凝土	5.5		完工
	辛丰镇			6.47					
22	黄龙线一期	338省道	龙山南门	3.43		水泥混凝土	6		完工
23	辛庄线一期	辛桥村	夏家	1.51		沥青混凝土	6		省验收
24	辛丰线	食味仙	黄高线	1.53		沥青混凝土	6		完工
	江心园区			2.16					
25	江益线二期	北京桥	益平村	1.40		水泥混凝土	5.5		完工
26	江五线二期	江心小学	橘江里	0.76		沥青混凝土	5.5		完工
	世业镇			2.31					
27	兴隆线	内环北路	兴隆村	1.28		水泥混凝土	6		完工
28	四季春线二期	内环北路	先锋一组	0.53		水泥混凝土	6		完工
29	真洲线	真洲东	真洲西	0.50		沥青混凝土	6		完工
	高桥镇			0.00					
	桥梁小计				2914.70				
1	下坝一桥				120.00			小桥	省验收
2	三板桥				302.00			中桥	完工
3	沟南桥				240.00			中桥	省验收

续表

序号	项目名称	起点	终点	建设规模		路面类型	路面宽度（米）	桥梁分类	进展
				道路里程（千米）	桥梁面积（平方米）				
4	官庄桥				240.00			中桥	省验收
5	沿西桥				292.50			中桥	省验收
6	辛丰公路桥				1600.20			大桥	完工
7	下坝二桥				120.00			小桥	完工

注：1.县道：完工7条17千米；
2.乡村道：完工29条50.51千米；
3.危桥改造：完工7座，通过省验收4座

公路管理

【概况】 2015年，镇江市丹徒区公路管理处（以下简称丹徒区公路处）以迎国检为主线抓好41.919千米的干线公路管养，以保畅通为主线抓好903.6千米的农村公路建设，以作风建设为主线整肃职工风纪，各项工作取得新成绩。修补沥青路面裂缝2306.1米，修补沥青路面病害259处，修补沥青坑塘1585.7平方米，更换百米桩35根，更换窨井盖5座，更换雨水井盖25座；做到每条乡村道路有人管养，实现养护管理全覆盖，实现全区县道优良路率85%、乡村道路好路率79%的目标；全年上路巡查280人次，上报、处置各类路网应急事件55件，清除路障200立方米、摊点59处、非标87块；依法审批增设平交道口、设置广告标牌等路政许可18件，审批施工路段安全管理方案8起，立案614起，路政案件查处率100%，结案率99%。年内，丹徒区公路处被评为省公路系统先进单位，机关支部被评为市公路系统四星级党支部。

（王巧兰）

【“丹心通途”品牌创建】 2015年，丹徒区公路处以“用我们的丹心换来道路畅通、换来你的放心”为主题，开展公路文化服务品牌“丹心通途”创建工作。举办全区交通系统“丹心通途”演讲比赛，印制“丹心通途”服务品牌文化手册，组织中国网、《镇江日报》和《江苏经济报》记者采访报道“丹心通途”创建工作，促进“丹心通途”品牌创建工作的特色开展和丹徒公路处影响力的提升。

（王巧兰）

图44　　道路养护作业　　（丹徒区公路处提供）

【国省干线公路环境整治和绿化】 2015年，丹徒区公路处开展“干线公路非公路标志、路面污染、桥梁荫蔽部位专项整治”“全市干线公路搭接道口硬化、中分带封闭、集镇段环境专项整治”和“迎国检干线公路标志标线、安保工程、公路安全隐患专项整治”活动，对路域环境中存在安全隐患的标志、标线、护栏、安全设施、安保工程等问题，组织开展集中整治行动，集中整治一批具有代表性、典型性的违法行为，建立长效管理机制并纳入常态路政巡查监控范围。全区公路环境整治点496处，共清除乱堆乱放、乱搭乱建152处，拆除非公路标志44块，清理店面外溢20处，边坡种植54处，拆除移动棚屋、残屋6处，公路沿线100米可视范围内建筑物、构筑物出新148处。同时，采取环境整治与绿化工作相结合的手段，运用综合整治方式，解决312国道镇南、三山段公路沿线脏乱差问题，完成绿化补植树木3.7万余株、灌木及草坪近3.4万平方米。

（王巧兰）

【路网管理机制】 2015年，丹徒区公路处加强和完善路网管理机制建设，提升路网管理水平。加强组织领导机制建设，完善落实工作领导小组和管理机构，明确责任；落实路网日常值班制度，实行24小时值班，要求值班人员做到全面掌握路况信息、熟悉应急处置流程、熟练使用应急指挥系统；梳理修订应急预案，结合在公路应急事件处置过程中遇到的新问题、新情况，修订完善各类应急预案。尤其针对强降雪、暴雨、大雾、结冰、台风等恶劣天气及大型桥梁等公路构造物制定专项应急预案，提高预案的可操作性；协调供电矛盾，配合各市路网中心完成308省道车检系统和监控工程建设。（王巧兰）

【治超专项整治】 2015年，丹徒区公路处继续以巩固镇江西部韦岗地区超限车辆集中整治成果为目标，以“镇江西南片区环境整治活动”为重点，以超限检测站为工作平台，采取固定与流动检查相结合、白天与夜间检查相结合的治理模式，推进超限运输治理工作。以省、市公路系统执法专项整改为契机，规范执法检查、违章处理和自由裁量行为；对群众反映强烈的石韦线、上青线和镇荣公路等，开展超限运输车辆集中整治；开展源头专项治理，针对区域内采矿企业、水泥、大型管桩运输企业等重点运输企业，通过上门宣传、召开座谈会、路面查处和违法抄告等，规范企业装载行为；开展联合执法行动，排查出一些超限管理盲区，震慑暴力抗法行为，提升治超执法环境，强化执法严肃性和权威性。全年查处超限运输车614辆，卸驳载货物1679吨，辖区超限运输治理率控制在2.9%以下。

（王巧兰）

电　信

【概况】 2015年，镇江电信丹徒分局围绕“4G发展”和“百兆光网”建设，在保持传统市场优势的同时，推进社会信息化、农村信息化，持续提升通信网络的领先优势，拓展全业务发展新领域。在农村市场中推广终端引领、分享计划和游子礼包，并通过“121”工程光宽带推进天翼宽带示范村建设。全年未发生重大安全生产事故。至年底，丹徒全网宽带用户占市场70%左右，存量用户提速成功占60%左右，提速成功率位列全区第一位。在商业客户发展中，挖掘存量客户潜力，提升天翼、宽带渗透率。在食品药品监管平台、综治E通项目宽带、天翼看店、天翼对讲、物联网等产品中融合天翼的发展；在乡镇加快全网通门店的建设，通过引进新世纪、联想电脑、鸿润等终端合作厂商，做到资源整合最大化。（镇江电信丹徒分局）

【通信网络持续提升】 2015年，镇江电信丹徒分局重点推进宽带提速和光进铜退工作，完成全区100%光纤覆盖率的目标；布放各类光缆约90千米，做到村村通光缆，退铜3万线对千米，完成市公司下达的退铜指标，为全区宽带提升提供网络支撑；全年完成FTTH（光纤到户）新建小区配套及老小区改造约1.1万户，铜改光约1.8万户，FTTH实际用户数约4.1万户。通过一年的网络改造，促使丹徒区能满足100兆带宽接入条件。

（镇江电信丹徒分局）

移　动

【概况】 2015年，中国移动通信集团江苏有限公司镇江公司丹徒分公司（以下简称丹徒移动分公司）围绕“战略转型”主题，紧抓4G发展机遇，推动宽带、互联网电视、终端等业务融合发展，拓展用户规模，巩固市场主导地位。落实丹徒区“宽带中国”实施方案确定的各项目标任务，持续增强宽带网络能力，推进固网光纤宽带与4G移动宽带的协同发展。全年开展多触点的宽带服务质量监控与闭环管理，改善宽带整体质量。响应国家“提速降费”号召，提升宽带服务品质，宽带客户感知持续改善。推进客户服务各项工作，明确客户接触点服务标准，加强部门协同，围绕网络感知、资费服务、流量提醒服务等方面，提升全业务服务质量。年内，获丹徒区纳税先进称号，1名员工被评为“镇江市三八红旗手”。

（丹徒移动分公司）

【政府信息化战略合作】 2015年1月，丹徒移动分公司与区食药监局、区教育局就学校食堂和饭店等视频安全建立平安餐饮项目，有效监控食品加工环节，确保食品安全；2月，与区教育局共建幼儿园教育城域网，各学校可以通过局域网访问教育局内网教学资源；3月，与区城管局共建数字化城管项目，城管执法人员可以现场上传、查询、处理城管各种案件资料，提高执法效率；6月，与区公安局共建视频会议指挥系统项目，实现区公安局和各个派出所之间无缝视频指挥功能，该系统还直连市公安局，有效提升区公安局的办案和日常工作管理能力；同月，与区环保局共建蓝天卫士项目，实现对秸秆焚烧的24小时监控，提高巡检效率，有效降低焚烧现象的发生；7月，与丹徒区政府签署战略合作协议，该公司在本地利税，并参与政府信息化建设事宜。丹徒区政府倡导各部门加大对丹徒移动分公司的扶持力度；9月，丹徒移动分公司与区检察院共建检务通项目，工作人员可以通过手持终端随时查询、处理案件情况，提高办案效率。

（丹徒移动分公司）

【企业信息化合作】 2015年4月，丹徒移动分公司与中国米芾书法公园合作，为公园提供景区WIFI覆盖、电子导览屏及电子导游机，有效提升公园软实力。年内，丹徒移动分公司将北汽华东（镇江）基地项目作为丹徒重要引进项目，为其提供网络、电话及信号配套服务，得到企业好评。

（丹徒移动分公司）

城镇建设与住房管理

责任编校：王雪松

丹徒新城（宜城街道）

【概况】 丹徒新城（宜城街道）是镇江市丹徒区政府驻地，位于镇江市主城区南郊，南连谷阳镇，东临辛丰镇，西接高资街道，北倚镇江市南徐新城。总面积48平方千米，其中耕地685公顷；城区面积12平方千米。下辖5个行政村、5个社区，年末总户数8344户，总人口25319人。人口出生率3.3‰，死亡率3.2‰，人口净增率0.1‰，计划生育率100%。

综合经济实力　丹徒新城（宜城街道）地区生产总值95.17亿元，比上年增长10.3%。其中：第一产业增加值1.1亿元，第二产业增加值36.78亿元，第三产业增加值57.29亿元。全口径财政收入8.23亿元，财政支出0.92亿元。

农业　丹徒新城（宜城街道）农业总产值1.5亿元。粮食总产6014吨，水产品总产303吨，出栏生猪1348头、家禽12万羽。

工业　丹徒新城（宜城街道）有工业企业378家，职工总数16659人。工业总产值237.9亿元，比上年增长6.73%，完成销售收入237亿元，实现利税33亿元。完成规模以上固定资产投资94.5亿元，其中规模以上工业固定资产投资53.7亿元，服务业占比60.2%；年销售2000万元以上企业94家，拥有固定资产60亿元，职工15138人，实现利税36亿元。私营企业1636个，年营业收入253亿元，实现利税36亿元。外资出口企业15家，当年实到外资及港澳台资3076万美元。

公共事业　丹徒新城（宜城街道）有中学3所、小学3所、幼儿园8所，教职工674人，在校中学生2937人、小学生3743人。有医院3所，病床376张，医卫人员583人。有文体活动中心1个。自来水管网覆盖率98%，入户率96%。参加农村社会养老保险2320人。参加新型农村合作医疗7425人，参合率100%。

居民生活　丹徒新城（宜城街道）城镇常住居民人均可支配收入35765元，农村居民人均可支配收入17770元。转入丹徒区基保中心194人，新增基保人员402人，参加农村社会养老保险2780人。　（杨雪松）

【招商引资】 2015年，丹徒新城（宜城街道）成功签约优质项目11个，主要有总投资87亿元的燃机热电联产项目、总投资20亿元的综合金融电商物流产业园项目、总投资10.6亿元的菲伦线缆项目、总投资3.6亿元的江苏省交通工程集团有限公司总部暨生产基地项目、总投资3亿元的恒宇广场项目、总投资1.5亿元的东升钢材物流园项目等。在谈重点项目、优质项目20余个，主要有奥特莱斯商业中心、佳星化学电商物流园、机床商城、沙棘产品综合利用开发等项目。（杨雪松）

【重点项目建设】 2015年，丹徒新城（宜城街道）有市、区重点项目16个。8个工业项目中，天然气热电联产项目取得省国土预审意见，通过省环保厅环评审批和省发改委核准；中福马人造板加工设备制造公司太阳能支架生产车间投入生产；品牌汽车集中服务区项目加快发展，别克和福特汽车4S店对外营业；数字印刷产业园项目、飞亚轴承项目、新美达工具项目、九泰装饰项目按序时推进。8个服务业项目

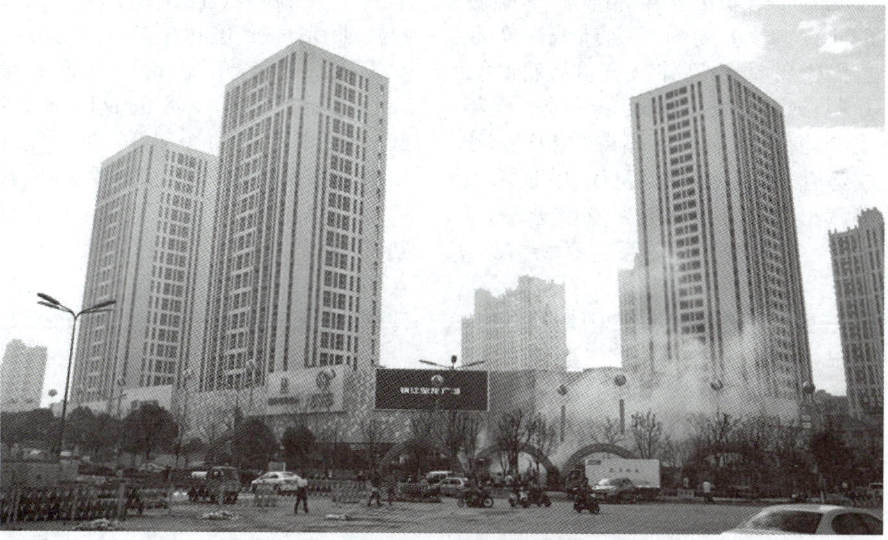

图45　2015年9月26日，宝龙城市广场开业

（丹徒新城管委会提供）

中，软件科技园项目南区3万平方米的研发大楼封顶，签约入驻软件企业46家，北区13万平方米项目开工；宝龙城市广场项目7万平方米商业MALL主体和3.4万平方米商业街项目全面开业；万博商业街项目4.5万平方米商业部分店铺外观基本装饰完成，招引商铺10余家；天盛广场项目桩基作业基本完成；盛润物流园、恒宇广场、电子商务广场3个项目顺利推进。（杨雪松）

【镇江软件科技产业园（北区）开工】 2015年10月10日，镇江软件科技产业园（北区）开工。该项目占地53.33公顷，总投资40亿元，是一家集研发服务外包产业组团、电子商务产业组团、文化创意产业组团、动漫产业组团、实训中心以及大型数据中心为一体的智慧型科技产业园。这是在项目南区建成、签约入驻江苏省通信服务有限公司镇江网盈分公司等46家科技企业基础上的又一重大项目投入。（杨雪松）

【新城品牌汽车集中服务区项目】 2015年，丹徒新城工业园区品牌汽车集中服务区项目加快推进。该项目位于丹徒新城管委会东侧，北至谷阳大道，南至盛丹路，东至312国道，西至盛园路，是丹徒新城重点打造的服务业项目。一期用地面积约12公顷，规划可容纳品牌汽车服务企业12家，主要为丹徒新城汽车业主提供便捷的品牌服务，以及保险、办税、理赔、餐饮等配套服务。至年底，上海大众、别克、福特3家4S店建成运营，名爵、奔驰、现代、中联重科等汽车品牌签约入驻并在推进中。（杨雪松）

【“三集”园区建设】 2015年，丹徒新城（宜城街道）突出产业“三集”工作，推进高端装备制造园、食品产业园、城市商业圈、软件科技产业园4个“三集”园区发展。年内，开工建设标准厂房5.9万平方米、厂房定制5万平方米，成市政府下达的指标和任务，4个“三集”园区共完成应税营业收入153亿元、入库税收4.2亿元，入驻企业110家、个体工商户420余户。（杨雪松）

【城市商业圈打造】 2015年，丹徒新城（宜城街道）坚持“建城”和“造市”并重，实施“商贸兴城、聚集人气”战略，以“宜居、宜商、宜乐”为目标，优化城市功能，提升城市品位。至年底，总投资3亿元的衡山思泊丽酒店开业；万博商业街4.5万平方米的商业街店铺投入运营；镇江软件科技产业园南区3万平方米竣工并即将投入运营；总投资5亿元的天盛广场、总投资3亿元的恒宇广场等项目加快建设。（杨雪松）

【高新技术产业】 2015年，丹徒新城（宜城街道）坚持调结构促转型，注重产业结构优化和层次提升，注重发展动力的多元化，以工业转型升级的新突破增创科学发展新优势。江苏海雷德蒙新能源有限公司生产的降膜式能源塔热泵机组、满液式水地源热泵机组获省科技厅高新技术产品认定；江苏联海通信股份有限公司成功登陆“新三板”。年内，丹徒新城（宜城街道）高新技术产业完成产值146亿元，完成研发投入2.74亿元，占地区生产总值2.9%；拥有高新技术企业19家，国家、省、市认定的企业科研机构30余家，企业院士工作站2个，“长江学者”1人，“千人计划”4人，省“双创计划”2人，省“博士集聚计划”2人，市“331人才”12人，区“长山计划”人才3人。（杨雪松）

【安置房建设】 2015年，丹徒新城（宜城街道）推进安置房项目11个，总面积81.52万平方米、约7300套。至年底，竣工42.32万平方米、3178套。其中姚庄舒苑、景泉印象2个安置小区相继交付，总量17万平方米、1165套（当年回迁安置600余户）；光明景园、宜东铭苑二期全部竣工；阳光丽景、望族舒苑、龙山庄园代建安置房即将交付。完成宜东铭苑三期、谷阳湖安置房等约39万平方米、4100套的安置房建设规划。（杨雪松）

【城乡建设工作】 2015年，丹徒新城（宜城街道）继续以“以人为本，宜居新城”为目标，采取多项措施提升城乡建设水平。全年完成市政道路6条、5千米的规划和建设，总投资7000万元。其中，飞亚路、友谊路、宝龙路等道路建成通车，枣林路开工建设，恒顺大道完成规划设计；提档升级西麓村西三路1.44千米、长山村长青路3千米；全年拆违24次、计30152平方米，其中规模较大的违建有驸马社区鑫柳机械厂5500平方米、缪家甸社区6500平方米、铭基商贸城7500平方米；坚持城市长效管理和社区管理，突出抓好失管、弱管小区以及城区周边废品收购站的综合治理，开展城市和园区出入口环境改造工程；推进农村环境综合整治工程，完成诈输新村和长山青甸自然村的覆盖拉网式污水管网建设工程，受益居民430户。（杨雪松）

【宣传工作】 2015年，丹徒新城（宜城街道）宣传思想文化工作在年度综合考核中位列全区第一；全年在市级以上媒体发稿110余篇；“宜城讲堂”获镇江市首届学习型党组织建设优秀品牌提名奖；2人获“镇江市创建全国文明城市工作先进个人”称号；西麓村获“全国文明村镇”称号；西麓村、长山村的“明德文化墙”宣传阵地作用成效显著。（杨雪松）

表16　　2015年宜城街道村（居）委会情况

名　称	组数（个）	户数（户）	人口（人）	耕地（公顷）	党组织书记	村（居）委会主任
西麓村	23	873	2802	140.0	蔡扣成	蔡跃进
镇南村	33	1516	4433	93.8	李健忠	曾春文
张巷村	17	831	2856	25.3	孔小贵	范志成
长山村	27	1121	3577	184.0	莫辽根	莫辽根
陆村村	21	660	2270	93.3	谢辉剑	谢志霞
诈输社区	11	523	1650	16.7	唐晓海	唐国滨
缪家甸社区	14	785	2050	17.3	魏　建	魏　建
姚庄社区	14	569	1893	28.2	余正强	成瑞林
光明社区	21	841	2040	153.0	冯杲云	蔡冬林
驸马庄社区	12	625	1748	2.7	谢东升	谢东升

（杨雪松）

高校园区建设

【概况】 镇江市高校园区（“大学城”项目）于2012年6月21日启动建设，9月28日举行奠基仪式。该园区地处丹徒区十里长山南侧，东有扬溧高速、西有243省道，南有沪宁高速、北有京沪高铁，区位优势突出，交通便捷。总的功能定位是建设国内一流高校园区，借助园区内的山水资源和人文资源，打造现代化山水花园示范区、科技文化引领区、低碳环保生态区和旅游文化特色区。园区一期规划面积9平方千米，总投资约150亿元，至2015年底完成资金投入80亿元。除规划建设的江苏科技大学、江苏大学京江校区、镇江高专、省交通技师学院、市技师学院、市委党校6所学校外，还同步规划共享区、生活配套区、产学研基地以及招引国际名校的预留用地等，其中：共享区规划有8.6万平方米的以图书馆功能为主体的文化综合体、4.5万平方米的体育馆、15万平方米的商业服务及二级甲等医院；生活配套区规划有50万平方米的教师住房、占地6.67公顷按十轨制规划的九年一贯制学校、国际幼儿园等生活配套设施。丹徒区政府把高校园区建设列入“丹徒四城同建”战略，2012年9月，特成立丹徒区“大学城”项目建设指挥部和5个专门工作领导小组，全力做好园区建设前期的拆迁安置、征地交地、林地报批、基础设施配套“四大工程”以及服务保障工作。

2015年，高校园区围绕“打造一流高校园区”建设目标，全面开工、加速建设，完成工程建设投入23.34亿元。丹徒指挥部制定《第四次预征地工作实施意见》《拆迁工作实施方案》，解决江苏大学京江校区、江苏科技大学新校区建设用地，解决江苏科技大学20公顷蚕桑实训基地，解决4条综合管线临时用地，确保高校园区的用地。镇江高专一期和省交通技师学院全部封顶，内外装饰全面推进；市委党校完成封顶1.6万余平方米；江苏科技大学开工建设19幢、34万平方米，其中13.6万平方米封顶；江苏大学京江校区开工面积13.58万平方米，其中近11万平方米封顶。共享区体育馆主体封顶，内外装饰工程开始施工；共享区图书馆完成支护系统施工和工程桩施工，准备进行地下室施工；海燕南路、长山西路、长山南路全面施工，长山西路完成到路基结构层。园区内的川气东送、西气东输、中成品油、中盐卤4条管道完成签约工作，盐卤管道迁移进入施工阶段。年内，共享区体育馆、镇江高专5幢单体、江苏大学京江校区5号教学楼、江苏科技大学5号重装实验

图46　　2015年，省交通技师学院封顶　（镇江市高校园区提供）

图47　　2015年，高校园区共享区体育馆主体封顶

（镇江市高校园区提供）

楼被评为“镇江市2015年度市级优质结构工程”。2015年9月，镇江技师学院全面投入使用。（张敖鹤）

【项目基础工作】 2015年，丹徒区围绕高校园区建设全年目标任务，按照序时进度做好项目基础工作。完成江苏大学京江学院、海燕南路、长山南路、四条综合管线、红旗水库附属用房等拆迁工作，完成拆迁面积44880平方米，其中农户121户、面积31080平方米，企业6家、面积13800平方米；完成江苏科技大学33.33公顷茶园拆迁调查工作，共需拆迁面积9300平方米。完成江苏科技大学、江苏大学京江校区和由于规划调整路幅增宽的海燕南路、长山西路、长山南路共4条道路以及管线临时用地的预征地工作，总面积91.6公顷，共安置人员420人；组织施工队伍开展清表、边沟开挖工作，有效避免相关矛盾发生，满足工程建设需要。迁移江苏大学京江学院和江苏科技大学高、低压杆线，完成移动、联通、电信、有线电视杆线迁移工作，拆除江苏大学京江学院内移动发射塔；完成长山中路自来水管网下地，跟踪推进超高压11万伏和22万伏杆线迁移工作。完成海燕南路、共享区体育馆室外篮球场的林地报批工作。总报批面积约5.67公顷；推进江苏大学京江学院、江苏科技大学新校区的林地报批工作。搬迁江苏大学京江学院、江苏科技大学新校区、共享区、长山西路、长山南路、长山中路内900余穴坟墓，用时20余天。（张敖鹤）

【服务保障】 2015年，丹徒区强化高校园区服务保障工作。完成局部土方平衡，协调区公安、城管、交通、国土、民政等部门，结合丹徒区西郊公墓、长山南路、长山西路建设，平衡调运土方3万立方米，解决相关道路和建设工地土方缺乏的矛盾；会同市、区水利部门完成红旗水库管理权移交，妥善安置原水库管理员，并根据市指挥部要求，明确中江国际为水库暂管单位；协调相关方面，修复被暴雨冲毁造成的塌方、水渠堵塞等水毁工程，确保各高校正常施工和道路通行；组织专门工作组到周边村组，帮助解决灾后恢复生产面临的实际困难；协调市供电公司、自来水公司保证高校园区供电线路容量及自来水日供量，满足建设单位的临时供电供水。（张敖鹤）

城镇建设

【概况】 2015年，镇江市丹徒区住房和城乡建设局（以下简称丹徒区住建局）推动重点项目建设，严格行业监管，规范行政执法行为，完成全年各项工作任务。先后制定下发《住建局加强事中事后监管实施细则》《住建局行业监管人员行为规范》《住建局关于行政处罚案件处理若干规定（试行）》等文件，建立健全执法监管机制，提高执法案件质量；着力提升服务效能，保障重点项目顺利推进。走访调研全区建筑企业和开发企业54家，落实一次性告知、限时办结等规章制度，全年受理办件200余件，按时办结率100%。处理“12345”、市长信箱、镇江论坛等投诉500余件，接待群众来信来访50余人次；推动“强村富民”双达标工程，向31户帮扶对象送去慰问款4.6万元。年内，丹徒区住建局获“江苏省第三批部门统计示范点”等称号。（张　阳）

【美丽镇村建设】 2015年，丹徒区住建局推动高桥京江村乾西村、江心五墩村幸福里2个村结合景观特色，找准发展定位，打造美丽乡村品牌，创建江苏省级“美丽乡村”，年底通过江苏省省级验收；牵头实施全区85个村的环境整治提升任务，其中10个村以二星级标准重点打造，75个村按照一般环境整洁村开展整治，年底85个村完成整治并通过丹徒区联合验收小组的现场验收。（张　阳）

【农村危房改造】 2015年，丹徒区住建局牵头实施农村危房改造工作，结合地区实际情况，通过与相关部门衔接，细化分解改造任务，共涉及五保户、低保户55户、贫困残疾户14户、其他贫困户49户，具体落实在上党镇、谷阳镇等9个镇（街道、园区）。至年底，全区118户农村危房改造全部竣工，争取并落实江苏省级以上补助资金110.33万元。（张　阳）

【道路建设与环境综合整治】 2015年，丹徒区住建局负责实施高校园区长山中路建设，道路总长2.4千米，总投资约1.3亿元，年内长山中路主体完工，优化高校园区路网建设。实施金谷东路道路环境综合整

治暨古邑广场改造，金谷东路全长2400米、宽40米，古邑广场工程面积约8000平方米，总投资约6800万元，至年底，项目如期竣工，同时解决车辆噪声、扬尘等问题，有效提升丹徒城市形象。 （张 阳）

图48 2015年，金谷东路暨古邑广场改造项目竣工
（丹徒区住建局提供）

【市政排水建设与养护】 2015年，丹徒区住建局编制《2015年汛期丹徒新城易淹易涝隐患区（点）整改落实表》，全面排查积水隐患区，完成对米芾广场、谷阳大道高速涵洞、盛丹路官庄新村路段等19个部位的整改工作。受理排水管养护申请36户、参与44户，现场工序竣工验收17户；全年养护雨水排口21个，城区雨水明渠3000米，雨水管网153千米，雨水篦5131座，主城区雨水检查井3378座；负责牵头实施污水处理设施建设，共完成污水管网建设50千米，大学城、上党汽车城、新312国道等新建区域随项目同步建设，三山、宝堰污水管网改造工程竣工，34个农村分散式污水处理设施建设全部完成，世业洲全岛生活污水处理实现全覆盖。 （张 阳）

【建筑业管理】 2015年，丹徒区拥有专业幕墙工程设计与施工一级资质企业1家、建筑施工二级资质企业7家、三级41家。全年完成建筑业产值18.4亿元，房地产开工总面积33.3万平方米、总造价约10亿元，竣工262个单体、总面积80.78万平方米，城区新建商品住宅小区配套设施联合确认备案率100%。丹徒区住建局梳理施工许可办事规程，执行施工许可管理规定，共办理施工许可41项，施工许可网上申办发证率100%。严把施工图审查关，施工图审查覆盖率100%，共办理施工图审查94项、面积107万平方米；纠正违反强条82条，违反强标947条；勘察审查94项，其中违反强准18条。建筑节能验收住宅和公建项目（厂房除外）168栋、面积123.61万平方米，建筑节能专项备案验收率100%；全年受理新报监工程162个单体，建筑面积113.6万平方米，国有项目投资招标控制价备案61项；严控桩基工程、商品混凝土和结构钢材质量，排除建筑工地临时设施火灾、漏电和结构安全等方面的隐患，全年检查在建工地61个，排查安全隐患195处，发放整改通知书83份，整改率100%。 （张 阳）

【绿色建筑和建筑节能】 2015年，丹徒区住建局推进绿色建筑发展，严把审图、施工、竣工验收等关口，推动政府投资新建工程全部依照绿色标准设计建造。全年节能建筑竣工168栋单体、总面积123万平方米，镇江技师学院12.6万平方米成功申报一星级绿色建筑；以巩固“城区禁粘”成果、推动“乡镇禁粘、农村禁实”工作为主线，推广新型墙体材料，推进产业升级。至年底，全区新墙材竣工面积55.6万平方米，新墙材生产和应用占比均达96%以上，关闭砖瓦窑2座，指导高资街道通过市级“禁粘”乡镇的考核验收。3月，丹徒区墙改办获江苏省墙材革新工作考核二等奖。 （张 阳）

【行业监管】 2015年，丹徒区住建局加大建筑市场执法监管力度，共排查在建项目68项、总建筑面积201.73万平方米。其中，乡镇项目39项，新城项目29项。全年下达《停止违法建设通知书》12份，立案查处违法建设案件18起。着力完善招标投标程序，推进电子招投标，加强对招标代理和评标专家的监管，开展专项治理活动，整治围标、串标等违法违规行为。全年完成招投标项目总计111项，发包总额21.9亿元、面积80.44万平方米，节约资金率10%以上；配合区防违办开展防违拆违攻坚行动，对重点版块开展密集式巡查，全年受理违建举报462起，拆除违章建筑总面积20.6万平方米，居全市第一；加强行业监管人员行为规范，制定《行业监管人员行为规范》，对住建局机关及下属事业单位从事行业管理、监督检查、行政执法等职责的工作人员加强监督，要求监管人员挂牌上岗、按章办事、文明执法；统一印制《行业监管人员行为监督卡》，分别在区政务服务中心窗口办理工程报建手续以及现场监管人员执法前发放，卡上公布监管行为“十不准”和投诉电话，主动接受社会各界和被服务对象的监督；全面启用建筑业企业信用管理平台，对建筑业企业各种优劣信用行为进行量化考核计分，将计分结果应用于建筑工程招投标和建筑行业日常监管中，实现建筑市场和施工现场“两场”联动管理，打造规范有序的建筑市场秩序。 （张 阳）

【工程质量安全】 2015年，丹徒区住建局加强建筑工程质量安全保

障工作。全区新报监工程162个单体,建筑面积113.6万平方米,其中安置房45个单体、面积46万平方米。创新分户验收监管制度,对五方抽检合格的住宅工程,由质监部门再次随机抽查、进行数据对比。创成江苏省级"扬子杯"1个、镇江市级"金山杯"6项、优质结构工程55个。集中开展脚手架、大型机械设备、危险性较大分项分部工程等专项整治行动,全年检查在建工地61个,排查安全隐患195处,发放整改通知书83份,整改率100%。创成江苏省级"平安文明工地"4个、镇江市级"平安文明工地"14个。落实农民工工资保证金制度,确保农民工工资按时发放。推动建筑施工规范化管理和现场标准化施工,大城管工作继续走在全区前列。8月,会同区安监局、区消防大队等部门开展建筑工地临时设施安全大检查,排除火灾、漏电和结构安全等方面存在的隐患问题。

(张　阳)

【拆迁安置】 2015年,丹徒区住建局负责实施北汽物流园、镇荣公路二期南延拓宽、大学城西气东输管道迁移、精工汽车、博园路、宜城小学等14个项目、约25万平方米的拆迁工作,动迁近800户;协调推进安置房建设,共完成宜东二期、姚庄舒苑、景泉印象、光明景园、长山水岸以及高资、宝堰、高桥等安置片区约89.98万平方米,推进姚庄舒苑、景泉印象、北汽一期3个项目竣工交付约17万平方米、1151套。(张　阳)

表17　**2015年丹徒区省级建筑施工标准化文明(示范)工地**

序号	项目名称	建设单位	结构层次结构类型	建筑面积及造价	开工、竣工日期	进度	施工单位	项目经理	市级考核
1	江苏省交通技师学院新校区建设工程项目二标段	镇江市交通投资建设发展公司	框架	70216平方米 16159万元	2014-08-20 2015-12-19	80%	镇江索普建筑安装工程有限责任公司	李昌军	镇江市建筑施工标准化文明示范工地
2	丹徒区职工、妇女儿童、文化活动中心工程	镇江华建置业有限公司	框架	27168平方米 6326万元	2014-11-06 2015-11-01	70%	镇江索普建筑安装工程有限责任公司	沈庆荣	镇江市建筑施工标准化文明示范工地
3	江苏省交通技师学院新校区建设工程项目三标段	镇江市交通投资建设发展公司	框架	35289平方米 7525万元	2015-04-10 2016-01-20	80%	镇江索普建筑安装工程有限责任公司	李昌军	镇江市建筑施工标准化文明示范工地
4	五标段长山安置房一期2号、3号楼	镇江华建置业有限公司	框架	21818平方米 4817万元	2015-01-01 2016-11-30	70%	江苏协兴建筑安装工程有限公司	华　敏	镇江市建筑施工标准化文明示范工地

(丹徒区住建局)

表18　**2015年丹徒区市级建筑施工标准化文明(示范)工地**

序号	项目名称	建设单位	建筑面积及造价	开工、竣工日期	进度	施工单位	项目经理	市级考核
1	江苏省交通技师学院新校区建设工程项目二标段	镇江市交通投资建设发展公司	70216平方米 16159万元	2014-08-20 2015-12-19	80%	镇江索普建筑安装工程有限责任公司	李昌军	镇江市建筑施工标准化文明示范工地
2	镇江市丹徒宝龙城市广场三期商业MALL(含地下室)及MALL上写字楼工程	镇江宝龙置业发展有限公司	163087平方米 22818万元	2013-08-15 2015-09-30	80%	江苏省苏中建设集团股份有限公司	花世海	镇江市建筑施工标准化文明工地
3	江苏恒顺醋业股份有限公司新建研发大楼土建安装及装饰	江苏恒顺醋业股份有限公司	11719平方米 5700万元	2014-05-28 2015-05-28	80%	江苏新润建筑安装工程有限公司	葛佳美	镇江市建筑施工标准化文明工地
4	镇江市青少年教育实践基地新建工程	镇江市教育发展投资中心	12060平方米 4165万元	2014-07-12 2015-05-25	70%	江苏盐城二建集团有限公司	刘江兵	镇江市建筑施工标准化文明工地
5	龙湾华府1、2、3、12、13、17、18、19、20、21、32号工程	镇江建民置业有限公司	30658平方米 3047万元	2014-08-15 2015-06-15	80%	镇江建民建设工程有限公司	文武霖	镇江市建筑施工标准化文明工地
6	北汽(镇江)汽车有限公司技术改造项目-3号涂装车间	北汽(镇江)汽车有限公司	38901平方米 11524万元	2014-12-01 2015-09-29	90%	江苏省建筑工程集团有限公司	陆　涛	镇江市建筑施工标准化文明工地

续表

序号	项目名称	建设单位	建筑面积及造价	开工、竣工日期	进度	施工单位	项目经理	市级考核
7	丹徒区职工、妇女儿童、文化活动中心工程	镇江华建置业有限公司	27168平方米 6326万元	2014-11-06 2015-11-01	70%	镇江索普建筑安装工程有限责任公司	沈庆荣	镇江市建筑施工标准化文明示范工地
8	丹徒区世业镇1~13号及29号安置房工程	镇江华建置业有限公司	34000平方米 7810万元	2014-11-05 2015-07-20	70%	镇江瑞森置业有限公司	袁新振	镇江市建筑施工标准化文明工地
9	镇江市丹徒高级中学教学楼工程	镇江丹徒高级中学	8034平方米 1392万元	2014-12-25 2015-08-12	70%	江苏五星建设集团有限公司	王德林	镇江市建筑施工标准化文明工地
10	江苏省交通技师学院新校区建设工程项目三标段	镇江市交通投资建设发展公司	35289平方米 7525万元	2015-04-10 2016-01-20	70%	镇江索普建筑安装工程有限责任公司	李昌军	镇江市建筑施工标准化文明示范工地
11	驸马山庄三期帝豪苑A区22、23号楼	镇江豪斯嘉房地产有限公司	16000平方米 2200万元	2015-01-01 2015-11-30	80%	镇江久盛建筑安装工程有限公司	柏佐政	镇江市建筑施工标准化文明工地
12	五标段长山安置房一期2号、3号楼	镇江华建置业有限公司	21818平方米 4817万元	2015-01-01 2016-11-30	70%	江苏协兴建筑安装工程有限公司	华　敏	镇江市建筑施工标准化文明示范工地

（丹徒区住建局）

表19

2015年丹徒区优质结构工程

序号	工程名称	施工单位	建设单位	建筑面积	结构形式	工程地点	项目经理	基础形式
1	镇江高等专科学校(新校区)建设项目公共教学楼B座	中亿丰建设集团股份有限公司	镇江市高校投资建设发展(集团)有限公司	19712平方米	K(5)	丹徒新区	钱云飞	条形基础
2	镇江高等专科学校(新校区)建设项目行政办公楼	中亿丰建设集团股份有限公司	镇江市高校投资建设发展(集团)有限公司	12500平方米	K(5)	丹徒新区	钱云飞	桩基础
3	镇江高等专科学校(新校区)建设项目文体中心	中亿丰建设集团股份有限公司	镇江市高校投资建设发展(集团)有限公司	14418平方米	K(3)	丹徒新区	钱云飞	桩基础
4	镇江高等专科学校(新校区)建设项目管理、外语教学楼	中亿丰建设集团股份有限公司	镇江市高校投资建设发展(集团)有限公司	17068平方米	K(5)	丹徒新区	钱云飞	条形基础
5	镇江高等专科学校(新校区)建设项目图文信息中心	中亿丰建设集团股份有限公司	镇江市高校投资建设发展(集团)有限公司	19488平方米	K(5)	丹徒新区	钱云飞	条形基础
6	中共镇江市委党校(新校区)建设项目1号楼	江苏万宣建设工程有限公司	镇江市高校投资建设发展(集团)有限公司	5143平方米	K(2)	丹徒新区	殷　辉	桩基础
7	江苏省交通技师学院6号楼	镇江索普建筑安装工程有限公司	江苏省交通技师学院	11584平方米	K(3)	丹徒新区	李昌军	独立基础
8	江苏省交通技师学院7号楼	镇江索普建筑安装工程有限公司	江苏省交通技师学院	5205平方米	K(3)	丹徒新区	李昌军	独立基础
9	江苏省交通技师学院8号楼	镇江索普建筑安装工程有限公司	江苏省交通技师学院	11308平方米	K(3)	丹徒新区	李昌军	独立基础
10	江苏省交通技师学院12号楼	镇江索普建筑安装工程有限公司	江苏省交通技师学院	10912平方米	K(3)	丹徒新区	李昌军	独立基础
11	江苏省交通技师学院14号楼	镇江索普建筑安装工程有限公司	江苏省交通技师学院	12946平方米	K(6)	丹徒新区	李昌军	独立基础
12	江苏省交通技师学院15号楼	镇江索普建筑安装工程有限公司	江苏省交通技师学院	15134平方米	K(6)	丹徒新区	李昌军	独立基础

续表

序号	工程名称	施工单位	建设单位	建筑面积	结构形式	工程地点	项目经理	基础形式
13	江苏省交通技师学院10号楼	镇江索普建筑安装工程有限公司	江苏省交通技师学院	15814平方米	K(5)	丹徒新区	李昌军	独立基础
14	江苏省交通技师学院16号楼	镇江索普建筑安装工程有限公司	江苏省交通技师学院	11745平方米	K(6)	丹徒新区	李昌军	独立基础
15	江苏省交通技师学院17号楼	镇江索普建筑安装工程有限公司	江苏省交通技师学院	5929平方米	K(6)	丹徒新区	李昌军	独立基础
16	镇江希西维轴承有限公司综合楼	南通华新建工集团有限公司	镇江希西维轴承有限公司	16862平方米	K(10)	丹徒辛丰	钱　峰	桩基础
17	恒大绿洲花园10号楼(幼儿园)	南通华新建工集团有限公司	镇江佳祺置业有限公司	4820平方米	K(3)	丹徒新区	章鑫磊	独立基础
18	镇江浩大医疗器械4号厂房	宜兴市工业设备安装有限公司	镇江浩大医疗器械有限公司	4022平方米	门式刚架	丹徒新区	杭建国	独立基础
19	风尚花园二期2号住宅楼	江苏兴厦建筑安装有限公司	镇江凯盛房地产发展有限公司	17938平方米	K(33)	丹徒新区	张　峰	桩基础
20	风尚花园二期9号住宅楼	江苏兴厦建筑安装有限公司	镇江凯盛房地产发展有限公司	17938平方米	K(33)	丹徒新区	张　峰	桩基础
21	风尚花园二期15号住宅楼	江苏兴厦建筑安装有限公司	镇江凯盛房地产发展有限公司	17938平方米	K(33)	丹徒新区	张　峰	桩基础
22	风尚花园二期21号住宅楼	江苏兴厦建筑安装有限公司	镇江凯盛房地产发展有限公司	19446平方米	K(33)	丹徒新区	张　峰	桩基础
23	驸马山庄二期帝豪苑22号楼及车库	镇江久盛建筑安装工程有限公司	镇江豪斯嘉房地产有限公司	8911平方米	K(11)	丹徒新区	柏佐政	桩基础
24	驸马山庄二期帝豪苑23号、26号、27号楼	镇江久盛建筑安装工程有限公司	镇江豪斯嘉房地产有限公司	7591平方米	K(11)	丹徒新区	柏佐政	桩基础
25	镇江市青少年校外实践基地学生宿舍	江苏盐城二建集团有限公司	镇江市教育发展投资中心	6420平方米	K(3)	丹徒世业	刘江兵	桩基础
26	宜东新村安置房30号楼	江苏苏兴建设工程有限公司	镇江市丹徒区城建投资有限公司	11061平方米	K(17)	丹徒新区	缪　健	桩基础
27	宜东新村安置房41号楼	江苏苏兴建设工程有限公司	镇江市丹徒区城建投资有限公司	16522平方米	K(17)	丹徒新区	缪　健	桩基础
28	宜东新村安置房49号楼	江苏苏兴建设工程有限公司	镇江市丹徒区城建投资有限公司	16502平方米	K(17)	丹徒新区	缪　健	桩基础
29	湖光山舍13号楼	上海凯栋建筑装璜工程有限公司	镇江智谷房地产开发有限公司;	8957平方米	K(27)	丹徒新区	陈　彪	桩基础
30	湖光山舍15号楼	上海凯栋建筑装璜工程有限公司	镇江智谷房地产开发有限公司;	8957平方米	K(27)	丹徒新区	陈　彪	桩基础
31	镇江数字印刷生产车间	江苏明兴建设发展有限公司	镇江数字印刷产业园有限公司;	3880平方米	K(1)	丹徒新区	姚春荣	独立基础
32	镇江数字印刷办公用房	江苏明兴建设发展有限公司	镇江数字印刷产业园有限公司;	3010平方米	K(3)	丹徒新区	姚春荣	独立基础
33	镇江数字印刷库房	江苏明兴建设发展有限公司	镇江数字印刷产业园有限公司;	3640平方米	K(2)	丹徒新区	姚春荣	独立基础
34	山河郡3号楼	歌山建设集团有限公司	镇江智谷房地产开发有限公司;	5301平方米	K(17)	丹徒新区	饶贤帮	桩基础

续表

序号	工程名称	施工单位	建设单位	建筑面积	结构形式	工程地点	项目经理	基础形式
35	山河郡4号楼	歌山建设集团有限公司	镇江智谷房地产开发有限公司;	5137平方米	K(17)	丹徒新区	饶贤帮	桩基础
36	山河郡7号楼	歌山建设集团有限公司	镇江智谷房地产开发有限公司;	6430平方米	K(16)	丹徒新区	饶贤帮	桩基础
37	北汽(镇江)汽车有限公司3号涂装车间	江苏省建筑工程集团有限公司	北汽（镇江）汽车有限公司	38900平方米	K(3)	丹徒上党	陆涛	独立基础
38	镇江市丹徒区高级中学教学楼	江苏五星建设有限公司	镇江市丹徒区高级中学	4739平方米	K(4)	丹徒新区	王德林	独立基础
39	镇江市丹徒区高级中学宿舍楼	江苏五星建设有限公司	镇江市丹徒区高级中学	3100平方米	K(5)	丹徒新区	王德林	独立基础
40	宝龙城市广场75-2号楼(商业)	江苏省苏中建设集团股份有限公司	镇江宝龙置业发展有限公司	15429平方米	K(20)	丹徒新区	奚忠泉	桩基础
41	宝龙城市广场75-5号楼(商业)	江苏省苏中建设集团股份有限公司	镇江宝龙置业发展有限公司	23592平方米	K(29)	丹徒新区	夏福建	桩基础
42	镇江北极乐达广场	通州建总集团有限公司	镇江北极房地产开发有限公司	33971平方米	K(13)	丹徒新区	王飞	桩基础
43	镇江市残疾人托养中心B区1号楼	宜兴市工业设备安装有限公司	镇江市残疾人联合会	9695平方米	K(3)	丹徒新区	王慧	桩基础
44	镇江市残疾人托养中心B区2号楼	宜兴市工业设备安装有限公司	镇江市残疾人联合会	5694平方米	K(3)	丹徒新区	王慧	桩基础
45	镇江市残疾人托养中心B区3号楼	宜兴市工业设备安装有限公司	镇江市残疾人联合会	6151平方米	K(3)	丹徒新区	王慧	桩基础
46	江苏大学京江校区5号教学楼	江苏中信建设集团有限公司	镇江高校投资建设发展(集团)有限公司	14330平方米	K(5)	丹徒新区	黄锡锋	独立基础
47	丹徒区职工妇女儿童文化活动中心	镇江市索普建筑安装工程有限公司	镇江华建置业有限公司	27168平方米	K(8)	丹徒新区	沈庆荣	筏板基础
48	镇江飞亚轴承公司二联厂房	镇江光大建筑工程有限公司	镇江飞亚轴承有限责任公司	17856平方米	K(3)排架	丹徒新区	徐维声	独立基础
49	镇江市高校园区共享区体育馆	中亿丰建设集团股份有限公司	镇江市高校投资建设发展集团有限公司	41082平方米	网架	丹徒新区	高国平	桩基础
50	江苏科技大学（新校区）重装实验二号楼	中国江苏国际经济技术合作集团有限公司	镇江市高校投资建设发展集团有限公司	5167平方米	K(2)	丹徒新区	胡国建	独立基础
51	世业镇安置房9号楼	镇江瑞森置业有限公司	镇江华建置业有限公司	3730平方米	K(5)	丹徒世业	袁新振	桩基础
52	世业镇安置房10号楼	镇江瑞森置业有限公司	镇江华建置业有限公司	4250平方米	K(5)	丹徒世业	袁新振	桩基础
53	世业镇安置房11号楼	镇江瑞森置业有限公司	镇江华建置业有限公司	4250平方米	K(5)	丹徒世业	袁新振	桩基础
54	世业镇安置房12号楼	镇江瑞森置业有限公司	镇江华建置业有限公司	4250平方米	K(5)	丹徒世业	袁新振	桩基础
55	世业镇安置房13号楼	镇江瑞森置业有限公司	镇江华建置业有限公司	4250平方米	K(5)	丹徒世业	袁新振	桩基础

（丹徒区住建局）

城镇规划

【概况】 2015年，镇江市规划局丹徒分局（以下简称丹徒规划分局）围绕全区重点工作和城乡建设工作，加快规划编制步伐，强化规划管理，提升依法行政和规划服务水平，完成各项目标任务。推进江苏润祥高桥港务有限公司油品码头项目、江苏镇江燃气热电有限公司燃机热电联产项目和宜城第一小学的选址工作；完成全区优化镇村布局规划编制工作；宝堰历史文化名镇保护规划通过省住建厅组织的论证，辛丰镇总体规划修编进展顺利；推进"六大任务"项目规划审批。（刘　柳）

【规划业务工作】 2015年，丹徒规划分局发放规划意见22份，审批总平面图33份，核发建设项目选址意见书5份、用地面积13.08公顷，核发建设用地规划许可证47份、用地面积91.19公顷，核发规划条件书44份、用地面积172.43公顷，核发建设工程规划许可证159份、总建筑面积66.87万平方米，规划核实81.47万平方米。全年牵头召开规划建设协调会5次，完善21个项目手续；信访接待34件，"12345"投诉举报、网络咨询建议答复率100%，办结人大建议1件。（刘　柳）

城建投资

【概况】 2015年，镇江市丹徒区城建投资有限公司（以下简称丹徒区城投公司）科学谋划、创新发展，在安置房工程建设、标准厂房建设、廉政建设以及企业内部管理等方面取得突破。加强人才队伍建设，完善人才队伍结构、充实管理人员力量；加强领导班子建设，坚持"每月工作例会"制度，及时了解各部门中心工作，注重密切联系工作实际，提高员工理论水平和实践能力；完善职工各项工作考核制度，通过制度约束，增强职工工作责任感和使命感。（陈爱波）

【宜东铭苑安置房建设】 2015年，丹徒区城投公司承建丹徒区安置小区宜东铭苑安置房。在施工建设中，排定时序，抓责任落实，加大安全生产和管理力度，工程稳步推进。至年底，宜东铭苑安置小区二期6幢总建筑面积约5.4万平方米、计422套安置房交付使用。（陈爱波）

【三集标准厂房建设】 2015年8月，丹徒城投公司承建的三集标准厂房项目规划占地面积约16公顷，总规划建筑面积约26万平方米，其中一期工程占地约6.67公顷，规划建筑面积约10万平方米，二期工程占地约9.33公顷，规划建筑面积约16万平方米。至年底，一期工程封顶约5万平方米。（陈爱波）

建设投资

【概况】 2015年，镇江市丹徒区建设投资有限公司（以下简称丹徒建投公司）下辖控股公司4家、参股公司2家、管理平行公司5家，是区政府直属管理的2A级国有企业。截至年底，公司注册资本8.77亿元，总资产约227.56亿元，负债总额约140.41亿元，净资产约87.15亿元，公司融资总额约86亿元。公司收储土地共计81宗，地块总面积361.6公顷，其中7宗地块上市。公司拥有固定资产12处，其中商业用房3.8万平方米，标准厂房5.58万平方米，通过建设置换和拍卖的固定资产总面积3785平方米。年内，该公司共承担丹徒区14项工程任务，总投资约28.3亿元。其中，各类建筑总面积约68.56万平方米，道路约8.2千米。（任　瑾）

【融资工作】 2015年，丹徒建投公司围绕全区城乡建设、经济发展中心和"抢抓时机、勇担责任、多点开花、确保目标"思路，坚持以市场为导向，强化资本运作，在资金筹措和资金保障方面取得新成绩。完成融资授信55亿元，比上年增长5.8%，保障全区重点建设项目的实施。（任　瑾）

【建投项目建设】 2015年，丹徒建投公司承担14个区重点工程项目的建设，总投资28.3亿元，年内竣工7个、在建7个。其中，丹徒区人民医院二期扩建工程、丹徒区妇女儿童职工活动中心、安置房建设被列入2015年为民办实事项目。（任　瑾）

【建投资产管理】 2015年，丹徒建投公司力推资产整合以及资产市场化，完成土储名下的土地证办理65.55公顷，为公司融资量和资金链安全打下基础；完成国际冠城65号楼、68号楼11～13层购置、网签工作；完成乐达广场3～4层购置、网签工作；完成千里新村部分房屋出售工作；完成北汽公共租赁房综合楼租赁工作。（任　瑾）

城市管理

【概况】 2015年，镇江市丹徒区城市管理局（以下简称丹徒区城管局）以"加速融入主城区，率先实现现代化"为总要求，探索创新建立市场化运作新模式、市民网民参与城市管理的良性互动机制，城乡环境管理日趋规范，生活垃圾处置长效机制逐步形成，城乡人居环境得到提升。开展城管宣传，邀请专业团队，打造城市管理工作的真人宣传片。通过"12345"市民热线接听群众咨询、投诉，解答有关问题。组织丹徒城管"守护生态"志愿者服务队继续开展公益活动。在全市率先实现微信扫码借还公共自行车。大城管考核连续两年在全市排名第一。（赵望舒）

【环境整治】 2015年，丹徒区城管局清运生活垃圾5万吨，日均处理转运生活垃圾137吨，全部送往甸上垃圾焚烧发电厂进行无害化处置；清理牛皮癣、小广告6748处，签订"市容环卫"责任书1060份，整改广告制作画面900余平方米，拆除违规设置广告16处，围墙广告整改36处，店牌店招整改206处；提档升级勤政路沿线的店牌店招、绿化、市政设施，牵头落实烧烤油烟扰民问题，重点是规范占道烧烤行为及环境卫生，多次组织业主清洗地面油污，并赠送垃圾桶、地毯等物品。（赵望舒）

【公共基础设施建设】 2015年，丹徒区城管局将新城范围内市政、环卫、绿化维护纳入常态化管理，快速提升城市形象。出新洗刨长香路沥青路面6100平方米，维修经十二路、长香路、谷阳大道等坑洼道路15200平方米，修复各类道板4480平方米、路牙2900米、大理石道板1740平方米、混凝土路面3580平方米、草坪1560平方米、电缆1000米、交通护栏2200米；在新城设置涵洞水位刻度标识4处；在长香路、华山街交叉口建设临时疏导点1处、摊位25个；在长香路南侧（海燕东路西侧）建设大学城二期疏导点、建筑面积4100平方米；在检察院东侧水塘周边安装护栏170米，防止行人跌落；配合区住建局对金谷东路白改黑工程预埋路灯管线；加强市政设施、路灯、公共自行车巡查和考核力度，每月不定时考核4次。（赵望舒）

【渣土行业管理】 2015年，丹徒区城管局规范新城范围的渣土行为，依法依规办理行政审批手续。发挥渣土行业协会职能，吸纳会员8家，管理渣土运输车辆50余辆，统一安装北斗定位装置，限速行驶，并着手统一设置渣土专用车辆号牌；提高准入门槛，对政府性投资项目的渣土运输业务进行公开招投标，不允许个体车辆参与渣土和混凝土运输业务；强化源头监管，联合区住建和环保部门依托信息管理系统，对施工工地实施监管，要求建筑工地开工前做到场内道路硬化、建沉淀池、配冲洗设备及挖排水沟“四到位”，严控施工车辆带泥行驶及抛洒滴漏；加大责任追究，与区公安、交通等部门联合，通过在抛撒高发路段设卡、固定设点、流动巡查、路面监控、现场执法、车辆定位等方式，加大执法力度和频次，并对造成严重交通事故或重大环境污染事件的职能部门及责任人进行责任追究。全年查处车辆污染路面86起（次）。（赵望舒）

【城管专项整治】 2015年，丹徒区城管局开展多项城市专项整治行动，提升城市形象。开展宝龙城市广场与冠城国际中心相邻路口流动摊贩的集中整治行动，取缔无证、流动摊贩12个；在宝龙城市广场设置石球，阻止非机动车辆随意进入广场，并设置非机动车停车区域，在指定位置做降坡处理，方便非机动车进出；联合区公安、市场监督管理和街道等相关单位集中整治瑞泰生鲜市场周边的占道问题，计共取缔占道经营25处，店面外溢10处，车载占道8处，清运垃圾5车。年内，大城管市级、区级平台派遣整改4743件，平均整改率93.4%，派发重点项目402条，平均完成率95.32%；共接到“12345”热线、镇江论坛等网络舆情416条，整改率、回复率均为100%。（赵望舒）

【农村垃圾长效处置】 2015年，丹徒区农村生活垃圾做到日产日清，无害化处理率100%、减量化处理95%、清运率98%。实施“户分类、组保洁、村收集、镇运转、市集中处置”的农村生活垃圾无害化处置体系，采取日常督查和下发整改通知书的工作方法，全年下发整改通知34份，涉及全区所有镇（街道、园区）整改内容133条；区农环部门坚持明察与暗访相结合，每月召开环卫所长例会、开展对口互查活动，每月编发农环简报，及时通报总结农村垃圾处置工作中的经验和问题；丹徒区城管局强化督查考核手段，发挥镇、村联动作用，强化保洁员队伍建设，完善村庄环境和集镇管理的长效管理考核机制。（赵望舒）

【新城广场管理】 2015年，丹徒区城管局加大丹徒新城一期广场管理力度。实施16小时保洁制度，每日清扫和保洁标准做到“六无二干净”，定人定时严考核；强化摊点管理，开展广场摊点整治7次，控制超范围摆摊、乱摆摊、占道经营行为，按要求审批摊点37家、大小型活动19场（次）；规范广场停车，加强对到广场健身娱乐市民所用车辆的管理；加强广场内道路、地面铺装、排水、照明、无障碍设施、公共消防设施、公用电话、座椅、窨井等公共设施的维护管理工作，出新修复地面铺装约1000平方米。（赵望舒）

【城管窗口服务】 2015年，丹徒区行政服务中心城管窗口严格规范操作，及时受理行政许可事项，严格实行AB岗工作制度，公开审批事项、审批依据、审批程序、承诺期限、收费依据、收费标准。继续主动上门服务，确定专人为主动上门服务接待人、责任人，公布服务预约申请电话，自接到预约申请后，按照办事程序和要求3个工作日内为申请单位和个人提供一站式、一条龙上门服务，全年上门服务90余人次。通过改进行政审批方式，在7天承诺期中，当天办结率90%。全年窗口受理行政许可137件，其中审批广告事项96件、审批渣土事项11件、审批市政事项19件、审批绿化事项11件。（赵望舒）

【城管执法】 2015年，丹徒区城管局执法大队将城市管理工作关口前移，做到宣传在先、教育在前，实行人性化管理，最大限度争取管理对象的理解与支持。在城市环境整治过程中，先后开展建筑工地、建筑垃圾、马路市场等专项整治，规范商业网点经营行为、规范大港中学早餐疏导点经营行为。全年发放各类行政告知书、限期改正通知书36份，纠正各类违规违章行为6000余起，立案查处9件，现场简易程序处罚27起；参与区防违办、属地街道等单位牵头组织的拆违行动20余起，累计制止、拆除在建违法建设2000余平方米，仅驸马山庄别墅区累计拆除违法建筑4处、300平方米，立案查处涉及违法建设案件6起。（赵望舒）

房地产管理

【概况】 2015年，镇江市丹徒区房产管理局(以下简称丹徒区房管局)围绕经济建设主线，深化房地产市场管理工作。做好新建商品房预售许可证办理工作，坚持按要求收件、按程序把关、按规定办理。全年办理房屋预售登记40份，面积31.87万平方米，比上年下降64.88%。开展房地产政策法规宣传及调研工作，组织8家房地产开发企业负责人参加镇江市房地产市场情况分析研讨会。每月按要求统计汇总丹徒新城房屋销售情况，及时上报区委、区政府，为领导决策提供资料。全年销售商品房4643套，比上年增长28.83%；销售面积49.49万平方米，比上年增长17.22%；销售价格5183元/平方米（含别墅），比上年下降11.51%；销售总价25.65亿元，比上年下降3.73%。年内，丹徒区房管局被区委、区政府评为2015年度建设更高水平文明城市工作先进单位和2014～2015年平安丹徒、法治丹徒建设先进单位。（顾鹏举）

【产权产籍管理】 2015年，丹徒区房管局开展房屋产权产籍管理工作，突出“便民、快捷、规范、高效”工作理念，畅通办事流程、注重工作衔接、保证测绘精准，缩短办证时限、提高办证质量、满足群众需要。加强业务培训，提高窗口服务人员工作能力和服务水平，9人获取房屋登记官资质；加强与基层服务对象的沟通与联系，在方便群众的同时，实现社会效益和经济效益双丰收。全年完成房屋所有权预告登记1917件，办理初始登记证4850份、转移登记6052件、抵押权登记2409件、抵押权注销登记2495件；协助法院查封702起；完成商品房测绘初测69万平方米，实测100万平方米；完成工业厂房测绘14.04万平方米，农民自建房测绘7854平方米；完成房产档案归档登记8461份。（顾鹏举）

表20
2015年丹徒新城商品房销售情况

月份	套数	面积（万平方米）	金额（亿元）
1	349	4.02	2.13
2	240	2.95	1.95
3	274	2.94	1.39
4	386	4.49	2.24
5	302	3.44	1.99
6	346	3.37	1.79
7	361	4.14	2.34
8	397	4.11	1.95
9	437	4.29	2.17
10	528	5.31	2.59
11	409	4.56	2.33
12	614	5.87	2.78
合计	4643	49.49	25.65

（顾鹏举）

【房改工作】 2015年，丹徒区房管局从满足住房困难群众的住房需求出发，落实全区年度建设200套公共租赁住房目标任务，并于年底主体竣工；做好全区廉租住房保障工作，按照三审二公示制度要求办理，新增住房保障对象1户，发放租赁住房补贴1.5万元。至年底，全区实施住房保障家庭18户、保障人口36人，实际在保家庭13户、保障人口28人；全年办理一次性住房补贴47人、面积2961.94平方米、金额134.34万元；办理公有住房出售6户、面积455.4平方米、房款18.27万元；办理房改房上市准入审批8户，办理查纠8户、查纠收入6万元。（顾鹏举）

【住宅小区管理】 2015年，丹徒区房管局在开展新建住宅小区前期物业管理招标工作中，按照成熟一个发展一个的原则，公开、公平、公正选聘物业管理企业。所有新建住宅小区物业管理全部纳入招投标范围，打破“谁开发、谁管理”的垄断经营局面，体现市场竞争。全年完成4个住宅小区前期物业管理招投标工作，招标面积26万平方米；落实物业管理考核机制，对各住宅小区管理上存在的问题全程跟踪检查监督，共完成区城管委下达的日常整改220条、重点任务考核小区41个，整改率98%以上，确保城市长效管理考核机制的落实；全年处理“12345”群众热线、政府信箱各类物业管理投诉750件；归集物业维修基金1893万元，累计归集物业维修基金1.53亿元。（顾鹏举）

【白蚁防治】 2015年，丹徒区房管局开展白蚁防治工作，坚持“预防为主、防治结合、综合治理”方针，提高施工质量，合理安排工作时间，确保施工安全。平时注重开展市场调研，收集整理相关施工信息，做到程序化、优质化、规范化施工，安全有序开展防治工作。全年预防白蚁面积153万平方米。（顾鹏举）

【公房管理】 2015年，丹徒区房管局做好直管、托管房屋的清查工作，建立完善房屋电子台账，适时更新升级房屋租赁合同。在确保当年租金应收尽收的同时，加大陈欠租金收缴力度，共计收缴陈欠租金5946.3元；配合镇江市做好润州山路公房拆迁款收缴工作，确保国有资产不流失；做好直管、托管房屋的修缮养护工作，加大雨雪灾害天气对危旧房屋的巡查力度，确保群众居住安全。（顾鹏举）

【房产档案保护与利用】 2015年，丹徒区房管局强化档案管理工作，及时做好房产档案整理和服务工作。按要求做好房产档案信息录入，方便档案查询与利用。强化档案日常管理与维护，避免发生人为因素造成的档案遗失与损坏。严格执行查档规定，保护群众隐私。全年接受查档4658次，其中对外档案查阅2706次、对内1952次，接待公检法及组织部门查档3662次，出具家庭房产档案证明9332份。（顾鹏举）

环境保护

责任编校：刘　芳

综　述

【概况】 2015年，镇江市丹徒区环境保护局（以下简称丹徒区环保局）以“四个全面”战略布局为指引，把生态文明建设放到苏南现代化示范区建设的突出位置，紧扣改善环境质量核心，在生态创建、污染防治、环境法治等方面取得新成绩。全年新增省级生态村6个，重点落实水减排项目3个、气减排项目7个，完成燃煤小锅炉整治76台，淘汰黄标车510辆，关停西南片区粉尘污染企业88家。全年空气优良天数占比达到61%，PM2.5比2014年下降14.5%。（陈国荣）

【企业环境信用评级】 2015年，丹徒区环保局在对2014年度企业环保信用评价中，运用信息网络等现代技术创新开展评价工作，更新完善环保信用评价系统，实现在线评分、查询、反馈等功能，提升工作效率。推进全区环保信用体系建设，综合运用经济政策等手段促进企业环境守法，加强环境监管。全区参评企业76家，评定绿色企业21家，蓝色企业39家，黄色企业13家，红色企业2家，黑色企业1家。（陈国荣）

【坚守生态红线】 2015年，丹徒区共有6类25个生态红线保护区域（省级13个、市级12个），总面积137.04平方千米（其中市级58.21平方千米），占全区国土面积22.43%。丹徒区落实生态补偿制度，推行差别化考核措施，突出生态保护、生态修复和生态区域维护项目建设，将生态文明建设成效纳入干部政绩考核的重要内容，对列入生态红线保护且承担保护和恢复生态环境责任的地区给予生态补偿，推动生态文明建设各项工作落实到位，促进地区经济与环境协调发展。（邹维维）

【覆盖拉网式农村环境综合整治】 2015年，丹徒区环保局按照国家、省覆盖拉网式农村环境综合整治试点工作部署，坚持在项目建设、综合整治、长效管理方面下工夫，以改善农村人居环境为出发点，以农村生活污水处理设施及管网建设为主要内容，推进覆盖拉网式农村环境综合整治试点工作。截至年底，全区试点工作中建成农村分散式污水处理设施21套，铺设污水管网50余千米，初步建立污水处理设施远程控制系统，为强化管理和推动全区污水处理设施运行维护机制的建立完善奠定基础。（陈国荣）

【环保宣传】 2015年，丹徒区环保局围绕新修订的《中华人民共和国环境保护法》及配套法律法规，开展环境法制宣传教育，推进环境守法新常态。抓住科普宣传周、“6·5”世界环境日、安全生产月、“12·4”法制宣传日等节点，借助丹徒电视台《关注》栏目、高校师资等优质资源，面向全社会开展环保政策法规宣传和宣讲。全年组织开展学习交流500余人次，印发环保法宣传册等5000余份，刊发播出环境新闻稿件40余篇，为推动丹徒绿色发展提供良好法治环境。（邹维维）

环境监察

【概况】 2015年，丹徒区环保局环境监察大队、固体危险废物管理中心、辐射环境监督站等部门，贯彻落实新修订的《中华人民共和国环境保护法》及配套法律法规，以环保大检查为抓手，以环境保护综合督查为切入点，开展环保专项行动，严厉打击环境违法行为。全年开展碳素行业提标改造、笔刷企业专项整治等专项行动10余项，出动环境监察5000余人次，受理调处环境信访1500余件，推动全区环境质量持续改善。（邹维维）

【环保大检查】 2015年，丹徒区环境监察大队根据《关于印发丹徒区环境保护大检查工作方案的通知》要求，督查指导辖区内企业认真进行自查。采取重点检查和突击督查相结合的方式，出动环境监察3200余人次，检查企业1097家次，核查试生产项目38件，责令限期整改63家次，实施查封扣押16家，关闭取缔2家，立案查处环境违法行为19件，涉嫌环境犯罪移送公安案件2件，有力震慑违法企业。（陈国荣）

【环境应急】 2015年，丹徒区环境应急与事故调查中心强化环境应急管理，确保生态环境安全。加强环境应急预案备案管理，推动企业做好环境应急预案编制或修订，完成应急预案备案企业15家；加强环境应急预警,针对节假日、高温汛期等重点时段,强化环境安全宣传,引导企业做好环境风险防范;加强环境安全隐患排查,督促企业开展环境风险评估,推动企业环境安全达标建设;加强环境应急演练,组织开展李长荣综合石化有限公司危险化学品事故应急救援演练,邀请20余家企业代表现场观摩学习,提升企业安全自救能力建设。（邹维维）

【固废管理】 2015年,丹徒区固体危险废物管理中心加强固体危险废物规范化管理。抓好源头管控,对建设产生危险废物的项目进行环境影响评价,科学预测其环境影响;强化过程管理,利用江苏省危险废物动态管理信息系统,对全区22家危废重点监管单位开展危废转移网上报告,规范危废合法转移;加强宣传教育,向企业发放《江苏省危险废物规范化管理手册》《2015年丹徒区危险废物规范化管理实施方案》等,指导企业加强危废规范化管理;加大督查力度,检查企业执行《危险废物贮存污染控制标准》等情况,强化问题排查、整改;按月编制《固废工作动态》,为领导决策和环境监察大队执法提供依据。

（陈国荣）

【辐射环境监管】 2015年,丹徒区辐射环境监督站履行放射源和射线装置监督管理职责。配合镇江市环保局辐射处完成6家单位辐射安全许可证核发和换发工作;完成丹徒区中医院等5家核技术应用单位防辐射措施和中盐镇江盐化有限公司110千伏输变电工程项目验收工作;加强对中国二重（镇江）有限公司、宝堰卫生院等23家射线装置和3家放射源使用单位的辐射督查;组织对健力宝（镇江）饮料有限公司3枚闲置Ⅳ类放射源的及时收贮;开展冶炼、铸造和有色金属熔炼企业全面清查,下达整改意见书3份,防止含放射性物质或伴生性矿物质入铸造炉;配合市环保局辐射处,协调处理丹徒新城瑞丹花园输变电、移动通讯基站辐射污染等信访10起,保障群众利益,维护社会稳定。（邹维维）

环境监测

【概况】 2015年,丹徒区环境监测站以保障环境管理需求为出发点,做好企业自行监测的监督和审核,开展地表水例行监测、乡镇饮用水源地水质监测、太湖流域水质监督监测、污染源监督监测等。全年完成企业自行监测监督审核9家,获得各类有效监测数据6605个,为环境管理决策、监督执法、科学研究等提供保障。年内,丹徒区环境监测站获江苏省“巾帼示范岗”称号。

（陈国荣）

【乡镇饮用水源地水质】 2015年,丹徒区环境监测站做好乡镇饮用水源地水质监测,对高桥、江心、世业3个取水口断面,每季度监督监测1次,监测项目为《地表水环境质量标准》(GB3838—2002)表1和表2的29项。监测数据显示,乡镇饮用水源地水质满足Ⅲ类水标准,饮用水源地水质达标率100%。

（邹维维）

【太湖流域考核断面水质】 2015年,丹徒区域范围内通济河紫阳桥断面为江苏省太湖流域考核监督监测断面,监测项目为《地表水环境质量标准》(GB3838—2002)表1除粪大肠菌群外的23项及流向和感官描述,监测频率为每月1次;香草河巨村断面、通济河埝坡桥断面、袁巷河小庄断面、洛阳河华仑桥断面和胜利河枫庄桥断面为交界补偿断面,监测项目为pH、溶解氧、高锰酸盐指数等11项,考核指标为高锰酸盐指数、总磷和氨氮,监测频次为单月1次。监测数据显示,2015年水质状况基本稳定,与2014年相比水质有所好转。（陈国荣）

【省控、市控断面地表水水质】 2015年,丹徒区域地表水监测断面共有6个,其中宝埝桥、京杭运河辛丰镇2个省控断面单月上旬监测;后亭桥、埝坡桥、枫庄桥、沙渚港4个市控断面3月、5月、9月、11月上旬监测。监测项目为《地表水环境质量标准》(GB3838—2002)表1的24项及电导率、流量和流向。监测数据显示,通济河宝埝桥、京杭运河辛丰镇2个省控断面分别为Ⅲ、Ⅳ类水质,通济河后亭桥、埝坡桥、胜利河的枫庄桥和长江的沙渚港4个市控断面均为Ⅲ类水质。（邹维维）

【污染源监督监测】 2015年,丹徒区环境监测站加强污染源监督监测,履行环境监测技术监督职能。开展污染源排污许可证管理监测,完成排污企业污染物监测69家;完成建设项目“三同时”验收监测报告19份,开展建设项目环境影响评价现场监测2家;加强环境监管执法监测,对全区100余家企业开展例行监测300余次,对全区集中式污水处理厂开展监督监测80余次,为全区污染源环境监管、排污申报及排污收费等提供可靠依据。

（陈国荣）

【机构资质认定】 2015年,丹徒区环境监测站加强质量管理,做好资质认定复评审工作。修订质量手册和程序文件,委托镇江市技术监督情报所查新标准101条(国标分析方法61条、执行标准40条),完成授权签字人手续变更;加强人员培训考核,组织人员参加各级环境监测业务、质量管理体系、实验室认可等培训20余人次,完成省、市实验室能力验证项目2个,在省、市持证上岗人员理论考试考核中均取得良好成绩;做好监测仪器的检定工作,委托镇江市计量所检定分析仪器共计75台(套)。年内,丹徒区环境监测站通过江苏省质量技术监督局资质认定复评审,获得检验检测机构资质认定证书。（邹维维）

鱼水情深谱新曲

——丹徒区双拥工作掠影

1

2

3

4

1 区委书记陈琳走访慰问镇江军分区官兵

2 区委副书记、区长张映桥走访慰问73057部队官兵

3 区委、区政府召开春节军政座谈会

4 区委、区政府开展第25次军地议事园活动

5 中国人民解放军359医院慰问上党镇抗战老战士

6 区四套班子领导带领区级机关负责人到丹徒区烈士陵园开展祭扫英烈活动

7 区委、区政府欢送武警丹徒消防大队退役老兵仪式

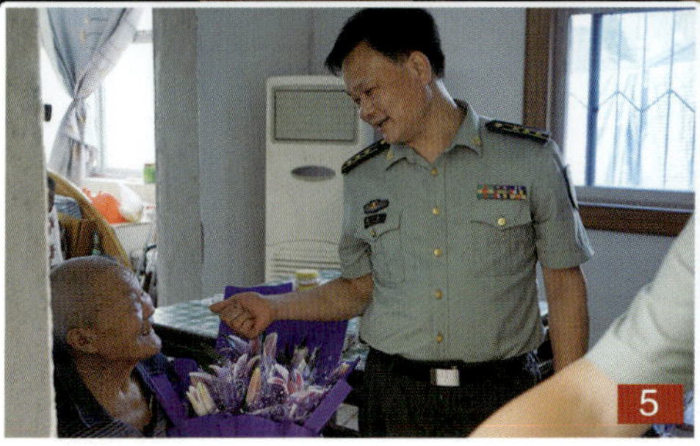
5

6

7

中共丹徒区纪律检查委员会

2015年2月10日，中共镇江市丹徒区第十二届纪律检查委员会第五次全体会议在丹徒新城会议中心举行

2015年12月，区委常委、纪委书记李幸福（右）接受江苏卫视“廉政时空”栏目采访

2015年，丹徒区纪委监察局以中共十八大和十八届三中、四中、五中全会精神为指导，学习贯彻习近平系列重要讲话特别是视察镇江和丹徒的重要讲话精神，贯彻落实中央、省、市、区纪委五次全会部署，全面履行党章赋予的职责，坚持把纪律挺在前面，强化监督执纪问责，抓好各项任务落实，全区党风廉政建设和反腐败工作取得新成效。

2015年11月11日，召开新近调整乡科级领导干部廉政谈话会议，并签订《廉政承诺书》

2015年2月11日，召开丹徒区村级党员干部警示教育大会

2015年9月8日，召开全区纪检监察机关“把纪律挺在前面”专题研讨会

中共丹徒区委组织部

2015年3月22日，召开丹徒区组织工作暨基层党建工作会议

2015年，中共丹徒区委组织部以“四个全面”为总揽，落实“从严治党、思想建党、制度治党”党建思想，突出改进作风，开展“三严三实”专题教育，做到谋划推进务实、学习研讨扎实、查摆问题真实、整改成果厚实；实施《关于加强干部德的考核暂行办法》，突出从严治吏，选好用好干部，开展综合分析研判工作；突出专项整治，从严管理监督干部；突出狠抓基层，加强基层组织建设，推进“双型”先进党支部建设工程，创成“五星”党支部3个、“四星”党支部66个，聂永平等3名村书记获省“吴仁宝式优秀村书记”称号，选派法治指导员的做法被省《党的生活》刊载推广；突出产才融合，推进“人才强区”，制定“长山计划”，填补区级人才项目空白；突出自身建设，坚持组工干部岗位练兵和学习实践，深厚“家文化”氛围。中组部组织一局、组织二局、省委组织部先后4次到丹徒区调研基层党建工作和组织工作并给予肯定。

2015年3月25日，召开丹徒区科技与人才大会

2015年9月18日，召开丹徒区组织系统“对党忠诚、公道正派”专题教育动员大会

2015年11月10日，举办丹徒区非公企业党组织书记、党建指导员培训班

2015年12月31日，通过市、县视频联动，参加全市“家文化”建设推进会

中共丹徒区委宣传部

2015年10月29日，区委常委、宣传部部长叶向东（左二）陪同省委宣传部网信办副主任周锋（右二）调研丹徒区宣传思想文化工作

2015年4月23日，召开丹徒区委中心组“四个全面”专题学习（扩大）会议

2015年5月20日，举办第四届清风雅韵戏曲周

2015年10月21日，举办第三届丹徒田歌大赛

2015年，中共丹徒区委宣传部围绕“聚焦强富美高，唱响发展强音”主题，突出重点、打造亮点，强化措施、狠抓落实，连续第三年被评为“全市宣传思想文化工作优胜单位”。组织开展“四个全面”基层宣讲20余次，印发《“四个全面”党员干部读本》等辅导材料1800余本；开展学习型党组织建设优秀品牌评选活动，“村级书记论坛”“宜城讲堂”2个学习品牌获市级表彰；开展“冬训三大行动”“一镇一村一策”理论宣讲活动；组织实施“苏南现代化、丹徒在行动”等主题宣传，全年在中央“三报两台”发稿32篇，在新华日报发稿68篇，在镇江日报头版发稿98篇，省、市党报头版头条发稿量均位列全市第一；开通微信公众号“微丹徒”，借助“丹徒发布”官方微博发布原创宣传信息1500余条；培树市级以上先进典型15人，其中2人当选“中国好人”,1人当选“江苏省道德模范”，3人当选“江苏好人”，9人当选“镇江好人”；创新开展的“乡风明德文化墙”建设在获2014年度全省创新一等奖的基础上，2015年在全市推广，并得到中宣部肯定；农村“彩虹社区”创建活动获2015年度全市宣传思想工作创新一等奖和全省宣传思想工作创新奖提名奖，是镇江各辖市区在省唯一获奖项目；全年有68件文艺作品在市级以上评选中获奖，其中美术作品《千年西津渡》获2015新京江画派作品展金奖；全年文化产业新增投资15.3亿元，成功引进亿元以上重点文化企业3家、各类文化企业73家，引进文化企业数全市第一，文化产业增加值占地区生产总值比重增幅继续保持全市第一。

2015年2月11日，举行丹徒区文化科技卫生“三下乡”活动启动仪式

举办网民线下互动活动

2015年1月7日，召开国库业务培训会

2015年7月31日，开展《关于创新财政支持方式促进经济健康发展的若干政策措施》学习交流会

2015年8月24日，开展教育系统会计、报账员专题业务培训

丹徒区财政局服务窗口

荣炳财政所财政服务大厅

镇江市丹徒区发改经信委

2015年4月16日，市委书记夏锦文（右二）到丹徒区北汽集团调研

2015年4月1日，市长朱晓明（中）到北汽项目建设现场检查指导

2015年，镇江市丹徒区发改经信委把握态势做好全区经济运行调节，保持工业生产平稳运行。全区规模以上工业完成工业产值1120亿元；培育发展新兴产业，实现新兴产业销售收入433亿元；推进重大项目建设，做好项目报批和督查；强化重点企业节能监管，推进企业清洁生产和循环经济项目实施。年内，被市委授予2012～2014年镇江市文明单位，获镇江市发展改革系统投资和重点项目推进一等奖，被评为区固定资产投资和重点项目建设先进单位、依法行政暨法治政府建设先进单位、服务业工作先进单位、政务便民服务工作先进单位、“满意服务在丹徒”评议先进单位、东西部环境整治工作先进单位、开放型经济工作先进集体、效能建设先进单位、提案承办先进单位、群众文化体育工作先进集体。

2015年12月12日，北汽镇江公司现场鸟瞰图

2015年8月8日，总投资40亿元的晋工工程机械项目一期主体厂房施工封顶

2015年3月23日，软件科技产业园项目一期南区科技大楼主体施工现场

2015年10月12日，沃得重工分布式光伏发电项目现场

2015年10月22日，翰雅生态农业园有机蔬菜大棚

2015年11月，长山薰衣草庄园项目实景

镇江市丹徒区人民法院

2015年12月15日，代理院长陈玉担任审判长公开审理1起盗窃案

2015年10月12日，区委常委、区委政法委书记韩宏亮（右一）到丹徒法院宝堰法庭检查文化建设及社会综治工作

2015年12月11日，召开物业纠纷案件专题新闻发布会

2015年，镇江市丹徒区人民法院贯彻落实中央和省、市区要求，坚持司法为民、公正司法，围绕“努力让人民群众在每一个司法案件中都感受到公平正义”工作目标，优化审判质效、深化司法公开、推进司法改革、转变司法作风、加强队伍建设，完成各项审判工作任务，尤其是在开展立案登记制改革、优化审判资源、提升诉讼服务水平、推进审判权运行机制改革、加强法院文化建设等方面取得进步和发展，为建设“强富美高”新丹徒作贡献。

2015年4月16日，副院长李东升（右三）在高资街道司法服务中心巡回审判点审理1起买卖合同纠纷案件

2015年12月4日（国家宪法日），开展以“弘扬宪法精神”为主题的法院开放日活动，副院长孙旭东（右一）向参加活动的人大代表及官兵赠送法律书籍

镇江市丹徒区人民检察院

2015年，镇江市丹徒区人民检察院以效能攻坚为重点，依法履行检察职能，各项工作取得新进展。全年查办职务犯罪案件14件17人，其中处级干部1件1人，科级干部4件4人。在全省率先开展对科技专项资金案件查处工作，在全省反渎工作推进会议上作经验交流。加强丹徒区安居房建设、北汽物流用地项目、镇荣公路改造等重大工程的专项预防。“陈福友刑事申诉案件”继获评江苏省检察机关刑事申诉“十大精品案件”后，被市委政法委评选为2014年度镇江市“十佳精品案件”；审查并建议市检察院提请抗诉的“孔宪俊与镇江市丹徒区人力资源和社会保障局劳动和社会保障行政确认纠纷提请抗诉案”被评为全国检察机关优秀案例和全省检察机关民事行政检察“十大精品案件”；办理的“支持夏红芳起诉张春波抚养权纠纷案”被评为全省检察机关民事行政检察优秀案件。1名干警获全市检察机关公诉人大赛三等奖。

2015年6月24日，联合镇江市检察院开展“举报宣传周”活动

2015年8月20日，镇江市人大常委会到该院调研行政执法检察监督工作情况

2015年9月15日，开展“一村一检察官”活动

2015年2月10日，召开预防职务犯罪案例剖析会

2015年12月31日，检察为民服务中心建成并投入使用

镇江市丹徒区住

2015年12月17日，局领导赴大学城现场办公

2015年，镇江市丹徒区住房和城乡建设局围绕“六化联动”战略，全面完成各项工作任务。完成全区85个村的村庄环境整治提升任务，2个省级美丽乡村通过省、市验收；金谷东路道路环境综合整治暨古邑广场改造如期竣工，长山中路主体完工；建设污水管网50千米，世业洲全岛生活污水处理实现全覆盖。全区建筑工程质量安全形势稳定可控，创成省级“扬子杯”1个、市级“金山杯”6项、省级“平安文明工地”4个、市级“平安文明工地”14个；农民工工资基本按时发放，大城管工作保持全区前列，绿色建筑快速发展，行政服务优质高效；推进拆迁安置工程，实施北汽物流园、宜城大道（镇荣公路）二期南延拓宽等项目14个、拆迁总面积25万平方米；推动宜东二期、姚庄舒苑、北汽等安置房项目，建设面积89万平方米、竣工面积13.1万平方米，回迁安置1151套、约18万平方米。年内，获全区城乡建设先进单位、村庄环境整治工作先进单位、信访稳定工作先进单位、区政协2014～2015年度提案承办先进单位等称号。

2015年11月27日，召开党员领导干部警示教育大会

2015年3月11日，开展全区房地产开发企业培训

房和城乡建设局

2015年4月15日，制定实施《行业监管人员行为规范》提升服务水平

2015年8月18日，组织指导建筑工地开展应急救援演练

2015年12月25日，到镇江市特教中心开展献爱心活动

姚庄舒苑安置小区

竣工的金谷东路暨古邑广场改造项目

高桥镇京江村环境整治

镇江市丹徒区农业委员会

2015年7月7日，市委副书记李茂川（前左一）到丹徒区视察种植业抗灾救灾工作

2015年，镇江市丹徒区农业委员会按照“坚持生态领先导向，增创特色优势发展”战略部署，围绕“推进农业现代化建设、促进农民增收”总体目标，全面完成年度工作任务。动物防疫、渔业科技入户省级信息采集与录用工作位于全市前列；农业招商、绿化造林、新增设施农业面积、农业适度规模经营面积、畜禽规模养殖比例在全市领先；农业项目验收首次引进监察制度；农民培训率先引进企业自主培训模式；江苏长山薰衣草主题公园项目一期工程基本完成并试营业。年内，获省级食品安全城市创建先进单位、全市“百村万户”双达标行动先进集体等称号，共有19项工作受区级以上表彰。

农业重点项目——长山薰衣草主题庄园一期建成

2015年5月7日，召开丹徒区农村土地承包经营权确权登记颁证试点工作推进会议

2015年，举办丹徒区职业农民培训班

2015年9月23日，参加区运动会拔河比赛获第一名

2015年5月29日，举办上党镇五塘茶场茶叶机械修剪现场观摩会

农业综合开发高标准农田建设项目

镇江市丹徒区

2015年11月20日，召开行风监督员座谈会

2015年11月13号，召开“依法履职，有责有为”专项督查行动动员大会

2015年，镇江市丹徒区市场监督管理局面对体制调整、机构整合、工商登记制度改革等重大改革的考验，围绕建立“精简高效、公平公正、群众满意”的市场监管机制，构建覆盖生产、流通、消费全过程的市场监管体系，打造“职能清晰、高效有序、充满活力”的市场监管机构。商事制度改革到位，在项目引进、品牌创建、企业融资、质量强企、标准制定等方面提供特办服务；完成市场监管体制改革调整，进一步落实监管责任，提升食品风险防控能力，全年未发生1起食品安全责任事故；丹徒经济开发区循环经济标准化试点项目和长山剑豪茶农业标准化示范区项目分别获国家级、省级项目立项，全年新增省质量奖1家、省名牌产品2个、市名牌产品5个，新申报江苏省著名商标5件，新增“三品”认证产品17个；全年受理举报投诉921件，办结率100%，满意率98%，为消费者挽回经济损失超百万元。

2015年8月7日，召开国务院研究室商事登记改革调研座谈会

2015年9月29日，举办新《食品安全法》知识竞赛

2015年12月3日，召开“合同助农进老区”银企对接会

市场监督管理局

2015年11月13日，江苏省工商个体户全程电子化登记在丹徒宝龙广场举行

2015年9月7日，为宝龙广场提供食品、餐饮单位办理证照一站式服务

2015年9月17日，丹徒银企融资对接会

2015年5月15日，开展质量认证培训

镇江市丹徒

拍摄真人宣传片

2015年，镇江市丹徒区城市管理局以“加速融入主城区，率先实现现代化”为总要求，探索创新建立市场化运作新模式、市民网民参与城市管理的良性互动机制。城乡环境管理工作日趋规范，全区生活垃圾处置长效机制逐步形成，农村人居环境得到改善；开展城管宣传，制作城市管理真人宣传片及公益短片；通过“12345”市民热线接听群众咨询、投诉，解答有关问题；组织丹徒城管“守护生态”志愿者服务队继续开展公益活动。大城管考核连续3年在镇江市辖市区排名第一。

绿化养护

瑞山路公共自行车站点

区城市管理局

洒水车在作业

清运垃圾

规范渣土运输管理

千禧路驸马幼儿园停车场

镇江市丹徒区国家税务局

2015年5月20日，新疆阿克苏地区国税局局长孙和（中）到该局参观交流

2015年，镇江市丹徒区国家税务局以“四个全面”战略布局、“五大发展”理念为引领，深化税收改革，强化管理服务，推进税收现代化建设，为丹徒经济社会发展提供财力保障。全年组织税收收入125301万元，完成公共财政预算收入36975万元，累计办理各类税收优惠34144万元。落实国家税务总局、省国税局税收现代化战略部署，落实《税收风险应对工作模板》与《法律指引》，进一步提高税收风险管理的流程化、规范化和法制化水平，初步形成以“前台办理、后台支撑、风险指引、分类应对、过程控制”为特征的现代税收管理新格局。年内，获全省国税系统信息工作先进单位、市级文明单位，以及区级机关绩效管理考核优胜单位（十佳单位）、财税工作先进集体、税收管理改革有功单位等荣誉。

2015年1月15日，为北汽集团提供个性化纳税服务

2015年7月9日，举办2015年上半年工作成果展

2015年4月16日，“税收宣传月”走进中国航天高科技农业镇江基地

2015年5月18日，税收风险应对集体审议室（查账室）、约谈室投入使用

镇江市丹徒地方税务局

2015年5月13日，召开全区地方税务工作会议

2015年4月22日，举办“地税开放日”活动

2015年，镇江市丹徒地方税务局以组织收入工作为中心，突出抓好绩效管理工作，提升依法治税的能力和水平，稳步推进税收工作，完成“十二五”各项目标任务。全年组织入库地方税收23.4亿元，比上年增收2.3亿元，增长10.93%。其中公共预算收入20.7亿元，比上年增收2.35亿元，增长12.78%，公共预算收入首次突破20亿元。全年征收社会保险费7.99亿元，征收教育费附加1.22亿元，综合基金906万元。年内，获全市地税系统绩效考评一等奖，被市地税局评为2015年度先进单位，获丹徒区区级机关绩效管理考核优胜“十佳单位”、“满意服务在丹徒”评议先进单位、区依法行政暨法治政府建设先进单位等荣誉。局党组被市地税局评为“五好”党组织，第一分局获“全国巾帼文明岗”称号。

2015年4月27日，组织开展进北汽送政策税收宣传活动

镇江市丹徒区环保局

2015年9月18日，开展依法行政、廉政专题学习

2015年6月14日，开展丹徒经济开发区环境质量监测

2015年12月4日，在宝龙广场开展环保法制宣传活动

2015年，镇江市丹徒区环保局以“四个全面”战略布局为指引，把生态文明建设放到苏南现代化示范区建设的突出位置，围绕改善环境质量这一核心，在生态创建、污染防治、环境法治等方面取得成效。构建多层次生态创建大格局，推进省、市级生态村、绿色学校、绿色社区等生态细胞工程建设，全年新增省级生态村6个。加强规划环评与项目环评联动工作，从源头控制新增污染源；通过工程减排、管理减排、结构减排举措，推进污染减排，重点落实水减排项目3个、气减排项目7个；实施大气污染防治、西南片区生态环境综合整治、饮用水源地保护等行动，完成燃煤小锅炉整治76台，淘汰黄标车510辆，关停西南片区粉尘污染企业88家。

2015年6月3日，组织企业操作员开展三废处理技能培训

2015年12月17日，开展结对帮扶走访慰问活动

镇江市丹徒区人力资源和社会保障局

2015年，镇江市丹徒区人力资源和社会保障局以“民生为本、人才优先”为主线，围绕全年重点难点工作，稳中求进，开拓创新，为建设“强富美高”新丹徒提供人力资源保障。年内，被省人力资源和社会保障厅评为第四批省级社会保险经办服务示范窗口，被市人社局评为2014年度全市人力资源社会保障系统信息宣传工作先进单位，被市信访工作领导小组评为先进单位，被区委、区政府评为区级机关综合考核十佳单位、文明城市创建工作先进单位、法治政府建设先进单位、“三农”工作先进集体、全国义务教育发展基本均衡区创建工作先进单位等；区社会劳动保险基金管理中心被共青团江苏省委评为江苏省青年文明号，区人才交流服务中心被共青团镇江市委评为2014年度市级青年文明号、被市人才服务中心评为2014年全年人才服务特色亮点工作先进单位。

2015年3月22日，开展创业就业“春风行动”

2015年9月23日，丹徒区劳动监察大队召开卡诺莎门窗听证会

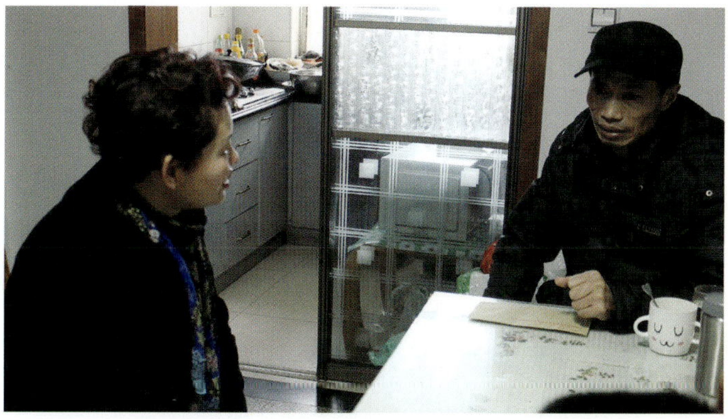

2015年2月16日，局领导慰问特困家庭

2015年6月16日，召开镇江市市区城乡居民基本养老保险实施办法调研座谈会

2015年4月10日，组织参加镇江市职工演唱比赛

镇江市丹徒区民政局

2015年，镇江市丹徒区民政局坚持“以民为本、为民解困、为民服务”宗旨，增强民政改革创新能力，提升民政公共服务水平，落实政府托底民生保障，推进现代民政示范建设，各项工作取得新成绩。启动双拥街和双拥主题公园项目建设，丹徒区连续七次创成江苏省双拥模范区；推广老年“安康关爱行动”，实现全区65周岁以上老年人全覆盖，被江苏省授予先进单位称号，被镇江市授予一等奖和优秀管理奖；优化升级婚姻登记服务，婚姻登记处被评为镇江市三八红旗集体；推进西郊公墓项目建设，完成宜城街办和“大学城”区域坟墓拆迁工作；交付使用丹徒首个区级烈士陵园，举办“9·30”全国第二个烈士纪念日公祭活动；搭建区、镇、村“三级优抚服务平台”，丰富优抚服务内涵，初步构建全区优抚服务体系；成立丹徒区救助申请家庭经济状况核对中心，依托全新核对平台和复审机制，规范审核认定程序，提高救助工作的科学性和准确性。

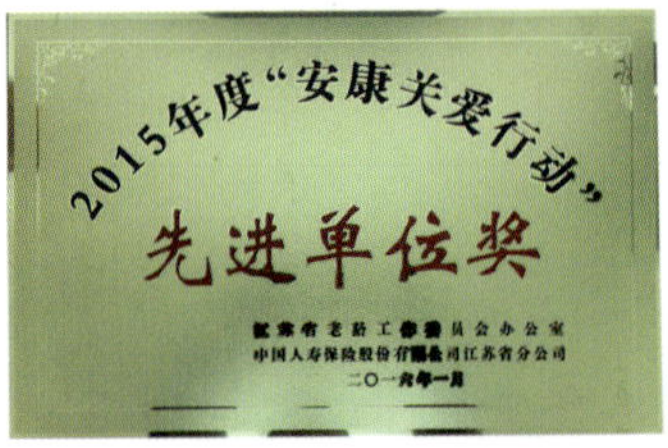

2015年1月29日，省民政厅调研评估组检查验收丹徒区城乡和谐社区建设情况

2015年2月9日，召开丹徒区民政工作会议

2015年5月12日，开展防灾减灾集中宣传活动

2015年6月26日，召开丹徒区优抚服务体系建设现场推进会

2015年8月20日，“七夕”婚姻登记现场

2015年9月30日，丹徒区党政军700余人到区烈士陵园举行烈士纪念日公祭活动

江苏省丹徒经济开发区

2015年，江苏省丹徒经济开发区围绕“稳中奋进”主基调，全面完成各项年度目标任务，综合竞争力不断提升。开发区和高资街道全年完成地区生产总值79.32亿元，工业产值356亿元，销售收入351亿元，公共财政预算收入2.95亿元，完成固定资产投资66亿元；开发区列入2015年计划的重点项目有29个，其中煤安机械、苏菱铝用阳极、万特福构建、船港物流园、李长荣电子级新材料等一批市、区重点项目加快建设，为区域经济发展发挥支撑作用；加快总投资2.9亿元的丰泽新苑二期安居工程建设，年内完成投资1.2亿元，建成安置房12万平方米；全年办理农民基本养老保险1128人，建成10个省级居家养老服务中心；中心幼儿园迁建、中学操场扩建基本完成；省级循环化改造示范试点园区通过验收，创建国家级循环经济标准化示范园区获得批准。

2015年6月10日，市长朱晓明（前右二）调研鹤林水泥公司环保综合治理工作

2015年8月18日，区委、区政府及各部委办局主要领导参加丹徒经济开发区船港物流园项目观摩会

2015年10月16日，开展危险化学品事故应急救援演练

苏润物流码头

污水处理厂

世業洲旅游度假區

2015年6月17日，省政协主席张连珍（左二）视察四季春农业园

2015年6月1日，市委书记夏锦文（左四）视察世业四季春农业园

世业洲旅游度假区位于镇江市西郊，总面积44平方千米，是长江中的第三大岛。世业洲通过政策引导与调控，科学合理地开发利用旅游资源，促进旅游业的快速增长和可持续发展，建设旅游整体形象鲜明、服务设施齐全、综合效益较高的国家级旅游度假区、低碳示范区和国际音乐岛。

2015长江国际音乐节

2015年,世业洲旅游度假区牢牢把握并持续放大习总书记视察效应，不断巩固和扩大岛内生态环境优势，紧抓项目建设，全力打造集旅游、娱乐、度假于一体的生态岛。东壹深水湾度假酒店建成并对外营业；镇江青少年教育实践基地正式开园；“江岛人家”城镇综合体项目住宅主体全部竣工验收，即将交付使用；金山湖特种水产养殖项目温室鱼池正式投产，水槽设备完成安装；“开心乐之岛”主题公园项目，68米摩天轮、888米过山车、垂直极限、大摆锤等项目均启动建设，动物园对外开放；万亩果蔬基地项目，200亩高标准智能种植大棚建成，草莓等新一轮种植正在实施。年内，度假区成功举办第八届长江国际音乐节和江苏省老年人体育节闭幕式等系列活动。

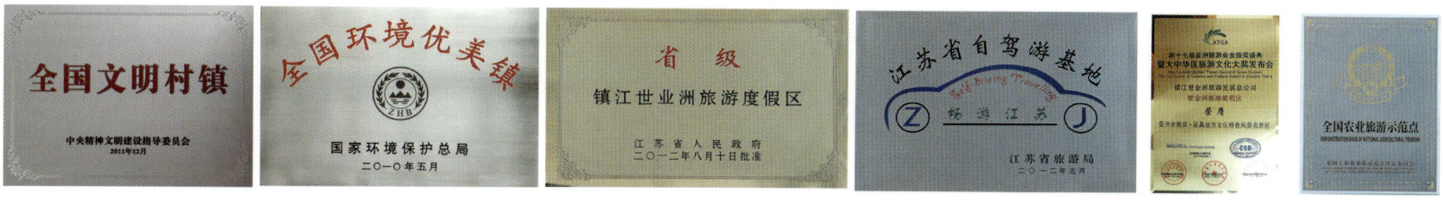

出入口公园

流光溢彩中心河

东壹运动度假酒店

四季春高效农业园

丹徒高新技术产业园

2015年1月31日，召开2015年工作研讨会

2015年10月23日，丹徒区政协专题视察园区建设发展情况

2015年，丹徒高新技术产业园按照“三园共建、特色发展”总体思路，加快项目推进、加速人才集聚、推动创新发展，各项工作取得突破。公共财政预算收入、固定资产投资、实际利用外资等核心指标增幅保持全区前列；推进先锋汽车零部件、东艺机械、昕嘉仕电子、贝达机械等市、区重点项目，实施招商引资、招才引智、招高引新“三合一”战略，安之盾新型保温材料、海舜船用设备、弘毅环保锅炉、新泰瑞造型材料等产业项目和云邑系统科技、乾景新能源研究院、鹏申电子科技等创业项目落户园区；构建创业创新众创空间，获批省级创业示范基地和市级青年创业孵化基地，启动国家级科技孵化器创建工作；通过召开全国氢能会议、搭建氢能展示平台、开拍中华少儿国学剧等形式，展现园区新能源、新制造、新创意“三新”特色产业体系。

2015年11月28日，协办召开第十六届全国氢能会议

2015年9月18日，召开工会成立暨第一届会员大会

2015年7月22日，举办礼仪知识讲座

2015年7月14日，举行百集双语《中华少儿国学剧》开机仪式

丹徒氢能源产业园

2015年6月3日，组队参加丹徒区运动会

镇江市规划局丹徒分局

2015年10月16日，召开丹徒区优化镇村布局规划工作会议

镇江市规划局丹徒分局成立于2004年，现有工作人员23人，内设办公室、规划管理科、建设管理科、村镇科4个科室。2015年，镇江市规划局丹徒分局围绕全区重点工作和城乡建设，完成各项目标任务。全年发放规划意见22份，审批总平面图33份；核发建设项目选址意见书5份，面积13.08公顷；核发建设用地规划许可证47份，用地面积91.19公顷；核发规划条件书44份，面积172.43公顷；核发建设工程规划许可证159份，总建筑面积66.87万平方米；规划核实81.46万平方米。牵头召开规划建设协调会5次，完善项目手续21个。全年信访接待34件（起），“12345”投诉举报、网络咨询建议答复率100%，办结人大议案1件。

2015年6月12日，召开业务工作交流会

2015年11月16~20日，开展“文明镇江 法治引航”主题培训周活动

窗口服务

对外及对港澳台经济贸易·商品流通

责任编校：刘　芳

对外及对港澳台经济贸易

【概况】 2015年，镇江市丹徒区商务局（以下简称丹徒区商务局）加大招商引资力度，完善市场服务体系，挖掘外贸进出口潜力，开展商务综合执法，推进全区商务工作取得成效。新批外资项目10个，增资项目7个，产业类实到外资及港澳台资9100万美元，完成市计划的101.2%，序时排名全市第一。完成外贸进出口总额5.64亿美元。完成社会消费品零售总额61.45亿元。创成省级电子商务示范村1个，恒顺醋业、浮玉麻油、京友调味品被授牌“镇江老字号”，恒顺醋业被商务部认定为“中华老字号”。丹徒区现有上报系统登记的服务外包企业22家，当年新增3家，全年完成服务外包执行额9300万美元，占年计划的101.1%，提前超额完成全年任务。

（仇宽裕）

表21　2015年丹徒区进出口前30强企业海关统计数据　单位：万美元

序号	企业名称	累计出口	累计进口	累计进出口
1	江苏苏润高碳材股份有限公司	10140	18	10159
2	帝高力装饰材料（江苏）有限公司	8478	38	8516
3	江苏苏亚迪炭材有限公司	8266	0	8266
4	江苏希西维轴承有限公司	2725	4	2729
5	江苏苏菱铝用阳极有限公司	2020	4	2023
6	镇江茂源化工有限公司	1666	239	1905
7	镇江李长荣石化仓储有限公司	0	1638	1638
8	江苏领先电子有限公司	617	871	1488
9	镇江大力液压马达有限责任公司	1366	1	1366
10	江苏百佳斯特汽车制品有限公司	1180	2	1182
11	镇江豪国窗饰制品有限公司	847	7	855
12	镇江李长荣综合石化工业有限公司	543	290	832
13	镇江市制刷厂有限公司	769	0	769
14	镇江步升鞋业有限公司	758	0	758
15	镇江爱可信皮业有限公司	685	0	685
16	江苏长三角精细化工有限公司	0	558	558
17	镇江三鑫金属工业有限公司	533	9	541
18	镇江斯威特金属制品有限公司	536	0	536
19	镇江德海工业材料有限公司	445	0	445
20	北汽（镇江）汽车有限公司	0	409	409
21	镇江库拉图华联工具制造有限公司	393	0	393
22	镇江恒飞刷业有限公司	390	0	390

续表

序号	企业名称	累计出口	累计进口	累计进出口
23	克鲁迪卫浴制品（江苏）有限公司	253	121	374
24	沃得重工（中国）有限公司	26	337	363
25	镇江跳跃鞋业有限公司	163	93	257
26	镇江市丹徒区华联制刷有限公司	254	0	254
27	江苏富林医疗设备有限公司	247	0	247
28	镇江合力汽车紧固件有限公司	205	35	241
29	镇江大洋玻璃制品有限公司	239	0	239
30	丹徒佳鑫刷业有限公司	228	0	228

注：截止到2015年12月31日

（丹徒区商务局）

【“三外”工作】 2015年，丹徒区商务局围绕“三外”（外资、外经、外贸）各项目标任务，化解宏观形势和市场环境带来的不利影响，针对薄弱环节采取措施，推动“三外”工作平稳发展。全年产业类实到外资比上年增长9.32%，实到外资及港澳台资连续3年完成序时列全市第一。外贸出口总额完成5.15亿美元，进口总额完成0.49亿美元。新设立境外办事处3个，实现境外投资1020万美元。组织全区40家各类外贸企业参加市商务局以及商检等部门举办的外贸政策宣讲会、出口信用保险培训会，帮助企业争取国家、省、市财政资金的政策扶持，共获市级以上扶持资金180余万元，其中，镇江市商务发展专项资金80余万元。按照《镇江市商务局2015年重点展会计划》，组织12家成长型企业参加德国、美国、日本、印尼、俄罗斯等大型境外博览会，全区31家企业在春秋两季广交会上获得44.5个摊位。 （仇宽裕）

【招商引资】 2015年，丹徒区专业化招商工作突出产业、特色和重点，扩大优势、整合资源，专业化招商工作取得成效。组织参加综合性、专题性招商活动8场，拜访客商610余人次，小分队外出招商300余批次，接待境内外客商120批次，收集项目信息200余条，重点洽谈推进项目100余个，当年签约落户项目40余个。完成新的丹徒招商指南修订印刷和新的丹徒宣传片拍摄制作。加强招商队伍建设，选拔15名专职招商人员组建一线专业招商队伍；举办2期招商引资及三集园区建设培训班，聘请资深专家传授经验，解读最新政策；组织招商人员参加江苏侨智侨资对接交流会、华侨华人镇江国际经贸投资洽谈会和韩国中小企业合作洽谈会等产业交流活动和研讨会。 （孙　露）

【商贸流通】 2015年，丹徒区社会消费品零售总额比上年增长10.6%。重点商贸项目宝龙城市广场和新城万博商业街建成开业。完成40家社会加油站（点）的年检工作。开展电子商务试点工作，高桥镇京江村和高桥村创成江苏省电子商务示范村，其中京江村全年电子商务交易额达到1.5亿元；高桥镇被评为省级“电子商务示范镇”。 （杨成伟）

【成品油经营企业夏季消防安全检查】 2015年8月17～19日，丹徒区商务局联合区消防大队、区环保局、区安监局对区内19家私人经营成品油企业进行消防安全检查，重点检查各个加油站（点）相关证照完备情况，安全生产责任制落实情况，油料的经营、使用、储存情况，消防器材、设施和禁火、禁烟等安全警示标志的安装、使用情况，以及应急救援预案的演练情况等，确保成品油市场规范安全运作。 （杨成伟）

【组团参加上海新材料产业项目推介会】 2015年5月28日，丹徒区商务局组团参加在上海举办的“2015中国镇江（上海）新材料产业项目推介会”。丹徒新城、高新技术产业园、上党镇、宝堰镇、世业镇、荣炳盐资源区等单位主动对接，完成该次新材料推介会各项工作。邀请参会客商6名，会上签约项目2个（特种漆包线项目、特种耐高温织物及柔性保温套项目）。 （孙　露）

【参加“2015镇江·深圳招商周”活动】 2015年11月26日，丹徒区商务局组织参加镇江市“2015镇江·深圳高新技术产业合作对接会”，邀请参会客商9名，签约项目2个。其间，集中拜访碧桂园、健力宝、华侨城、银宝山新、益海芯等知名企业，开展高层对接，推进重大项目；丹徒新城（宜城街道）、上党镇、宝堰镇、谷阳镇、辛丰镇、荣炳盐资源区、高桥镇、高新技术产业园等单位，突出高新技术主题，在深圳、珠三角地区开展密集小分队拜访活动，推进在手在谈项目20余个。 （孙　露）

【吴晓晶调研丹徒区外资转型升级情况】 2015年9月1日，江苏省外商投资企业协会会长吴晓晶一行，到丹徒区调研丹徒外资转型升级情况。到华通动力有限公司实地考察，听取企业生产经营特别是转型升级和科技创新发展的情况汇报。吴晓晶肯定企业依靠自主创新推动转型升级、激发内生活力的做法，并表示省外商投资企业协会将继续发挥政府和企业间桥梁纽带作用，及时反映企业情况，为企业发展助力。

（张　涛　孙　露）

商　业

【概况】 2015年，镇江市丹徒区商业资产管理总公司（以下简称丹徒区商业总公司）坚持“推动改革、促进发展、维护稳定”总目标，保资产、提效益、稳增长，完善内部监管机制，压缩经费开支，深化基层组织建设。全系统资产经营实现综合经营收益360万元，比上年下降1.37%。

（刘金宝）

【资产经营】 2015年，丹徒区商业总公司完善国有资产监管机制，对所有资产租赁协议实行严格报批手续，逐一备案登记，规范资产经营行为；对承租户提供优质服务，投入3万余元维修变压器、改造下水主干管道，保障水电使用安全；完善门卫制度，在重要部位安装监控设施，保障承租户的财产安全；对门面房和厂房做好续租衔接工作，确保资产不闲置。全系统资产经营收益224万元，比上年下降0.44%。

（刘金宝）

【生猪进点屠宰】 2015年，丹徒区商业总公司贯彻落实区政府关于做好生猪进点屠宰工作的要求，层层签订生猪屠宰管理责任状，规范生猪屠宰操作流程；做好屠宰场点的环境卫生工作和服务工作，优化服务质量；加大执法巡查力度，打击私屠滥宰行为，提高生猪进点屠宰量。全区生猪进点屠宰7.2万头，实现乡镇生猪进点屠宰率96%以上。

（刘金宝）

【食品安全监管】 2015年，丹徒区商业总公司强化食品安全监督管理工作，与丹徒区食品公司签订年度生猪进点屠宰肉品质量安全责任状，建立长效管理机制。召开全区生猪定点屠宰企业负责人“猪肉质量安全”专题会议，完善生猪屠宰管理制度。开展执法人员学习培训活动，提高依法行政、规范执法能力。在乡镇集市摆摊设点，现场解答肉品质量安全知识，提高群众消费安全意识。完善可追溯体系，健全生猪屠宰生产经营台账资料，对生猪来源、屠宰数量、销售去向、无害化处理等情况登记造册。建立举报热线和应急预案，强化对城乡结合部和边远乡村的执法检查全覆盖。年内，组织区生猪屠宰综合大队执法检查90余次，累计出车95台次，出动执法人员540余人次，有效遏制私屠滥宰等违法行为。

（刘金宝）

粮　食

【概况】 2015年，镇江市丹徒区粮食局（以下简称丹徒区粮食局）以维护粮食安全为目标，提高依法管粮水平，推进民生工程，加强执政能力建设，各项工作取得新成绩。全区粮油加工企业实现工业产值1.8亿元，完成年度计划的101.45%；实现销售收入1.7亿元，完成年度计划的100.31%；实现利税353万元，完成年度计划的117.73%；实现利润933万元，完成年度计划的103.67%。全年完成粮食购销总量13.33万吨，其中粮食购进5.37万吨，粮食销售7.96万吨，落实订单任务2.84万吨，完成年度各项目标计划。争取省粮食局支持，落实新增1.5万吨的丹徒省级储备粮任务，所属仓储企业年平均储备粮存储规模保持在2万吨左右，储粮“四无”合格率100%。年内，丹徒区粮食局获“全省粮食行业安全生产工作先进单位”和“镇江市文明城市建设网格化管理工作先进单位”称号。

（李　柏）

【粮食基础设施建设】 2015年，丹徒区粮食局加强粮食基础设施建设，确保粮食安全。投入200万元，购置粮食烘干设备9套，使粮食日烘干能力达300吨，实现粮食“从田间、到烘箱、再到粮仓”无缝对接；根据全省率先实现现代化指标的要求，投入2100万元，重点完成丹徒区幸福桥粮食收储中心2万吨中心库建设，丹徒区幸福桥中心库建设被列入国家粮安工程、丹徒区2015年政府投资项目计划，采用机械通风、微机测温、环流熏蒸、低温储粮“四合一”技术，有效提升仓储功能。年底，该工程主体封顶。（李　柏）

【粮食管理法制化建设】 2015年，丹徒区粮食局探索粮食流通市场监

图49　2015年10月13日，丹徒区幸福桥粮食收储中心仓储设施建设现场

（李　柏　摄）

管新路子，着力构建粮食购销市场化、经营主体多元化、流通秩序规范化、粮食管理法制化的粮食流通新格局。加强与区人大的联系与沟通，督查指导全区贯彻执行《粮食流通管理条例》的情况，现场考察观摩丹徒区幸福桥粮食收储中心、黄墟粮油管理所2个库点的危仓老库维修改造和信息化建设，多渠道向上级反映粮食流通领域的意见和建议；履行依法管粮职责，重点开展夏秋两季粮食收购市场、粮食出库、军供粮和粮食统计制度等各类政策性粮食购销活动的检查，确保国家各项粮食政策落实到位。（李　柏）

【放心粮油工程】 2015年，丹徒区粮食局创新放心粮油经营机制，做到“四个结合”，即粮食应急保供与放心粮油日常经营相结合，成品粮油储备与放心粮油供应相结合，粮食店面销售与网络销售相结合，粮食惠农业务与团购市场相结合；科学规划粮油店布点，对认定的放心粮油店实行统一编号、统一店名标识、统一质量承诺。规划在黄墟、宝堰、辛丰、高资、谷阳、高桥等临街粮管所及丹徒城区设点，计划2015～2017年创建3家“放心粮油示范店”、6家“放心粮油销售店”，达到乡镇全覆盖的目标；按照“季度检查，年度考核，三年评审”要求，加强对放心粮店的检查、考核，对考核优秀的放心粮油店采取以奖代补的方式给予奖励，调动争创放心粮油企业的积极性。（李　柏）

【粮食队伍建设】 2015年，丹徒区粮食局坚持走人才兴粮之路，从根本上解决企业人员结构不合理、专业技术人员断层、经营管理人员缺乏等问题。面向社会招聘基层防化员、保管员共8名，进行为期半年至一年的岗位培训，着力培养一批政治素质好、业务能力强、服务水平高的粮油检测和保管等方面的人才。开展内退岗位接班人才培养，落实一对一导师制度，建立定期谈话制度，明确指导对象要确定年度学习计划与工作目标，定期向导师汇报思想和工作情况，及时总结学习情况。落实人才储备库制度，定期举行1～2次业务考试，重点考核粮油保管、检测业务、计算机应用等，考试成绩优秀人员可以进入局人才库，通过人才储备规划，达到发现、培养和合理使用人才的目的。（李　柏）

【粮食系统内部管理】 2015年，丹徒区粮食局推行粮食系统精细化、规范化和人性化管理，促进服务水平和效能提高。加强对国有粮食企业经营管理工作的指导，强化储备管理、资产管理和安全管理；加大财务制度管理和监督力度，实行会计委派制，严防国有资产流失；建立健全执行制度的责任、监督、追究三项机制，推进“执行力提升年”活动，规范工作秩序、强化职能；实行“五年倍增计划”和“三年减员计划”，解决基层职工收入低、住房困难等问题，全系统自然减员15%，促进全局整体工作效率的提升。

（李　柏）

【粮油军地共建】 2015年，丹徒区粮食局抓好军粮供应工作，推进粮油科技进军营等活动，促进军地粮油共建水平的提升。定期组织军供知识和保障业务培训，促进干部职工认识军供工作的重要性；分批组织到部队体验军营生活，了解部队需求，与部队官兵结下友谊，主动邀请部队官兵，参与粮食的种植、采摘以及运输工作，为部队官兵提供社会实践阵地；组织军粮运输驾驶员到司训大队进行运输车辆维修及驾驶技能培训，组织食堂后勤人员到部队开展军民厨艺交流等活动，丰富粮食军地共建的形式和内容。

（李　柏）

烟　草

【概况】 2015年，镇江市丹徒区烟草专卖局（以下简称丹徒烟草局）围绕“战略、规范、创新、质效、管理、文化、队伍”7个关键词，明确战略导向，坚定发展目标，各项工作进展顺利，为推动全省“行业楷模”战略体系全面落地、实现镇江烟草“提档升级和争先进位，争当楷模”战略目标作贡献。全年卷烟销量14493.36箱，完成年度指标的101%；实现销售收入50966.31万元，比上年增长11.21%；单箱销售额35165.3元，比上年增长13.08%；实现税利13095万元，比上年增长8.03%，其中，利润6955万元。全年新办烟草专卖许可证69个，全区有卷烟零售户2011户。开展真假烟鉴别知识活动；开展“客

图50　2015年2月，丹徒区烟草局向消费者开展真假烟鉴别知识活动

（丹徒区烟草局提供）

户维护之星”、“文明执法之星”评比和“客户在我心中”主题演讲活动，增强服务意识，提升客户满意度；在全体卷烟零售户中开展“放心消费示范店”评选活动，为消费者营造放心的消费环境；开展“战略体系在岗位”、“效率、责任、法治、服务、大局”五种观念和“楷模、创新、节俭、严管、感恩”五大意识等教育活动，打牢全体干部员工的思想理论基础；参与“全国文明城市”创建活动，组织志愿者50余人次上路执勤、清扫责任路段和结对小区，1人被评为镇江市创建全国文明城市工作先进个人；开展帮扶困难学生、结对帮扶农村低收入农户、慰问特困零售户、义务献血、爱心捐款等爱心活动，捐赠资金20余万元。年内，丹徒烟草局先后获“镇江市2012～2014年度预防职务犯罪工作先进单位”、“六五”普法中期先进单位、模范职工之家和区法治政府建设先进单位、2013～2014年度依法行政示范单位、政务便民服务工作先进单位、2014年度区级机关先进基层党组织等称号。（吴红霞）

【专卖管理】 2015年，丹徒烟草局围绕市烟草局下达的打假破网任务和市场监管目标，打击各类涉烟违法违规行为，规范全区卷烟市场经营秩序。全年查获卷烟案件300起，其中1万～5万元案件20起，5万～10万元案件3起，10万～20万元案件2起，20万～50万元案件3起，50万～100万元案件1起，100万元以上案件1起，取缔无证经营户10户；查获各类违法卷烟15080条，总案值373.45万元，罚没款4.8万元，市场净化率保持在98%以上。（吴红霞）

【基础管理】 2015年，丹徒烟草局突出“多层次、多轮次、多主题、多载体、制度化”主题，组织修订、完善各部门、各岗位工作职责和各项工作流程，制定完善党建工作、廉政建设、行政管理、队伍建设等方面制度规定，促进工作规范有序；开展“浪费源”“风险源”“危险源”“故障源”等“四源”排查活动，并逐一制定落实整改措施；推行党务、政务公开，加大“7S”（整理、整顿、清扫、清洁、素养、安全、节约）现场管理考核力度；健全管理监督的领导机制、工作机制和考评机制，细化工程投资、物资采购、宣传促销方面的职责权限和流程规范，实现全程监管、实时监管和有效监管，建立责任追究和风险内控机制，打造大监督工作格局；推进控烟履约工作，组织开展“3·15”、“12·4”法制宣传、志愿者服务和强村富民双达标——结对帮扶谷阳镇湖马村等活动，树立责任烟草的良好社会形象。（吴红霞）

茧丝绸

【概况】 2015年，镇江市丹徒区茧丝绸总公司（以下简称丹徒区茧丝绸总公司）以稳中求进、深化管理、创新思路、促进行业协调发展为工作重点；服务“三农”，维护全区蚕茧市场稳定，完成各项任务指标。全区总产茧349担、总产值55.7万元，果桑产值85.5万元。（凌　燕）

【蚕茧市场保障】 2015年，丹徒区茧丝绸总公司规范生产和经营秩序，按照江苏省蚕茧指导价每千克32元、上下浮动15%的政策，做好蚕茧收购宣传、服务等产销衔接工作。做好服务“三农”工作，下乡入户，指导蚕农掌握先进的栽桑养蚕、防病、治虫技术，提高蚕农科学养蚕水平。同时，做好蚕种质量执法监督、蚕药监督管理、蚕茧收购政策落实等工作，促进蚕茧市场稳定、蚕农增收，确保行业管理职能履行。（凌　燕）

【蚕桑生产服务指导】 2015年，丹徒区茧丝绸总公司按照优质茧基地的生产技术指标，组织种桑养蚕技术培训，实地为蚕农提供产前、产中、产后全方位的优质服务，提升蚕桑生产的科技含量；抓好以科技推广为中心的生产服务，针对全区蚕桑生产规模小、生产者大多为妇女和中老年的现状，创新服务方式，加大小蚕共育、小蚕电热网饲育、省力化养蚕、大棚养蚕、病虫害统防统治、优良簇具营茧等实用技术的推广力度。（凌　燕）

【创新产业发展】 2015年，丹徒区茧丝绸总公司拓宽经营思路，开展多元化经营，设计和指导蚕桑指导站探索桑椹酒、桑叶茶等深加工项目。以江心洲生态农业园区野菜节、农家乐为载体，发展供旅游观光、鲜果采摘相结合的果桑产业，利用蚕桑基地的桑叶生产桑叶茶，形成新

图51　　2015年7月23日，实地为蚕农提供技术指导

（丹徒区茧丝绸总公司提供）

的经济增长亮点；建立上党果酒果醋原料生产基地、宝堰鲜果采摘及桑叶茶制作基地、江心旅游观光及苗木培育基地、世业休闲采摘4个果桑生产特色基地，促进行业协调发展。（凌　燕）

供销合作商业

【概况】 2015年，镇江市丹徒区供销社（以下简称丹徒区供销社）以改革为定位、以发展为目标，紧抓企业转型和项目建设，提升为农服务层次，提高专业合作社的质量，实现经济稳步发展。全年实现销售收入89.7亿元，比上年增长4.24%；消费品销售25.56亿元，比上年增长3.36%；实现利润1072万元，比上年增长5.1%。5月26日，河北省供销社党组书记、理事会主任邓沛然一行到丹徒区世业镇先锋村四季农业园考察学习。年内，获镇江市供销合作总社综合业绩考评特等奖，获区委、区政府"三农、安全信访工作先进单位"称号。（马建文）

【供销社综合改革】 2015年，丹徒区供销社深化供销社经营体制、经营模式、企业管理等方面的改革。发展供销社自主经营，参与电商营销。4月，丹徒区供销社2人、高桥供销社2人参加全国总社在杭州举办的供销网络营销培训；加快人事制度改革，采用托管、资金补偿等办法，办理退休、清退在编不在岗人员共计51人，支付"两保"(医疗保险、养老保险)及其他费用429万元。（马建文）

【基层社转型升级】 2015年，丹徒区供销社加快发展供销主业，拓展农资、日用、家电营销。高桥供销社投资1500万元的日用品配送中心综合楼竣工营运，申报省级新网工程获批；高桥供销社投入10万余元改造四方桥700余平方米五金店门店，引进该镇首家灯具直销经营部，年增效4万元；谷阳供销社投资50万元改造西六苏果超市，年创效10余万元。（马建文）

【服务三农】 2015年，丹徒区供销社拓展农资主营渠道，加大农资配送力度，服务便农、让惠于农。全系统农资销售额4543万元、化肥销售总量34367吨，统防统治20万亩次，为农民提供信息咨询、资料2000余份。同时，多层次构建服务平台，增强服务功能，提高为农服务质量，提档升级为农服务中心，提质农民专业合作社。新建丹徒区海琦专业合作社，申报上党村、宝堰南宫省级为农服务样板社，申报谷阳、黄墟、高桥、西六市级高标准为农服务中心；高桥高冠秧草、润之园苗木获评省级农业专业合作社；高桥、谷阳供销社获评市供销社系统"农业社会化服务先进单位"称号。（马建文）

【烟花爆竹配送技改】 2015年，丹徒区烟花爆竹公司加大技改投入，投资350万元升级改造伏牛山C级库、全区所属15家营业网点设施并全部竣工，仓储能力、经营品种增加，经营、效益双提升。与区安监局开展全区烟花爆竹从业人员培训，分二批次共培训292人。（马建文）

表22　2015年丹徒区供销社基层单位及负责人情况

单位	法人代表
高资供销社	张永宁
谷阳供销社	朱正明
上党供销社	潘庆生
辛丰供销社	魏建华
高桥供销社	王　飞
宝堰供销社	张金跃
石马供销社	张永宁
江心供销社	王　飞
区康仁医药连锁	纪锁祥
区康发烟花爆竹公司	王建设
区康达物资回收利用公司	姚六明
区康宏物资回收公司	王　飞
区正大实业公司	夏方勇
区辛丰生产资料公司	吴志远
区轧花剥绒厂	夏方勇
丹徒旅游贸易学校	姚六明
区供销总公司	姚六明

（马建文）

图52　丹徒区谷阳供销合作社农资配送中心　（丹徒区供销社提供）

财税·金融

责任编校：王雪松

财 政

【概况】 2015年，丹徒区一般公共预算收入累计完成27.79亿元，比上年增长11.37%。其中：税收收入24.46亿元，比上年增长10.2%（国税收入3.7亿元，比上年下降2.9%；地税收入20.76亿元，比上年增长12.77%）；非税收入3.33亿元，比上年增长21.7%，非税收入中，罚没收入3194万元，比上年增长16.61%，排污费收入1125万元，比上年下降26.66%，教育费附加收入7342万元，比上年增长4.25%，行政性收费收入9707万元，比上年增长32.86%，国有资源有偿使用3061万元，比上年下降64.73%。政府性基金预算收入累计完成2.4亿元，比上年减少86.67%。

一般公共预算支出28亿元，比上年增长11.38%。具体项目为：一般公共服务支出3.38亿元，比上年增长2%；国防支出634万元，比上年增长97.51%；公共安全支出1.44亿元，比上年增长10.64%；教育支出6.41亿元，比上年增长16.2%；科学技术支出9374万元，比上年下降12.81%；文化体育与传媒支出6150万元，比上年增长35.28%；社会保障和就业支出2.6亿元，比上年增长49.27%；医疗卫生支出2.37亿元，比上年增长41.5%；节能环保支出7925万元，比上年下降58.23%；城乡社区事务支出2.51亿元，比上年增长17.78%；农林水事务支出4.86亿元，比上年增长18.76%；交通运输支出6130万元，比上年增长17.82%；资源勘探电力信息等事务支出3333万元，比上年增长6.76%；商业服务业等事务支出1633万元，比上年下降0.91%；国土海洋气象等事务支出1041万元，比上年下降42.93%；住房保障支出6156万元，比上年增长9.58%；粮油物资储备事务支出993万元，比上年增长9.6%；其他支出162万元；债务付息支出886万元；债务发行费用支出39万元；政府性基金支出3.66亿元，比上年下降79.2%。 （韦文雪）

【财政政策执行】 2015年，镇江市丹徒区财政局（以下简称丹徒区财政局）在宏观经济持续下行和结构性减税较多的情况下，围绕年初预定目标，着力财政基础管理工作。紧盯北汽华东（镇江）产业基地、孟家港国际物流园、宝龙城市广场、大学城、新312国道和安置房等重点项目进展情况，筑牢税基；协调各征管部门加大税收征管力度，稳定财源存量，挖掘财源增量，确保各大税收应收尽收、零散税收全部入库；加强非税收入分类管理，做好各项收费、基金等政府收入征管，完善征缴制度，加大清欠力度，确保非税收入应收尽收、及时入库；支持二、三产业融合，推进经济结构优化，落实支持现代服务业发展的各项优惠政策，形成多渠道、多层次推动经济发展的合力。 （韦文雪）

【民生投入保障】 2015年，丹徒区财政局整合各项资金，压减一般开支，统筹调度保民生促和谐。控制“三公”经费及会议费、培训费等经费支出，重点投向民生改善、公共服务、基础设施等领域。将全年新增财力的87%用于民生，全年民生支出21.38亿元，比上年增长15.02%，占一般公共预算支出的76.3%；开展粮食直补、农资综合直补、良种补贴等涉农补贴工作，全年通过“一折通”发放各类涉农补贴3529.15万元。安排4.8亿元，重点保障全国小型农田水利重点县建设、长山灌区节水配套改造等；教育支出6.41亿元，重点保障教育化债、校安工程、宜城中学建设和教育装备达标等；社会保障方面安排4.96亿元，支持医药卫生体制改革，重点保障新农合、新农保、城乡低保、残疾人事业、计划生育家庭奖扶特扶等惠民政策的落实；生态文明建设方面投入1.06亿元，支持覆盖拉网式农村环境综合整治、村庄环境整治、美丽乡村建设、西南片区整治等。（韦文雪）

【财政管理】 2015年，丹徒区财政局重新完善机关事权188项、公积金中心事权15项和乡镇财政所事权32项，规范办事流程，提高工作效率；强化内部监督，每月对机关科室和财政所内部基础管理工作、相关政策执行和工作任务完成情况进行全面检查，并发布监督检查通报；持续推进绩效评价，以项目支出为重点，对307个项目实施财政资金绩效评价，涉及资金总量较上年翻番，项目覆盖社会保障、医疗卫生、基础设施建设、农林水事物等方面；开展国有资产清查，加强和规范行政事业单位资产管理，共清查行政事业单位240家，国有资产总量近220亿元，完善国有资产管理体系；加强财政性资金监管，特别是专项资金的运行监管，确保资金使用依法合规、安全有效；清理压缩财政结余结转资金，激活财政存量资金，集中有限的资金用于稳增长、调结构、惠民生等重点领域和关键环节；基层规范化财政所建设工作取得成效，所有乡镇财政所全面完成省级“规范化财政所”的创建；开展抽查和巡查项目率分别比上年提高129%和12%；加大公开公示力度，全年乡镇财政开展公开公示1698次，比上年增加11%。（韦文雪）

【财政改革】 2015年，丹徒区财政局加强财政改革力度，提升财政管理能力。深化预算管理制度改革，按照新修订的预算法，实施全面规范、公开透明的预算制度。首次实行全口径预算，将一般公共预算、政府性基金预算、国有资本经营预算和社会保险基金预算全部纳入预算体系，在规定时间内向社会公开财政总预算、总决算、“三公”经费预算等；完善政府性债务管理，建立规范的政府举债融资机制、有效偿债机制和风险预警机制，防范财政金融风险，全年争取存量债务置换债券3.4亿元，消化存量债务8.09亿元；推进政府与社会资本合作，成立PPP中心（Public-private Partnership，政府和社会资本合作），成功推进PPP项目进入省级项目库；落实政府购买公共服务，制定《政府购买公共服务实施办法》《丹徒区政府购买公共服务指导目录(试行)》，对城市管理、养老服务、绩效评价等工作实施政府购买公共服务；编制专项资金管理清单，对审批通过的专项资金预算项目进行整合，编制2015年专项资金管理清单32项；深化国库集中支付改革，全年实现财政国库集中支付38.6亿元，直接支付率达99%以上。推行公务卡改革，实现全区区级预算单位公务卡改革纵向到底、横向到边的全覆盖，全年公务卡刷卡笔数比上年翻一番。（韦文雪）

国税

【概况】 2015年，镇江市丹徒区国家税务局（以下简称丹徒区国税局）推进税收现代化建设，打造税收改革发展新态势，国税工作保持良好势头。全年组织全口径收入12.53亿元，完成公共财政预算收入36975万元。年内，丹徒区国税局被评为全省国税系统信息工作先进单位。

税收优惠政策。开展国务院政策措施落实情况专项督查及自查整改工作，在办税服务厅设立“咨询服务岗”和“投诉专席”，推动政策宣传覆盖面、实际受惠面实现100%。落实“营改增”等税制改革，自2012年10月“营改增”试点以来，全区累计入库改征增值税13148万元，“二三产业分离”等做法在全市推广。

税收管理改革。落实国家税务总局、省国税局税收现代化战略部署，初步建立起“前台办理、后台支撑、风险指引、分类应对、过程控制”为特征的现代税收管理新格局，实现从以“人盯户、票管税”为主要特征的传统管理方式向以信息化支撑下的风险应对为核心的现代管理方式转变。“十二五”期间，综合运用提醒、评估、稽查等措施，实现风险应对入库成效1.8亿元。（边 疆）

【风险管理】 2015年，丹徒区国税局以税收风险应对工作模板和法律指引应用为核心，有序推进风险应对示范单位建设。构建任务推送新模式，将农村分局全部集中至区局机关办公，彻底消除分局与镇（街道、园区）、纳税人之间的固定对应关系，通过任务竞标的形式确定最佳预案、推送风险应对任务；完善规范运转新机制，统一规范风险应对分局内部名称、职能、岗责，在全市率先配备约谈询问室、集体审议室（查账室）等专业化办公区域，制定风险应对工作配套制度办法18项并编印成册，实现应对过程的可视化追踪、痕迹化管理和规范化运作；形成税收共治新格局，联合区地税部门推进社会化护协税体系建设，按照“面上采集、点上应用”原则，明确20家部门（单位）43种涉税情报的采集周期和对口采集任务。年内，丹徒区国税局共启动风险应对325户次，完成风险应对297户次，累计实现风险应对入库成效2118万元。（边 疆）

【依法治税】 2015年，丹徒区国税局依法行政在放管结合中取得新成效。落实简政放权，全部取消非行政许可审批事项，并将保留的7项行政许可审批事项全部调整前移到办税服务前台，实现前台受理、内部流转、限时办结、窗口出件；确保税收政策兑现到位，开展国务院政策措施落实情况专项督查及自查整改工作，累计办理各类税收优惠34144万元；实现制度保障的规范，邀请区法院专家开展新行政诉讼法专题讲座，配齐配强法律顾问、行业顾问，及时推广实施“说理式”执法文书和“审前听述”工作机制，开展执法督察，执法方式向规范化转变。年内，法治税务示范基地建设通过省国税局验收，并被推荐参与国家税务总局评选。（边 疆）

【纳税服务】 2015年，丹徒区国税局纳税服务在整合拓展中开创新局面。全面落实国家税务总局纳税服务规范2.0版、省国税局税收职责清单及其业务操作规程以及省国税局“20个到位”要求，推进纳税服务示范点建设，减并48类涉税表证单书，流程更精简，办理更快捷；整合特服号、“12366”热线、微信公众号、短信呼平台等服务资源，集约化开展政策咨询宣传；推行增值税发票系统升级版和出口企业无纸化退税，促使纳税人加快走进互联网税务时代；建立联办工作机制，与区市场监督管理等部门共同推进“三证合一”“一照一码”，方便申请人快速通过市场准入环节；拓宽服务领域，与金融机构合作推广“税e融”金融服务，助力小微企业加速成长。（边 疆）

地税

【概况】 2015年，镇江市丹徒地方税务局（以下简称丹徒地税局）以组织收入工作、绩效管理工作为重点，提升依法治税的能力和水平，推进各项税收工作，完成“十二五”规划任务。全年组织入库地方税收23.4亿元，比上年增收2.3亿元，增长10.93%，其中公共预算收入20.76亿元，比上年增收2.35亿元，增长12.78%；全年征收社会保险费7.99亿元、教育费附加1.22亿元、综合基金906万元。公共预算收入首次突破20亿。组织开展的“廉政家访”工作在5月6日中央人民广播电台进行报道。年内，丹徒地税局获全市地税系统绩效考评一等奖，被市地税局评为2015年度先进单位、“五好”党组织，并获区级机关绩效管理考核优胜“十佳单位”等荣誉。（殷　健）

【依法治税】 2015年，丹徒地税局争创省局法治税务示范基地，加强依法治税工作组织领导和法治税务建设督查。开展权力事项梳理，统一对外公开行政权力事项75项，实现行政权力阳光公开和透明运行；加大涉税违法打击力度，全年对26户纳税户进行税务检查，组织421户纳税人开展自查，受理并查处各类税务违法举报案件18起，累计稽查入库税款、罚款及滞纳金3170.71万元；规范社保费征缴流程，落实行政强制，提交法院强制执行社保欠费2起，维护职工群众利益。（殷　健）

【税收征管改革】 2015年3月，丹徒地税局按照省、市地税局深化征管改革的要求，围绕实现“纳税服务标准化、基础管理集约化和风险应对专业化”的目标，完成征管改革机构配置和职能设置工作，实现所有管户平稳交接，收入计划调整到位。共下设6个分局（1个税源管理分局、4个中等风险应对分局、1个纳税服务分局）、1个稽查局，内设办公室、人教科、监察室、税政科、征管科、规财科、数据科、党总支8个机构。结合“营改增”工作，开展建筑业、房地产业工程项目专项清理，梳理管辖范围内所有建筑业、房地产业税源状况，建立动态税源管理台账。加强日常数据监控，强化风险管理，全年推送各类风险744户次，完成风险绩效8088.78万元，发挥风险管理在税收管理方面的作用。（殷　健）

【“纳税人信息短信提醒平台”建设】 2015年5月，丹徒地税局探索建设“互联网+”税务，推进“纳税人涉税信息短信提醒平台”开发建设工作，并于9月投入使用。至年底，“纳税人涉税信息短信提醒平台”共发送各类催报催缴类短信提醒10批次合计7000余条，节约人工电话催报催缴900户次，减少催报催缴文书发放900余份，有效节约日常基础税源管理人员的精力及物力，国家税务总局网站和省局网站进行报道。（殷　健）

【纳税服务】 2015年，丹徒地税局落实首问负责制，借助一次性告知软件进行跟踪管理。升级办税服务厅公共管理系统，发现异常第一时间处置，各项预警考核指标处置率均达100%，全年办税服务厅窗口服务满意率100%；继续开展“220服务行动”（参见《丹徒年鉴（2014）》152页），加强对涉农、物流、节能减排、大众创业等方面税收政策的落实和支持，提供集约式服务。全年减免企业所得税、下岗再就业、小微企业等税款4363.42万元；与区国税局联合开展2013～2014年度纳税信用等级评定工作，共评出A级纳税信用等级企业487户；落实商事登记制度改革要求，实行“一照一码”和“三证合一”登记新流程，实现多部门间的资源共享和流程精简，共通过“三证合一”窗口办理登记650户次；结合税收宣传月，组织开展“新常态、新税风，走进北汽送政策”宣传活动，为北汽华东（镇江）基地项目提供税收政策支持。（殷　健）

金　融

【概况】 2015年，丹徒区金融行业平稳发展。截至年底，全区12家商业银行（丹徒支行）贷款总额70.8亿元，其中企业贷款额48.19亿元，占贷款总额的68.06%。银行业全年存款额112.68亿元，其中个人储蓄57.56亿元；全区正常运营的农村小额贷款公司6家，科技小额贷款公司1家，总注册资金9.81亿元，资产总额13.08亿元。贷款余额7.66亿元，比上年增长3.51%。贷款平均利率12.46%，比上年下降3.04%。全年累计发放各类贷款737笔、9.62亿元，累计收回各类贷款806笔、9.28亿元，累计支持客户1648户，比上年增加108户。（王　宇）

【丹徒区金融办】 2015年，镇江市丹徒区金融工作办公室（以下简称丹徒区金融办）深化金融改革，加强金融、类金融机构的日常监管，鼓励小额贷款公司业务创新，开展防范和处置非法集资工作，提升辖区金融质量。

服务经济发展。8月25日和11月11日，组织2次签约仪式，区政府分别与中国农业发展银行镇江市分行、南京银行镇江分行签订开展政银战略合作协议，共获得2家银行70亿元等值的人民币意向性融资额度。年内，组织召开金融工作领导小组会议9次，共商讨项目议题55项；参与江苏省“金融生态达标县”考核评比工作，建立金融稳定工作协调小组，开展创建金融生态达标县工作部署，连续3年取得70分以上的成绩，为参评“金融生态达标县”奠定基础。

维护金融稳定。明确监管职责，加强辖区投资理财类公司的注册登记监管。全年开展小贷公司真实性现场检查2次。11月，委托第三方会计师事务所对辖区3家小贷公司进行专项审计，下发整改通知书；协同区农委、区民政局、区审计局走访区农民资金互助合作社；12月，组织召开全区范围内防范和处置非法集资会议，建立全区范围监管机制，开展防范和处置非法集资宣传工作，向辖区防范和处置非法集资工作领导小组成员单位和12家商业银行，发放宣传手册10000份和宣传海报300份。

支持金融创新。7月，协助文广世民农村小额贷款股份有限公司定向增发5000万股，募集资金8000万元；8月，鼓励小贷公司接入中国人民银行征信系统，降低信贷成本；10月，召开全区小贷公司新三板上市专题会议，加强辖区小贷公司上市经验交流和信息普及，支持利用资本市场拓宽融资渠道；12月，丹徒区筹建的第一家科技小贷公司——高校园区科技小额贷款公司经过省、市金融办审核后开业。

（王　宇）

【民生银行挂牌营业】 2015年1月18日，丹徒区首家新型股份制商业银行——民生银行挂牌营业，区委常委、常务副区长谈沁磊出席揭牌仪式。新成立的民生银行将服务丹徒地方经济发展，为广大企业和市民提供现代化金融服务。

（王　宇）

【农发行丹徒区支行】 2015年，中国农业发展银行镇江市丹徒区支行（以下简称农发行丹徒区支行）坚持以业务发展为动力，以效益办行为宗旨，以争创等级行为目标，提高信贷管理水平，防范和化解信贷风险，保证各项业务持续健康发展。全年累计投放县级储备粮贷款3340万元、省级储备粮贷款7711万元，分别支持丹徒区政府储备粮和省级储备粮转入。同时，做好托市资金划拨与管理，累计下拨托市收购资金5039万元，支持粮食企业收购托市小麦1379万千克、收购托市稻谷445万千克。累计投放中长期贷款55900万元，比上年增加27800万元，办理银票贴现业务24900万元。8月，农发行镇江市分行与丹徒区政府成功签约总额50亿元的《战略合作协议》，为农发行丹徒区支行深化与丹徒区政府合作奠定基础，发挥农发行政府的银行品牌形象，构建银政企联动的长效机制。实现经营利润1480万元，人均经营性考核利润99万元；全行企事业单位存款日均余额36264万元，人均存款2418万元，比上年增加356万元；中间业务收入177.29万元，当年应收回贷款 75042万元，实际收回贷款75042元，当年到期贷款收回率100%；全年无不良贷款发生，年末无不良贷款；全行各项经营指标连续3年实现一级行标准。

（农发行丹徒区支行）

【丹徒蒙银村镇银行】 2015年末，丹徒蒙银村镇银行总资产5.09亿元，总负债4.06亿元；有支行1家、网点2家；全行在编职工总人数44人。本外币各项存款余额2.47亿元，比上年增加0.46亿元，增长22.9%，其中个人存款余额0.81亿元，增加0.14亿元；各项贷款余额为4.54亿元，增加1.01亿元，增长28.6%，其中小微企业贷款余额4.48亿元，增加1.56亿元，增长53.4%；涉农贷款余额2.46亿元，增加0.41亿元，增长20%，涉农企业贷款余额1.96亿元，增加0.53亿元，增长37.9%；农户贷款余额0.49亿元，下降0.12亿元。实现利润总额0.03亿元，增长8%。

强化发展定位，加强“支农、支小”力度，稳健发展资产业务。发挥农村金融主力军作用，坚持“三农”和小微企业的经营方向，拓展服务广度和深度，推进“支农、支小”业务发展；调整信贷结构，压缩非农贷款客户2户，压降大额贷款1200万元，用于支持涉农企业、农户和小微企业；做好中国人民银行3000万元支农再贷款的投放，持续加大小微、涉农融资支持力度。

强化经营发展战略，落实监管部门“三法一指引”等政策，开展风险排查工作，提升经营管理水平。以推进“三大工程”、“银行业金融知识宣传服务月活动”等活动为契机，开展服务品牌创建工作。加强小微贷技术运用，全年走访客户1.2万余户，累计发放贷款3732万元，户均贷款29万元，有效落实“小额、分散”原则，取得良好品牌效应。

（陈成建）

图53　2015年8月25日，农发行镇江市分行与丹徒区政府举行《战略合作协议》签约仪式

（农发行丹徒区支行提供）

科　　技

责任编校：刘　芳

综　述

【概况】 2015年，镇江市丹徒区科学技术局（以下简称丹徒区科技局）围绕率先基本实现现代化总目标，实施创新驱动发展战略，以丹徒苏南国家自主创新示范区建设为重点，为加快经济转型和产业升级提供科技引领和支撑。全区高新技术产业产值454.7亿元，占规模工业产值41%；研发投入7.03亿元，占地区生产总值2.06%；全年申请发明专利365件，授权116件，每万人发明专利拥有量13.65件；全区有高新技术企业46家，其中新认定10家；新认定省民营科技型企业19家、省科技型中小企业15家；全区有省企业院士工作站2家，其中新认定1家（江苏恒顺醋业股份有限公司院士工作站），新认定省企业研究生工作站5家、镇江市众创空间2家；制定下发《关于加快创新驱动加速经济转型升级的意见》；征集企业技术需求58项，签订产学研合作协议43项。年内，丹徒区科技局先后获省知识产权执法工作先进单位、省部门统计示范点、市政务信息和科技宣传工作先进集体等荣誉。（谢　鹏）

【丹徒区召开创新驱动暨苏南国家自主创新示范区建设大会】 2015年7月31日，丹徒区组织召开创新驱动暨苏南国家自主创新示范区建设大会，旨在鼓励大众创业、万众创新。各镇（街道、园区）主要领导、分管领导以及50余家科技型企业代表参加会议。会上制定相关奖励政策，对新认定的市级新型孵化器和新型研发机构均奖励20万元，同时设立丹徒区国家自主创新示范区建设专项资金3000万元；重点推进厦门大学（镇江）新材料产业技术研究院、汽车工程技术研究院、新能源产业研究院等重大科技平台建设。（谢　鹏）

【2家服务机构被评为省科技服务业“百强”机构】 2015年6月，镇江市（沃得）工程机械研究院、江苏省（丹徒辛丰）轴承产业公共技术服务中心2家服务机构被评为2014年度江苏省科技服务业“百强”机构，是丹徒区首次获此荣誉，是全区服务机构研发设计、科技咨询、成果转化等服务业绩和运行机制所取得的成果。（徐海燕）

【7家企业获市级以上科技进步奖】 2015年5月18日，丹徒区内7家企业在镇江市创新驱动暨苏南国家自主创新示范区建设大会上获奖。其中，江苏恒顺醋业股份有限公司“镇江香醋酿造微生物群落功能优化关键技术及其产业应用”项目获江苏省科学技术进步奖一等奖，江苏凯力德科技有限公司、江苏镇安电力设备有限公司获镇江市科技进步奖二等奖，镇江大力液压马达股份有限公司、江苏华通动力重工有限公司等4家企业获镇江市科技进步奖三等奖。（张洁琳）

科技合作与计划

【概况】 2015年，丹徒区围绕全区产业特色和发展重点，搭建产学研合作平台，引导和协调企业与各类高等院校开展合作，深化合作层次、拓宽合作渠道，助推产学研成效提升。全年征集企业技术需求58项，与厦门大学、武汉大学、同济大学、

图54　2015年7月31日，丹徒区召开创新驱动暨苏南国家自主创新示范区建设大会（谢　鹏　摄）

中南大学、中国农科院、上海船舶设备研究所等科研院所对接，签订产学研合作协议43项；组织区内企业开展科技项目申报工作，全年新立市级以上科技计划项目33个，共获经费1120万元；加强科技资源与金融资源结合，设立科技金融贷款风险补偿专项资金200万元，全年申请科技贷款6769万元。1月，组织天成科技、恒欣生物等6家农企赴南京参加江苏农业科技新成果新产品展示对接活动，7项技术需求与扬州大学技术转移中心专家对接成功；5月，由镇江市天成农业科技有限公司承担的市级农业科技支撑计划项目——《基于茬、稻、鸭、萍技术的水稻优质低碳高效栽培研究与应用》通过验收。（张洁琳）

图55　2015年12月2日，农业部南京农业机械化研究所专家到丹徒企业考察（丹徒区科技局提供）

【农业部南京农业机械化研究所专家到丹徒区考察交流】 2015年12月2日，农业部南京农业机械化研究所专家一行5人到丹徒区考察交流，丹徒区科技局人员陪同参观沃得重工、上党醉园春茶叶合作社、世业先锋村草莓种植点等农业机械生产和农业种植企业。通过双方交流，对全区农业机械化发展和农业现代化建设起到推进作用。（李　凯）

【产学研活动】 2015年1月8日，组织区内部分企业代表，赴哈尔滨开展产学研活动，先后拜访哈尔滨理工大学、东北林业大学、黑龙江大学、哈尔滨工业大学、哈尔滨工程学院5所高校，达成意向性协议6项；1月14日，组织部分新材料领域企业代表，赴长春和北京开展产学研活动，先后拜访吉林农业大学、华北电力大学、北京科技大学3所高校，与华北电力大学科学技术研究院签订产学研合作协议；2月，组织赴吉林农业大学开展产学研活动，达成科技战略合作协议1项；4月20日，邀请厦门大学材料学院教授一行3人，考察丹徒区新材料领域企业3家，双方达成共建研究机构与新产品开发意向；5月29日，丹徒区人民政府与江苏大学、北京汽车集团有限公司就共建汽车关键技术公共服务平台、生态汽车产业园规划、大学生实习基地等签订协议；6月1日，镇江市农业科学院蔬菜专家潘跃平、果树专家糜林到丹徒区开展果蔬类产学研对接活动；7月10日，组织2家企业赴西安开展产学研活动，分别与中国科学院西安光学精密机械研究所和西北大学达成合作协议与意向；10月16日，组织区内9家企业代表，参加在南京举办的第五届中国江苏产学研合作成果展示洽谈会暨江苏省产业技术研究院技术转移对接会，2家企业分别与省内外3所高校签订意向性合作协议；10月20日，组织区科技镇长团一行赴江苏省产业技术研究院开展产学研活动，双方就丹徒产业发展现状、方向和合作方式进行探讨，为区内企业开展科技成果转化、高新技术转移等紧密型合作奠定基础；10月22～27日，组织区内6家企业代表，赴武汉大学、中南大学、南昌大学、中国水产科学院长江水产研究所等地开展产学研活动，发布技术需求、科技政策，达成产学研合作协议5项。（张洁琳）

【18个科技项目获立项支持】 2015年，丹徒区江苏特友诺新材料科技有限公司等18家企业的科技项目获得市级以上各项立项支持。其中，获批江苏省重点研发计划（产业前瞻与共性关键技术）项目立项1项，获江苏省基础设施建设项目资助2项，获镇江市政策引导类（国际科技合作）项目立项1项，获镇江市重点研发计划（产业前瞻与共性关键技术）项目立项8项，获镇江市重点研发计划（现代农业）项目资助3项，获镇江市社会发展项目资助3项。（蔡冠宇　徐海燕）

知识产权

【概况】 2015年，镇江市丹徒区知识产权局（以下简称丹徒区知识产权局）落实《省委、省政府关于加快建设知识产权强省的意见》，以国家知识产权示范城市建设为主线，以提升知识产权保护和运用水平为重点，实施知识产权战略，为知识产权事业创造就良好发展环境。全区申请专利815件，其中发明专利申请365件；专利授权660件，其中，发明专利116件，实用新型专利351件，外观专利193件；万人有效发明专利拥有量13.65件。全年申请专利保险21家，通过国家知识产权“贯标”认证企业8家，获省贯标示范先进单位1家；通过市级知识产权战略推进计划项目验收企业2家，获市级专利密集型企业培育计划项目立项企业4家。新增知识产

权工程师21 人。年内，丹徒区知识产权局获“江苏省专利行政执法工作先进集体”称号。（翟建英）

【专利资助额度调整】 2015 年7 月30 日，丹徒区委、区政府制定下发《关于加快创新驱动加速转型升级的意见》，重点调整区级专利资助额度。该意见规定凡申请PCT 专利（专利合作条约）并获得授权，每件奖励2 万元；申请国家发明专利并获得授权，每件奖励最高1.2 万元；申请实用新型专利并获得授权，每件奖励1200 元；申请外观设计专利并获得授权，每件奖励600 元。同时，提出每年培育专利密集型企业4 家，每家资助5 万元；对通过《国家企业知识产权管理规范》第三方认证验收合格和省绩效考评优秀的企业，每家奖励3 万元，旨在调动企业积极性和提高企业自主创新能力。（翟建英）

【2 家企业获“国家知识产权优势企业”称号】 江苏恒顺集团有限公司是2011 年知识产权管理规范标准化创建先进单位，2012 年作为首批试点示范单位，通过企业知识产权管理规范国家标准的贯标认证工作。拥有授权专利99 件，其中有效发明专利25 件，PCT 申请2 件。镇江大力液压马达有限公司是2010 年知识产权管理规范标准化创建优秀单位，企业共申请专利80 件，其中发明申请35 件，授权发明专利15 件。2015 年，2 家企业在国知办组织申报的国家知识产权优势企业和国家知识产权示范企业培育工作中获“国家知识产权优势企业”称号，对全区自主知识产权的品牌创建、产品竞争力的提升、促进企业发展起到推动作用。（翟建英）

【新增“镇江市专利密集型企业培育计划项目”承担单位4 家】 2015 年，丹徒区知识产权局组织丹徒区江苏恒顺集团有限公司、镇江大力液压马达有限公司、江苏中兴药业有限公司、江苏振光电力设备制造有限公司4 家企业成功申报“镇江市专利密集型企业培育计划项目”，被确定为项目承担单位，共获100 万元专项资助，项目实施期为2 年。项目的实施，在促进企业知识产权管理组织体系建设的同时，进一步促进可持续发展的知识产权战略的确立和知识产权的运用转化。（翟建英）

【新增首批“区专利密集型企业培育计划项目”承担单位4 家】 2015 年，丹徒区知识产权局为贯彻落实区委、区政府《关于加快创新驱动加速转型升级的意见》，加快苏南国家自主创新示范区建设步伐，提升广大企业知识产权创造、运用、保护和管理能力，加快知识产权强区建设步伐，印发“2015 年度丹徒区专利密集型企业培育计划项目申报指南”，鼓励区内企业申报。全年组织丹徒区6 家企业申报，其中江苏华夏制漆科技有限公司、镇江华浩通信器材有限公司、镇江市茗缘茶叶合作社、镇江市恒康调味品厂4 家企业申报成功，被确定为首批“区专利密集型企业培育计划项目”承担单位，获得20 万元专项资助。（翟建英）

【10 家企业获“镇江市企业专利突破奖”】 2015 年，丹徒区知识产权局组织10 家企业的专利发明人团队申报“镇江市企业专利突破奖”，获奖励资金共18 万元，其中江苏恒顺醋业股份有限公司发明人团队获一等奖，镇江索达联轴器有限公司发明人团队获二等奖，大力液压马达、恒康调味品等3 个发明人团队获三等奖，龙源铝业等5 个发明人团队获鼓励奖。（翟建英）

【知识产权执法维权“护航”专项行动】 2015 年，丹徒区知识产权局根据国家和省、市知识产权局关于开展“护航”专项行动方案要求，制定下发《镇江市丹徒区2015 年知识产权执法维权“护航”专项行动方案》，部署全年专项行动。整治范围以大型商场、大型超市、集贸市场、商业街区等商品销售集散地为主，以涉及全区战略性新兴产业及传统特色产业的产（商）品的假冒专利和侵权行为为重点，尤其是涉及食品、药品、医疗器械等各类事关民生领域的假冒专利行为。执法人员重点对丹徒新城（宜城街道）、高资街道、世业镇的大型超市、药店开展专利执法检查，出动行政执法人员30 人次，检查各类涉及专利1000 余件，查处假冒专利50 余件，调解专利纠纷案件6 件。（翟建英）

【知识产权宣传】 2015 年4 月24 日，丹徒区知识产权联席会议5 家成员单位以“建设知识产权强国，

图56 2015年4月24日，举办“庆祝第15个世界知识产权日”广场宣传咨询活动（丹徒区科技局提供）

支撑创新驱动发展”为主题，在丹徒新城（宜城街道）举办“庆祝第15个世界知识产权日”广场宣传咨询活动。活动现场，区市场管理局、区文广体局、区司法局、区知识产权局、区检察院等单位近20名工作人员发放宣传资料，并接受相关咨询；区市场管理局对6家企业代表就商标注册流程进行指导，解答专利申请和专利保护等相关问题。该次活动共发放宣传资料1100余份，咨询服务60余人次。（翟建英）

表23　**2015年丹徒区新立市级以上科技计划项目与经费情况**

序号	项目类别	项目名称	承担单位	项目经费（万元）
1	国家火炬计划	面向4G的多功能高互调高增益一体化天线	江苏联海通信股份有限公司	0
2	国家星火计划（引导性项目）	基于鸭、稻、苕模式的水稻高产、可持续栽培研究与示范	镇江市天成农业科技有限公司	0
3		长江青虾工厂化早繁育苗及智能化控制技术应用	镇江市丹徒区同发水产养殖有限公司	0
4		利用水生植物进行养殖水体的生态修复技术	镇江山水湾生态农业开发有限公司	0
5	省重点研发计划	面向4G的多功能高互调高增益一体化天线的研发	江苏联海通信股份有限公司	100
6	省社会发展	小城镇建设科技示范工程	丹徒区世业镇人民政府	300
7	省科技基础设施	江苏江大环境工程有限责任公司能力提升项目	江苏江大环境工程有限责任公司	50
8	省科技基础设施	重点研发机构（江苏恒顺）能力提升	江苏恒顺醋业股份有限公司	50
9	市重点研发计划	基于节能环保的双降膜式能源塔热泵的研发	江苏海雷德蒙新能源有限公司	20
10		海工用不锈钢/铝复合板材制备关键技术开发	镇江龙源铝业有限公司	25
11		麦胚降血糖多肽制备关键技术及麦胚多肽香醋的开发研究	江苏恒顺醋业股份有限公司	30
12		弧形齿非线性蛇簧联轴器关键技术的研发	镇江索达联轴器有限公司	25
13		高端钢材轧制用含硼低合金高速钢轧辊共性关键技术研发	镇江市丹徒区环宇轧辊厂	25
14		海洋船舶机械手BMM水压摆线驱动马达研发	镇江大力液压马达有限责任公司	25
15		光伏发电系统串组式无线监测系统关键技术的研发	镇江市诚翔电器有限责任公司	25
16		利用脱硫固废生产α型高强石膏关键技术的研发与应用	镇江焦化煤气集团有限公司	25
17	市国际合作	全水发泡高阻燃聚氨酯汽车内饰材料及制品研发	江苏特友诺新材料科技有限公司	40
18	镇江市众创空间	镇江市丹徒新城众创空间	镇江市丹徒区科创建设有限公司	20
19		志在千里众创空间	镇江市丹徒高新技术创业服务中心	20
20	市农业科技支撑	淡水生态高效养殖及其环境修复关键技术集成与应用	镇江金山湖农业发展有限公司	15
21		超声雾化活化糙米富集GABA等功能成分及其营养粉研发	镇江市智海食品有限公司	15
22		高效智能化圆捆机关键技术与装备研发	沃得重工（中国）有限公司	30
23	市科技基础设施	江苏江大环境工程有限责任公司能力提升	江苏江大环境工程有限责任公司	20
24	市科技基础设施	镇江市高性能耐磨有色金属材料及应用工程技术研究中心创新能力提升	镇江汇通金属成型有限公司	20
25	市科技基础设施	镇江市特种碳材料工程技术研究中心能力提升	江苏苏润高碳材股份有限公司	20
26	市科技基础设施	镇江市船用特种泵工程技术研究中心能力提升	镇江格瑞特泵有限公司	20
27	市社会发展	多功能高效秸秆还田施肥播种一体机的研发与生产	镇江市万金农机有限公司	9
28	市社会发展	蚯蚓生物工程床处理城市生活污泥及产物资源化利用关键技术研究	镇江三明生物工程有限公司	9
29	市社会发展	基于组分结构理论优化痛经宝处方治疗原发性痛经的研究	镇江市丹徒区中医院	2

续表

序号	项目类别	项目名称	承担单位	项目经费（万元）
30	市专利密集型企业培育	镇江市专利密集型企业培育计划项目（重点项目）	江苏恒顺集团有限公司	30
31	市专利密集型企业培育	镇江市专利密集型企业培育计划项目（重点项目）	镇江大力液压马达有限责任公司	30
32	市专利密集型企业培育	镇江市专利密集型企业培育计划项目（面上项目）	江苏中信药业有限公司	20
33	市专利密集型企业培育	镇江市专利密集型企业培育计划项目（面上项目）	江苏振光电力设备制造有限公司	20

（丹徒区知识产权局）

防震减灾

【概况】 2015年，丹徒区地震局开展地震监测、震灾预防、紧急救援建设，各项工作取得新成效。全区新建、扩建和改建工程项目均达到抗震设防要求，学校等人员密集场所抗震设防要求高于其他建筑设防标准得到落实。推进全区“多评合一”工作，为企业减负；行政许可事项均按承诺时限办结，保持服务零投诉。制定实施《2015年度丹徒区震情监视和短临跟踪工作方案》，坚持24小时震情值班，严格执行异常零报告和震情会商等制度。荣炳地震观测站做好数据观测、信息交流、震情分析等工作，密切注视震情动态；在2015年度江苏省地震观测资料评比中，荣炳地震观测站（苏丹徒18井）水温、水位、气氡、气汞测项均获佳绩。丹徒区地震局被评为全省防震减灾工作县级优秀单位、全省地震监测预报工作效能考核县级优秀单位。（李 鹏）

【地震监测环境建设】 2015年，丹徒区地震局先后为荣炳地震观测站更新电脑1台，添置笔记本电脑1台，安装20兆光纤宽带，安装网络视频监控系统1套，更新气象三要素仪器百叶箱，添置太阳能热水器、电视柜、储藏柜各1台（只），重新粉刷办公室、会议室、值班室和外墙，修建加固院墙，清理观测排水鱼塘，栽种果树和苗木，美化观测站环境，促进地震监测环境建设水平的提升。（李 鹏）

【地震监测网络建设】 2015年8月，丹徒区地震局在辛丰镇新增地震宏观观测点1个，安装远程视频监控系统1套。按照市地震局统一部署，在荣炳、江心、石马建成地震烈度速报点，配备专人为速报点联系人和维护人。至年底，全区8个地震宏观观测点，每个宏观观测点都配备宏观观测员，完善全区地震监测网络，地震监测水平明显提升。（李 鹏）

【防震减灾宣传】 2015年，丹徒区地震局开展防震减灾科普知识宣传教育活动。发放防震减灾知识宣传材料3000余份，接受咨询300余人次；向全区科普示范学校和地震安全示范社区发放防震减灾知识手册、光盘等宣传品；在高资街道开展送文化科技卫生“三下乡”宣传活动；在辛丰镇开展“5·12”防灾减灾系列宣传活动，向公众普及地震应急避险知识；在三山集镇开展丹徒区第27届科普宣传周活动，邀请市地震局专家到三山中心小学开展科普知识讲座；在丹徒新城宝龙城市广场参与丹徒区“12·4”法制宣传日活动。年内，向省、市、区有关部门报送防震减灾宣传稿件40篇。（李 鹏）

【地震应急演练】 2015年“5·12防灾减灾日”，丹徒区地震局联合区教育局等部门在三山中心小学举办地震应急疏散演练活动，组织学生观看防震减灾知识宣传片、展牌，赠送防震减灾知识宣传画册；12月，邀请区政府应急办、市地震局等部门领导到谷阳镇槐荫村开展地震应急疏散演练活动，快速搭建应急指挥帐篷，开展防震减灾知识宣讲，通过发放宣传画册、展出展牌、现场答疑等宣传活动，提高居民防震减灾应急意识。（李 鹏）

图57　2015年12月，在谷阳镇槐荫村开展地震应急疏散演练活动

（丹徒区地震局提供）

教　育

责任编校：刘　芳

综　述

【概况】 2015年，镇江市丹徒区教育局（以下简称丹徒区教育局）以"服务民生"为宗旨，以"群众满意"为目标，加快推进苏南教育现代化示范区建设，深化教育领域综合改革，推动丹徒教育质量发展、内涵发展、特色发展，为建设群众满意的"强富美高"新丹徒提供人才保障和智力支持。落实义务教育"以县为主"管理体制，推进义务教育均衡发展；完善办学体制，形成以政府办学为主体、社会各界积极参与的多元化办学格局；深化学校内部管理体制改革，构建现代学校制度，学校内部管理、人才培养模式、招生考试、人事制度、教师奖惩激励及考核评价制度等方面的教育教学改革均取得显著成效。全区幼儿园毛入园率105%，义务教育巩固率100%，高中教育毛入学率100%，主要劳动力年龄人口平均受教育年限达11.07年以上，优质教育资源学生覆盖率70%，完成"十二五"教育发展规划的目标和任务。（朱　辉）

【教育督导考核】 2015年，丹徒区人民政府教育督导室完善教育督导机构，加快督学队伍建设，发挥督导在教育改革发展中的推动作用。合理划分督学责任区，实行责任督学挂牌督导制度；落实督导经费，保障督导工作全面开展；发挥教育督导在教育教学常规管理检查、三年发展规划年度督导评估、幼儿园办园水平督导评估等工作中的督查引导作用；加强对镇（街道、园区）教育工作的督导考核，实行督导结果公告制度，调动各镇（街道、园区）支持和推动教育发展的积极性和主动性。（朱　辉）

【"宜人教育"品牌创建】 2015年，丹徒区教育局结合地域实际，推进教育创新，践行"宜人教育"理念，推进"宜人课堂"建设。丹徒区教师发展中心在丹徒实验学校、宝堰实验小学、辛丰中心小学组织"宜人课堂"观摩研讨活动3场，探讨"宜人课堂"实施途径；全区更新办学思想与教育理念，达成"宜人教育"共识，丰富"宜人教育"内涵；开展"宜人教育"的实践与探索，营造宜人的丹徒教育新环境，在实施"宜人管理"、建立"宜人校园文化"、构建"宜人课程"、推进"宜人课堂"等方面探索新方法、拓展新途径、获取新经验，致力于学生的成长、教师的发展和社会、家庭的满意，打造丹徒教育新品牌。（朱　辉）

【教育志愿导学活动】 2015年，丹徒区教育局推广"导师制"，鼓励全区教师通过导学、导情、导心，帮助各类学生增强心理素质、提高学业成绩。加快志愿导学中心和志愿导学站建设，为志愿导学活动提供固定场所和优质师资。组织教师利用节假日，走进乡村、社区、家庭，上门开展志愿导学活动。（朱　辉）

学前教育

【概况】 2015年，丹徒区有幼儿园22所（含农村办园点3个），普惠性民办幼儿园6所，拥有独立法人资格幼儿园19所，占比86%。平均每所幼儿园覆盖常住人口1.31万人。区域内在园幼儿7458人，当地户籍幼儿学前三年在园6517人。丹徒区学前教育有专任教师459人，其中公办教育162人，有资质专任教师339人，占比74%；大专以上学历教师312人，占比68%。1月15～17日，丹徒区接受"江苏省学前教育改革发展示范区"现场评估验收，11月被江苏省人民政府办公厅命名为"江苏省学前教育改革发展示范区"。3月，丹徒区教育局组织全区幼儿园园长赴扬中市学习《3～6岁儿童学习与发展指南》实验实施工作。5月，丹徒区在全区幼儿园中开展"给孩子适宜的爱"学前教育主题宣传月活动。8月12日，镇江市幼儿园户外场地建设规划制订现场专题培训在丹徒区辛丰中心幼儿园举行，省教育厅基教处主任殷雅竹、南京师范大学学前教育系教授虞永平参加活动。（郑娅娜）

【省优质幼儿园创建】 2015年，丹徒区幼儿园中有江苏省优质幼儿园16所，占比76%；镇江市优质幼儿园1所，占比5%；合格幼儿园4所，占比19%。年内，江心洲生态农业园区加大学前教育投入，完成江心中心幼儿园的易地新建工程，该园对照省优标准，提内涵、促发展，9月通过省优材料审核，并于12月22日通过江苏省优质幼儿园现场评估验收。（郑娅娜）

基础教育

【概况】 2015年，丹徒区有小学12所（含民办小学1所）、初中13所、九年一贯制学校3 所、高中2 所，共有小学生13853 名、初中生5354 名、高中生3400 名。全区义务教育学校以校安工程为重点，推进学校标准化建设，基本实现学校品质、校园环境、教学设施、公用经费、教师素质、管理水平、学生发展、社会满意“八个一样”的均衡发展目标。（朱　辉）

【“丹徒好课堂”建设】 2015 年，丹徒区教育局组织开展“丹徒好课堂”教育教学展评活动。该活动历时1 年，涉及41 个学科的所有任课教师，各级各类选拔展评活动达百场，其中有436 名教师参加区级展示选拔，并推选56 名教师参加“镇江好课堂”比赛，其中14 名教师获一等奖，42 名教师获二等奖。该活动为广大教师提供展示自我、彰显个性的平台，引导广大教师集中精力投身教育教学改革，开展“好课堂”研究探索，提高丹徒区中小学广大教师专业水平和课堂教育教学质量。（倪东方）

【社团活动】 至2015 年底，丹徒区各中小学共成立社团700 余个，学生参与人数2 万余人，平均占比95%，教师参与人数1300 名左右，平均占比71%。全区中小学以“丰富生活、展示个性、培养兴趣、拓宽知识、开发潜能”为宗旨，按照“全面推进—重点突破—螺旋上升—彰显特色”的运作思路，组织开展学生社团活动。重视过程管理，开辟、完善网站建设，注重社团校本教材的开发与利用，将社团建设与学校特色创建、全面普及与彰显特色相结合并取得成效。（李立勇）

【特色学校建设】 2015 年，丹徒区有12 所学校被评为“市学生社团建设优秀学校”，3 所学校被评为“心理健康教育特色学校”，13 所学校被评为“市书香校园”，1 所学校接受省“绿色学校”验收，4 所学校被教育部命名为“全国足球示范学校”，1 所学校被教育部命名为第一批“全国学校体育工作示范学校”，1 所学校篮球俱乐部被江苏省体育局命名为“江苏省青少年奥林匹克体育俱乐部”。江苏省大港中学“宜文化”省级课程基地通过省级专家组视导；丹徒高级中学以美术教育打造学校办学特色，在提升学生审美素养和向美术院校输送优秀生源等方面取得突破，获镇江市2014 年度“特色学校”称号。（朱　辉）

【“双创”工作】 2015 年，丹徒区开展“双创”（创建市教育现代化先进镇、创建市教育现代化先进学校）工作。有5 个镇（街道、园区）创成“市教育现代化先进镇”、23 所学校创成“市教育现代化先进学校”。全区有70% 以上的镇（街道、园区）创成“市教育现代化先进镇（街道、园区）”，75% 以上的学校创成“市教育现代化先进学校”，超额完成预期目标。（朱　辉）

【青少年思想道德建设】 2015 年，丹徒区教育局以文明城市创建迎检为契机，开展未成年人精神文明创建活动，制定并印发《关于开展城乡环境综合治理专项治理行动实施方案》。开展内容丰富、形式多样且具有成效的“小手拉大手，文明你我他”活动，开展城乡环境综合治理“进学校”工作，发挥少先队员“小宣传员、小监督员”作用，树立师生环保意识；开展主题活动，重视学校未成年人思想道德建设工作，开展“小橘灯”志愿者服务、公民道德宣传教育月、“我们的节日”系列主题活动，9 所乡镇中心小学建立“乡村学校少年宫”，承办市级特色乡村学校少年宫建设工作现场观摩会。（李立勇）

【义务教育优质均衡发展】 2015 年，丹徒区教育局实施义务教育均衡发展监测工作。均衡配置义务教育资源，区域内小学校际办学条件差距缩小，2014 年和2015 年均衡发展综合差异系数分别为0.340 和0.314。区域内初中校际办学条件差距略有增加，主要是农村生源向城区集中，2014 年和2015 年均衡发展综合差异系数分别为0.301 和0.351。小学、初中综合差异系数均在省监测标准以内。健全工作机制，改善农村留守儿童食宿条件和学习环境。义务教育学校吸纳外来务工人员子女比例为21.9%。（朱　辉）

社会教育

【概况】 2015 年，丹徒区社会教育贯彻落实省、市教育工作会议精神，以苏南教育现代化示范区和省社区教育示范区创建为重点，加快终身教育体系建设，成立丹徒开放大学，挂牌镇江市丹徒区社区培训学院，丹徒区老年大学划归丹徒区教育局管理，完成谷阳等3 个社区教育中心创建镇江市教育现代化先进社区教育中心，完成丹徒区社区培训学院创建省级标准化社区培训学院和江心社区教育中心创建省级标准化社区教育中心，完成宜城街道长山社区等15 所居民学校创建省级标准化居民学校。（朱　辉）

【丹徒开放大学成立】 2015 年8 月13 日，丹徒区人民政府召开丹徒开放大学理事会成立会议，区委常委、宣传部长叶向东，区政府副区长贺丽娟，区教育局党委书记、局长张长庚等参加会议并讲话，会议印发丹徒区人民政府办公室《关于成立丹徒开放大学理事会的通知》。29 日，丹徒区人民政府召开社区教育推进会暨开放大学挂牌仪式，区政府副区长贺丽娟、镇江市教育局副局长薛安明、镇江开放大学校长丁钢、区政府办公室副主任谢军和丹徒区教育局党委书记、局长张长庚出席会议，丹徒开放大学理事会各理事单位领导、各镇（街道、园区）分管领导、全区中小学校长、社区教育中心成教校长、幼儿园园长以及教育局机关各部门负责人参加仪式；会议由区政府办副主任谢军主持，会议印发《关于推进开放大学建设加快社区教育发展的意见》。11 月19 日，丹徒区机构编制委员会下发《关于同意镇江市丹徒区老年大学划归镇江市丹徒区教育局管理的批复》。
（凌建明）

【完善“终身教育体系”】 2015年，丹徒区召开社区教育工作推进会，向各社区教育中心下达2015年社区教育工作指导性任务书，启动实施目标管理，加快提高办学质量。筹建2所大学。制定《丹徒区开放大学建设方案》，推进开放大学挂牌运行工作。组织相关人员参观镇江市老年大学，筹建镇江市老年大学丹徒分校。
（朱 辉）

教师队伍

【概况】 2015年，丹徒区现有在职公办教师2335人。全区有省“三三三”（高层次人才培养工程）培养对象2人、市学术技术带头人3人、市“169”科技骨干6人、省特级教师8人，市学科带头人16人、市中青年骨干教师151人、市教坛新秀26人。全区幼儿教师中，专科以上学历占比82.99%；小学教师中，专科学历以上占比99.8%，本科学历占比80.29%；初中教师中，本科学历及以上占比98.26%，研究生学历占比7%；普通高中教师中，研究生学历占比15.59%。3月31日，丹徒区教师发展中心挂牌成立，该中心围绕“建立一支师德高尚、业务精湛、结构合理、充满活力的高素质专业化教师队伍”开展工作，是全区教育综合改革的重大举措，标志着全区教育资源整合迈上新台阶。
（朱 辉）

【教师素质提高】 2015年，丹徒区实施《中共丹徒区委 丹徒区人民政府关于贯彻国家和省、市中长期教育改革和发展规划纲要（2010～2015）的实施意见》，将师资队伍建设列入政府任期目标，区财政足额安排拔尖人才奖励津贴。完善青年教师“135”工程（一年入门、三年过关、五年胜任）、骨干教师队伍建设、名师工作室建设、拔尖人才培训和奖励办法等教师人才培养机制。加强师德师风建设，完善《丹徒区中小学（幼儿园）教师职业道德考核办法》和《丹徒区中小学在职教师有偿家教和收受礼品礼金专项整治行动方案》。开展“师德建设主题月”和志愿导学活动，激励教师爱岗敬业、服务学生。全年有77名教师获市级表彰，323名教师获区级表彰。
（朱 辉）

【师资结构优化】 2015年，丹徒区教育局修订实施《丹徒区2015年义务教育学校校长、教师流动工作意见》，在职称评审、评优评先、江岛交通等方面制定优惠政策，引导优秀教师服务农村教育。全年符合交流标准的教师827人，其中144人参与交流，占比17.4%；符合交流标准的骨干教师239人，其中41人参与交流，占比17.2%，两项比例均超15%的交流底线。通过教师交流、公开招聘等措施，各校师生比（差异系数为小学0.121，初中0.185）、生均高于规定学历教师数（差异系数为小学0.123，初中0.308）、生均中级及以上专业技术职务教师数（差异系数为小学0.239，初中0.185）等渐趋均衡，差异系数逐步缩小。加大幼儿教师招聘力度，进编指标重点向幼儿教师倾斜。全年招聘进编教师43人，其中幼儿教师18人，占比42%。公办幼儿园在编教师比例52%。重视职业教育“双师型”队伍建设，职业学校“双师型”教师比例77.9%。
（朱 辉）

【教师培训】 2015年，丹徒区制定实施《关于进一步加强中小学和幼儿园教师队伍建设的意见》，建立区、片、校三级教师培训网络，完善各级拔尖人才培训方案，并制定《丹徒区中小学（幼儿园）教师全员培训工作意见》，系统实施教师全员培训和分层培训工作。年内，按规定完成每名教师80课时的培训任务，完成出国培训10人次、国家级培训43人次、省级培训707人次、市级培训5166人次、区级培训6090人次；开展骨干教师讲学活动，组织骨干教师98人开展校际讲学202场次，覆盖教师2656人；全年区财政预算内安排不低于教师工资总额1.5%的资金作为教师专项经费，共拨付到位300万元。各校均安排不低于年度公用经费5%的资金用于教师校本培训。
（朱 辉）

教育投入

【概况】 2015年，全区财政经常性收入24.3亿元，比上年增长9.7%，财政预算内教育经费拨款（不含教育费附加）5.63亿元，比上年增长17.04%。教育经费拨款增长高于财政经常性收入增长7.29个百分点。全年生均财政预算内教育事业费为小学19220元、初中22378元，均高于上年。全年生均预算内公用经费为小学770元/生·年，初中1100元/生·年。全年财政预算内教育经费拨款（含教育费附加）6.41亿元，占公共财政预算支出的比重22.87%，比上年提高0.94个百分点。（李国富）

【教育场所建设】 2015年，丹徒区校安工程投资1.1亿元，加固、新建校舍近6万平方米。丹徒高级中学投资1500万元，新建教学楼1栋、宿舍楼1栋，建筑面积7000平方米。荣炳中心幼儿园、恒大绿洲幼儿园等一批幼儿园项目开工建设。石马中心小学、高资中学和三山中学3个塑胶运动场建设项目投资近1000万元。三山小学、上会中学、江心实验学校等5所学校“改薄”项目投资4000万元，全部进场施工。
（朱 辉）

【教育装备更新】 2015年，丹徒区教育局按照省定一类标准，对上会中学、江心实验学校、上会小学、上会幼儿园等15所创建镇江市教育现代化先进学校、先进幼儿园的教育装备实施升级配置，全区投入年度教育装备升级创建资金2373万元，所有义务教育学校、公办中心幼儿园和1所高中学校教育装备水平均达省定一类标准。探索功能室特色化配建，通过招标采购，新建学校实验室功能室45间，新添教学多媒体设备175套、教师电脑225台，新增数字化实验室3个，新添学科教学质量分析软件、丹徒教育研修平台、OA办公系统、数字期刊数字图书等城域教育软件资源共计6个大项。（胡建忠）

名校介绍

【江苏省大港中学】 江苏省大港中学（以下简称大港中学）坐落于丹徒新城，占地面积17.33公顷，建筑面积8万余平方米。始创建于1950年8月，2003年8月从镇江市大港新区搬迁至现址。1966年被省教育厅确定为“江苏省教学改革大改试点学校”，1980年被省政府命名为首批办好的省重点中学，2005年被评为江苏省四星级普通高中。近年来，大港中学教师参加省级以上各种赛课活动，获全国一等奖2人，省级一等奖7人，9名教师在首届“镇江好课堂”竞赛中获一等奖，10余人获“全国优秀教师”“江苏省优秀教育工作者”“江苏省优秀班主任”“江苏省师德先进个人”等称号。全市高中有名师工作室16个，该校是唯一设立2个名师工作室的单位。有自编《宜人教育》《省港中报》报刊2份。该校教师在省、市级以上刊物上发表论文63篇，其中国家级论文14篇、省级论文41篇。2012年以来先后聘请8名外籍教师任教，与英、澳、荷及中国台湾的6所中学建立友好合作关系，先后选派20名老师参加国外交流培训和汉语助教活动，选派160余名学生赴英、澳、韩等国修学访问，接待英、德、美等10余个国家的教育界专家和师生来访。至2015年底，该校先后获“江苏省文明单位”“江苏省先进集体”“江苏省绿色学校”“江苏省优美校园”“江苏省首批和谐校园”“江苏省平安校园”“江苏省依法治校示范校”“江苏省教科研先进集体”等30余项称号。

2015年，大港中学有教学班43个，在籍学生1800余人；教职工218人，其中专任教师210人。专任教师中，具有中高级职称人数占88.8%（其中高级教师93人、正高级教师4人、特级教师6人），有硕士学历的研究生32人，大市级学科带头人9人和骨干教师47人。年内，许映峰被评为镇江市“十佳教师”（高中学段），吴学伍被评为镇江市十佳优秀班主任，詹文广老师被评为镇江市德育先进工作者，陶善国被评为镇江市师德标兵，顾家国、蒋其君被评为镇江市优秀教育工作者。有学生社团42个，6名学生在各类学科竞赛中分获国家一等奖，近30名学生获省级一等奖，10余名学生获十大名校保送生资格；“魅力男声”合唱团获省中学生文娱展演二等奖；数学、物理、化学、生物和信息等五门学科共获学科奥赛省一等奖17个。2015年高考在籍考生数584人，比上年减少100余人，取得公办本科406人的优异成绩，其中普通类达本二线（在籍）364人，体艺类达本科线20人；普通类本二以上文化达线率比上年增长6个百分点。

（陈　成）

图58　　江苏省大港中学书香广场　　（丹徒区教育局提供）

文化·广电·体育

责任编校:刘　芳

综　述

【概况】　2015年,镇江市丹徒区文化广电体育局（以下简称丹徒区文广体局）以满足人民日益增长的文化需求为出发点和落脚点,推进公共文化服务体系建设;以坚持正确的舆论宣传导向为时代责任和历史使命,提升围绕中心、服务大局的能力;以增强人民体质、提高教体融合水平为目标和抓手,实现竞技体育、群众体育的均衡发展,促进全区文广体事业健康发展。年内,丹徒区被授予"江苏省公共体育服务体系示范区"称号,丹徒区文广体局获"2015年全省体育彩票工作先进单位""镇江市创建全国文明城市工作先进集体""2015年镇江市'扫黄打非'工作先进单位""丹徒区2015年度区级机关绩效管理考核十佳单位"等称号。　（刘敏怡）

文　化

【概况】　2015年,丹徒区文广体局推进公共文化服务体系建设,加大文化遗产保护力度,打造安全稳定的文化市场。全年组织各类文艺演出500余场,22个文艺作品获市级以上奖项;创成示范性基本型文化广场4个、生态文明主题广场4个、基层综合性文化服务中心示范点10个;建有区图书馆及分馆12家,实现镇（街道、园区）分馆全覆盖,形成"15分钟公共图书馆服务圈"。年内,丹徒区文广体局被镇江市文广新局授予2015年镇江市"灵秀镇江、梦想舞台"全民广场舞优秀组织奖,丹徒区图书馆获江苏省文化厅组织的公共图书馆业务竞赛团体二等奖;新四军四县抗敌总会纪念馆、冷遹纪念馆发挥资源作用,分别被省、市授予"廉政文化教育基地"等称号。　（刘敏怡）

【文化阵地建设】　2015年,丹徒区文广体局推进文化广场标准化改造提升工程,建成示范性基本型文化广场4个、生态文明主题广场4个,创建基层综合性文化服务中心示范点10个。其中,上党镇其益村、荣炳盐资源区曙光村、谷阳镇槐荫村被评为优秀基层综合性文化服务中心,宜城街道长山村被评为十佳基层综合性文化服务中心,谷阳镇文化站被评为2015年度镇江市十佳乡镇（街道）综合文化站。丹徒区图书馆被定为全区唯一的公共文化事业单位理事会建设试点单位,共建有12个图书分馆,藏书20万余册,所有藏书通借通还,基本实现全覆盖;全年订报刊240种,采购各类新书8000余册、光盘146张,增发读者借阅证600余张,接待读者6万余人次,图书借还达到10余万册（次）,比上年增长50%;购进电子书借阅机1台,读者可以通过微信扫描图书阅读、无需还书。全区建有农家书屋站点83个,实现农家书屋数字化阅读率100%的目标。荣炳盐资源区蒲圩村农家书屋被评为江苏省五星级示范农家书屋。　（刘敏怡）

【群众文化活动】　2015年,丹徒区文广体局组织开展各类群众文化活动,丰富群众业余文化生活。2月6日至11月28日,开展送戏下乡演出20场次,观众近7万人次;4月10日,联合区总工会在丹徒新城广场举办"共筑中国梦,同唱劳动美"镇江市职工演唱比赛的首场比赛;5月18～23日,联合区委宣传部在丹

图59　2015年9月8日,举办丹徒区"城乡大互动"文化惠民广场系列活动
（丹徒区文广体局提供）

徒新城广场举办生态广场系列活动——第四届“清风雅韵”戏曲周，6场演出吸引近3万人次观看；6月6日，在上党镇上会村举办“夏季乡村文化联谊活动”；7月1日，在丹徒新城广场举办庆“七一”群众文艺展演；9月8～14日，举行丹徒区“城乡大互动”文化惠民广场系列活动，分东片（辛丰、高桥、江心）、南片（上党、宝堰、荣炳）、西片（谷阳、新城、高资、世业）初赛和颁奖晚会共4场；10月21日，联合区委宣传部在丹徒新城广场举办第三届“丹徒田歌”大赛。全年免费开办“国学讲堂”10余期，吸引300余人参加。

（刘敏怡）

【“书香丹徒”建设】 2015年，丹徒区文广体局推进“书香六进”活动，送书进校园、进机关5000册。“4·23”全民阅读宣传周期间，联合区教育局举办丹徒实验学校特色图书馆开馆仪式；联合南京图书馆在区政府广场、宜城中学、区消防中队举办《论语》和《纪念抗战胜利70周年》大型图片展；联合区教育局开展校园读书节、中华经典朗读等阅读活动；开展“你阅读我买单”活动，参与人数80人，投入经费6000元；开展“全民阅读手拉手·春风行动”活动，参与人数500人，投入经费5万元；开展阅读推广人培训活动，培训人数120人，投入经费2万元。

（刘敏怡）

【文物保护利用】 2015年，丹徒区文广体局完成第一次全国可移动文物普二阶段统计、鉴定、数据采集、平台录入等工作。梳理全区可移动文物现状，共登记收藏单位5家，录入可移动文物105件(套)，其中新发现文物19件(套)；抢修市文保单位殷氏六房、殷氏宗祠和上党镇牧马村明代古墓葬1座；新四军四县抗敌总会纪念馆召开“宝堰——江南抗战第一镇”研讨会，被镇江市委组织部授予“党员教育示范基地”，被省纪委授予“廉政教育基地”；冷遹纪念馆全年接待外省市民参观团队126个，被省侨联授予“侨胞文化交流基地”。

（刘敏怡）

【文化市场管理】 2015年，丹徒区文广体局实行简政放权，加强事中事后监管相关承接工作，清理精减行政许可权力13项，对接市局下放行政审批权力17项，合并原有权力2项；完成全国文化市场技术监管与服务平台基础信息数据的采集、上报和激活工作，指导所有经营业主网上操作，实行良性互动；围绕“净网”“清源”“秋风”“护苗”四大专项行动，全年出动执法人员580人次，检查各类场所120余家次，取缔无证摊点150家次，收缴非法音像制品、电子出版物9000张（盘）、非法书刊800册，收缴卫星接收器280台（套），收缴赌博型游戏机56台，立案处理2件。

（刘敏怡）

图60　　放映公益电影　　（丹徒区文广体局提供）

【文化产业发展】 2015年，丹徒区文广体局组织辖区内文化企业参与建设江苏文化产业应用服务平台，建立文化产业企业名录库。帮助镇江世业洲旅游发展总公司、镇江恒顺醋文化博物馆、丹徒区长山文化产业发展有限公司、江苏恒华传媒有限公司等企业申报省级文化产业项目，镇江恒顺醋文化博物馆申报的醋文化旅游体验项目获得2015年省级文化产业引导资金120万元。

（刘敏怡）

广播电视

【概况】 2015年，丹徒区广播电视台坚持正确的舆论导向和“三贴近”原则，深化“走转改”活动，唱响主旋律，打好主动仗，促进广播电视事业发展。制作播发《今日丹徒》新闻2200余条、专题栏目《关注》359期、长专题《看丹徒》20余档；完成省台用稿50余篇，中央级媒体用稿8篇，其中，中央电视台《新闻联播》录用3篇；电台自办节目90分钟，分首播和重播，主要是《今日丹徒》新闻和生活类、健康类、社教类3个专题；新开设反映丹徒三百年沧桑历史、展现丹徒风土人情的脱口秀电视节目《说丹徒》于8月21日开播；投入资金200万元，完成电视播出机房升级改造工程，新机房建筑面积200平方米；全年新增有线电视用户2000余户，有线电视数字化整体转换实现全覆盖；全区放映电影1438场，收入32万余元，观众40万余人次。

（刘敏怡）

【公益电影放映】 2015年，丹徒区文广体局落实“2131”(在21世纪初实现1村1月放映1场电影的目标)工程，组织电影队在全区镇村放映公益电影1230场，宝堰镇、上党镇、谷阳镇、宜城街道、高资街道5个固定数字放映点共放映公益电影208场;组织公益电影节目片源200余部,科教片50余部,商业片40余部,完成数字电影节目远程授权1886场(含科教片)。 (刘敏怡)

【纪念抗战胜利70周年专题报道】 2015年9月4日,丹徒区文广体局推出纪念抗日战争胜利70周年《铭记历史 胜利回顾》专题报道,以系列报道方式,讲述全区境内留存的抗日故事,缅怀历史,激发群众爱国之情。该系列片从抗战遗迹出发,重现当年抗敌卫国的岁月,其中通过追溯宝堰镇新四军四县抗敌总会纪念馆的历史,展现其作为茅山抗战史上著名的"四县抗敌总会"发挥的作用;着重介绍丹徒抗战史的重要事件,其中宝堰镇前隍村的祠堂曾举办东南青年抗日训练班,为茅山抗日根据地的形成发展提供重要的人力资源。该节目报道期间,走访丹徒区7名幸存的抗战老兵,并讲述他们的抗战故事。 (刘敏怡)

【微信公众号"微丹徒"开通上线】 2015年,丹徒广播电视台树立互联网思维,加大改革创新力度,打造多角度、全方位、立体式的全媒体宣传阵地,抢占制高点,扩展宣传面。11月8日,开通上线官方微信公众号"微丹徒",打造以本土化、民生化为特色,提供最新的新闻资讯、最贴心的便民服务以及多功能为一体的新媒体模式。平台运作后效果显著,微信点击率逐步提升,为全媒体融合大发展奠定基础。 (刘敏怡)

体　育

【概况】 2015年,丹徒区文广体局创新体育发展理念,健全体育基础设施,促进全民健身活动,打造精品体育赛事,提高体育服务能力。全区注册运动员72名,经常参加体育锻炼人口占总人口40%以上;全年各类体育项目培训人数231名,其中,三级社会体育指导员110名,大学生村官社会体育指导员20名,校园足球教练员、裁判员51名,其他40名。全区有体育传统项目学校6所,其中,丹徒高级中学、丹徒区高资中学、丹徒区西麓中心小学、宝堰实验小学为田径体育传统项目学校;丹徒区高资中学为武术体育传统项目学校;丹徒实验学校(初中)为篮球体育传统项目学校;丹徒区高资中心小学为中国象棋体育传统项目学校。年内,丹徒区被江苏省体育局授予"江苏省公共体育服务体系示范区"称号,丹徒区文广体局被江苏省体彩中心评为"2015年全省体育彩票工作先进单位"。 (刘敏怡)

【健身设施建设】 2015年,丹徒区文广体局健全区、镇、村(社区)三级体育设施网络,完成全区文体活动中心建设2000平方米活动场地任务,并配备健身房、乒乓球室、棋牌室、阅览室、电脑室、篮球场等。丹徒区城市社区"10分钟体育健身圈"建成并通过省、市检查验收;新建村级农民公园23个、晨晚练健身站点46个,全区有村级农民公园153个、晨晚练健身站点289个,实现全区行政村体育设施全覆盖。 (刘敏怡)

【丹徒区全民健身中心】 2015年,丹徒区全民健身中心(丹徒区青少年业余体校)发挥体育馆、游泳馆作用,承担各项体育比赛活动。1月,举办镇江市丹徒区奥之星体育俱乐部第二届迎新年羽毛球交流赛;4月11日,举办镇江市少儿武术(套路)比赛;5月7日至6月3日,承办丹徒区第七届运动会开幕式及职工部羽毛球比赛、乒乓球比赛、篮球比赛;7月22～26日,承办2015年江苏省青少年武术(散打)锦标赛;10月,举办2015年第三届丹徒新区羽毛球俱乐部年度大赛。除教学、培训时间外,免费对外开放包含田径场、篮球场、羽毛球场、乒乓球桌、网球场等所有室外场地,定时低收费开放室内场地。全年经济收入35.2万元。 (刘敏怡)

【竞技体育】 2015年5月27～31日,丹徒区文广体局组队参加省青少年田径锦标赛暨县组田径比赛(第二赛区),取得金牌数第二、总分第四的好成绩,顺利晋级省甲级队;7月22～26日,承办省青少年武术散打锦标赛,获金牌2枚、银牌1枚、铜牌2枚;10月22～23日,组队参加镇江市少儿田径比赛,以9个第一、6个第二、10个第三、总分304分的成绩名列全市第三名。(刘敏怡)

【群众体育】 2015年4月26日,丹徒区文广体局举办江苏省老年人体育节丹徒江心分会场开幕式;5月24日,举办"冷通杯"2015年丹徒

图61　2015年9月29日,举办江苏省老年人体育节丹徒世业分会场闭幕式
(丹徒区文广体局提供)

区首届徒步大会暨首届美丽黄墟徒步大会；9月29日，举办江苏省老年人体育节丹徒世业分会场闭幕式；10月24日，联合区文明办、区户外运动协会举办“生态丹徒、活力新区”徒步大会。全年举办群众体育活动103（项）次，其中，举办省级群众体育活动4项（次），市级群众体育活动2项（次），区级群众体育活动8项（次），各单项协会、体育组织举办群众体育活动13项（次），各镇（街道、园区）举办体育活动76项（次），直接参与各项活动群众近万人（次）。（刘敏怡）

图62　2015年5月7日至9月24日，举办丹徒区第七届运动会。图为“全民健身日”排舞展示活动
（丹徒区文广体局提供）

【参加全省武术散打锦标赛】 2015年7月22～26日，江苏省青少年武术（散打）锦标赛在丹徒区体育活动中心举行，来自全省13市的200余名选手参赛。丹徒获两金一银，其中黄洋获15～16岁组男子散打75公斤以上级金牌，周庆联获17～18岁组男子散打70公斤级金牌，高强获15～16岁组男子散打48公斤级银牌。（刘敏怡）

【“区长杯”校园足球赛】 2015年8月18～22日，丹徒区文广体局联合区教育局、宜城中学，在宜城中学举办丹徒区首届“区长杯”校园足球（小学和初中组）比赛。来自全区24所中小学的30支代表队共326名运动员参加四个组别的比赛，经过6天65场比赛，丹徒实验学校、高资小学、辛丰中学、高资中学分获四个组别的冠军。（刘敏怡）

【体育彩票销售】 2015年，丹徒区74个电脑体育彩票销售点和4家竞彩店共完成体育彩票销售收入6637万元，市场份额占比73.48%，在全省位列第二；销售收入比上年增长21.5%，位列全省第二十、全市第一，丹徒区文广体局获全省体育彩票工作先进集体。（刘敏怡）

【丹徒区第七届运动会】 2015年5月7日至9月24日，丹徒区文广体局承办四年一次的丹徒区第七届运动会。丹徒区第七届运动会共设羽毛球比赛（职工部）、乒乓球比赛、篮球比赛、中国象棋（职工部）比赛、扑克牌掼蛋（老年人部）比赛、拔河比赛、全民健身日排舞展示等类别，举办地点分别为丹徒区体育活动中心、江苏省大港中学、丹徒区文广体局和区政府广场。来自全区各单位（部门）、镇（街道、园区）的近1000名选手参加。6月3日，丹徒区第七届运动会开幕式在江苏省大港中学田径场举行。该次运动会对促进全民健身运动发展和竞技体育水平提升起到推进作用。（刘敏怡）

表24　**丹徒区第七届运动会赛事情况**

序号	时间	地点	项目	参赛人数（人）
1	5月7日	丹徒区体育活动中心	羽毛球（职工部）	82
2	5月13日	丹徒区体育活动中心	乒乓球	135
3	5月19日	丹徒区体育活动中心	篮球	250
4	6月11日	丹徒区文广体局	中国象棋（职工部）	50
5	8月6日	丹徒区体育活动中心	排舞展示	160
6	8月12～13日	丹徒区文广体局	扑克牌掼蛋（老年人部）	63
7	9月24日	丹徒区政府广场	拔河	200

（刘敏怡）

卫　　生

责任编校：刘　芳

综　述

【概况】 2015年，丹徒区有医疗机构99所，其中二级综合医院1所，即区人民医院；二级中医院1所，即区中医院（中西医结合肾病医院）；甲等妇幼保健所1所，即区妇幼保健所；镇卫生院（社区卫生服务中心）13所，门诊部（诊所）20所，村卫生室（社区卫生服务站）53所，企、事业单位医务室（卫生所）11所。全区卫生系统实有床位840张，卫生人员1241人，其中卫生技术人员1018人。卫生人员中，研究生学历9人，本科学历497人，大专学历397人，中专学历234人，高中及以下1018人；卫生技术人员中，高级专业技术职务101人，中级专业技术职务389人，初级专业技术职务284人。全区有个体诊所16个。全年区、镇医院门急诊150.92万人次，比上年增长12.4%；住院病人14572人次，比上年增长1.4%；实际占用床日共计135244床日，比上年增长4.1%；全年业务总收入2.51亿元，比上年增长6.6%；可用资金比上年下降860万元，人均业务收入20.08万元，比上年增长11.1%。

（王姝凡）

【基本药物制度】 2015年，丹徒区所有基层医疗卫生机构100%实施国家基本药物制度，执行基本药物目录，所有医疗机构均按规定配备使用基本药物，全年采购基本药物共计5117万元，并实行省网集中统一采购、统一配送和零差价销售。

（王姝凡）

【新型农村合作医疗】 2015年，丹徒区参保人数218225人，参合率100%。其中，一般居民94393人，“5060”人员（女50周岁以上、男60周岁以上）60413人，70岁以上居民25980人，民政救助对象9260人，学生28164人。筹资标准为540元/人/年，全年筹资11783.34万元。其中，个人缴费2218.29万元，各级财政补助9565.05万元。全区补偿110.64万人次，比上年增长13.4%，补偿费用14253.22万元，比上年增长21.5%。县乡两级住院政策补偿比为75.2%，形成新农合住院、普通门诊和大病保险立体补偿网络，促进新农合政策惠及于民。（王姝凡）

疾病预防控制

【概况】 2015年，丹徒区适龄儿童免疫接种建卡建证率100%，安全注射率100%。落实艾滋病人“四免一关怀”（“四免”即对农村居民和城镇未参加基本医疗保险等医疗保障制度的经济困难人员中的艾滋病病人免费提供抗病毒药物，在全国范围内为自愿接受艾滋病咨询检测的人员免费提供咨询和初筛检测，为感染艾滋病病毒的孕产妇提供免费母婴阻断药物及婴儿检测试剂，对艾滋病病人的孤儿免收上学费用。“一关怀”即将生活困难的艾滋病病人纳入政府救助范围，按照国家有关规定给予必要的生活救济；扶持有生产能力的艾滋病病人开展生产活动，增加其收入；加强艾滋病防治知识的宣传，避免对艾滋病感染者和病人的歧视）政策，规范管理重性精神病患者，实施中盖结核病项目，加强结核病人管理，持续推动水质监测和食源性疾病哨点医院监测；有序开展血吸虫病查灭螺工作，完成国家级《血吸虫病防治中长期规划纲要（2004～2015）》终期评估；通过消除疟疾达标省级验收考核；强化免疫预防工作，疫苗接种安全，11种疫苗的常规报告接种率均在99%以上。全年未发生重大传染病暴发疫情。（王姝凡）

【慢性病防控】 2015年，丹徒区明确各级医疗单位职责，落实高危人群及病人发现、病例报告、规范化管理、双向转诊等措施，加强慢性病基层医疗卫生机构、专业公共卫生机构和综合性医院“三位一体”防控，发挥慢病自我管理小组和医务人员对慢性病患者规范化管理作用。推进健康素养普及行动，更新充实“丹徒区健康素养巡讲讲师团”名单，新增区级讲师77名，组织开展现场健康科普宣传活动，完成区级中医药专项健康素养巡讲16次，利用重大纪念日开展健康教育宣传活动11次，旨在推行健康教育、倡导健康生活。

（王姝凡）

卫生监督

【概况】 2015年，丹徒区加强公共场所、生活饮用水、学校卫生、职业卫生、医疗服务监管和传染病防治监督管理，全年未发生重大突发公共卫生事件。全年办结卫生行政许可288件，其中复核公共场所卫生许可证142家、二级以下医疗机构校验97家、二级以下医疗机构设置审批1家、二级以下医疗机构注销1家、校验放射诊疗许可证14家。强化中高考、长江国际音乐节等期间的医疗保障，多次在全区范围内开展应急演练。同时，强化医疗卫生、美容理发、住宿业、沐浴业等重点领域监督执法工作，加大处罚力度，全年立案查处各类案件48件。丹徒区卫生监督所执法文书获省卫生行政许可案卷评比一等奖和市依法行政执法案卷评比行政许可类一等奖、行政处罚类一等奖。 （王姝凡）

【公共卫生监管】 2015年，丹徒区各医疗单位核查居民健康档案，每月督查完成情况，共建立电子健康档案263986份，占总人口的85.8%，完整率98%，更新率90%。高桥卫生院“健康菜篮子”项目获全国“提升社区卫生服务金点子”优秀奖，世业卫生院全面实施慢性病规范化管理，宜城卫生服务中心率先在全区试点开展家庭责任医生签约服务工作。高桥卫生院在全市基本公卫考核中获第一名，宜城卫生服务中心、世业卫生院获创新奖，上党卫生院、谷阳卫生院考核成绩进入全市前15名。 （王姝凡）

【公共场所卫生监管】 2015年，丹徒区新建、更新和完善公共场所基础档案32户，相继开展美容理发业、住宿业、沐浴业（含足浴场所）及饭馆、超市、文化娱乐场所等各行业专项检查工作，共检查单位数722户次，下达整改意见书228份，复核卫生许可证142家，立案查处19家；继续推进公共场所量化分级管理工作，共完成公共场所单位量化评分157家，其中，住宿业28家、沐浴业34家、游泳场馆6家、美容理发业89家；开展集中空调通风系统卫生监督专项整治工作，完成集中空调通风系统清洗消毒效果卫生学评价2家；监督抽检公共场所经营单位12家，抽检公用物品等各类样品共计392份。对6家游泳场馆开展专项检查和监督抽检工作，检测率100%，对池水抽检不符合卫生要求的2家单位实施行政告诫。 （王姝凡）

【生活饮用水监管】 2015年，丹徒区开展集中式供水单位卫生监督专项检查3次，集中式供水单位出厂水、末梢水监督抽检6次，水源水监督抽检2次。同时，加大对二次供水单位监督检查和整治力度，建立和完善二次供水单位基础动态档案30家，监督抽检二次供水单位水样（含居民区高层住宅楼二次供水1份）7份，合格率100%。 （王姝凡）

爱国卫生

【概况】 2015年，丹徒区以“健康镇江·幸福丹徒”行动为契机，开展全民健康生活方式指导员建设工作，加强健康促进队伍建设。组织争创江苏省卫生村，至年底共建成省级卫生村24家。推进农村改厕工程，全区农村卫生户厕98853户，覆盖率98.6%，无害化户厕95261户，无害化户厕覆盖率95.01%。在世业镇推进改厕提升工程，完成三格式无害化卫生户厕1200户、四格式生态厕所906户。坚持做好控烟工作，全区卫生和教育系统率先建成无烟系统。同时，根据上级要求和实际情况制定病媒生物防治监测方案，及时组织监测和消杀工作。年内，丹徒区爱国卫生运动委员会被镇江市政府评为“镇江市创建全国文明城市工作先进集体”。 （王姝凡）

【爱国卫生运动】 2015年，丹徒区以宣传《江苏省爱国卫生条例》为重点，结合爱国卫生月和健康教育宣传月，与区疾控中心、谷阳镇政府联合举办“全民参与爱国卫生，共建共享健康中国”宣传活动。组织实施各类宣传教育活动10余次，发放宣传手册或资料300余份，摆设展板6幅，吸引2000余人次参与，提高群众的参与意识和卫生意识。 （王姝凡）

妇幼卫生

【概况】 2015年，丹徒区开展产前筛查和产前诊断工作，产前筛查率86.07%，新生儿代谢性疾病筛查率99.83%，听力筛查率99.91%。全区产妇总数2276人，新生儿、婴儿、5岁以下儿童死亡率分别为1.3‰、1.73‰、2.6‰。住院分娩率100%，住院分娩补助1550人，累计补助77.5万元，完成全年任务140.91%。“两癌”筛查妇女22697人，完成全年任务数103.17%。 （王姝凡）

【妇幼保健所管理】 2015年，丹徒区强化母婴保健专项技术监管，母婴保健机构和人员持证率100%，托幼机构卫生保健合格合格率100%。妇幼卫生信息系统运行平稳，应用信息系统开展孕产期保健、儿童保健、出生医学证明发放管理等工作。 （王姝凡）

【儿童保健卫生】 2015年，丹徒区0～7岁儿童14033人，接受保健管理13800人，保健管理率98.34%；3岁以下儿童6561人，接受系统管理6319人，系统管理率96.31%；母乳喂养率94.73%，纯母乳喂养率83.5%；新生儿访视率99.91%、体弱儿管理率100%；婴儿死亡率控制在1.73‰、孕产妇死亡率为零、新生儿出生缺陷发生率3.72‰。 （王姝凡）

医政管理

【概况】 2015年，丹徒区医政管理工作围绕医院改革和医政工作重点，提高医疗服务质量和水平。加强医疗集团运作，完善三级医疗卫生服务网络和综合服务功能。围绕省、市人口健康信息化建设目标任务和要求，依托市人口健康信息平台资源，结合丹徒实际，加快区域人口健康信息化建设。提升中医药服务能力，2所卫生院通过省级

乡镇卫生院示范中医科达标验收，5所卫生院中医综合服务区通过市级达标验收。　　（王姝凡）

【医疗服务】 2015年，丹徒区提升医疗集团运行水平，巩固完善以区级医院为龙头、镇卫生院为枢纽、村卫生室为"网底"的三级医疗卫生服务网络，引导一般诊疗下沉到基层，争取实现小病在社区、大病在医院、康复回社区的目标。继续加强医疗单位基础设施建设，总投资约2.2亿元、建筑面积近3万平方米的丹徒区人民医院二期工程于12月底建成；高资中心卫生院创成"2014～2015年度全国群众满意的乡镇卫生院"，世业卫生院创成"2015年江苏省示范乡镇卫生院"，谷阳千里村卫生室、上党盘荣村卫生室创成"2015年江苏省示范村卫生室"。加快区域人口健康信息化建设，全区所有医疗机构完成HIS系统(医院管理和医疗活动中进行信息管理和联机操作的计算机应用系统)升级，丹徒区人民医院完成院内LIS(实验室及检验科信息系统，不仅能自动接收检验数据、打印检验报告、系统保存检验信息，而且可根据实验室的需要实现智能辅助功能)、PACS(应用在医院影像科室的系统，主要传输和保存各种医学影像)、排队叫号系统等功能模块的建设，并建立与谷阳卫生院的影像远程会诊系统；高资、世业、辛丰3所卫生院在完成数字化社区卫生服务中心的基础上建立与市三级医院的影像远程会诊系统，提高诊疗水平和服务能力。9月，丹徒区被省卫计委列为"三个一"(每个家庭拥有一名合格的家庭医生，每个居民拥有一份动态管理的电子健康档案和一张服务功能完善的居民健康卡)工程实施综合试点县（区）。　　（王姝凡）

【医疗队伍建设】 2015年，丹徒区共举办医患沟通技巧、基层院感、基层药事管理、中东呼吸综合征、基层适宜技术等业务知识培训班10余期，培训1800余人次。9月，举办新版《病历书写规范》(第2版)培训班3期和二级医院自管继续教育项目12场，参培700余人次；每季度组织全区医务人员"三基"理论知识抽考，每次抽考近100人，检验各医疗机构"三基三严"工作成效，提高医务人员依法执业的践行能力和"三基"基本功；完成卫技人员医学人文知识培训考核900余人，取得省合理用药培训合格证书乡村医生58名；全区二级医院共接受市级对口支援单位派驻的医生19名，并选派近10名医生对乡镇卫生院进行对口帮扶，提高基层医疗单位的服务能力。9月，接受省卫计委组织的对口支援核查工作；全年开展"5·12国际护士节""科技三下乡""中医药就在你身边""健康镇江、服务百姓"等活动，展现全区医务工作者良好精神风貌。　　（王姝凡）

【中医药服务】 2015年，丹徒区所有建制镇卫生院（中心卫生院）及1所社区卫生服务中心均按照要求设置中医科、中药房、配备适宜的中医诊疗设备和中药饮片。全区中医药处方量101531人次，非中医药治疗量32171人次，比上年增长27.8%。高资中心卫生院、上党中心卫生院分别于6月和11月通过省级乡镇卫生院示范中医科的达标验收，高资、上党、谷阳、辛丰、世业5所卫生院中医综合服务区通过市级达标验收。全年开展中医药科普下乡活动15次，参加活动2650人次，义诊咨询805人次，发放宣传材料4510份，展出展板72块，被区科协推荐为江苏省第27届科普宣传周"优秀特色活动"；加强中医药服务网络建设，95%的镇卫生院（社区卫生服务中心）以及90%的村卫生室（社区卫生服务站）提供中医药服务，其中镇卫生院（社区卫生服务中心）提供10项、村卫生室（社区卫生服务社）提供4项；继续推进基层中医药服务能力工程，高资、上党、谷阳、世业4所卫生院基本建成相对独立的中医药综合服务区。　　（王姝凡）

医疗机构选介

【丹徒区人民医院】 丹徒区人民医院位于丹徒新城东南、金谷东路和瑞山路交接处，占地面积4.8万平方米、业务用房1.69万平方米。有门诊楼、住院楼、医技楼各1幢，开放床位280张。该院二期工程新建病房大楼及行政楼各1幢，辅助用房2幢，业务用房增加至3.5万平方米，编制床位400张，计划2016年投入使用。近年来，医院各学科培养和引进多名专科专家、硕士研究生，为医院持续发展提供人才保障。消化内科、普外科、骨科、手外科、妇科、中医科等特色专科建设初见成效，

图63　　丹徒区人民医院　　(丹徒区卫计委提拱)

医疗技术水平逐年提高。

2015 年，全院有在职员工490 人，其中卫生专业技术人员384 人，高级职称60 人，中级职称159 人。设临床、医技科室31 个，配备螺旋CT、数字摄片机（DR）、C 臂X 光机、乳腺机、腹腔镜、宫腔镜、鼻窦镜、胃镜、肠镜、喉镜、阴道镜、lEEP 刀、膀胱镜、彩色超声系统、心电图仪、全自动生化分析仪、发光免疫分析系统、呼吸机、手术显微镜等大型仪器设备。全年完成总门急诊390096 人次，出院9965 人次，开展各种手术2691 台次，体检人数28179 人次，分娩人数571 人次；实现收入12350.6 万元，其中医疗业务总收入11698.8 万元，体检收入474.25 万元。

（王姝凡）

【丹徒区中医院】 镇江市丹徒区中医院又名丹徒区中西医结合肾病医院，创建于1983 年，是国内成立最早的县级肾脏病专科医院，是丹徒区唯一的一所集医疗、科研、保健为一体的“二级乙等”中医医院。位于丹徒新城健康公园西侧，占地面积1500 平方米、建筑面积6000 平方米，病床位80 张。该院坚持中西医结合，发挥中医药特色优势和发扬中医药传统文化，开展中医药传统疗法，并在治疗常见病、多发病、肾脏病方面形成中西医结合诊疗特色。开设肾病科、血液净化科、治未病科、省高级专家会诊中心、周逊专家工作室、中医内科、中医妇科、口腔科等临床科室，有中医肾病激光治疗室、肾病结肠透析室、肾病实验室、检验科、影像科、中药制剂室等医技辅助科室。拥有彩超、全自动酶标仪、全自动生化分析仪、自动尿液定量分析仪、r 计数器、超低温冰箱、低温离心机、血液透析机、结肠透析机、血透仪、体外冲击波碎石机、肾病治疗仪、除颤仪、心电监护仪等各类先进设备。

该院的特色科室有：镇江市临床重点专科——中西医结合肾病科，该科室自研制剂“健肾胶囊”“肾炎康胶囊”“肾衰康胶囊”“保元强肾I 号胶囊”“益肾胶囊”等中成药，2015 年申报江苏省中医药局科技项目《肾衰康胶囊对慢性肾衰竭患者血及尿肾胺酶的影响》通过审批并获省中医药局资金支持，全年在国家级和省级杂志上发表学术论文3 篇；血液净化科，该科室是市慈善助医肾透析定点单位，丹徒区唯一一所肾透析中心，在开展血液透析、血液滤过、血液透析滤过、血液灌流等治疗服务方面有特色，年透析治疗10000 余人次；江苏省中医药学会高级专家会诊中心（丹徒），该中心主要提供内分泌疾病、妇科疾病、消化疾病、肿瘤疾病、皮肤疾病以及呼吸疾病等方面的疑难病中医诊治服务，有来自江苏省中医院、东南大学附属中大医院等三级甲等医院的中医主任医师、教授等高级专家。

2015 年，有职工74 人、医技人员57 人，其中江苏省中医药学会、中西医结合学会委员5 人，副高职称以上专业技术人员9 人，中级职称专业技术人员18 人。特聘省级知名主任中医师5 人、市级主任中医师3 人。全年完成门急诊23769 人次，出院475 人次，实际占用床日13955 个。年内，先后被授予“江苏省中西医结合肾脏病研究中心”“镇江市中西医结合肾脏病研究所”“镇江市临床医学重点专科”等称号，获“江苏省首届中医药科普工作先进集体”“江苏省总工会模范职工小家”等荣誉。

（王姝凡）

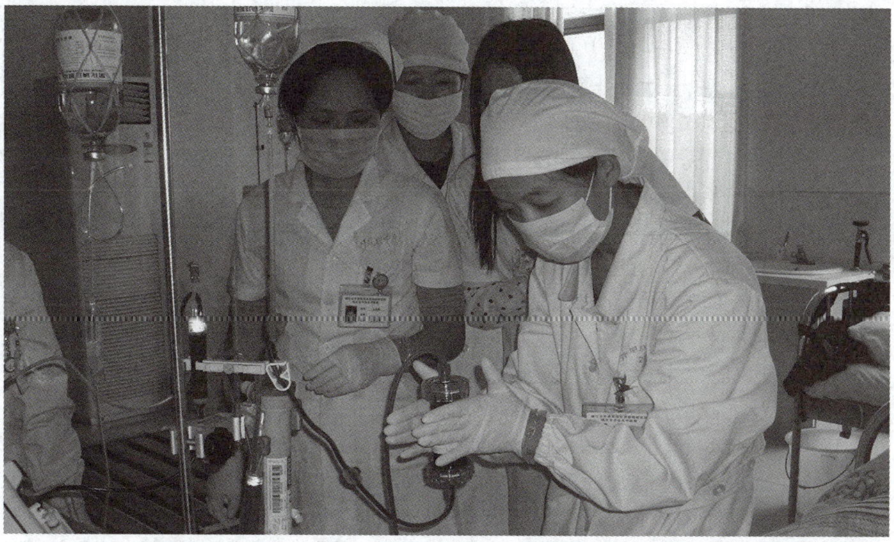

图64　2015年，丹徒区中医院血透中心开展血液灌流新技术的研究

（丹徒区中医院提供）

社会生活

责任编校：王雪松

民　政

【概况】　2015年，镇江市丹徒区民政局（以下简称丹徒区民政局）坚持“以民为本、为民解困、为民服务”宗旨，按照“突出重点、打造亮点、守住底线”工作思路，增强民政改革创新能力，提升民政公共服务水平，落实政府托底民生保障，推进现代民政示范建设，全年各项工作取得新成绩。丹徒区连续七次创成江苏省双拥模范区，双拥街和双拥主题公园项目建成启动并初显成效；实现全区65周岁以上老年人“安康关爱行动”全覆盖，被江苏省授予先进单位奖，被镇江市授予一等奖和优秀管理奖；婚姻登记服务优化升级，婚姻登记处被评为镇江市三八红旗集体；推进西郊公墓项目，完成宜城街道办和“大学城”区域项目坟墓拆迁安置工作；交付使用丹徒首个区级烈士陵园，举办“9·30”全国第二个烈士纪念日公祭活动；在全市率先落实《镇江市退役士兵岗位安置积分选岗暂行办法》，全年接收退役士兵、转业士官等各类对象201人，共兑付地方一次性经济补助金512余万元，拨付退役士兵教育培训经费95.85万元；建立和完善优抚医疗服务网络，打造以新型农村合作、大病住院商业保险为主体，大病救助、门诊救助、慈善救助为补充的医疗保障体系，有效解决重点优抚对象“看病难、看病贵”问题；搭建区、镇、村“三级优抚服务平台”，丰富优抚服务内涵，初步构建全区优抚服务体系；社会福利中心被授予镇江市“巾帼文明岗”和“丹徒区敬老文明号”称号。

（倪　杰　张玉龙）

【社会救助】　2015年，丹徒区民政局依托各镇（街道、园区）现有的服务大厅，统一设置“社会救助服务窗口”，实行“一站式”服务；成立丹徒区救助申请家庭经济状况核对中心，依托全新核对平台和复审机制，规范审核认定程序，提高救助工作的科学性和准确性，进一步完善社会救助体系。（韦　芸）

【防灾减灾】　2015年，丹徒区民政局制定下发《自然灾害应急救助工作规程》，组织开展“5·12”系列防灾减灾宣传活动，下拨冬春临时生活困难补助资金109万元，自然灾害后的紧急救助工作高效、有序开展。全区66938户农户住房自然灾害保险覆盖率100%。世业镇卫星社区成功申报国家级减灾示范社区。

（韦　芸　张玉龙）

【低保等各类补助发放】　2015年，丹徒区城乡低保标准由原来的每人每月580元提高到每人每月610元。年末，全区城镇低保291户564人，农村低保2659户5036人。全年发放临时救助239人27.52万元，发放城乡低保金2016.63万元，发放普惠性春节慰问金221.14万元，发放市级专项补贴181.42万元。

（韦　芸　华庆霞）

【社会组织管理】　2015年，丹徒区建成“丹徒区社会组织孵化基地”。全区现有社会组织400家，其中社会团体294家、民办非企业单位106家，每万人拥有社会组织数13.7个；有89家社会组织参加评估定级，获4A级3个、3A级24个、2A级62个，获评数占应评数65%。全年有1个社会组织获省公益创投项目，3个社会组织获市公益创投项目，共获补助金33万元。（贾志红）

【城乡和谐社区创建】　2015年，丹徒区民政局完成1个镇（街道、园区）级综合服务中心建设和3个村级社区服务中心项目建设。实地组织对宝堰镇宝堰村、上党镇墅山村、宜城街道驸马庄社区、张巷村达标建设进行业务指导，全区城乡和谐社区达标89个（城市社区7个、农村社区82个），综合达标率98.9%。世业镇被授予“江苏省和谐社区建设示范镇”称号，上党镇其益村和宝堰镇前隍村被授予“江苏省和谐社区建设示范村”称号。

（王　平　徐军莲）

【“政社互动”工作】　2015年，丹徒区推行“政社互动”工作，制定下发《关于印发<丹徒区全面推行“政社互动”工作方案>的通知》和《关于全面推行“政社互动”工作的实施意见》，并于10月13日召开专题会议进行全区性动员部署，以各镇（街道、园区）至少创建1个“政社互动”示范点为基点，制定具体工作方案，签订政府购买服务协议，探索“政社互动”丹徒模式，逐步完善政府行政管理与基层群众自治有效衔接的良性互动机制。

（王　平　徐军莲）

【“三社联动”试点工作】　2015年，丹徒区民政局开展“三社联动”试点工作，以城乡社区平台建设为依托，推行“社工+义工（志愿者）”的社区服务新模式，鼓励社区专职工作者牵头成立社会服务组织，承接基层公共事务，以社区建设、社会组织培育和社会工作者队伍建设为着力点，形成“三社”资源共享、优势互补、相互促进的良好局面。（王　平）

【养老机构管理】 2015年，丹徒区民政局定期联合区消防大队、区市场管理局等部门开展养老机构消防安全隐患排查，组织全区养老护理员参加专业培训，工作人员持证上岗率100%。全区现有养老床位2888张，每千名老人拥有养老床位数42.63张；社会力量举办和公建民营养老机构床位2043张，占床位总数70.74%；护理型床位614张，占养老机构床位21.3%。（王　平）

【民情信息管理】 2015年，丹徒区民政局修订《关于进一步加强村级民情信息员建设的办法》，健全民情信息工作机制，优化民情信息工作平台，畅通民情信息上报渠道，强化政策指导，做好宣传发动，激发基层干事热情，搭建覆盖区、镇、村三级的民情信息收集处理服务网络，全年收集各类民情信息2500余条，做到民情快速反映、民求及时回应、民需积极办理、民困全力解决、民怨有效化解。（王　琴　赵　敏）

【社工人才队伍建设】 2015年，丹徒区有12人通过社会工作者职业水平考试，其中3人取得社会工作师（中级）证书、9人取得助理社会工作师（初级）证书。全区社会工作专业人才总数48人，每万人拥有社工人才数上升至1.56人。（张玉龙）

【福利彩票销售】 2015年，丹徒区社会福利有奖募捐委员会办公室以增机扩点和提高单机销量为重点，以规范管理与提高业务素质为突破口，推动全区福利彩票销售工作继续保持良好态势。丹徒区福利彩票投注站点53个，其中国标店18个、兼营店33个，全年福利彩票总销售额1843万元，筹集公益金180余万元。（张　峰）

【福利企业年审及残疾人安置】 2015年，丹徒区民政局会同区国税局、区地税局对全区24家福利企业进行年检审查，其中年审合格企业22家，整改企业2家，合格率91.67%。至年底，全区福利企业24家，共安置残疾职工536人，占全区福利企业在职职工总数的32.76%（全区福利企业在职职工数为1636人）。（凌　云　殷小星）

【社会福利中心运营管理】 2015年，丹徒区社会福利中心以《老年人社会福利机构基本规范》为准则，以“评估”“服务”“考核”三大体系建设为依托，强化规范化管理。年内，增添老年人健身活动器材，开展老年人书法、手工剪纸等娱乐活动，丰富住养老人精神生活；改造装修房间卫生间，安装食堂餐厅监控设备，开办老年人“爱心超市”，完善中心的硬件设施和生活配套。截至年底，该中心有员工18名，其中专业技师1名、高级护理员1名、中级护理员1名、初级护理员7名、社会工作师1名，养老服务队伍综合素质提升。全年接收老人60人，其中“三无”老人5人、社会寄养老人55人。（凌之华）

老龄工作

【概况】 2015年，丹徒区制定下发《丹徒区政府购买养老服务实施办法》和《关于加快发展养老服务业的实施意见》等文件，全年各项老龄工作取得良好成绩。截至年底，全区60岁以上老年户籍人口71808人，占户籍人口总数24.76%，其中80岁以上高龄人口10208人，占老年人口14.22%。老年人群体呈现基数大、增速快、寿龄高、空巢多等特点，迫切需求多样化、多层次的社会养老服务。（王　琴）

【老年人优待政策】 2015年，丹徒区民政局落实老年人优待政策，做好老年优待证的申请办理和尊老金的统计发放工作。完善全区办理老年优待证操作流程，简化办证手续，提高服务质量，每一批次办理周期控制在20个工作日内，全年申办老年优待证2241人次。全区尊老金发放实行1次登记2次打卡发放的政策，全年有11477名老年人享受到尊老金待遇，共发放尊老金745.36万元，并补发上一年度尊老金4.68万元。（赵　敏）

【居家养老服务】 2015年，丹徒区通过家庭供餐方式为全区21名城镇“三无”老人提供免费午餐服务，所需经费由市、区两级财政承担，丹徒区享受市补资金3.56万元，区级配套补贴经费1.51万元，补助标准为每人每餐8元（国家法定节假日不予补助）；建成老年人助餐服务点14个，尤其是综合型助餐点2个，为孤寡独居困难老人提供送餐配餐、医疗保健、生活照料、文化娱乐等服务；新建社区居家养老服务中心5个，提档升级标准化居家养老服务中心3个。截至年底，全区90个建制村（社区）居家养老服务中心100%全覆盖，其中城镇社区6个、农村社区84个，日间照料床位总数647张，初步形成以家庭为核心、社区为依托、专业化服务为主要形式，为居住在家的老年人解决日常生活困难为主要内容的居家养老服务体系。（王　琴）

【老年人“安康关爱行动”】 “安康关爱行动”即为老年人参加意外伤害综合保险，是江苏省为增强老年人幸福指数、维护老年人合法权益的一项民生工程。2015年，丹徒区“安康关爱行动”实现全方位、多角度、系统性推广，先后被江苏省授予安康关爱行动先进单位奖，被镇江市授予一等奖和优秀管理奖。全区统保人数46118人，政府统保经费共36.38万元，自费参保人数1.36万人，参保经费68万元，实现全区65周岁以上老年人全覆盖，做到政府引领、企业担当和百姓受益。特别是6月1日“东方之星”沉船事件后，老年人意外伤害保险对4名丹徒籍遇难者家属共赔付4.2万元，并在20个工作日内兑付到位。（王 琴）

【老年人维权工作】 2015年，丹徒区以贯彻落实江苏省《老年人权益保障条例》为重点，采取多种形式开展老年维权工作。全区各镇（街道、园区）以老年协会和各老年团体为单位，组织开展老年法律法规的学习教育活动，组织志愿者到社区和农村开展依法维护老年人合法权益的宣传和敬老助老志愿服务活动。丹徒区民政局做好老年群众的来信来访工作，全年接待来访老年群众30余人次，回复“12345”政府老年服务诉求热线3次，答复政协人大涉老提案、议案5件。（王 琴）

【尊老敬老爱老社会氛围营造】 2015年，丹徒区通过电视及网络媒体宣传、老年报刊征订等形式，营造全区尊老敬老爱老的社会氛围。春节、全国第六个“敬老月”期间，丹徒区各地、各部门开展尊老敬老助老、“百佳孝星”评选等主题活动。年内，谷阳镇孙翠华、上党镇何昌义和宜城街道许巧珍3人被省老龄委授予“百佳孝星”称号；丹徒区社会福利中心、高桥镇敬老院、上党镇其益村委会3家单位获“敬老文明号”称号；任白云、凌琴、徐六锁等8名最美敬老故事人选接受媒体采访；各镇（街道、园区）全年开展各类老年文娱活动276场次。（赵 敏）

计生工作

【概况】 2015年，丹徒区人口净增率-1.11‰，出生政策符合率99.84%，避孕节育随访服务率95.5%，人口和计划生育奖励扶助政策覆盖率100%，孕前优生健康检查覆盖率95.6%。丹徒区全年审批发放《批准再生育一个孩子生育证》676份。全年发放奖励扶助对象18524人次、特扶对象966人次，共发放扶助金1161.81万元。全区符合三级以上计划生育手术并发症特别扶助人员合计39人，共发放资金4.8万元。人口公益金救助76户，发放救助金3万元。全区流动人口总数4460人，其中流出人口2154人（男1079人、女1075人），流入人口2306人（男1221人、女1085人）。重点落实持证企业退休职工一次性奖励金和城镇非从业人员一次性奖励金兑付工作，2015年度企业退休职工一次性奖励金财政共计发放1227人、368.1万元；城镇非从业人员一次性奖励金共计发放41人、12.3万元。（王姝凡）

民族·宗教

【概况】 2015年，丹徒区有少数民族32个、1080人，有民族村1个。全区依法登记的宗教活动场所29个，其中佛教场所15个、道教场所6个、基督教8个；有佛教、道教、基督教三自爱国运动委员会3个宗教团体；宗教教职人员44人，其中比丘27人、沙弥6人、比丘尼6人、沙弥尼1人、道士3人、长老1人。佛教、道教信徒5万余人，基督教信徒2000余人。丹徒区民宗旅游局围绕“各民族共同团结奋斗、繁荣发展”主题，巩固和发展平等、团结、互助、和谐的社会主义民族关系，以促进全区宗教和谐稳定、民族团结进步为工作重点，维护社会稳定。协助推进世业镇卫星村开展少数民族发展资金项目建设、长山寺项目建设及高资古香山寺修缮等工作；开展宗教政策法规学习月活动，组织各镇（街道、园区）分管民族宗教工作的领导和工作人员、各宗教教职人员和宗教团体工作人员参加《宗教政策法规知识百题》竞赛活动，促使宗教教职人士合理、合法开展宗教活动。（戴 倩）

【清真饮食补贴发放】 2015年，丹徒区民宗旅游局针对因清真牛肉价格上涨幅度增大对具有清真饮食习惯少数民族生活的影响，贯彻落实党的民族政策，根据省民族事务委员会、省财政厅、省人社厅、省商务厅《关于妥善解决回族等10个少数民族清真饮食问题的意见》精神，对符合条件的少数民族居民按时发放补贴，共向全区10个镇（街道、园区）347名少数民族居民发放生活补贴52956元。（戴 倩）

【“宗教慈善周”活动】 2015年9月，丹徒区民宗旅游局根据省、市宗教局的倡导要求，以全区各个宗教场所为单位，开展“宗教慈善周”活动。大圣寺等佛教场所针对周边有困难需要救助的对象，开展善款募捐活动；上党镇报恩禅寺专门成立“爱心功德会”。活动期间，共募得善款近2万元。另外，丹徒区横山三茅宫道院捐助3万元为石城村大塘三组、四组安装路灯30盏。（戴 倩）

【宗教场所消防安全培训】 2015年11月4日，丹徒区民宗旅游局组织在辛丰大圣寺开展宗教场所消防安全培训及应急演练，全区各宗教场所安全生产负责人共60余人参加培训。培训会上，丹徒区民宗旅游局局长张武民要求各宗教活动场所做好冬季防火工作，掌握在事发现场的应急措施，确保全区宗教活动场所安全无事故。该次培训邀请丹徒区消防支队队长李伟就火灾及其危害、火灾分类、灭火基本知识以及火灾中的应急措施等内容进行重点讲解，并组织与会培训人员开展应急消防演练，在模拟火灾现场学习常用灭火器材的使用方法。（戴 倩）

【福建省政协考察团考察丹徒区宗教养老工作】 2015年6月11日，福建省政协考察团到丹徒区就“鼓励和规范宗教界开展养老服务”进行考察。考察团到丹徒区大圣寺安养院实地参观考察养老院的各项设施和老人们的日常生活情况，并与丹徒区有关部门领导就如何促进宗教养老发展和医养融合等问题进行讨论交流。镇江市政协副主席王荣正陪同考察。（戴　倩）

关心下一代工作

【概况】 2015年，镇江市丹徒区关心一代工作委员会（以下简称丹徒区关工委）以“学法守法、崇德立德”为主题，开展思想道德教育和各种关爱活动。全区成立“五老”宣讲团23个，编写讲稿180余篇，宣讲270余场；全区镇、村演出200余场，演出节目1800余个；举办主题夏令营66期；创建关工委“五有五好”（有组织网络，组织班子建设好；有“五老”队伍，骨干作用发挥好；有活动阵地，常年活动效果好；有制度台账，各项制度执行好；有开拓精神，积极探索创新好）标兵村4个；10个村中心校外辅导站创建成区级示范校外辅导站；多渠道筹措资金90余万元，帮助贫困学生和孤残病儿童解决学习生活困难；建立老科技人才库、青年农民联系点、科技实验基地，举办农业科技讲座和培训班，开展“三扶两创一助”活动。（卞美岗）

【主题教育活动】 2015年，丹徒区关工委以“学法守法、崇德立德”为主题，并结合中国人民纪念抗日战争和世界反法西斯战争胜利70周年活动，对青少年开展教育活动。全区成立宣讲团23个，编写讲稿180余篇，参加宣讲的“五老”人员及大学生250余人，宣讲270余场，听讲学生及家长4.5万余人次；举办法制、“八礼四仪”、抗日战争等内容的图片展览92期，参观学生和村民1.2万余人次；走访老战士及相关人员41人，参观纪念馆、纪念碑30余次，参加学生4500余人次。全区镇（街道、园区）、村关工委组织演出200余场，演出节目1800余个，观众3.5万余人次；举办主题夏令营66期，参加活动的学生、家长和“五老”人员共5000余人次。

（卞美岗）

【“五有五好”标兵村创建】 2015年，丹徒区关工委继续开展创建“五有五好”标兵村活动。该创建工作持续坚持9年，区、镇两级关工委对条件差、难度大的少数未达标村加强组织和指导，年底对照标准验收，宝堰镇宝堰村关工委、上党镇盘荣村关工委、宜城街道缪家甸村关工委、高资街道巫岗村关工委被批准为“五有五好”标兵村。截至年底，全区创建标兵村80个，占全区89个村（社区）总数的89.9%。

（卞美岗）

【区级示范校外辅导站创建】 2015年，丹徒区关工委开展示范校外辅导站创建工作，将省、市关工委提出的“硬件上档次、队伍抓优化、辅导上水平”校外辅导站建设要求落到实处。年底，荣炳盐资源区蒲圩村、宝堰镇鲁溪村、上党镇盘荣村、辛丰镇中心村、谷阳镇金河村、宜城街道姚庄村、高资街道勤丰村、世业镇世业村、江心生态农业园区五墩村、高桥镇京江村等10个村中心校外辅导站通过丹徒区关工委验收，被批准为丹徒区关工委示范校外辅导站。通过创建活动，校外辅导站内涵建设、活动质量、办站水平、育人效果均得到提升。（卞美岗）

【村关工委电子阅览室“五老”管理员电脑技术培训】 2015年，丹徒区关工委编写《老年人上网指导手册》，聘请镇江市老年大学电脑教员刘军胜为培训教师，对全区镇（街道、园区）120余名村关工委电子阅览室“五老”管理员和镇关工委正副主任进行电脑技术培训。通过培训，“五老”管理员基本掌握电脑维护和上网阅览、查阅资料等技能，为加强电子阅览室的规范管理，并为青少年上网的指导督促、增强电子阅览室的育人效果奠定基础。

（卞美岗）

【为青少年做好事办实事】 2015年，丹徒区各级关工委多渠道筹措资金90余万元（其中“五老”人员捐赠15万元），帮助720余名贫困学生和120余名孤残病儿童解决学习生活困难。为预防和减少未成年人犯罪，全区各级关工委组织法制教育280余场，受教育青少年4万余人次；各村关工委建立帮教、矫正小组，配合有关部门对全区24名帮教对象、73名矫正对象开展帮教和矫正工作，有105名“五老”人员参与，帮教和矫正对象无重新犯罪；全区有营业性网吧27个，参与义务监督的“五老”人员84人，减少未成年人进入营业性网吧的现象。

（卞美岗）

【“三扶两创一助力”活动】 2015年，丹徒区关工委在全区开展“三扶两创一助力”（扶志、扶技、扶创业；创建青年农民示范基地，创建青年农民创业之星；为农村专业合作社助力）活动。建立老科技人才库266人，与青年农民建立联系点192个，建立科技实验基地147个；举办农业科技讲座25期，听讲青年农民800余人次；举办各类培训班19期，受训青年农民510余人次。（卞美岗）

【理论学习培训】 2015年，丹徒区区镇两级关工委为提高自身素质，先后举办培训班32期，培训720余人次。培训对象为镇、村关工委正副主任和部分“五老”人员，形式是办班培训和以会代训，培训内容为理论学习、工作业务和电脑技能培训。通过理论学习培训，提高对关工委工作重要地位的认识，提升、激发工作热情，增强责任感和使命感；通过工作业务培训，提高镇、村关工委的工作水平，逐步掌握关工委工作的规律，了解青少年生理和心理特点，发挥当地教育资源优势，创新工作，打造特色；通过电脑技能培训，提高电子阅览室的开放率和管理水平，增强育人功能。（卞美岗）

镇·街道·园区

责任编校：王雪松

高桥镇

【概况】 高桥镇位于镇江市丹徒区东北部，坐落在长江北岸，三面环江，南连长江与镇江新区大港港口隔江相望，东濒长江与扬中市新坝镇遥望，西接长江与江心洲生态农业园区毗邻，北与扬州新区江广新城相连。总面积40.2平方千米，耕地面积1231.5公顷，集镇面积0.9平方千米，辖6个行政村、1个居委会。2015年末，总户数7058户、总人口19905人（其中男9640人，女10265人），人口出生率7.98‰，人口死亡率7.28‰，人口净增率0.7‰，计划生育率100%。年内，高桥镇创成省级电子商务示范镇。

综合经济指标　地区生产总值12.32亿元，比上年增长6.85%，其中，第一产业增加值1.32亿元，第二产业增加值6.69亿元，第三产业增加值4.31亿元。公共财政预算收入5770万元，公共财政预算支出5720万元。着力打造裘皮行业自主研发、品牌创建和产业配套能力，有序组织电子商务，加大机械电器行业技改力度，产销量均比上年增长10%以上。

农业　农业总产值2.23亿元。粮食总产15081吨，油料总产543吨，蔬菜总产6799吨，水产品总产2455吨，果品总产347吨，出栏生猪2830头、羊1583只、家禽6.41万羽。水利、农田基础建设投入2036万元，实施农田改造321公顷，新修农田排灌渠道4800米，维修、加固堤岸700米，疏浚河道4条6.4千米，完成土方10.48万立方米。

工业　全镇有工业企业315家，职工总数6680人。完成规模以上工业总产值30.6亿元，销售收入28.17亿元，实现利税2.3亿元。完成社会固定资产投资15.71亿元，其中规模以上工业固定资产投资3.73亿元。年销售额2000万元以上企业22家，拥有固定资产2亿元，职工3041人，实现利税3.21亿元。私营企业310个，年产值41.04亿元，实现利税3.9亿元。个体工商户2712户，从业人员5250人。外贸出口企业3家，外贸进出口总额1098万美元。外商投资企业3家，实到外资及港澳台资717万美元。

集镇建设　全年栽植“四旁”绿化9万余株，成片造林29公顷。新修农村道路3.04千米。年邮政业务100万元，程控电话容量5230门，其中当年新装电话50门，电话普及率88%。有线电视用户4875户，其中当年新增65户，有线电视覆盖率68%。

科技与社会事业　全镇有科技人员145人，年年完成科技研发投入3658万元。有中学1所、小学1所、幼儿园1所，教职工102人，在校中学生258人、小学生582人。有卫生院1所，病床59张，医卫人员50人。有文体活动中心2个。自来水普及率100%。全镇村村通公路。参加农村社会养老保险18723人，其中，当年新增387人。参加新型农村合作医疗12725人，参保率100%。

人民生活　农村居民人均可支配收入18002元，职工人均可支配收入36260元。农民人均住房面积48平方米，集镇居民人均住房面积58平方米。各项储蓄存款余额10.54亿元，人均储蓄52951元。

（王　旭　解灵敏）

【重点项目建设】 2015年，高桥镇加快推进大项目建设。孟家港国际物流园项目一期3个5万吨码头所有立项报批工作全部完成，水域工程竣工，陆域工程正在推进，90公顷土地指标落实到位；润祥油气物流园项目一期立项报批工作有序推进，1个5万吨油品码头水域工程完工，陆域拆迁完成，陆域罐区桩基工程进入扫尾阶段；液化天然气(LNG)项目规划设计和报批工作推进中，计划明年开工建设LNG加注和接收码头。全年完成实际投资超15亿元，为促进镇域经济结构转型升级增添活力，为加快全镇物流产业增长提供动力。

（王　旭　解灵敏）

【民生事业改善】 2015年，高桥镇围绕“打造临港经济产业园，争创苏南现代化建设示范镇”目标，坚持在镇域建设发展总体规划指引下，深化港城联建，实现镇域功能和民生事业的新发展。康泰安置房一期7.5万平方米主体工程和小区内部道路、绿化、供电等配套设施建设全部完成并通过验收，即将交付安置；二期5万平方米工程征地、勘探、规划设计、招投标等前期工作即将完成；7千米长的疏港路工程全线通车，绿化工程正在推进；区域供水工程规划设计与管网施工同步推进，完成七支河、南北大河的管道铺设；中小学易地新建工程规划设计完成，报批报建、招投标等前期工作按序时推进；污水处理厂和消防站的规划设计、工可报批和征地等前期工作基本到位；亨字圩美丽乡村示范点工程按规划设计方案高标准实施并竣工；康家湾村庄环境整治提升行动、三接圩覆盖拉网式农村环境综合整治试点工作全部结束；南北大河、一主七支的漂浮垃圾清理结束，河网水质明显改善；镇村主干道亮化与美化提升工程稳步推进；120公顷的市级高标准农田项目、冬春水利项目、村级公益事业项目等一事一议项目实施；“三集”工作进展顺利，全年新建标准厂房2万平方米，主体工程施工结束。

（王　旭　解灵敏）

表25

2015年高桥镇村（居）委会情况

名称	组数(个)	户数(户)	人口(人)	耕地(公顷)	党组织书记	村(居)委会主任
安丰村	20	993	2917	148.0	韦建明	韦建明
高桥村	20	1040	2805	175.0	陈　斌	陈　斌
康泰村	12	731	2124	149.0	薛　军	薛　军
京江村	30	1318	3941	290.0	朱正玉	王　胜
四方桥村	25	1222	3646	264.5	周光辉	王　伟
镇扬村	36	983	3119	205.0	周光亮	周光亮
集镇居委会	1	771	1353	-	沈仁明	沈仁明

（王　旭　解灵敏）

表26

2015年高桥镇骨干企业情况

单位：万元

企业名称	产值	销售收入	利税	厂长（经理）
镇江宏联电工有限公司	14666	13591	879.0	徐　敏
江苏新威电子有限公司	7724	7724	217.0	孙立新
镇江正军电器有限公司	2387	2210	202.0	邱荣珍
镇江盛皮业有限公司	2176	2076	137.0	夏长胜
镇江英格华杰皮业有限公司	905	925	-	唐　杰
镇江爱可信皮业有限公司	4456	4446	91.0	冷罗网
镇江市丹徒区扬子船业有限公司	360	360	12.0	赵玉华
镇江旺达鞋业有限公司	1261	1142	37.0	陶　香
江苏八达电子有限公司	2315	2015	70.0	唐明栏
镇江高海生物药业有限公司	2975	2925	183.0	蔡子荣
镇江市维达斯裘革鞋业有限公司	4864	4821	115.0	陈德喜
镇江俊达鞋业有限公司	2264	2317	24.0	徐　俊
镇江百鑫皮业有限公司	1477	1181	63.0	蔡进玉
镇江安丰船业有限公司	2200	2082	52.0	袁德明
镇江市润丰钢构有限公司	2293	2272	74.0	郑廷杰
镇江佳信皮业有限公司	2816	2765	301.0	邱荣珍
镇江永乐裘皮制品有限公司	3203	3203	168.0	吴法勇
镇江市丹徒区阳光轴承有限公司	750	680	31.0	吴以荣
镇江市丹徒区恒源木业有限责任公司	2150	2025	65.0	束国源
镇江市振兴海洋船舶重工有限公司	2042	2042	69.0	丁春晴

续表

企业名称	产值	销售收入	利税	厂长(经理)
镇江市永庆海洋船舶有限公司	600	445	5.6	杨存力
镇江建华轴承有限公司	750	595	32.0	夏建明
镇江高冠医疗器械有限公司	1200	1185	38.0	陆廷舰
镇江市丹徒区新盛皮业有限公司	1100	1078	52.0	朱国生
镇江市福克斯户外用品有限公司	650	519	28.0	徐云洁
镇江市丹徒区宏源电子元件厂	600	512	15.0	仇宽源
镇江市丹徒区八达鞋业有限公司	500	416	20.5	殷敦球
镇江市威尔克皮业有限公司	650	605	26.5	魏宏俊
镇江市龙翔铸造有限公司有限公司	530	490	19.8	严朝龙
镇江市东鑫汽车配件有限公司	680	632	27.8	王正奇
镇江市润源针织品有限公司	600	558	41.0	顾纲峰
镇江市天浩金属制品有限公司	1200	1019	31.0	吴　祥
镇江华鑫鞋业有限公司	580	561	1.5	曹大华
镇江市丹徒区永拓五金塑料厂	600	562	27.5	秦　勇
镇江永兴裘皮服饰有限公司	610	570	25.0	严朝华

(王　旭　解灵敏)

辛丰镇

【概况】 辛丰镇位于镇江市丹徒区东南部,东临镇江新区丁岗镇,南连丹阳市经济开发区,西接谷阳镇,北倚京口区谏壁街道。总面积74.9平方千米,耕地面积2703公顷,集镇面积5.5平方千米,辖15个行政村、1个居委会。2015年末,总户数15946户、总人口49309人(其中男24353人,女24956人),有少数民族6个、36人。人口出生率4.51‰,死亡率5.5‰,人口净增率−0.99‰,计划生育率100%。

综合经济指标　地区生产总值48.69亿元,比上年增长8%,其中,第一产业增加值3.23亿元,第二产业增加值31.49亿元,第三产业增加值13.97亿元。公共财政预算收入11382万元,一般财政预算支出2728万元。

农业　农业总产值5.51亿元。粮食总产30204吨,油料总产958吨,蔬菜总产9443吨,水产品总产740吨,果品总产162吨,出栏生猪3725头、羊406只、家禽311万羽。水利、农田基础建设投入1000万元,新修农田排灌渠道10000米,疏浚河道4条10千米,完成土方60万立方米。

工业　全镇有工业企业885家,职工总数31614人。完成规模以上工业总产值209.66亿元,销售收入205.47亿元,实现利税16.93亿元。完成社会固定资产投资20.24亿元,其中规模以上工业固定资产投资14.07亿元。年销售额2000万元以上企业71家,拥有固定资产42.88亿元,职工16577人,实现利税16.73亿元。私营企业1145家,年产值82.92亿元,实现利税7.63亿元。个体工商户2617户,从业人员6671人。外贸出口企业42家,外贸进出口总额8714万美元,实到外资及港澳台资1093万美元。

集镇建设　完成辛丰路、龙山北路、纬二路改造,实施辛丰河东、河西集镇道路沥清化改造;辛丰运河大桥顺利通车;提档升级农村道路14.8千米;新安装集镇路灯445余盏;改造滚水坝10座、农桥6座,新建泵站21座,清淤河塘25个;渠道硬化6.7千米;建成全市一流的生猪屠宰场;实施南岗片区万亩农田改造;完成“强村富民”双达标任务;实施“黄标车”整治,淘汰“黄标车”40辆。

科技与社会事业　全镇有科技人员1812人,其中,初级技术职称824人,中高级技术职称988人。全年累计完成专利申请总量75件,其中完成发明专利申请37件,实用新型专利申请38件;累计完成专利授权总量173件,其中实用新型专利授权62件、外观专利授权106件、发明专利授权5件;有中学2所、小学2所、幼儿园2所,教师257人,在校中学生992人、小学生2316人;有卫生院2所,病床90张,执业医师78人;有文体活动中心22个,影剧院2座;自来水普及率99%,全镇村村通公路。参加新型农村合作医疗30460人，参保率100%。

人民生活　农村居民人均可支配收入18389元，职工人均可支配收入32450元。农民人均住房面积64平方米，集镇居民人均住房面积36.8平方米。各项储蓄存款余额93641万元，人均储蓄19061元。

（姜国平　庞之列　王　昊）

【辛丰运河公路桥建成通车】　2015年底，苏南运河辛丰公路桥通过由省交通运输厅航道局组织的交工验收，正式建成通车。改建后的辛丰公路桥采用钢管混凝土系杆拱结构，设计桥长152.4米，主跨104.4米，桥宽12.9米，工程造价1706万元。新桥建成通车后，满足三级航道通航的净空要求，为辛丰百姓更加便捷的出行提供条件，推动当地经济发展。

（姜国平　庞之列　王　昊）

【完成水利重点县建设任务】　2015年，辛丰镇投资1335.52万元，平整土地40公顷，疏浚沟塘1.33千米，新建灌溉泵站19座、滚水坝10座、箱涵2座、节制闸2座，U型渠道衬砌5.35千米、矩形渠道硬化1.8千米，增设改造过路涵770座、修建田间道路9.7千米（其中水泥路5.5千米、砂石路4.2千米），新建农桥6座、浆砌石挡墙360米，绿化3200株，顺利完成水利重点县建设任务。

（姜国平　庞之列　王　昊）

【国省干道整治】　2015年，辛丰镇完成镇内国省干道17.19千米（241省道、338省道）的环境整治和绿化工作，做到“八无”（无违法建筑、无违法搭接、无乱设非标、无乱堆乱放、无店面外溢、无边坡种植、无乱排乱放、无违法超限运输）“一化”（沿线环境美化），改善全镇公路路域环境，提高相关服务品质。

（姜国平　庞之列　王　昊）

【城乡环境整治】　2015年，辛丰镇实施辛丰河东、河西集镇道路沥青化改造，提档升级农村道路14.8千米，完成辛三路绿化和候车亭建设。新安装集镇路灯455余盏，开展马迹山、大王山矿山综合整治，推进村庄环境整治提升和农村覆盖拉网式污水处理设施建设，开展美丽乡村创建，打击非法轧石和违法建设，实施“黄标车”整治，淘汰“黄标车”40辆，完成龙湾华府等集镇三个商贸综合体一期工程建设。

（姜国平　庞之列　王　昊）

表27

2015年辛丰镇村（居）委会情况

名称	组数（个）	户数（户）	人口（人）	耕地（公顷）	党组织书记	村（居）委会主任
于南村	26	1150	3580	227	朱文全	朱云新
辛丰村	23	1623	4603	130	殷红林	陶　磊
辛桥村	12	885	2427	100	胡中华	邵卫国
南岗村	21	796	2844	228	王以洪	罗元平
黄泥村	15	702	2568	130	徐国强（主持工作）	殷卫启
下方村	22	617	1787	189	付超	印国云
东街村	27	789	2810	230	江镇祥	蒋腊春
石城村	26	918	3184	214	魏龙才	王荣成
黄墟村	34	1328	3608	150	殷志虎（主持工作）	殷志虎
德胜村	19	668	2105	149	殷建祥	谈月平
山北村	37	1247	3695	248	朱良平	朱良平
龙山村	21	1137	3437	111	吕梅生（主持工作）	刘和平
中心村	26	856	2892	243	徐云峰	王书杰
北於村	25	927	2731	210	韦金海	於建华
星棋村	14	535	1890	144	殷志华	臧卫东
集镇居委会	–	1768	5148	–	–	王洪林

（姜国平　庞之列　王　昊）

表28

2015年辛丰镇骨干企业情况

单位:万元

企业名称	产值	销售收入	利税	厂长(经理)
镇江科佳轴承制造有限公司	102587	99514	10423	朱建平
镇江市丹徒区中宏轴承厂	84735	86430	8129	殷丰盛
镇江市东方万向轴厂	90741	88926	8925	罗运平
镇江精工轴承厂	19954	20353	1993	基守云
镇江中建轴承有限公司	132077	128400	14563	孔洪斌
镇江明晖制刷有限公司	78906	77328	8008	陈　凯
镇江中升轴承有限公司	144428	146273	13752	严国华
镇江亨利达轴承有限公司	2107	2149	222	周　明
镇江精诚轴承有限责任公司	4268	4353	243	关云洪
镇江金星鬃刷有限责任公司	86818	85082	8981	韦恩祥
镇江亨威制刷厂	77034	75493	7710	朱跃新
镇江市丹徒区精华轴承厂	123049	120588	12000	基连福
镇江市润东重工传动机械厂	122131	119688	11747	罗晓东
镇江丰源轴承有限责任公司	90382	92190	8884	王宝华
镇江市丹徒区宏晶轴承厂	83874	85552	8586	卜宏发
镇江中天钢管制造有限公司	5468	6078	294	陶荣林
镇江大洋玻璃制品有限公司	5121	5019	277	韩竹平
镇江步升鞋业有限公司	5628	5417	376	韩　建
镇江维科精华棉纺织有限公司	11659	12083	813	史美信
镇江市黄墟锚链有限公司	2663	2609	172	江金先
镇江恒飞刷业有限公司	2727	2673	154	张同华
镇江通达电子有限公司	28190	26781	2275	殷国平
镇江市丹徒区龙腾生物制品厂	18422	18054	1606	张　豪
镇江市明基电子有限公司	21950	20853	1625	晏　明
江苏富林医疗设备有限公司	69776	68381	7208	季有智
镇江华东热镀锌有限公司	4788	4692	266	储道发
镇江鼎威实业制造总厂	5390	5498	315	王楼儿
镇江华恩轴承有限公司	2639	2692	165	王启明
江苏特密斯混凝土外加剂有限公司	162330	154214	14582	罗志光
镇江泽泰轴承有限公司	5726	5840	328	徐向军
镇江顺德轴承有限公司	4694	4787	315	朱静霞
镇江金鹏电子有限公司	24116	22910	1898	陈　坚
镇江上豪包装有限公司	3311	3244	199	朱　东
镇江市丹徒区南方电子有限公司	18740	17803	1529	邓　祥
镇江华新轴承有限公司	4174	4258	349	韦建忠

续表

企业名称	产值	销售收入	利税	厂长（经理）
镇江市丹徒区龙翔制刷厂	2195	2152	213	吴　剑
镇江润茂钢球有限公司	4996	5096	271	朱长根
镇江建豪电器有限公司	14334	14047	1322	焦国顺
科鲁迪洁具（镇江）有限公司	2574	2523	198	耐哈德彼特
江苏钱潮轴承有限公司	10035	10236	971	沈华川
镇江市丹徒区鑫凯铜业有限公司	13376	13109	1282	徐　凯
镇江江鑫矿粉有限公司	7056	6703	518	虞利民
镇江英赛德铸造材料有限公司	7280	7135	771	胡里凹
镇江市丹徒区佳兴电子有限公司	18515	18145	1798	李金林
镇江市祥益面粉有限公司	7641	7259	402	夏益祥
镇江华浩通信器材有限公司	34410	32690	2690	吴　刚
镇江市丹徒区宏信电子元件厂	20865	20448	1575	於俊杰
镇江亨威混凝土有限公司	8114	7951	537	胡中华
江苏东方万向重型机械有限公司	8862	8685	584	罗运平
镇江市远大传动机械有限公司	3553	3482	232	马料宝
镇江龙达特种灯泡有限公司	4938	4691	261	殷龙庆
镇江华宁轴承有限公司	4464	4554	230	李俊华
镇江中宇轴承有限公司	4103	4185	432	梁　飞
镇江华泰轴承有限公司	4348	4435	268	周　建
镇江市丹徒区金振矿粉制造有限公司	3441	3269	226	张国祥
镇江斯威特金属制品有限公司	3954	3756	176	朱德林
镇江华京通讯科技有限公司	3850	3658	224	陈丽华
镇江希西维轴承有限公司	8839	9016	607	赵　波
江苏凯力德科技有限公司	11486	11256	699	戴建平
江苏特友诺新材料科技有限公司	3833	3756	180	陈国忠
镇江宝瑞轴承有限公司	3587	3515	196	刁建荣
上豪包装机械（镇江）有限公司	3951	3872	760	朱　东
镇江希西维轴承有限公司	7848	8005	171	赵　波
江苏凯力德科技有限公司	9796	9600	204	戴建平
江苏特友诺新材料科技有限公司	3194	3130	53	陈国忠
镇江宝瑞轴承有限公司	2989	2929	51	刁建荣
上豪包装机械（镇江）有限公司	3292	3226	410	朱　东

（姜国平　庞之列　王　昊）

谷阳镇

【概况】 谷阳镇位于镇江市区南郊、丹徒区中部，东与辛丰镇交界，南与上党镇、丹阳市毗邻，西至十里长山，北与丹徒新城相连。沪宁高速、扬溧高速、312国道穿境而过。区域总面积46.75平方千米，耕地1985公顷，集镇面积4.12平方千米，辖11个行政村。2015年末，总户数8453户，总人口30077人(其中男14808人、女15269人)。人口出生率10‰，死亡率10‰，计划生育率100%。

综合经济指标　地区生产总值22.39亿元，比上年增长9%。其中，第一产业增加值1.52亿元，第二产业增加值14.89亿元，第三产业增加值5.98亿元。实现全口径财政收入1.88亿元，公共财政预算收入1.32亿元，公共财政预算支出0.62亿元。

农业　农业总产值2.66亿元。粮食总产19005吨，油料总产1209吨，蔬菜总产6823吨，水产品总产1372吨，出栏生猪32432头、家禽5.79万羽。

工业　全镇有工业企业792家，职工总数20132人。完成规模以上工业总产值146.75亿元，销售收入139亿元，实现利税12.7亿元。完成社会固定资产投资18.17亿元，其中规模以上工业固定资产投资12.74亿元。年销售2000万元以上企业48家，职工12501人。私营企业252个，年产值155.2亿元，实现利税13.3亿元。个体工商户513户，从业人员2485人。外贸出口企业15家，外贸进出口总额6652万美元。

集镇建设　改造县道黄高线、湖上线，黄高线主线竣工通车，道路搭接等扫尾工作正在实施；湖上线现金河段竣工通车，莱村、东湖段完成灰土施工，准备进行水稳施工。依据太湖流域整治要求，投资400万元开工建设第八期污水管网并于7月通过竣工验收，黄序(东沟)、槐荫(兔儿岗)、金河付家全面通过验收。

科技与社会事业　全镇科技人员933人。有中学1所、小学2所、幼儿园3所，教职工331人，在校中学生310人、小学生1332人，实现校车安全接送。有卫生院(室)12所、病床68张、医卫人员71人，完成标准化产科门诊、中医特色服务区以及数字化硬件等改造工程。企业养保扩面征缴1256人，新增新农保141人，城乡基本医疗保险覆盖率达100%，新增就业1890人，转移农村劳动力404人，城镇登记失业率控制在2%以内。

人民生活　农村居民人均可支配收入17819元，城镇居民人均可支配收入3.7万元；农民人均住房45平方米，集镇居民人均住房30平方米。　(余　卉)

【项目建设】 2015年，谷阳镇项目建设势头良好。晋工机械相关手续完成，金苹果家具项目竣工投产，盐商会冷冻仓储物流园项目一期建成，二期在加快内部设备安装，即将对外运营。扬州云龙房地产开发公司投资的香港大润发综合体项目通过区项目预审会，规划部门正在编制规划。产业"三集"推进发展，建成标准化工业厂房3.4万平方米，超额完成任务。推进"人才兴镇"工作，百瑞吉、华盈轧辊2家企业申报成为第8批"市331人才"项目。申报丹徒区"长山计划"项目，镇江市诺邦环保科技有限公司、镇江东方红纳米科技有限公司等4家高科技创业型公司成功注册。　(余　卉)

【高效农业】 2015年，谷阳镇新增高效农业面积133.33公顷，全镇高效农业总面积1080公顷，比上年增长6.6%；高效渔业新增13.33公顷，总面积260公顷，比上年增长5.4%。全年争取农业类省级项目3项、计划类1项、任务类2项，共争取资金100万元(全部为省级财政资金)。东湖、莱村、庄泉蔬菜基地建设按照2013～2017年省级永久性"菜篮子"工程规划要求，逐步实施，项目区最终面积为333.33公顷。　(余　卉)

【文化活动】 2015年，谷阳镇"放心消费镇"建设通过省级验收。举行"双阳"文化艺术节，开展槐荫村"情缘七夕、相聚槐荫"文化活动。4000余平方米的"乡风明德文化墙"建设形成亮点并在全市推广，得到省委常委、宣传部部长王燕文和中共中央办公厅领导的肯定，创建成为"镇江市农村综合文化服务中心示范村"和"镇江市优秀示范村"。苏南教育现代化建设有序推进，教育布局优化，逐渐形成新一轮教育框架体系，被授予"镇江市教育现代化先进镇"称号。　(余　卉)

【镇村环境整治】 2015年，谷阳

图65　谷阳镇"乡风明德文化墙"　(丹徒区谷阳镇提供)

镇注重境内校车安全，排查道路安全隐患6处。完成312国道改线工程征地拆迁扫尾工作，协调地方矛盾确保工程有序推进。新建乡村道5.5千米，改造危桥2座。5个自然通过美丽宜居村验收。查处违章违建143户、面积19300平方米，拆除26户、面积7300平方米，勒令停工36户、面积6800平方米。改造农户危房37户。推进覆盖拉网式农村环境综合整治试点行动，建设污水管网6千米。 （余 卉）

表29

2015年谷阳镇村委会情况

名称	组数（个）	户数（户）	人数（人）	耕地（公顷）	党组织书记	村委会主任
千里村	18	882	2673	99	糜兆兰	江　栋
黄序村	33	1655	6349	279	步家华	江月清
湖滨村	20	706	2217	239	解云强	池兴龙
东湖村	16	613	2231	176	壮　伟	壮　伟
谷阳村	30	1203	4958	194	史　文	戴踹根
庄泉村	13	512	1998	148	戴　斌	戴瑞清
湖马村	12	725	2311	180	马鹤平	马鹤平
华村村	21	560	2009	245	王建文	韦志华
莱村村	18	627	1926	178	吴国云	吴国云
金河村	10	412	1330	112	陆　军	汤伯根
槐荫村	17	558	2075	135	王　毅	孔伯俊

（余 卉）

表30

2015年谷阳镇骨干企业情况

单位：万元

企业名称	产值	销售收入	利税	厂长（经理）
镇江华升金属制品有限公司	939335	925689	98229	王招芳
镇江四建建设有限公司	1267566	1252123	136144	解晓军
江苏领先电子有限公司	587000	572530	71048	林裕雀
镇江大力液压马达有限责任公司	636649	630589	81573	张智敏
镇江市丹徒区前庄笔刷厂	108243	107946	6822	周云龙
丹徒区华联制刷有限公司	104909	104606	6383	戴月蓉
镇江市三鹰制刷有限公司	121471	121206	8258	戴艳军
镇江启源制刷有限公司	106873	106621	6578	朱玉田
康兴卷板机制品有限公司	380777	380498	38273	黄　靖
镇江立成电子有限公司	443624	438945	46616	叶德波
镇江立升塑胶有限公司	304457	304151	31552	李长娣
镇江瑞泰刷业有限公司	100964	100032	6481	洪瑞才
丹徒区华瑞液压机械有限公司	542093	542093	56109	陈荣坤
镇江市盛达冷轧焊管有限公司	158081	157801	16280	笪洪福
镇江合力汽车紧固件有限公司	138584	138283	14324	田文斌
镇江市斯伊格机械有限公司	408703	408364	39144	邵忠明
镇江市润华无线电专用设备制造有限责任公司	554215	553948	58700	朱华明
镇江浮玉麻油有限公司	96004	95724	9424	贯文淼

续表

企业名称	产值	销售收入	利税	厂长(经理)
镇江市丹徒区金城制刷厂	67321	67037	4421	戴　斌
镇江库拉图华联工具制造有限公司	107721	107463	6682	巴巴印夫
镇江市丹徒区文飞制刷厂	57373	57081	3658	吴金亮
镇江科瑞制样设备有限公司	115603	115322	10839	徐玉山
镇江立成电线有限公司	287292	287013	30038	叶德波
镇江市丹徒区星光制刷厂	69564	69291	4604	殷荣梅
镇江京润电气有限公司	552914	548523	59825	翟美琴
镇江惠龙刷业工具有限公司	56897	56644	3596	孙慧浩
江苏百瑞吉新材料有限公司	637817	630215	67359	王兴文
镇江市丹徒区艾嘉电子厂	560862	551286	57022	马　平
镇江市立成电线有限公司	287292	287013	30038	薛广良
镇江丹徒区北极铝材厂	174159	173869	17322	徐三顺
镇江市丹徒区金晖刷业有限公司	55088	54821	3510	华金元
镇江市丹徒区金盛制刷厂	68042	67799	4351	朱学友
镇江市丹徒区明晨制刷厂	53671	53369	3437	闽春华
镇江市跳跃鞋业有限公司	63024	62738	6545	余大佑
镇江市兴龙制刷厂	65214	64918	4181	周兴龙
镇江市金普电器机械有限公司	543766	538965	55445	沈卫华
江苏镇德电力设备有限公司	558084	531860	55346	郑元良
镇江鸿瑞机械制造有限工公司	115209	114939	10568	周建和
镇江金浪潮化纤设备有限公司	551185	551127	57168	南　翔
镇江银海铝业有限公司	317012	310723	31225	张　勤
镇江尚沃电子有限公司	34913	34667	3522	季　静
镇江东阳轧辊有限公司(原华裕轧辊有限公司)	117125	116824	12377	包华裕
镇江威孚锅炉有限公司	35558	35304	3509	高文权
镇江天爱钼业有限公司	49922	49683	4819	蒋爱珍

(余　卉)

上党镇

【概况】 上党镇位于镇江市丹徒区南部，南连宝堰镇，东临丹阳市，西接句容市，北倚谷阳镇。总面积112.6平方千米，耕地面积4065公顷，集镇面积7.72平方千米，辖15个行政村、2个居委会。2015年末，总户数16642户、总人口50295人(其中男24490人，女25805人)，有少数民族8个、221人。人口出生率4.15‰，死亡率6.15‰，人口净增率−2‰，计划生育率100%。

综合经济指标　地区生产总值40.8亿元，比上年增长7.6%，其中，第一产业增加值2.7亿元，第二产业增加值20.93亿元，第三产业增加值17.18亿元。公共财政预算收入1.35亿元，公共财政预算支出4510.3万元。

农业　农业总产值5.57亿元。粮食总产35590吨，油料总产3164吨，蔬菜总产14477吨，水产品总产2500吨，果品总产2700吨，出栏生猪53400头、羊2460只、家禽43万羽。水利、农田基础建设投入1572万元，新修农田排灌渠道2.3千米，完成塘坝改造12座，翻新修建电灌站9座，滚水坝19座，疏浚河道2条5.1千米，完成土方6.5万立方米。全镇新增高效农业426.7公顷、设施农业282.7公顷，茶叶种植面积500公顷。

工业 全镇有工业企业794家,职工总数13448人,新增规模企业4家。完成规模以上工业总产值59.41亿元,实现销售收入87.9亿元、利税4.64亿元。完成社会固定资产投资47.74亿元,其中规模以上工业固定资产投资41.19亿元;新增个体工商户183户,新增私营企业78家。外贸进出口总额1315万美元,实际利用外资及港澳台资801万美元。

集镇建设 更新改造集镇路灯135盏;完成农村道路提档升级4千米,上党大道、茅以升大道、上石线一期建成通车;镇荣公路二期、旺北路、北汽大道、扬溧高速上党出口拓宽工程全面启动;金河花园商住楼和金河御景一期开盘销售;集镇综合体的2幢安置房竣工。

科技与社会事业 全镇有科技人员150人,其中,初级技术职称98人,中高级技术职称52人。完成科技研发投入9233万元,比上年增长14%;申报省级科技工业支撑计划项目1件、市级项目5件,完成高新技术企业认定1家,发明专利授权数5件。拥有九年一贯制学校1所、中学1所、幼儿园2所,教职工233人,在校中学生926人、小学生2215人。有卫生院2所,病床52张,职业(助理)医师49人。有文体活动中心1个,影剧院1座。自来水普及率100%。参加农村社会养老保险10614人,参加新型农村合作医疗33849人,参保率95%以上。

人民生活 农村居民人均可支配收入16725元,农民人均住房面积47平方米。集镇居民人均住房面积45平方米。 (李昌新)

图66 2015年8月,上党镇敖毅村黄桃上市

(丹徒区上党镇提供)

【项目建设】 2015年,上党镇加快项目推进。12月28日,总投资120亿元的北汽华东(镇江)基地项目举行基地竣工暨首车下线仪式;生态汽车配套产业园41.3公顷的零部件物流用地全面交付,10家企业签订入驻协议;总投资2亿元的三维精确农业项目,建成香榧园8.5公顷、生态隔离防护林40公顷和单体大棚、连栋大棚、蔬菜大棚2.7公顷;发展壮大敖毅村黄桃种植基地,当年种植面积约100公顷,产量2000余吨,产值2000余万元。总投资2亿元的智能立体停车库项目,主体厂房开工建设;总投资2亿元的振光电力电子智能无功补偿设备项目,实现部分投产;镇江万豪置业酒店、合肥常青机械精密模具制造等项目进展顺利;"三集"园区建设加速推进,2.3万平方米的标准化厂房于9月底开工,园区内水、电、道路等基础设施进一步完善。 (李昌新)

【镇村建设】 2015年,上党镇继续推进镇村基础设施建设。金河花园商住楼和金河御景一期开盘销售;集镇综合体2幢安置房竣工等待验收,另外2幢安置房加速推进;更新改造集镇路灯135盏,全面整治集镇环境;提档升级农村道路4千米,上党大道、茅以升大道、上石线一期建成通车;镇荣公路二期、旺北路、北汽大道、扬溧高速上党出口拓宽工程全面启动;西南片区生态环境综合整治工程,关停污染企业18家、整改8家;覆盖拉网式环境综合整治工程按序时推进,五塘西山头、墅山里墅等4个自然村污水处理设施全部建成,共铺设污水管网23千米;卫片执法整改取得阶段性成果,全年拆除违建2.01万平方米,完成土地复垦2.3公顷,实现土地占补平衡5.6公顷;拆迁房屋180户,面积5万平方米,回迁拆迁户161户,安置面积3.3万平方米。 (李昌新)

【民生建设】 2015年,上党镇完成8项为民办实事工程。小金河一期整治工程完工,二期工程开始进行招投标等前期筹备;盘荣水库除险加固主体工程竣工,三板桥、盘荣桥改造完成;长山灌区节水配套改造项目启动实施;强村富民"双达标"工程圆满完成;建成农民健身广场12个,组织群众文化活动28场次;中小学校安工程顺利实施,学生上下学安全接送服务覆盖率70%以上;创成市级教育现代化先进镇,5所中小学、幼儿园创成镇江市教育现代化先进学校;全年发放低保金324.7万元,各类优抚生活补助359.91万元,扩大社会救助面;完成危房改造25户;组织创业技能培训121人次,新增就业岗位480个,转移农村劳动力407人;全年安置被征地农民202人,实现应保尽保。

(李昌新)

【社会事业】 2015年,上党镇社会事业取得进步。"六五"普法工作通过省级验收,古洞村和其一村创成省级民主法治示范村;坚持依法行政,实施重大项目社会稳定风险评估,投入70余万元对全镇140个监

控探头进行高清化升级改造；发挥镇村调解组织作用，促进社会矛盾调节；推进便民服务中心便民服务办理情况信息公示；自觉接受人大监督、舆论监督和社会监督，办结人大代表议案、建议15件，办成率85%；建立健全“12345”政府公共服务平台、镇江网络舆情每周督查等机制，办理各类合理诉求700余件，办结率100%；加强安全生产工作，检查整改安全隐患150余条，全年未发生重特大安全生产事故。

（李昌新）

【改革创新】 2015年，上党镇深化行政审批制度改革，落实“五张清单”、项目并联审批等制度，全镇新增私营企业78家、个体工商户183户；新成立各类新型农业主体11家，其中家庭农场8家，各类专业合作组织3家；推进农业农村改革，50%的村组完成农村土地承包经营权确权登记试点，适度规模土地流转58.67公顷，通过公开拍卖成功完成林牧场经营权属转换；推进政社互动，与各村签订《实施政社互动规范社区准入委托管理工作协议》，加强村级组织自治能力；完成研发投入9233万元，发明专利授权5件，申报省级科技工业支撑计划项目1件、市级项目5件，完成高新技术企业认定1家，增强创新驱动能力。

（李昌新）

表31

2015年上党镇村（居）委会情况

名称	组数（个）	户数（户）	人数（人）	耕地（公顷）	党组织书记	村（居）委会主任
上党居委会	-	833	1416	-	-	付九英
上会居委会	-	820	1353	-	-	王新春
上党村	56	2425	7394	349.13	王　振	王　振
东贡村	28	1098	3307	297.00	李秋龙	吴双金
东沛村	44	1473	4711	365.00	吴六林	倪　立
古洞村	26	1168	3569	210.00	陈国伟	陈国伟
五塘村	17	519	1679	148.00	郑根宝	郑根宝
墅山村	31	1052	3040	365.00	杨家宽	杨家宽
枫庄村	13	625	1952	219.20	丁国锦	丁国锦
东方村	13	1139	3797	397.40	刘金根（代）	刘金根
敖毅村	8	768	2542	283.47	辛敖法	辛敖法
合偶村	4	524	1762	198.87	丁学礼	丁学礼
其益村	4	455	1454	174.26	何金儿	何金儿
上会村	13	1236	4116	271.67	王新春	邵　平
丰城村	9	781	2602	229.00	张浩然	陈　云
盘荣村	7	729	2232	215.07	陈光林	陈光林
薛村村	12	997	3369	341.93	巫双戈	冯九戈

（李昌新）

表32

2015年上党镇骨干企业情况

单位：万元

企业名称	产值	销售收入	利税	厂长（经理）
江苏振光电力设备制造有限公司	473677	452011	10832	贾红宝
丹徒区天润碳素制品有限公司	10159	10710	1140	吕定荣
镇江市万源新材料有限公司	3101	3024	244	钱本强
丹徒区环宇轧辊厂	4395	4301	345	吴　江
镇江鑫源热度锌有限公司	5232	5144	411	陈东强
江苏江盛南节能科技有限公司	2179	2108	176	付　荣

续表

企业名称	产值	销售收入	利税	厂长（经理）
镇江飞达碳素有限公司	8218	7983	639	唐素珍
江苏欧文斯彩砂科技有限公司	2289	2269	183	陈　云
镇江市顺天矿机制造有限公司	3379	3301	270	姜长顺
精功镇江机械制造有限公司	151973	147989	12401	胡晓明
丹徒区金昌碳素厂	15611	15453	1252	杨建平
镇江古洞热镀锌有限公司	2193	2169	172	袁　婷
镇江市鸿泽热镀锌有限公司	7439	7352	64	贾红宝
江苏路鑫达交通设施有限公司	2284	2241	182	付国宇
镇江市华邦铝业有限公司	14951	14782	1174	张长武
华邦化工科技（镇江）有限公司	2178	2178	177	张　君
镇江兴盛铸钢有限公司	2627	2547	205	陈　雷
镇江市华铖旅游用品有限公司	8317	8408	424	辛玉华
镇江市森茂包装材料有限公司	2042	2042	163	蒋伟军
镇江新光冶金辅材厂	3212	3212	256	韩国清
镇江天源蓄电池有限公司	2137	2137	181	王荣春
丹徒区九鑫毛纺厂	3851	3801	208	辛敖法
威灵施(镇江)精细化工有限公司	2532	2532	210	吴爱华
镇江市顶新家居用品有限公司	2993	2956	235	陈　武
丹徒区金港墙材有限公司	4652	4621	369	毛金发
镇江市红墙建材有限公司	3272	3226	259	方惠民
镇江市天马空调配件有限公司	3173	3131	250	岳振波
镇江市德海工业有限公司	3153	3124	248	陈树范
镇江市迈琪汽车零部件有限公司	4569	4523	363	陈建平

（李昌新）

宝堰镇

【概况】　宝堰镇位于镇江市丹徒区南郊，南连荣炳盐资源区，东临丹阳市延陵镇，西接句容市春城镇，北倚句容市白兔镇。总面积40.19平方千米，耕地面积2074公顷，集镇面积2.5平方千米，辖6个行政村、1个居委会。2015年末，总户数8008户、总人口23137人（其中男12069人，女11068人），有少数民族8个、79人。人口出生率6.95‰，死亡率10.5‰，人口净增率−3.51‰，计划生育率100%。

综合经济指标　地区生产总值13.2亿元，比上年增7.57%，其中，第一产业增加值1.76万元，第二产业增加值5.41亿元，第三产业增加值6.1亿元。公共财政预算收入4358万元，公共财政预算支出1884万元。

农业　农业总产值3.02亿元。粮食总产23784吨，油料总产1006吨，蔬菜总产5332吨，水产品总产2930吨，出栏生猪15235头、羊1596只、家禽7.22万羽。水利、农田基础建设投入826万元，新修农田排灌渠道8000米，维修、加固堤岸2300米，疏浚河道2条7.7千米，完成土方7.3万立方米。

工业　全镇有工业企业376家，职工总数5048人。完成规模以上工业总产值21.78亿元，销售收入21.1亿元，实现利税3.49亿元。完成社会固定资产投资3.33亿元，其中规模以上工业固定资产投资1.93亿元。年销售额2000万元以上企业1家，拥有固定资产0.43亿元，职工96人，实现利税5.02亿元。私营企业130个，年产值23.19亿元，实现利税4.02亿元。个体工商户

1034户,从业人员2088人。

集镇建设　投入1.5亿元,建成山水湾游客接待中心、龙峰华府小区一期、明居雅苑小区二期,开发商住楼16幢4万平方米。新修农村道路5.5千米。完成镇村污水管网8千米。电话普及率100%。有线电视用户6044户,其中当年新增29户,有线电视覆盖率98%。集镇新增绿化面积2500平方米、路灯420盏、垃圾箱60个。

科技与社会事业　全镇有科技人员429人,有中学1所、小学1所、幼儿园1所,教职工121人,在校中学生396人、小学生801人。有卫生院1所,病床60张,医卫人员34人。有文体活动中心1个,影剧院1座。自来水普及率100%。全镇村村通公路。参加农村社会养老保险11180人,其中当年新增263人。参加新型农村合作医疗18388人,参保率99%。

人民生活　农村居民人均可支配收入16409元。农民人均住房面积45.6平方米,集镇居民人均住房面积41.3平方米。各项储蓄存款余额7.69亿元,人均储蓄31427元。

(郭林瑞)

【经济发展】　2015年,宝堰镇加速建设宜居宜业宜游的现代化幸福小镇和特色独具的江南丘陵水乡发展步伐,经济和社会事业呈现良好发展态势。全年公共财政收入比上年增长5.62%;规模以上固定资产投资比上年增长9.5%;农村常住居民人均纯收入比上年增长14.4%;完成服务业投资1.4亿元,比上年增长41.3%;完成新兴产业投资0.59亿元,比上年增长13.8%;工业技改投资3900万元,科技研发经费投入3011万元;完成旅游总投资5200万元,接待游客近60万人次,旅游总收入4.07亿元;新建标准化厂房2万平方米,新建各类产业楼宇10万平方米。

(郭林瑞)

【项目建设】　2015年,宝堰镇市级重点项目新颖生态园二期,完成停车场扩建、园区道路拓宽及黑色化

图67　　2015年,宝堰镇渔业精品园区捕鱼现场

(丹徒区宝堰镇提供)

改造等基础设施建设。省级渔业精品园区提档升级项目全面完成,润丰、润明两大现代农业项目按规划推进。国家"千人计划"周克权博士铁皮石斛项目进入量化生产;挖掘宝堰水面资源,总投资2亿元、占地43.3公顷的渔光互补项目加速推进;华星刀具扩能、宝利来玩具项目进展明显;总投资2亿元、占地2公顷的商贸综合体项目前期准备工作就绪;古堰新居安置房交付安置;山水湾游客接待中心、龙腾家苑小区、明居雅苑小区二期等市镇建设工程加速推进。

(郭林瑞)

【民生工程】　2015年,宝堰镇完成为民办实事工程6项,清淤整治老通济河4千米;提档升级农村道路5.5千米;新建水利设施滚水坝4座,改造灌溉泵站24座;实施镇村技防改造升级,实现区、镇、村三级联网;完成南宫村拉网式环境综合整治;"强村富民"双达标行动圆满完成,6个行政村均达到年集体经营性收入70万元的目标,建档立卡344户低收入家庭年收入均达6000元。承办人大代表议案、建议27件,办成24件,办成率88.9%,代表满意率100%;创成市级教育现代化示范乡镇;科普、拥军优属、征兵工作成绩显著,分别获省科普示范乡镇、市双拥模范镇和市征兵工作先进单位称号。

(郭林瑞)

【镇村建设】　2015年,宝堰镇多措并举实施集镇环境综合整治,打造"宜居宝堰"。投资80万元,完成世纪大道黑色化改造工程;投资500万元,完成集镇污水管网建设4.5千米,局部完成集镇范围内雨污分离建设;投资200万元,新建占地3000平方米的集贸市场临时摊位集中点,对流动摊贩统一进场管理;在重点区域安装四组监控探头,加强集镇周边立体技防体系建设;新建仿古式公交站台4座和牌楼2座。对鲁溪、蒋岗、王巷、刘庄、庄巷5个自然村实施污水管网建设,南宫庙创建成为市级美丽宜居乡村。

(郭林瑞)

【社会文化事业】　2015年,宝堰镇发挥道德模范的榜样引领作用,前隍村百岁老人凌秀英入选"中国好人"、获"江苏省道德模范"称号,徐巷村王海凤、宝堰村汪连鸿当选"镇江好人";加强文化基础设施建设,新建健身广场3个、生态型文化广场1个、示范型文化广场1个;7月5日,举办"沿着红色足迹前行——纪念抗日战争胜利70周年暨新四军四县抗敌总会成立77周年"主题骑行活动,来自市区的100余名自行车爱好者参加。

(郭林瑞)

【抵御特大洪水灾害】 2015年,宝堰镇遭遇30年一遇特大洪水灾害。6月26～28日,境内发生连续30余小时的强降雨天气,据水利部门观测,雨量达212毫米,其中6月26日20时至27日20时达到142毫米,明显高于正常年份同期雨量。持续暴雨导致区域内通济河、胜利河水位暴涨。其中,胜利河最高水位10.4米,远超历史警戒线,暴雨致使两河沿线内涝严重,造成5个自然村至少997户民房被淹,部分道路、电力设施受损,大量农作物受灾。总受灾农户6700户,水稻受灾面积近933.3公顷,受灾最为严重的淡水养殖业损失数千万元,受灾面积436.27公顷,毁损农村道路20200米。灾情发生后,宝堰镇紧急调集民兵、冲锋舟和各型车辆前往宝堰村上桥、鲁溪村丁甲洋、南宫村古塘、团结村刘甲洋、徐巷村刘庄自然村等受灾严重地区进行抢险、灾民转移工作,保障群众安全。按照村不漏组、组不漏户、户不漏人的原则,全镇组织抢险人员300余人,紧急转移群众2991人,转移安置900余人。 （郭林瑞）

图68　　2015年,环境综合整治后的宝堰镇通济河

（丹徒区宝堰镇提供）

表33

2015年宝堰镇村委会情况

名称	组数（个）	户数（户）	人数（人）	耕地（公顷）	党组织书记	村委会主任
鲁溪村	46	1245	3849	409	邓小鹏	谭昌兴
徐巷村	47	1182	3392	364	张　青	曹夕林
南宫村	40	1156	3648	239	张映金	张映金
团结村	29	936	3095	244	徐兆和	李金华
宝堰村	26	2223	5373	105	姚志斌	姚志斌
前隍村	40	1285	3860	382	马　骅	景永舟

（郭林瑞）

表34

2015年宝堰镇骨干企业情况

单位：万元

企业名称	产值	销售收入	利税	厂长（经理）
镇江市天威机械配件有限公司	7601	7364	1110	王杏娣
镇江大陆弹簧有限公司	1729	1675	283	陆广生
镇江长城碳素制品有限公司	42962	41620	7306	姜长顺
镇江嘉豪服饰有限公司	8205	7949	1130	龚国平
镇江市丹徒区宝达锁厂	6671	6463	1099	刘秀理
镇江荣成化工有限公司	29065	28157	4720	陈荣根
镇江宝城注浆设备有限公司	22645	21937	3519	哈寿佰
镇江市华星特种刀具制造有限公司	7344	7114	1215	岳八斤

续表

企业名称	产值	销售收入	利税	厂长（经理）
镇江金特服饰有限公司	3331	3227	487	高正伟
镇江宏立电力设备制造有限公司	44081	42704	7357	黄国华
镇江宝锐光电科技有限公司	27926	27054	5706	巫永峰
镇江康林电器有限公司	13408	12988	2301	汪琪霖

（郭林瑞）

世业镇

【概况】 世业镇位于镇江西部，四面环江，南对高资街道、润州区七里甸街道，北对扬州市刊江区，润扬大桥穿境而过，总面积44平方千米，其中圩内面积25平方千米，耕地1479公顷，集镇面积1.2平方千米，辖5个行政村。2015年末，全镇总户数4671户，总人口14861人(其中男7321人，女7540人)，少数民族主要是回族，分布在卫星村，共98人。人口出生率5.34‰，死亡率4.27‰，自然增长率1.07‰，计划生育率100%。

综合经济指标 地区生产总值7.68亿元，比上年增长7.89%，其中：第一产业增加值1.22亿元，第二产业增加值0.26亿元，第三产业增加值6.19亿元。公共财政预算收入完成4482万元，财政总收入5023万元，公共财政预算支出2132万元，预算外支出20.77万元。

农业 农业总产值1.48亿元，粮食总产15043吨，油料总产131吨，蔬菜总产9602吨，水产品总产641吨，果品总产3744吨，出栏生猪2535头、羊297只、家禽16.2万羽。水利、农田基础建设投入900万元，新修农田灌溉渠道1.4千米，疏浚河道5.2千米，完成土方10.6万立方米。

工业 全镇有工业企业13家，完成工业总产值2.74亿元，销售收入2.64亿元，实现利税1892万元。职工总数713人。年销售额500万元以上企业2家，拥有固定资产1800万元，职工558人，实现利税1594万元。当年私营企业150个，新增54个，个体工商户793户，其中当年新增55户，新增私营注册资本5780万元。实际利用外资及港澳台资1035万美元。

集镇建设 有中型超市3个。年邮政业务330万元，程控电话6557门，其中当年新装电话8门，电话普及率98.9%。有线电视用户1570户，当年新增13户。新装路灯800盏。

科技与社会事业 全镇有科技人员278人，其中初级技术职称181人，中、高级技术职称97人。有实验学校1所，小学在校生493人，中学在校生322人，教职工93人。有幼儿园1所，入园儿童212人，教职工16人。有卫生院1所，病床44张，医卫人员38人。有文体活动中心6个，影剧院1座。自来水普及率100%。全镇村村通公路。参加新型农村合作医疗8236人，参保率100%。

人民生活 农村居民人均可支配收入17143元，职工可支配收入29480元，农民人均住房58.5平方米，人均储蓄9460元。（杨 陈）

【省农村生活污水设施建设试点县(市、区)座谈会在世业镇召开】 2015年10月23日，省政府督查组督查农村危房改造暨省住建厅农村生活污水设施建设试点县（市、区）座谈会在世业镇召开，省住建厅厅长一行先后视察东大坝村、先锋村等3户草危房改造农户，以及世业村永茂圩村庄环境整治情况。2015年以来，世业镇多次组织镇、村干部到村组摸底调查，并对申报户房屋逐一拍照、测量、登记、公示，做到“一户一档”，确保草危房改造工作公开透明、公平公正。至年底，世业镇8户草危房改造户全部改造完毕，农村困难群众的基本居住安全问题得到解决。（杨 陈）

【农村土地承包经营权确权登记颁证工作】 2015年，世业镇按照“先行试点、逐步推广”原则，开展农村土地承包经营权确权登记颁证工作，选取先锋村三组作为开展确权登记颁证工作的试点组，在试点工作中，总结经验、改进方法、科学推进。至年底，共完成调查、实测图解公示面积1319公顷，涉及承包农户3524户，总承包地块为8754块。

（杨 陈）

【农村生活污水收集工程】 2015年，世业镇加快改善农村环境条件，提升农村群众生产生活水平，开展农村生活污水收集工程建设。该工程分污水管网工程、一体化泵站工程和污水处理厂扩容改造工程3个部分，总投入2400万元，截至年底，共完成污水管网改造工程99.2千米、修建窨井5662座、一体化泵站18座，新建污水处理厂1座，范围涉及22个自然村，惠及农户1893户。

（杨 陈）

【富民工程加快推进】 2015年，世业镇“强村富民”双达标工程取得实效，共计申报家庭农场28家（其中省级1家，市级2家)，成立农民专业合作社50家，合作社成员9759人；新增转移劳动力输出就业362人，举办高技能培训和SYB培训3期，办理创业贷款7笔、共计70万元；完成卫星村4户民俗接待点改造，引导部分农民通过旅游创业致富。

（杨 陈）

表35

2015 年世业镇村（居）委会情况

名称	组数（个）	户数（户）	人数（人）	耕地（公顷）	党组织书记	村（居）委会主任
兴隆村	11	1101	3971	356.3	朱　军	伍　国
东大坝村	7	817	2699	274.0	高德清	高德清
世业村	8	1070	3706	387.5	张巨平	何永林
卫星村	5	576	1511	223.6	贡　杰	贡　杰
先锋村	5	640	2189	237.6	聂永平	聂永平
集镇居委会	-	467	785	-	朱友根	周万祥

（杨　陈）

表36

2015 年世业镇骨干企业情况

单位：万元

企业名称	产值	销售收入	利税	党支部书记	厂长（经理）
镇江市开宇电器有限公司	14945	14510	1063	管有强	管有强
镇江市永安船舶修造有限公司	7492	7273	531	何永林	卢正洪

（杨　陈）

高资街道

【概况】 高资街道位于镇江市丹徒区西郊，南连上党镇，东临润州蒋乔街道，西接句容下蜀镇，北倚长江。总面积100.52平方千米，耕地面积1623公顷，集镇面积6.4平方千米，辖12个行政村、1个居委会。2015年末，高资街道总户数15293户、总人口42606人（其中男21376人，女21230人），有少数民族12个、131人。人口出生率3.23‰，死亡率6.41‰，人口净增率−3.18‰，计划生育率100%。

综合经济指标　地区生产总79.32亿元，比上年增6.7%，其中，第一产业增加2.53亿元，第二产业增加值53.87亿元，第三产业增加值22.92亿元。公共财政预算收入3.37亿元，公共财政预算支出1.14亿元。

农业　农业总产值5.13亿元。粮食总产18195.3吨，油料总产1196.6吨，蔬菜总产16055吨，水产品总产1838吨，果品总产1580吨，出栏生猪14572头、羊416只、家禽25.87万羽。水利、农田基础建设投入1600万元，实施农田改造266公顷，新修农田排灌渠道17690米，维修、加固堤岸1600米，疏浚河道3条7千米，完成土方6万立方米。

工业　有工业企业178家，职工总数6978人。完成规模以上工业总产值375亿元，销售收入368亿元，实现利税43亿元。完成社会固定资产投资69.36亿元，其中规模以上工业固定资产投资45.24亿元。年销售额2000万元以上企业54家，拥有固定资产198亿元，职工5879人，实现利税31.6亿元。私营企业168个，年产值213亿元，实现利税25亿元。个体工商户1265户，从业人员2723人。外贸出口企业11家，外贸进出口总额39123万美元。外商投资企业6家，实到外资及港澳台资667万美元。

集镇建设　投入2.1亿元，完成绿化26万平方米，开发商住楼14幢11万平方米。新修农村道路6千米。完成镇村污水管网4.2千米。年邮政业务40万元，程控电话容量17220门，其中当年新装电话100门，电话普及率100%。有线电视用户12984户，其中当年新增43户，有线电视覆盖率84.9%。

科技与社会事业　有科技人员603人，其中，初级技术职称347人，中高级技术职称256人；年内获科技成果6项。有中学2所、小学2所、幼儿园2所，教职工323人，在校中学生813人、小学生1662人。有卫生院2所，病床105张，医卫人员82人。有文体活动中心16个，影剧院1座。自来水普及率100%。全街道村村通公路。参加农村社会养老保险19895人，其中，当年新增28人。参加新型农村合作医疗35327人，参保率100%。

人民生活　农村居民人均可支配收入19431元，职工人均可支配收入38767元。农民人均住房面积46平方米，集镇居民人均住房面积42平方米。各项储蓄存款余额5.89亿元，人均储蓄11436元。

（周福根　顾　伟　侯　飞）

【被命名为镇江市教育现代化先进街道】 2015年，高资街道成立专项工作领导小组，协调推进教育现代化工作。投入3000万元完成校安工程，投入3000万元异地新建石马幼儿园，投入3500万元修建3所学校操场；投入300万元开通10辆校车，新设站点10处，为教育事业提供服务保障。加强师德师风建设，建立完善教师考评机制。秉承“书香浸润、经典育人”等理念，构建“六自”教育管理、“六助”教学模式，打造诗词教育、少年军校等特色教学品牌。12月，高资街道通过市政府教育督导室组织的专家评审，被命名为镇江市教育现代化先进街道。

（周福根　侯　飞）

图69　　高资中心卫生院　　（丹徒区高资街道提供）

【高资中心卫生院被国家卫计委评为群众满意乡镇卫生院】 2015年，高资街道中心卫生院开展“三好一满意”活动，加强“三基三严”训练，创建“优质护理示范病区”，提升医疗服务质量；优化医疗服务基础，建成数字化信息医院、数字化计免门诊，发展中医特色诊疗；延展医疗服务空间，成立“3+X”家庭医生责任团队，完善4所基层卫生室医疗服务功能，建立居民健康档案36106份，建成居民健康自助小屋，实现医疗零距离服务群众的目标。12月，高资街道中心卫生院被国家卫计委评为群众满意乡镇卫生院。（周福根　侯　飞）

【民生工程】 2015年，高资街道投入1900万元，启动第二轮水利重点县项目，完成小圩河、引水河治理工程，维修改造全益、石马、大干等10座水库，清淤河塘22座，疏浚2.25千米的金山坝排洪河，建成266.7公顷高标准农田，夯实农业增收基础；重建东方桥，重修竹柯路、继发路，加固高水线、高巫线、肖朱侯线、高石线，方便群众出行，保障校车通行安全；投入1400万元，修建敬老院综合楼，推进老年活动室、健身广场等4个农村一事一议工程，建成省级居家养老服务中心10个、区级和谐示范社区11个、省级和谐示范社区1个，提高群众养老质量；投入700万元，亮化文捷路，疏通集镇下水管网，建设双拥文化广场，维修垃圾中转站，实施双仙河和中心河清淤工程，改善集镇人居环境；投入3.5亿元，建成丰泽新苑二期12万平方米，办理农民基保1128人，解决拆迁户住房和生活问题；投入50万元，升级改造全街道探头164个，打造平安高资。（周福根　侯　飞）

【石马幼儿园异地重建】 2015年，高资街道投入3000余万元，建成占地面积1.2万平方米、建筑面积5200平方米、绿化面积2600平方米、户外活动场地6500平方米的新石马幼儿园，9月1日交付使用。新园拥有集科教、体验、娱乐、休息、卫生为一体的标准幼儿活动室12个，满足幼儿探索、实践、创新、合作等需求；配备一级教师4名、初级教师7名。石马幼儿园先后创成江苏省优质幼儿园、课程游戏化项目幼儿园、镇江市平安校园、数字化校园、无烟校园和现代化幼儿园及市A级食堂。（周福根　侯　飞）

【项明国际生命健康研究院在高资街道挂牌成立】 2015年9月20日，由江苏大学药学院、项明健康产业集团联合打造的“项明国际生命健康研究院”在高资街道挂牌成立。该院是集科工贸为一体，休闲、养生、度假、科研相结合的大型生命健康工程基地，拥有院士丁健、王广基等一批国内外生命医药领域的专家，重点研发解酒保肝、改善睡眠、抗通风、降血糖、肿瘤预防和干细胞等6种技术产品。该院的成立将搭建起高校科研成果与社会市场直接对接的桥梁。（周福根　侯　飞）

表37　**2015年高资街道村（居）委会情况**

名称	组数（个）	户数（户）	人口（人）	耕地(公顷)	党组织书记	村（居）委会主任
正东村	21	1263	3887	187.6	朱德源	王贵宝
勤丰村	19	1027	3134	91.0	吴春林	周建明
高资村	9	779	2063	21.8	王秋云	王秋云
唐驾庄村	20	857	2791	24.5	李金发	金之量
巢凰村	23	923	3119	203.7	魏国虎	魏国虎
营春村	15	1062	2791	62.0	朱金成	刘志宏
陈丰村	22	1201	3755	167.6	乐顺海	卞来宝

续表

名称	组数（个）	户数（户）	人口（人）	耕地(公顷)	党组织书记	村（居）委会主任
西斛村	23	1117	3509	186.7	魏　亮	魏　亮
巫岗村	25	1232	3768	255.1	刘夕成	李青松
厚固村	13	739	2167	139.1	秦　云	秦　云
石马村	20	791	2404	156.9	金来宝	贡经跃
水台村	14	679	2485	127.0	张志清	张志清
集镇居委会	-	3623	6733	-	-	王秋云

（周福根　侯　飞）

表38　**2015年高资街道骨干企业情况**　单位：万元

企业名称	产值	销售收入	利税	厂长（经理）
金海宏业（镇江）石化有限公司	8602413	8242681	1166529	叶　佳
江苏镇江发电有限公司	2613027	2613027	1118675	杜　鹃
江苏鹤林水泥有限公司	1526061	1469908	72117	盛新军
江苏苏亚迪碳材有限公司	683542	652398	83940	许　发
江苏苏菱铝用阳极有限公司	710893	702356	75829	卢永才
中化镇江焦化有限公司	556469	463273	-70386	倪光华
江苏福世特混凝土有限公司	119349	215687	4495	刘福荣
江苏长三角精细化工有限公司	1190830	996524	108319	刘玉鸣
江苏金华普钢结构工程有限公司	339712	318564	18111	叶道兵
二重集团（镇江）重型装备厂有限责任公司	1038082	995647	27486	刘　志
镇江北固海螺水泥有限责任公司	208362	195687	3201	张浩然
江苏苏润高碳材股份有限公司	2058911	1996254	194132	倪光华
镇江宏顺热电有限公司	136584	135084	14579	戴易平
江苏城科建设发展有限公司	329043	318562	48068	何小龙
镇江李长荣综合石化工业有限公司	1272484	1995623	128103	黄荣全
江苏利德尔复合材料有限公司	171659	167582	4484	林志华

（周福根　侯　飞）

江心洲生态农业园区

【概况】　江心洲生态农业园区位于镇江市区东北，为长江沉积沙洲，四面环江。南与京口区谏壁镇相望，东南对大港外贸码头，西望焦山，北对新民洲农场。总面积13.46平方千米，耕地411公顷，集镇面积0.78平方千米，辖3个行政村、1个居委会。2015年末，总户数2519户，总人口8172人（其中男5172人，女3000人）。人口出生率0.12‰，死亡率1.1‰，人口净增率-0.98‰，计划生育率100%。

综合经济指标　地区生产总值3.79亿，比上年增6.5%。其中第一产业增加值9411万元，第二产业增加值1.59亿元，第三产业增加值1.25亿元。全口径财政收入4765.1万元，财政支出2076.59万元。

农业　农业总产值2.1亿元。粮食总产4020吨，油料总产588吨，蔬菜总产 12130吨，水产品总产1050吨，果品总产3105吨，出栏生猪220头、羊310只、家禽6.7万羽。水利、农田基础建设投入270万元，疏浚河道7条12.5千米，完成土方15万立方米。

工业　有工业企业31家，职工总数1500人。完成工业总产值9亿元，销售收入8.8亿元，实现利税7210万元。完成社会固定资产投资5814万元，其中规模以上工业固定资产投资2535万元。年销售500万元以上企业8家，拥有固定资产

图70　　2015年9月19日，江心洲首届无花果节采摘活动

（丹徒区江心洲生态农业园区提供）

4359万元，职工1296人，实现利税7168万元。个体工商户410户，从业人员660人。外贸出口企业2家，出口产品交货额2667万美元。

集镇建设　投入300万元，完成大套河集镇段的清淤整治和环境美化，制定完善集镇改造规划。新修农村道路3.56千米。年邮政业务6.1万元。程控电话容量2282门，其中当年新装电话44门；宽带用户2007户；有线电视用户1910户，其中当年新增21户，入户率达75.8%。

科技与社会事业　有科技人员181人，其中，初级技术职称131人，中高级技术职称50人；年内获4项科技成果。有实验学校1所，教职工34人，在校学生198人；有幼儿园1所。有卫生院1所，病床25张，医卫人员22人；有文体活动中心3个。自来水普及率100%。实现村村通公路。参加农村社会养老保险2604人，其中，当年新增95人。参加新型农村合作医疗4493人，参保率100%。

人民生活　农村居民人均可支配收入16135元，职工人均可支配收入32534元。农民人均住房40平方米，集镇居民人均住房39平方米。各项储蓄存款余额12602万元，其中，居民储蓄存款余额14320万元。人均储蓄14303元。（鲍　扬）

【江心洲第八届野菜节】　2015年4月18日，江心生态农业园区举办以“置身事外、采撷春天”为主题的江心洲第八届野菜节，活动为期1个月。活动当天，奥运游泳冠军罗雪娟到现场为第一个主题活动“趣味mini马拉松比赛”鸣枪，与大家一起参加比赛，并为获奖选手颁奖。活动期间，江心洲第八届野菜节先后举办母亲节撕名牌亲子游、小橘灯实践营、摄影绘画展、记者主题采风等特色主题活动，共吸引游客8.6万人次，实现旅游综合收入0.92亿元。（鲍　扬）

【江心洲首届无花果节】　2015年9月19日，江心洲生态农业园区举办以“相约江心洲，细品无花果”为主题的江心洲首届无花果采摘节。该届无花果节设有采摘比赛、亲子科普游、关爱老年人行动等主题活动，共吸引游客7.5万人次，实现旅游综合收入1.56亿元。活动期间，还首次召开无花果系列产品展销会暨客商洽谈会，促进产业链延伸，提升产品附加值，由江心洲自主开发的无花果茶、饼干、饮料等6种无花果深加工产品，得到游客和客商好评。（鲍　扬）

【江心洲第八届柑橘节】　2015年10月18日，江心洲生态农业园区举办江心洲第八届柑橘节。本届柑橘节以“橘子红了，江心美了”为主题，通过与央视《美丽中国乡村行》栏目组、市文广集团民生频道、市文化产业投资公司等媒体合作，拍摄江心乡土风情，开展文艺演出、马戏表演、趣味采摘、夕阳红相亲、亲子互动等特色活动，促进江心洲生态旅游品牌的提升。活动期间，共接待游客约35万人次，实现旅游综合收入约8000万元，销售柑橘约3000吨。（鲍　扬）

【项目建设】　2015年，江心洲生态农业园加快推进项目建设，一批重

图71　　2015年10月18日，江心洲第八届柑橘节采摘活动

（丹徒区江心洲生态农业园区提供）

点项目取得新进展。“伊人岛”生态农业观光园项目，规划方案编制工作完成，码头趸船、游艇等部分基础设施开工建设；总投资5000万的荷花大道项目基本建成并于10月18日开园，其中香草博物馆、画舫游船、观光马车等游乐项目投入使用；由上海宜民农业发展有限公司投资实施的AB岛生态项目于6月12日签约，项目规划方案编制完成，进入基础设施建设阶段；总投资3亿元的光伏屋顶、总投资1亿元的特色水街以及总投资3800万的东江现代生态农业园等一批在谈项目持续跟进。（鲍　扬）

【民生建设】 2015年，江心洲生态农业园区加强民生实事工程建设，改善群众生活。成为镇江市内首家实现公共自行车布点运营的乡镇；投资460万元，新建实验学校300米标准化塑胶跑道，整岛安装高清技防探头50个；投资120万元，完成分散式污水管网3千米建设；投资250万元，完成老旧水网10千米改造，整岛自来水主管网全面换新；完成橘江里河、益平中心河等6条河道的综合整治；建成江苏省省级优质幼儿园、省级教育中心以及镇江市三星级文体活动中心；全面实施集镇至橘江里景区道路黑色化改造工程。（鲍　扬）

表39 **2015年江心洲生态农业园区村（居）委会情况**

名称	组数（个）	户数（户）	人数（人）	耕地（公顷）	党组织书记	村（居）委会主任
五套村	18	1304	3698	187	姚　晨	姚　晨
五墩村	15	632	2398	128	倪寿根	冷华彬
益平村	9	369	1420	96	周立新	陈建平
集镇居委会	1	214	656	–	–	何成云

（鲍　扬）

表40 **2015年江心洲生态农业园区骨干企业情况**

单位：万元

企业名称	产值	销售收入	利税	党支部书记	厂长（经理）
丹徒区变速箱厂	330	320	-17	季必宽	季必宽
丹徒区复兴船厂	2758	26380	74	–	韩　勤
丹徒区协隆铸件有限公司	51610	50739	4174	–	朱曙霞
丹徒区江心毛刷制品厂	658	652	12	赵海波	赵海波
镇江市三江刷业有限公司	1105	1092	-14	赵海波	赵海波
丹徒区佳鑫刷业有限公司	2170	2165	1	陈长松	陈长松
镇江市金鑫有色合金有限公司	5550	5541	55	–	庄　燕
镇江新兴船舶制造有限公司	30697	29246	2812	–	朱兴国
丹徒区精强汽配厂	1128	1104	48	王惠泉	王　松

（鲍　扬）

荣炳盐资源区

【概况】 荣炳盐资源区位于镇江市丹徒区南部，南连金坛市直溪镇，东临丹阳市延陵镇，西接句容市茅山镇，北倚宝堰镇。总面积45平方千米，耕地面积1645.22公顷，集镇面积4.3平方千米，辖5个行政村。2015年末，荣炳盐资源区总户数6208户、总人口19924人（其中男9962人，女9962人），有少数民族14个99人。人口出生率3.33‰，死亡率6.05‰，人口净增率−2.72‰，计划生育率100%。

综合经济指标　地区生产总值11.99亿元，比上年增长7.5%，其中，第一产业增加值1.37亿元，第二产业增加值5.97亿元，第三产业增加值4.65亿元。公共财政预算收入4426.8万元，公共财政预算支出2459.66万元。

农业　农业总产值1.37亿元。粮食总产24783吨，油料总产1054吨，蔬菜总产11360吨，水产品总产914吨，果品总产1662吨，出栏生猪3408头、羊450只、家禽19万羽。水利、农田基础建设投入1108万元，实施农田改造500公顷，新修农田排灌渠道1200米，疏浚河道2条6.7千米，完成土方7.94万立方米。

工业　有工业企业146家，职工总数5255人。完成规模以上工业总产值22.3亿元，销售收入22.3亿元，实现利税3.35亿元。完成社会固定资产投资3.56亿元，其中规模以上工业固定资产投资2.26亿元。年销售额2000万元以上企业15家，拥有固定资产7.91亿元，职工1641人，实现利税3.31亿元。私营企业90个，年产值42亿元，实现利税4.49亿元。个体工商户308户，从业人员2215人。外贸出口企业4家，外贸进出口总额290万美元。外商投资企业9家，当年引进外资及港澳台资项目1个，工商注册外资及港澳台资2500万美元，实到外资及港澳台资416万美元。

集镇建设　投入5万元，用于集镇出新，维修道板砖、路牙花台。新修农村道路16.8千米。完成集镇、村污水管网8.2千米。年邮政业务353万元，程控电话容量3520门，其中当年新装电话20门，电话普及率70.4%。有线电视用户4683户，其中当年新增90户，有线电视覆盖率96.9%。

科技与社会事业　有科技人员337人，其中，初级技术职称265人，中高级技术职称72人。有高新技术企业1家，年内发明专利申请12件，授权8件。有中学1所、小学1所、幼儿园1所，教职工99人，在校中学生198人、小学生528人。有卫生院1所，病床22张，医卫人员43人。有文体活动中心1个。自来水普及率100%。实现村村通公路。参加农村社会养老保险6508人，参加新型农村合作医疗13128人，参保率65.9%。

人民生活　农村居民可支配收入17111元，职工可支配收入35222元。农民人均住房面积45平方米，集镇居民人均住房面积30平方米。各项储蓄存款余额3.2亿元，人均储蓄16061元。（刘光彦）

图72　2015年3月28日，“走进荣炳深呼吸”摄影大赛现场

（丹徒区荣炳盐资源区提供）

【重点项目建设】 2015年，荣炳盐资源区加速推进重点项目建设和基础设施建设。占地8公顷的强村富民标准化厂房项目，建成9栋，投资3000万元的防眩目盖板玻璃项目成功落户；引进台湾挺卫集团矿泉水、渔光互补光伏发电等项目；群飞电力设备、安迪儿童座椅项目竣工投产。（刘光彦）

【“三集”园区建设】 2015年，荣炳盐资源区万亩现代渔业园区实现总产值2.46亿元，比上年增长38%，规模经营面积新增54公顷，比上年增长11.9%；引进亿元项目2个、5000万元以上的项目1个，新增新型经营主体3个；建成荣炳现代渔业园区科技创新中心和荣炳现代渔业园区展示中心2个公共服务平台。（刘光彦）

【旅游产业发展】 2015年，荣炳盐资源区注重旅游发展，农业旅游规划设计启动，旅游路线初步建设，农家乐等旅游接待点布点基本到位，观赏、采摘、摄影采风、农事体验等功能区在建设中。3月28日，由镇江日报社、镇江市摄影家协会、荣炳旅游发展有限公司联合主办的“走进荣炳深呼吸”摄影大赛启动，旨在提升荣炳对外的知名度。活动为期1个月，来自镇江及南京、常州等城市的近200名摄影爱好者和游客参加活动。该活动进一步促进餐饮、住宿、农家乐和旅游产品展销等方面共同发展。荣炳盐资源区全年实现旅游收入2亿元，比上年增长54%。（刘光彦）

【社会民生事业】 2015年，荣炳盐资源区加大社会事业投入。先后获省实施妇女儿童发展规划示范乡镇、省法治文化建设示范点、省诗教先进单位和市村庄环境整治工作先进镇、市教育现代化先进乡镇等荣誉；天寺岗村创建成为省级农村规划建设示范村、西谷里村创建成为市级美丽村庄。加快民生建设，提升服务民生水平。完成污水管网铺设8.2千米，农村道路提档升级7条、16.89千米，改造危桥2座，新修建连接洋湖和横塘湖道路4千米。全年发放各类救助资金590.1万元，完成危房改造12户，发放补贴资金10.5万元；实现农村劳动力转移9009人，农村劳动力转移就业率85.86%。

（刘光彦）

表41

2015年荣炳盐资源区村(居)委会情况

名称	组数（个）	户数（户）	人数（人）	耕地（公顷）	党组织书记	村（居）委会主任
高庄村	33	1182	3830	360.54	徐志兰	徐志兰
蒲圩村	39	1386	4380	393.00	凌小平	凌小平
胜利村	27	798	2580	231.20	纪柏方	纪柏方
曲阳村	34	1291	4220	286.67	张牛兆	张牛兆
曙光村	53	1233	4067	373.81	张罗虎	张罗虎
集镇居委会	–	318	847	–	–	–

（刘光彦）

表42

2015年荣炳盐资源区骨干企业情况

单位：万元

企业名称	产值	销售收入	利税	厂长（经理）
中盐镇江盐化有限公司	26178	26722	26256.3	董爱民
镇江市华东化工有限公司	41459	41580	41583.4	魏小兰
镇江恒顺酒业有限公司	8962	8819	2151.3	姚　辉
镇江夏印厨具有限公司	9787	9738	1202.0	川崎洁
镇江市川峰工具有限公司	10636	10805	1380.0	张发亮
镇江市欧泊服饰有限公司	16823	16823	1784.6	陆　俊
丹徒区华力电器厂	28831	28488	2813.8	牛龙华
镇江市新蓝森服装有限公司	8168	8109	851.6	臧艳霞
镇江市通济河汽车部件有限公司	6742	6676	835.6	贯来平
江苏坚雅节能建材有限公司	6412	6399	732.0	颜建华
镇江金能锅炉有限公司	7233	7213	794.0	王建春
镇江市悦源醋业有限公司	6736	6819	811.7	刘潮军
镇江汇荣机电科技有限公司	8463	8277	995.0	康海标
镇江君立铝业有限公司	8507	8404	966.7	筱婷婷
镇江云帆包装有限公司	2962	3539	370.2	田　璐
镇江日英鞋业有限公司	3539	2963	442.3	黄春山

（刘光彦）

人　物

责任编校：付　媛

区级党政领导

区　委

陈　琳

女，2012年3月，任中共镇江市丹徒区委书记。

1963年2月出生，江苏句容人。1980年8月参加工作，1988年4月加入中国共产党，研究生学历。1980年8月至1989年7月，任句容县行香中学教师、团委副书记、副教导主任。1989年7月至1990年10月，任句容县文教局普教股副股长。1990年10月至1995年7月，任共青团句容县委学少部部长、副书记、书记。1995年7月至1997年10月，任句容市葛村镇党委书记。1997年10月至2002年11月，任句容市副市长。2002年11月至2005年12月，任句容市委常委、句容市常务副市长。2005年12月至2008年2月，任镇江市司法局党组书记、局长（其中2006年11月至2008年2月兼任镇江市委政法委委员）。2008年2月至2011年12月，任丹徒区委副书记、区长。2011年12月至2012年2月，主持区委工作。2012年2月至2012年3月，任丹徒区委书记、区长。2012年3月，任丹徒区人大常委会主任。

张映桥

2012年4月，任中共镇江市丹徒区委副书记。

1972年5月出生，江苏句容人。1993年8月参加工作，1995年12月加入中国共产党，研究生学历。1993年8月至1997年3月，任句容市下蜀工商所干部、所长、党支部书记。1997年3月至1998年12月，任句容市委组织部科员、企事业干部科科长。1998年12月至2001年3月，任句容市后白镇副镇长、党委副书记。2001年3月至2002年12月，任句容市后白镇党委副书记、镇长。2002年12月至2006年6月，任句容市后白镇党委书记。2006年6月至2007年6月，任句容市委常委、后白镇党委书记。2007年6月至2010年2月，任句容市委常委，句容经济开发区党工委书记、管委会主任。2010年2月至2012年2月，任丹徒区委常委、副区长。2012年2月至4月，任丹徒区委副书记，区政府党组书记、副区长、区长。2012年4月，任丹徒区政府党组书记、区长。

杨伟民

2014年8月，任中共镇江市丹徒区委副书记。

1963年4月出生，江苏丹徒人。1981年8月参加工作，1987年1月加入中国共产党，大学学历。1981年8月至1983年5月，在丹徒县高资镇团结中学任教。1983年5月至1984年11月，在镇江市第三纺织机械厂工作。1984年11月至1995年12月，任世业乡政府办公室文书、团委书记、组检干事、组织委员、党委副书记。1995年12月至1997年1月，任丹徒县三山乡党委副书记、乡长。1997年1月至2000年2月，任丹徒县世业乡党委书记。2000年2月至2001年3月，任丹徒县姚桥镇党委书记。2001年3月至2002年12月，任丹徒区（县）高资镇党委书记（其中2001年11月至2002年12月兼任丹徒经济开发区管委会副主任）。2002年12月至2012年3月，任丹徒区副区长。2012年3月，任丹徒区委常委。2012年10月至2014年8月，任丹徒区委常委，丹徒新城管委会党工委书记、主任，宜城街道党工委书记。2014年8月，任丹徒区委党校校长。2016年1月，任丹徒区人大常委会副主任。

李幸福

2011年7月，任中共镇江市丹徒区委常委、纪委书记。

1961年7月出生，江苏武进人。1982年8月参加工作，1985年5月加入中国共产党，研究生学历。1982年8月至1990年8月，任句容县中教师。1990年8月至1993年3月，任句容县文化局文艺股股长。1993年3月至1994年3月，任句容县影剧公司经理、党支部书记。1994年3月至1997年1月，任句容市委宣传部科长、副部长。1997年1月至2001年3月，任句容市行香镇党委书记。2001年3月至2002年12月，任句容市葛村镇党委书记。2002年12月至2004年7月，任句容市下蜀镇党委书记。2004年

7月至2007年9月，任句容市委常委（其中2004年7月至2007年7月援藏，任拉萨市达孜县委副书记、常务副县长）。2007年9月至2008年12月，任润州区副区长。2008年12月至2011年7月，任丹徒区委常委、区纪委书记、丹徒经济开发区党工委书记。2016年1月，任丹徒区人大常委会主任。

彭忠东

2012年9月，任中共镇江市丹徒区委常委、组织部部长。

1966年8月出生，江苏姜堰人。1990年7月参加工作，1988年12月加入中国共产党，大学学历。1990年7月至1992年5月，在华东有色地质勘查局八一四队工作。1992年5月至1996年12月，任润州区委组织部干部科科员、审干办副主任、组织科科长（1996年8月明确副科级）。1996年12月至1998年6月，任镇江市委组织部组织员办公室副科级组织员。1998年6月至2002年6月，任镇江市委组织部组织员办公室副主任[2000年1月明确正科级，2000年10月任市委组织员办公室副主任（主持工作）]。2002年6月至2003年7月，任镇江市委组织部党管处处长、电教中心副主任（主持工作）。2003年7月至2006年6月，任镇江市委组织部干部教育处处长。2006年6月至7月，任镇江市委组织部企事业干部处处长。2006年7月至2008年12月，任镇江市企业高级经营管理人才评价推荐中心主任、市委组织部企事业干部处处长。2008年12月至2010年8月，任润州区副区长。2010年8月至2012年9月，任润州区委常委、宣传部长。

韩宏亮

2011年7月，任中共镇江市丹徒区委常委、政法委书记。

1972年3月出生，江苏丹徒人。1990年8月参加工作，1996年9月加入中国共产党，大学学历。1990年8月至1990年11月，在丹徒县房管局工作。1990年11月至1991年9月，借调到丹徒县政府办公室工作。1991年9月至1993年9月，任丹徒县政府办公室工作秘书。1993年9月至1995年3月，任丹徒县政府办公室办事员。1995年3月至1996年1月，任丹徒县政府办公室综合三科副股级秘书。1996年1月至1998年7月，任丹徒县政府办公室综合一科副科长。1998年7月至2000年2月，任丹徒县政府办公室综合三科科长。2000年2月至2003年8月，任丹徒县（区）政府办公室副主任。2003年8月至2004年12月，任丹徒区黄墟镇党委副书记、镇长。2004年12月至2005年12月，任丹徒区黄墟镇党委书记。2005年12月至2006年3月，任丹徒区辛丰镇党委副书记、镇长。2006年3月至2007年5月，任丹徒区辛丰镇党委书记。2007年5月至2011年7月，任丹徒区委常委（其中2007年6月至2010年7月援藏）。

殷利民

2014年8月，任中共镇江市丹徒区委常委。

1971年4月出生，江苏丹徒人。1992年8月参加工作，1995年11月加入中国共产党，大学学历。1992年8月至1993年12月，镇江市团校教师。1993年12月至1998年2月，任共青团镇江市委宣传部副部长。1998年2月至2007年9月，任共青团镇江市委学少部部长、青农部部长、青工部部长、副书记（其中1998年8月至2000年7月挂职丹徒县西麓乡，任党委副书记）。2007年10月至2014年8月，任丹徒区政府党组成员、副区长。2014年8月，兼任丹徒新城党工委书记、管委会主任、宜城街道党工委书记。

叶向东

2007年12月，任中共镇江市丹徒区委常委、宣传部部长。

1962年10月出生，江苏丹徒人。1981年7月参加工作，1986年12月加入中国共产党，大学学历。1981年7月至1982年4月，在丹徒县航运公司生产科工作。1982年4月至1983年12月，任丹徒县造船厂技术员。1983年12月至1984年8月，任丹徒县航运公司机务科技术员。1984年8月至1987年7月，在江苏电大交通班船舶动力机械专业脱产学习。1987年7月至1992年12月，任丹徒县航运公司团总支书记、副经理（其中1988年9月至1992年12月兼任丹徒县交通局团委副书记）。1992年12月至1994年10月，任丹徒县交通局团委书记、党委秘书（其中1994年3月至9月在丹徒县产权制度改革指导组和领导小组办公室工作）。1994年10月至1997年1月，任丹徒县政府办公室秘书。1997年1月至2000年2月，任丹徒县政府党组成员、办公室副主任。2000年2月至2004年12月，任丹徒县（区）审计局长（其中2000年9月至2002年9月参加南京大学社会学研究生课程进修班学习）。2004年12月至2007年1月，任丹徒区委组织部副部长（其中2005年6月兼任区委企业工委书记）。2007年1月至2007年12月，任丹徒区委办公室主任。2016年1月，任丹徒区第九届政协副主席。

谈沁磊

2014年8月，任中共镇江市丹徒区委常委。

1968年5月出生，江苏镇江人。1988年7月参加工作，1993年12月加入中国共产党，江苏大学管理学硕士学位，高级工程师、高级经济师。1988年7月至1991年11月，任镇江市第二建筑公司机务处施工员、定额员、生产调度。1991年11月至1998年3月，在镇江市建委计财科（处）工作。1998年3月至2002年8月，任镇江市建委（建设局）计财处副处长。2002年8月至2002年12月，任镇江市发展计划委投资处副处长。2002年12月至2006年9月，任镇江市发展计划委外经处处长。2006年9月至2008年12月，任镇江市发展改革委投资处处长。2008年12月至2013年2月，任镇江市发展改革委党组成员、副主任。2013年2月至2014年3月，任丹徒区委常委、区政府党组成员、副区长、区行政学校校长、区建设投资有限公司董事长、区长山文化产业发展有限公司董事长。2014年3月至8月，任丹徒区委常委、区政府党组成员、副区长、区行政学校校长。2014年8月，任丹徒区政府党组副书记、副区长、区行政学校校长。

刘　东

2014年3月，任中共镇江市丹徒区委常委。

1970年12月出生，安徽肥东人。1989年3月参加工作，1992年12月加入中国共产党，研究生学历。1989年3月至1990年9月，任省军区教导大队战士、第十一干休副班长。1990年9月至1993年7月，在解放军郑州电子技术学院学习。1993年7月至2009年3月，任南京军区司令团司令部机要股译电员、一连副连长、司令部军务股副连职参谋、干部休养所助理员，江苏省军区司令部军务处正连职参谋、副营职参谋、正营职参谋、代理副处长、副处长。2009年3月至2011年3月，任空降兵第十四师军务科代理副科长、江苏省军区司令部军务处副处长。2011年3月至2014年3月，任丹徒区人武部部长、党委副书记。2014年3月，任丹徒区人武部部长。

朱　毅

2014年3月，任中共镇江市丹徒区委常委。

1968年7月出生，江苏盐城人。1991年7月加入中国共产党，研究生学历。1988年8至1991年7月，任丹徒县宝堰镇多服公司技术员、副经理。1991年7月至1993年7月，任丹徒县宝堰镇团委书记。1993年7月至12月，任丹徒县荣炳乡乡长助理。1993年12月至1995年12月，任丹徒县世业乡党委宣传委员。1995年12月至1997年1月，任丹徒县世业乡党委组织委员。1997年1月至1998年11月，任丹徒县高资镇党委组织委员。1998年11月至2000年2月，任丹徒县高资镇副镇长。2000年2月至2001年9月，任丹徒县经济开发区规划建设部副主任。2001年9月至11月，任丹徒县经济开发区规划建设部主任。2001年11月至2003年8月，任丹徒县（区）上会镇党委副书记、镇长（其中2003年5月至8月主持党委工作）。2003年8月至2004年12月，任丹徒区高资镇党委副书记、镇长，开发区党工委委员、管委会副主任。2004年12月至2005年12月，任丹徒区荣炳镇党委书记。2005年12月至2009年12月，任丹徒区荣炳盐资源区党工委书记。2009年12月至2013年5月，任丹徒区辛丰镇党委书记、人大主席，黄墟工业集中区党工委书记（2012年2月明确副县级）。2013年5月至2014年3月，任丹徒区委常委，丹徒经济开发区党工委书记、管委会主任，高资街道党工委书记，区发展总公司总经理。2014年3月，任丹徒经济开发区党工委书记、管委会主任，高资街道党工委书记。

区人大

陈　琳　女，2012年3月，在丹徒区第十五届人民代表大会第一次会议上当选区人大常委会主任。2016年1月离任。（简介参见200页）

李幸福　2016年1月，在丹徒区第十五届人民代表大会第五次会议上当选区人大常委会主任（简介参见200页）。

杨伟民　2016年1月，在丹徒区第十五届人民代表大会第五次会议上当选区人大常委会副主任（简介参见200页）。

王卫方

女，2012年3月，任丹徒区第十五届人大常委会副主任。

1963年1月出生，江苏南京人。1983年7月参加工作，1995年6月加入中国农工民主党，大学学历。1983年7月至1987年5月，任丹徒县水泥厂工艺员。1987年5月至2001年11月，任丹徒县乡镇工业局企管科副科长、生产技术科科长（其中2000年7月兼任农工民主党丹徒支部副主任）。2001年11月至2004年12月，任丹徒县（区）计经局技术科科长（其中2001年12月兼任农工民主党镇江市委委员）。2004年12月至2007年12月，任丹徒区发改委副主任（其中2005年6月兼任农工民主党丹徒支部主任）。2007年12月至2008年2月，任丹徒区第十四届人大常委会副主任、区发改委副主任。2008年2月至2012年3月，任丹徒区人大常委会副主任（其中2010年11月兼任农工民主党丹徒基层委员会主委）。2012年3月，兼任农工民主党丹徒基层委员会主委。

范晓荣

2015年1月，任镇江市丹徒区第十五届人大常委会副主任。

1957年11月出生，江苏丹徒人。1976年7月参加工作，1977年12月加入中国共产党，大学学历。1979年5月至1983

年5月，任丹徒县荣炳乡森林村副主任、党支部副书记、书记。1983年5月至1985年7月，任丹徒县荣炳乡经委副主任。1985年7月至1988年1月，在句容农校农村管理专业脱产学习。1988年1月至1990年4月，任丹徒县荣炳乡党委秘书。1988年5月至1990年4月，江苏省镇江市丹徒县荣炳乡副乡长。1990年4月至1992年1月，任丹徒县上会镇副镇长。1992年1月至12月，任丹徒县上党镇党委副书记、镇长。1992年12月至1998年2月，任丹徒县西麓乡党委书记（其中1997年8月至1999年12月在中央党校经济管理专业函授班学习）。1998年2月至2001年11月，任丹徒县县委农工部部长。2001年11月至2002年8月，任丹徒县县计经局局长。2002年8月至2003年8月，任丹徒区县（区）计经局党委书记、局长。2003年8月至2004年12月，任丹徒区新区党工委副书记、管委会常务副主任（正科级）。2004年12月至2006年6月，任丹徒区新城党工委书记、管委会主任。2006年6月至2009年2月，任丹徒区总工会主席（副县级），丹徒新城党工委书记、管委会主任。2009年2月至2010年12月，任丹徒区总工会主席（副县级）。2010年12月至2013年8月，任丹徒区人大常委会党组成员、区总工会主席（副县级）。2013年8月至2015年1月，任丹徒区人大常委会农业经济工作委员会主任。

许志涛

2012年3月，任丹徒区第十五届人大常委会党组书记、副主任（正县级）。

1955年11月出生，江苏盐城人。1973年12月参加工作，1975年12月加入中国共产党，研究生学历。1973年12月至1994年9月，历任南京军区某部卫生员、营部书记、团政治处书记，连副政治指导员、政治指导员，师政治部组织科正连职干事、团政治处组织股股长、军政治部干部处副营职干事、军善后工作办公室政工组副营职干事、招待所党支部书记、师司令部直工科副营职干事、高炮营政治教导员、直工科正营职干事、师司令部直工科科长（副团职）。1994年9月至2000年12月，任镇江市纪委干部管理室副科级纪检员、副主任，第二纪检监察室副主任、主任。2000年12月至2001年10月，任丹徒县（区）委常委、纪委书记。2001年10月至2006年6月，任丹徒县（区）委副书记、纪委书记。2006年6月至2011年6月，任丹徒区委常委、纪委书记、区人大常委会副主任、党组副书记（2011年5月明确正县级）。2011年6月至2012年3月，任丹徒区人大常委会党组副书记、副主任（正县级）。2016年1月离任。

冷安康

2012年3月，任丹徒区第十五届人大常委会党组副书记、副主任。

1955年12月出生，江苏丹徒人。1980年2月参加工作，1983年2月加入中国共产党，大学学历。1980年2月至1984年7月，任丹徒县姚桥公社团委副书记、书记，团县委常委、委员、党委秘书。1984年7月至1985年8月，任丹徒县委办公室秘书科副科长（主持工作）。1985年8月至1988年12月，任丹徒县世业乡党委副书记。1988年12月至1991年5月，任丹徒县广播电视局副局长。1991年5月至1992年7月，任丹徒县广播电视局副局长（主持工作）。1992年7月至1994年1月，任丹徒县广播电视局局长。1994年1月至2002年12月，任丹徒县（区）委组织部副部长（正科级）（其中1994年1月至1995年12月兼任丹徒县级机关党委书记，2000年2月至2003年1月兼任预备役双37高炮营党委书记）。2003年1月至2012年3月，任丹徒区第十三届、十四届人大常委会党组副书记、副主任。2016年1月离任。

丁国方

2012年3月，任丹徒区第十五届人大常委会副主任。

1955年3月出生，江苏丹徒人。1974年9月参加工作，1985年8月加入中国共产党，大学学历。1974年9月至1981年10月，任丹徒县荣炳公社胜利中学、泽湖中学教师。1981年10月至1986年9月，任丹徒县荣炳乡政府农经公司副经理。1986年9月至1988年7月，在丹徒县委党校中专专修班脱产学习。1988年7月至1990年12月，任丹徒县荣炳乡党委秘书。1990年12月至1993年2月，任丹徒县荣炳乡党委宣传委员、党委秘书。1993年2月至1994年12月，任丹徒县上党镇副镇长。1994年12月至1997年1月，任丹徒县上会镇党委副书记、镇长。1997年1月至1998年2月，任丹徒县石桥镇党委副书记、镇长。1998年2月至2001年3月，任丹徒县西麓乡党委书记。2001年3月至2002年12月，任丹徒县（区）谷阳镇党委书记。2002年12月至2003年8月，任丹徒区第十三届人大常委会副主任、谷阳镇党委书记。2003年8月至2006年3月，任丹徒区第十三届人大常委会副主任、辛丰镇党委书记。2006年3月至2012年3月，任丹徒区第十三届、十四届人大常委会副主任，兼丹徒区汽车办主任。2016年1月离任。

区政府

张映桥 2012年4月，任镇江市丹徒区人民政府党组书记、区长。（简介参见第200页）

谈沁磊 2013年2月，任镇江市丹徒区人民政府党组副书记、常务副区长。（简介参见第201页）

田志虹

2011年7月，任镇江市丹徒区人民政府党组成员、副区长。

1969年6月出生，江苏丹徒人。1988年8月参加工作，1995年11月加入中国共产党，大学学历。1988年8月至1990年12月，在丹徒县建设银行工作。1990年12月至1995年1月，在丹徒县工商局工作。1995年1月至1996年5月，任姚桥工商所副所长、县工商局企业管理股副股长。1996年5月至1997年7月，任丹徒县辛丰镇镇长助理、副镇长。1997年7月至1998年9月，任镇江市人行计划信贷处副主任科员。1998年9月至1999年9月，在镇江市工商局工作。1999年9月至2003年8月，任丹徒县(区)新城区办公室副主任、主任。2003年8月至2004年12月，任丹徒区辛丰镇党委副书记、镇长。2004年12月至2005年12月，任丹徒区丁岗镇党委书记。2006年3月至2007年6月，任丹徒新区党工委副书记、管委会副主任、新区街道办事处主任(筹)。2007年6月至2008年4月，任丹徒区建设局党委书记、局长。2008年4月至2010年3月，任丹徒区建设局党委书记、局长，高新园管委会主任。2010年3月至2010年12月，任丹徒区住建局党委书记、局长，高新园管委会主任。2010年12月至2011年7月，任丹徒区政府党组成员、副区长，高新园党工委书记。

朱　彤

2014年8月，任镇江市丹徒区人民政府党组成员、副区长。

1964年11月出生，江苏泰州人。1985年8月参加工作，1996年5月加入中国共产党，研究生学历，文学硕士学位。1985年8月至1991年9月，在扬州化工学校工作。1991年9月至1994年7月，在南京大学中文系中国语言文学专业(硕士研究生)学习。1994年8月至1996年11月，任润州区委办公室秘书，副股级、正股级秘书。1996年11月至1998年5月，任润州区委政策研究室副主任(副科级)。1998年5月至1998年11月，任润州区委办公室副主任、区委政策研究室主任(副科级)。1998年11月至1999年7月，任镇江市委组织部组织处干部、副科级组织员。1997年7月至2000年1月，任镇江市委组织部办公室副主任。2000年1月至2002年6月，任镇江市委组织部办公室副主任、正科级组织员。2002年6月至2010年8月，任镇江市委组织部办公室主任。2010年8月至2014年8月，任镇江市委新经济社会组织工委副书记。

贺　文

2011年1月，任镇江市丹徒区人民政府党组成员、副区长。

1967年1月出生，江苏扬州人。1987年8月参加工作，1994年11月加入中国共产党，大学学历。1987年8月至1990年12月，任镇江市公安局刑警大队、交警机动大队民警。1990年12月至1998年3月，任镇江市润州公安分局京畿路派出所民警、警长。1998年3月至1998年8月，任镇江市公安局大港分局民警。1998年8月至2000年3月，任镇江市新区公安分局兴港西路派出所副所长。2000年3月至2002年3月，任镇江市新区公安分局兴港西路派出所所长。2002年3月至2002年12月，任镇江市新区公安分局局长助理，兼丁卯派出所所长。2002年12月至2003年4月，任镇江市新区公安分局副局长，兼任丁卯派出所所长。2003年4月至2003年5月，任镇江市新区公安分局副局长。2003年5月至2005年10月，任镇江市交巡警支队车辆管理所所长。2005年10月至2010年2月，任镇江市交巡警支队副支队长，兼车辆管理所所长。2010年2月至2010年3月，任丹徒区公安局局长。2010年3月至2011年1月，任丹徒区公安局党委书记、局长。2011年1月至2011年7月，任丹徒区政府党组成员、副区长，区政府党组成员、副区长，区公安局党委书记、局长。2011年7月，任丹徒区政府党组成员、副区长，区公安局党委书记、局长，区委政法委副书记(其中2012年7月任区公安局督察长)。

贺丽娟

女，2012年2月，任镇江市丹徒区人民政府副区长。

1979年10月出生，江苏丹阳人。2002年7月参加工作，2009年11月加入九三学社，大学本科学历。2002年7月至2007年11月，任九三学社镇江市委办公室科员。2007年11月至2010年9月，任九三学社镇江市委办公室副主任科员。2010年9月至2012年2月，任九三学社镇江市委办公室副主任(其中2011年8月至2012年2月挂职润州花园社区)。

李　骏

女，2015年10月，任镇江市丹徒区人民政府党组成员、副区长(挂职)。

1977年5月出生，江苏张家港人。1999年7月参加工作，2005年4月加入中国共产党，博士学历。1999年7月至2001年7月，任南京航空航天大学附中初中部教师；2002年9月至2005年7月，在华中师范大学文学专业就读全日制研究生(其中2004年10月至2005年5月，任江苏电视台新闻中心《有一说一》栏目记者)；2005年7月至2011年12月，任南京财经大学人事处管理人员；2012年1月至2014年

6月，任南京财经大学纪委、监察审计处副处长（其中2008年9月至2014年12月，在东南大学就读在职博士）；2014年7月至2015年10，任南京财经大学法学院党委书记。

张云鹏

女，2015年4月，任镇江市丹徒区人民政府党组成员、副区长（挂职）。

1977年12月出生，辽宁彰武人。2004年9月参加工作，2003年10月加入中国共产党，研究生学历。

2004年9月至2004年11月，任海南省海口市龙华区信访局科员；2004年11月至2006年2月，任海南省海口市龙华区委办公室科员；2006年2月至2007年5月，任海南省海口市龙华区委督查室主任（副科级）；2007年5月至2008年8月，任海南省海口市中级人民法院研究室副主任科员（其中2008年5月晋升三级法官任职资格）；2008年8月至2009年1月，任海南省海口市中级人民法院研究室副主任科员、助理审判员；2009年1月至2009年3月，任海南省海口市中级人民法院研究室副主任、正科级助理审判员；2009年3月至2010年4月，任海南省海口市中级人民法院研究室副主任、正科级审判员（其中2009年3月晋升二级法官任职资格）；2010年4月至2010年12月，任海南省海口市中级人民法院书记官处副主任、正科级审判员；2010年12月至2011年11月，任海南省县（市）党政领导班子副职公选干部（副处级）[其中2011年1月至2011年6月任海南省发展和改革委员会交通能源处副处长（挂职），2011年6月至2011年11月任广东省珠海市香洲区区长助理（挂职）]；2011年11月至2015年3月，任海南省万宁市政府副市长。2016年1月离任。

黄 辉

2013年9月，任镇江市丹徒区人民政府副区长（挂职）。

1973年10月出生，江西分宜人。1996年8月参加工作，1996年4月加入中国共产党，厦门大学管理学硕士学位。1996年8月至2001年12月，任厦门大学会计系辅导员兼研究生秘书、科研秘书。2001年12月至2004年12月，任厦门大学管理学院秘书。2004年12月至2008年11月，任厦门大学漳州校区办公室秘书。2008年11月至2011年5月，任厦门大学艺术学院团委书记。2011年1月至2011年12月，任福建省永定县团县委副书记（挂职）。2011年5月至2012年7月，任厦门大学材料学院党委副书记。2012年7月，任厦门大学学生处副处长，兼翔安校区学生办主任。2015年8月离任。

区政协

徐新祥

2015年2月，任丹徒区第九届政协党组书记、主席。

1959年6月出生，江苏宝应人。1976年7月参加工作，1983年11月加入中国共产党，大学学历。1976年7月至1997年1月，任丹徒县粮油化工厂生产科副科长、科长，副厂长、厂长（其中1994年9月至1997年1月兼任丹徒县油脂公司经理，1995年9月至1997年1月兼任丹徒粮机厂厂长，1995年11月至1997年1月兼任镇江金香花集团总经理）。1997年1月至1997年5月，任丹徒县粮食局党委委员、副局长。1997年5月至2003年3月，任丹徒县（区）上会镇党委书记（其中2002年10月任丹徒区委常委）。2003年3月至2003年8月，任丹徒区委常委、辛丰镇党委书记。2003年8月至2006年3月，任丹徒区委常委，世业镇党委书记，世业洲旅游发展总公司总经理兼党工委书记、管委会主任。2006年3月至2006年6月，任丹徒区委常委、政法委书记。2006年6月至2007年11月，任丹徒区委常委、谷阳镇党委书记，2007年11月至2012年3月，任丹徒区政府党组成员、副区长。2012年3月至2012年4月，任丹徒区政府党组成员、政协副主席。2012年4月至2015年1月，任丹徒区政协党组副书记、副主席，区委统战部部长。2015年1月至2015年2月，任丹徒区政协党组副书记、主席，区委统战部部长。

叶向东 2016年1月，任丹徒区第九届政协副主席（简介参见201页）。

郭祥明

2012年3月，任丹徒区第九届政协副主席。

1963年4月出生，江苏丹徒人。1982年8月参加工作，大学学历。1978年10月至1982年7月，在南京农学院农学专业学习。1982年8月至1984年5月，任丹徒县高资公社农科站技术员、农业公司副经理。1984年5月至1988年9月，任丹徒县农业局技术员、助理农艺师、农艺师。1988年9月至1995年12月，任丹徒县科委办事员、计划股副股长，科技开发中心副主任、主任。1995年12月至2007年12月，任丹徒县（区）科委（科技局）副主任（副局长）（其中2006年3月至2007年12月兼任区知识产权局局长）。2007年12月至2008年2月，任丹徒区第八届政协副主席、区科技局局长、区知识产权局局长。2008年2月至2010年3月，任丹徒区第八届政协副主席。2010年3月至2012年3月，任丹徒区第八届政协副主席，兼任丹徒区工商联主席。2012年3月，兼任丹徒区工商联主席。

江　灿

2012年3月，任丹徒区第九届政协副主席。

1959年5月出生，江苏丹阳人。1977年7月参加工作，1997年5月加入中国民主建国会，大学学历。1977年7月至1980年12月，知青下放至丹徒县黄墟茶场。1980年12月至2005年12月，任丹徒县物资局、丹徒县（区）物资再生利用有限公司、丹徒区物资资产管理总公司综合股会计、业务股副股长、公司执行董事，兼经理、副总经理。2005年12月至2007年12月，任丹徒区民营经济发展局副局长。2007年12月至2008年2月，任丹徒区第八届政协副主席、区民营经济发展局副局长、区工业集中区管理办公室副主任。2008年2月至2012年3月，任丹徒区第八届政协副主席。

李晓娟

女，2012年3月，任丹徒区第九届政协副主席。

1970年2月出生，江苏丹徒人。1991年8月参加工作，2009年11月加入无党派，大学学历。1991年8月至1993年10月，任丹徒县财政局西麓财政所出纳会计、单位会计、总会计。1993年10月至2004年12月，任丹徒县（区）财政局综合科总会计、副科长，行财科科长，预算科科长，兼团支部书记。2004年12月至2005年12月，任丹徒区物价局副局长。2005年12月至2012年2月，任丹徒区财政局副局长、丹徒经济开发区计划财务部主任。2012年2月至2012年3月，任丹徒经济开发区计财部主任。

先进人物

张　蕾

女，镇江市丹徒区人民法院党组书记、院长，2015年3月获全国三八红旗手称号。

1966年2月出生，江苏镇江人，中共党员，研究生学历，高级法官。在丹徒法院工作期间，率先垂范，依法履行审判工作职能，落实各项工作措施。在她的带领下，丹徒法院先后被评为省级巾帼文明岗、省指导人民调解工作先进集体、市级优秀法院等。她先后获江苏省人民最满意的法官、全省民事审判工作先进个人、江苏省巾帼建功先进个人、全国巾帼建功标兵、江苏省杰出政法干警等称号，被江苏省高级法院记个人二等功1次。

荣誉栏

表43　**2015年丹徒区获国家和江苏省表彰先进集体**

单位	荣誉称号	授奖年月	授奖单位
丹徒地税局第一分局	全国巾帼文明岗	2015-02	全国妇联
丹徒区谷阳镇西麓村	全国文明村	2015-02	中央精神文明建设指导委员会
丹徒区世业镇	全国文明村镇复查	2015-02	中央精神文明建设指导委员会办公室
丹徒区史志办	第五届年鉴编纂出版质量评比综合一等奖	2015-02	中国出版协会年鉴工作委员会
丹徒区	第三批全国法治县（市、区）创建活动先进单位	2015-03	全国普法办
丹徒区总工会	中国职工互助保障先进单位	2015-04	全国总工会
江苏省大港中学	“希望之星”英语风采大赛江苏赛区优秀组织学校奖	2015-05	中央电视台希望之星英语风采大赛江苏赛区组委会
丹徒区永利蔬菜专业合作社科普示范基地（四季春农业园）	2015年基层科普行动计划奖补单位	2015-06	中国科协、财政部
丹徒区教育局	全国青少年五好小公民“少年向上真善美伴我行”主题教育活动先进集体	2015-07	教育部关工委
丹徒区宝堰实验小学	全国五好小公民读书活动示范学校	2015-07	教育部关工委
丹徒区辛丰中心小学	全国青少年足球特色学校	2015-08	教育部
民建丹徒区基层委员会	全国先进集体	2015-12	民建中央
丹徒区世业镇卫星村	2015年全国综合减灾示范社区	2015-12	民政部

续表

单位	荣誉称号	授奖年月	授奖单位
丹徒区高资街道司法所	全省社区矫正工作先进集体	2015-01	省司法厅
丹徒区物价局	江苏省档案管理三星级单位	2015-02	省档案局
丹徒区国家税务局	全省国税系统信息工作先进单位	2015-02	省国税局
丹徒区史志办	第三届江苏省年鉴奖二等奖	2015-03	省政府办公厅
丹徒区	2014年度江苏省土地执法模范区	2015-03	省国土资源厅
丹徒区公安局政治处	巾帼文明岗	2015-03	省妇联
丹徒区劳动基金管理中心	江苏省青年文明号	2015-03	共青团江苏省委
丹徒区农委	2014年度省农产品质量安全绩效考核第二等次〔县（市、区）考核〕	2015-03	省农委、省财政厅
丹徒区世业镇	全省和谐社区建设示范单位	2015-03	省民政厅
丹徒区	2015年度江苏省公共体育服务体系示范区	2015-04	省体育局
丹徒区上党镇团委	江苏省五四红旗团委	2015-05	共青团江苏省委
丹徒区世业实验学校	江苏省五四红旗团支部（总支）	2015-05	共青团江苏省委
丹徒区	2014年度平安县（市、区）	2015-06	省综治委
丹徒区总工会	全省县以上工会财务会计工作竞赛一等奖	2015-06	省总工会
江苏省大港中学	江苏省第十六届中学生田径运动会（苏南）高中女子组团体总分第四名	2015-07	省教育厅 省体育局
丹徒区妇联	江苏省妇女报刊宣传工作先进单位	2015-07	省妇联
丹徒区宝堰镇政府	江苏省科普示范乡镇	2015-10	省科协
江苏省大港中学	江苏省科学教育特色学校	2015-11	省科协、省教育厅
丹徒区世业镇四季春残疾人扶贫基地	江苏省残疾人之家	2015-11	省残工委
丹徒区江心洲生态农业园区	苏南学前教育示范区	2015-11	省教育局
丹徒区江心洲生态农业园区	江苏省标准化社区教育中心	2015-11	省教育局
丹徒区江心洲生态农业园区	江苏省“互联网+旅游”模式创新优秀项目	2015-12	省旅游局、省信息化工作领导小组办公室
丹徒区江心洲生态农业园区	江苏省特色景观旅游创建示范镇	2015-12	省住房和城乡建设厅、省旅游局
丹徒区高资街道司法所	“法网杯”社区矫正信息化应用竞赛优秀奖	2015-12	省司法厅办公室
丹徒区司法局	“法网杯”社区矫正信息化应用竞赛优秀奖	2015-12	省司法厅办公室
丹徒区图书馆	2015年度公共图书馆业务竞赛团体二等奖	2015-12	省文化厅
丹徒区总工会	全省推动厂务公开民主管理工作先进单位	2015-12	省总工会
丹徒区宜城街道	全省基层党员冬训工作示范乡（镇、街道）	2015-12	省委组织部、省委宣传部
丹徒区气象局	省级标准化现代农业气象服务县（市、区）	2015-12	省气象局
丹徒区文广体局	2015年度体育彩票工作先进单位	2016-01	省体育彩票管理中心
丹徒区知识产权局	2015年度江苏省知识产权执法工作先进单位	2016-01	省知识产权局
丹徒区科技局	江苏省部门统计示范点	2016-01	省统计局
丹徒区委	2015年全省党委系统信息工作先进集体	2016-01	省委办公厅
丹徒区安监局	江苏省2015年度烟花爆竹安全生产监督管理工作先进集体	2016-01	省安监局
国土资源局丹徒分局	2015年度年统计规范化建设部门统计示范点	2016-01	省统计局
丹徒开放大学	江苏省标准化社区培训学院	2016-01	省教育厅
丹徒区交通运输局	2015年统计规范化建设部门统计示范点	2016-01	省统计局
丹徒区粮食局	2015年度全省粮食行业安全生产工作先进单位	2016-01	省粮食局
丹徒区农委	江苏省部门统计示范点〔县（市、区）级部门〕	2016-01	省统计局

续表

单位	荣誉称号	授奖年月	授奖单位
丹徒区水产技术指导站	2015年省水产品药物残留快速检测工作绩效考评优秀等次	2016-01	省海洋与渔业局
丹徒区公路管理处	江苏省公路系统先进单位	2016-03	省公路局
丹徒区教育学会	江苏省先进教育学会	2016-03	省教育学会

（丹徒区史志办）

表44

2015年丹徒区获镇江市委、市政府表彰先进集体

单位	荣誉称号	授奖年月	授奖单位
丹徒区上党镇	镇江市创建全国文明城市工作先进集体	2015-03	市委、市政府
丹徒区教育局	镇江市创建全国文明城市工作先进集体	2015-03	市委、市政府
丹徒区文明办	镇江市创建全国文明城市工作先进集体	2015-03	市委、市政府
丹徒区宜城街道	镇江市法治镇（街道）创建工作先进单位	2015-08	市委、市政府
丹徒区上党镇	镇江市法治镇（街道）创建工作先进单位	2015-08	市委、市政府
丹徒区江心洲生态农业园区	镇江市法治镇（街道）创建工作先进单位	2015-08	市委、市政府
丹徒区江心洲生态农业园区	镇江市“百村万户”双达标行动先进集体	2015-12	市委、市政府
丹徒区农委	2013～2015年度“百村万户”双达标行动帮扶先进集体（辖市区）	2015-12	市委、市政府
丹徒区大港汽渡	2012～2014年度镇江市文明单位	2016-02	市委、市政府
丹徒区运输管理处	2012～2014年度镇江市文明单位	2016-02	市委、市政府
丹徒区谷阳镇槐荫村	2012～2014年度文明村	2016-03	市委、市政府
丹徒区谷阳镇金河村	2012～2014年度文明村	2016-03	市委、市政府
丹徒区谷阳镇槐荫村	双拥模范社区	2015-02	市委、市政府、军分区
丹徒区宝堰镇政府	镇江市双拥模范镇	2016-01	市委、市政府、军分区
丹徒区宝堰镇政府	镇江市征兵工作先进单位	2016-01	市委、市政府、军分区
丹徒区文广体局	镇江市创建全国文明城市工作先进集体	2015-03	市委
丹徒区荣炳盐资源区	镇江市教育现代化先进镇	2015-02	市政府
丹徒区法制办	2014年度政府法制工作创新奖	2015-03	市政府
丹徒区上会中学	镇江市教育现代化先进校	2015-12	市政府
丹徒区高桥中心幼儿园	镇江市教育现代化先进校	2015-12	市政府
丹徒区辛丰中心小学	镇江市文明单位	2015-12	市政府
镇江市宝堰中学	镇江市文明单位	2016-02	市政府
丹徒区物价局	镇江市2012～2014文明行业	2016-03	市政府

（丹徒区史志办）

表45

2015年丹徒区获国家和江苏省表彰先进个人

姓　名	性别	工作单位职务、职称	荣誉称号	授奖年月	授奖单位
张　蕾	女	丹徒区人民法院院长、高级法官	全国三八红旗手	2015-03	全国妇联
王　荣	男	镇江雩山水泥有限公司管理部主任、企业文化师	全国百姓学习之星	2015-10	全民终身学习活动周工作小组、中国成人教育协会
龚剑霞	女	丹徒区农委生态科副科长、农艺师	江苏省农业技术推广二等奖	2015-02	省政府
季道静	女	江苏省大港中学校医、主治医师，致公党丹徒总支副主委	社区矫正先进个人	2015-01	省司法厅

续表

姓 名	性别	工作单位职务、职称	荣誉称号	授奖年月	授奖单位
张国平	男	丹徒区渔政监督大队大队长、工程师	2014年度水产品质量安全专项整治工作先进个人	2015-01	省海洋局与渔业局
边 疆	男	丹徒区国家税务局办公室副主任	全省国税系统信息工作先进个人	2015-02	省国税局
张 超	男	丹徒区宝堰镇农服中心副主任	省级农业农经系统先进个人	2015-03	省农委
陈毅强	男	丹徒区委统战部副部长	全省统一战线工作优秀统战干部	2015-08	省委统战部
邰红梅	女	丹徒区公安局办公室民警	机要密码工作先进个人	2015-09	省公安厅
柳增祥	男	丹徒区公安消防大队教导员	先进个人	2015-09	省公安厅
凌 卫	女	丹徒区宝堰镇残联理事长	江苏省全国残疾人基本服务状况和需求专项调查优秀调查员	2015-10	省残工委
方 远	男	丹徒区公安局城区派出所民警	安保工作先进个人	2015-11	省公安厅
盛莉莉	女	丹徒区司法局副局长、致公党丹徒一支部主委	“我的致公路”主题演讲纪念奖	2015-11	致公党江苏省委会
姚 兰	女	丹徒区图书馆副馆长	2015年度公共图书馆业务竞赛先进个人	2015-12	省文化厅
唐俊伟	男	丹徒区残联康复科主任	残疾人专项调查先进个人	2015-12	省残工委
顾博静	女	丹徒区安监局	江苏省非煤矿山及冶金等工贸行业安全生产工作先进个人	2016-01	省安监局
徐 驹	男	丹徒区委办农村科	全省农工办系统先进工作者	2016-01	省委农村工作领导小组办公室
宋 寅	男	丹徒区渔政监督大队	2015年度水产品质量安全专项整治工作先进个人	2016-01	省海洋局与渔业局
张锁兵	男	丹徒区农委科教科科长	“送科技、比服务、促增收”活动表现突出个人	2016-02	省农委
周珏宇	女	丹徒区人民法院研究室主任	个人二等功	2016-02	省高级人民法院
徐 俊	男	丹徒区工商局上党分局局长	社会服务工作先进个人	2016-03	民盟江苏省委员会

（丹徒区史志办）

表46 **2015年丹徒区获镇江市委、市政府表彰先进个人**

姓 名	性别	工作单位职务、职称	荣誉称号	授奖年月	授奖单位
李 演	男	丹徒区烟草专卖局局长、经济师	镇江市创建全国文明城市工作先进个人	2015-03	市委、市政府
朱林林	女	丹徒区政务服务管理办公室副主任	镇江市创建全国文明城市工作先进个人	2015-03	市委、市政府
谭春华	女	丹徒区交通运输局妇委会主任、高级职称	镇江市创建全国文明城市工作先进个人	2015-03	市委、市政府
周 澍	男	丹徒地税局第一分局局长	法治建设工作先进个人	2015-11	市委、市政府
钱 坤	男	丹徒区检察院控申科科长	镇江法制建设工作先进个人	2015-11	市委、市政府
李 霞	女	丹徒区农委扶贫科科长	2013～2015年度百村万户双达标行动帮扶先进个人（辖市区）	2015-12	市委、市政府
唐丹青	男	丹徒区文广体局副局长	镇江市创建全国文明城市工作先进个人	2015-03	市委
蔡登明	男	丹徒地税局局长	镇江市劳动模范	2015-04	市政府
许映峰	男	江苏省大港中学教研组长、高级教师	镇江市高中学段十佳教师	2015-09	市政府
魏志坚	男	丹徒实验学校教学管理中心主任、一级教师	镇江市十佳教师	2015-09	市政府
丁红香	女	上会中心幼儿园副园长、高级教师	镇江市十佳教师	2015-09	市政府
辛建军	男	镇江市宜城中学	镇江市十佳教师	2015-09	市政府
李勇斌	男	镇江市宜城中学	镇江市优秀教育工作者	2015-09	市政府

（丹徒区史志办）

统计资料

责任编校：钱金金

表47

2015年丹徒区基本情况

项目	单位	数量
一、全区总面积	平方千米	617.08
其中：水面	平方千米	75.50
二、耕地面积	万公顷	2.42
其中：水田	万公顷	1.26
旱地	万公顷	1.16
三、总户数	户	103361
四、年末总人口数	人	289965
年平均人口数	人	289846
在年末总人口数中：		
男	人	142034
女	人	147931
非农业人口	人	124053
本年出生人口数	人	2516
本年死亡人口数	人	2122
本年人口净增率	‰	1.36
本年人口出生率	‰	8.68
本年人口死亡率	‰	7.32
五、常住人口	万人	30.80
六、镇政府（街道、园区）	个	10
村（居）民委员会	个	88
村（居）民小组	个	1884

（丹徒区统计局）

表48

2015年丹徒区国民经济主要指标完成情况

项目	计量单位	绝对值
一、地区生产总值（现价）	亿元	342.12
一、人均地区生产总值（现价）	元/人	111150
二、工农业总产值	亿元	1206.31
其中：农业总产值	亿元	33.51
三、粮食总产量	万吨	19.38

续表

项目	计量单位	绝对值
四、固定资产投资	亿元	307.72
五、社会消费品零售总额	亿元	61.45
六、财政总收入	亿元	41.66
其中：一般公共预算收入	亿元	27.79
七、财政支出	亿元	31.66
其中：一般公共预算支出	亿元	27.95
八、实际利用外资	万美元	9100
九、进出口总额	万美元	56421
其中：出口	万美元	51495
十、农民常住居民人均可支配收入	元/人	17456
十一、城镇常住居民人均可支配收入	元/人	37824

（丹徒区统计局）

表49　**2015 年丹徒区地区生产总值完成情况（现价）**　单位：亿元

项目	2015年	2014年	增长%
地区生产总值	342.12	323.56	5.7
第一产业	17.69	16.07	10.1
第二产业	180.64	172.15	4.9
工业	170.59	161.81	5.4
建筑业	10.05	10.34	-2.8
第三产业	143.79	135.34	6.2
交通运输仓储业	6.35	6.16	3.1
批发和零售贸易、餐饮业	57.70	53.92	7.0
房地产业	15.74	15.42	2.1
其它服务业	64.00	59.84	7.0

（丹徒区统计局）

表50　**2015 年丹徒区各镇（街道、园区）地区生产总值（现价）**　单位：万元

镇(街道、园区)	地区生产总值	其中		
		第一产业	第二产业	第三产业
合计	3396924	176904	1788179	1431841
高桥	123198	13162	66917	43119
江心	37880	9411	15931	12538
辛丰	486895	32303	314853	139739
谷阳	223886	15231	148877	59778
上党	407982	26960	209262	171760
宝堰	132458	17603	54057	60798
荣炳	119903	13728	59653	46522

续表

镇(街道、园区)	地区生产总值	其中		
		第一产业	第二产业	第三产业
高资	793221	25297	538683	229241
世业	76762	12206	2632	61924
新城（宜城）	951736	11003	367788	572945

（丹徒区统计局）

表51

2015年丹徒区财政收入、支出情况

单位：万元

项目（收入）	数量	项目（支出）	数量
财政总收入合计	416583	合计	316638
一、国税收入	125236	一、公共财政预算支出	280044
1. 两税	106973	1. 一般公共服务	33791
（1）增值税	106349	2. 国防	634
（2）消费税	624	3. 公共安全	14404
2. 企业所得税	18263	4. 教育	64056
二、地税收入	234087	5. 科学技术	9374
其中：所得税	44120	6. 文化教育与传媒	6150
契　税	7800	7. 社会保障和就业	25915
耕占税	2192	8. 医疗卫生	23674
三、非税收入	57260	9. 节能环保	7925
1. 专项收入	16704	10. 城乡社区事务	25129
其中：排污费收入	1125	11. 农林水事务	48619
教育费附加收入	7342	12. 交通运输	6130
2. 其他收入（含罚没收入）	3835	13. 资源勘探电力信息等事务	3333
3. 行政性收费	9707	14. 商业服务业等事务	1633
4. 国有资产有偿使用	3061	15. 金融监管等事务支出	0
5. 政府性基金收入	23953	16. 国土海洋气象等事务	1041
在总计中：公共财政预算收入	277897	17. 住房保障支出	6156
		18. 粮油物资储备事务	993
		19. 国债还本付息支出	0
		20. 其他支出	1087
		二、政府性基金支出	36594

（丹徒区统计局）

表52　**2015年丹徒区各镇（街道、园区）固定资产投资情况**　单位：万元

镇（街道、园区）	固定资产投资	其中：工业投资	其中：服务业投资	其中：工业技改投资	其中：新兴产业投资
合计	2872601	1751088	1121513	622610	812972
高桥	157076	37333	119743	6649	7782
江心	5814	2535	3279	416	1128
辛丰	202446	140706	61740	31012	95724
谷阳	181678	127401	54277	24180	66381
上党	477377	411935	65442	317059	59807
宝堰	33307	19298	14009	3900	5968
荣炳	35570	22649	12921	4244	12169
高资	693575	452353	241222	113099	208385
世业	141107	-	141107	-	-
新城（宜城）	944651	536878	407773	122051	355628

（丹徒区统计局）

表53　**2015年丹徒区房地产业投资、资金来源、销售及待售情况**　单位：万元

指标	合计
一、本年完成投资额	160751
1.建筑工程	112924
2.安装工程	27414
3.设备器具购置	942
4.其他	19471
二、资金来源	381876
1.上年末结余资金	52500
2.国内贷款	4300
3.利用外资	28090
4.自筹	113805
5.其他	183181
三、本年施工面积（平方米）	2470056
其中：住宅（平方米）	1825298
本年竣工面积（平方米）	424900
其中：住宅（平方米）	274322
四、商品房销售面积（平方米）	347257
其中：住宅（平方米）	291816
五、商品房销售额	182104
其中：住宅	145563
六、商品房待售面积（平方米）	323068
其中：住宅（平方米）	238626

（丹徒区统计局）

表54

2015年丹徒区社会消费品零售总额完成情况

单位：万元

指标	2015年	2014年	增长%
社会消费品零售总额	614527	555411	10.6
一、按销售地区分			
1.城镇	593988	538931	10.2
2.乡村	20539	16480	24.6
二、按行业分			
批发业	66892	64795	3.2
零售业	471328	417187	13.0
住宿业	10310	9044	14.0
餐饮业	65997	64385	2.5

（丹徒区统计局）

表55

2015年丹徒区交通运输情况

	单位	数量
公路总里程	千米	1036.74
其中：高速公路	千米	55.92
一级公路	千米	111.89
二级公路	千米	106.35
三级公路	千米	86.89
四级公路	千米	675.69
等外公路	千米	-
内河航道里程	千米	45.98
客运量	万人/次	254
客运周转量	万人/千米	12879
货运量	万吨	1160
货运周转量	万吨千米	129944
港口吞吐量	万吨	518

（丹徒区统计局）

表56

2015年丹徒区教育事业情况

	学校（所）	在校班级（个）	学生（人）	本年招生（人）	本年毕业结业（人）
1. 普通中学	15	221	8754	2830	3195
高中	2	82	3400	1056	1345
初中	13	139	5354	1774	1850
2.职业中学	1	59	1724	750	691
3.小学	12	336	13853	2384	1790
4.幼儿园	22	244	7458	2468	2113

（丹徒区统计局）

表57

2015年丹徒区文化广播事业情况

项目	单位	数量
一、图书馆	个	1
藏书	万册	13.5
二、文化馆	个	1
乡镇文化站	个	10
三、文管会	个	-
文物藏品	件	105
四、职业剧团	个	1
五、影剧院	个	1
放映场次	场次	1438
观众	人次	40.38
放映收入	万元	32
六、广播电台	个	1
乡镇广播站	个	-
七、电视台	个	1

（丹徒区统计局）

表58

2015年丹徒区体育事业情况

项目	单位	数量
1.举办县以上运动会	次	4
2.参加各类体育项目培训人数	人	231
3.体育传统项目学校	所	6
4.各项运动中破市记录	人/次	-
5.各项运动中破县记录	人/次	-
6.各项运动中获金、银、铜牌数	块	19
其中：金牌	块	9
银牌	块	4
铜牌	块	6
7.达二级运动员标准	人/项	2
达三级运动员标准	人/项	20
8.电脑体彩销售站点	个	73

（丹徒区统计局）

表59

2015年丹徒区卫生机构、床位和技术人员情况

	机构（个）	床位数（张）	卫生技术人员（人）
总计	19	840	1018
区医院	1	280	427
中医院	1	80	59
中心卫生院	5	260	250

续表

	机构(个)	床位数(张)	卫生技术人员(人)
乡镇卫生院	7	190	181
社区卫生服务中心	1	30	44
卫生监督所	1	–	10
疾病预防控制中心	1	–	24
妇幼保健所	1	–	18
卫生进修学校	1	–	5

(丹徒区统计局)

表60

2015年丹徒区农作物种植面积与产量情况

项目	面积(亩)	单产(千克)	总产量(吨)
一、粮食作物合计	417281	465	193848
(一)夏收粮食	176710	337	59503
1、小麦	174501	339	59122
2、元大麦	317	303	96
3、蚕豌豆	1892	151	285
(二)秋收粮食	240571	558	134345
1、水稻	183838	616	113282
2、玉米	38427	450	17280
3、豆类	15053	146	2199
其中:大豆	14462	146	2112
4、薯类(五折一)	3253	467	1518
二、油料合计	65977	149	9833
1、花生	2722	152	414
2、油菜籽	61948	150	9293
3、芝麻	1307	96	126
三、棉花	326	67	22
四、蔬菜	55440	2060	114211
五、瓜果类	2460	1822	4481
六、其他农作物	2251	1333	3000

(丹徒区统计局)

表61

2015年丹徒区多种经营产品产量情况

项目	单位	数量
茶园面积	公顷	1053.33
茶叶产量	吨	335
果园面积	公顷	1063
水果产量	吨	9459
造林面积	公顷	117

续表

项目	单位	数量
零星植树	万株	30.5
年末实有林地面积	万公顷	1.61
出栏肥猪	万头	10.67
猪肉产量	吨	8003
年末生猪存栏	万头	8.45
大牧畜年末头数	头	2012
羊出栏数	万只	1.88
羊年末头数	万只	0.75
羊肉产量	吨	244
牛奶产量	吨	5162
家禽当年出售和自宰数	万只	730
禽蛋产量	吨	11049
淡水养殖面积	公顷	3467
水产品产量	吨	17053
其中：鱼类	吨	12578
甲壳类	吨	3222
贝类	吨	794
其他	吨	459
人工育珠	千克	2000

（丹徒区统计局）

表62 **2015年丹徒区各镇（街道、园区）粮食作物面积与产量情况**

镇（街道、园区）	粮食作物总产量（吨）	夏收粮食			秋收粮食		
		面积（公顷）	单产（千克）	总产（吨）	面积（公顷）	单产（千克）	总产（吨）
合计	193848	11780.67	337	59503	16038.07	558	134345
高桥	15081	997.33	356	5324	1144.00	569	9757
江心	4020	170.33	365	932	325.73	632	3088
辛丰	30204	2031.07	348	10614	2517.47	519	19590
谷阳	19005	1176.93	277	4898	1752.80	537	14107
上党	35590	2068.60	294	9135	3189.67	553	26455
宝堰	23784	1424.67	312	6674	1783.53	640	17110
荣炳	24783	1424.27	364	7777	1783.27	636	17006
高资	18195	920.93	363	5009	1516.27	580	13186
世业	15043	1349.27	193	3900	1413.60	526	11143
新城（宜城）	6014	217.27	346	1126	611.73	533	4888

（丹徒区统计局）

表63

2015 年丹徒区各镇（街道、园区）村组及人口情况

镇（街道、园区）	村民委员会（个）	村民小组（个）	户数（户）	人口（人）	出生（人）	死亡（人）
总计	83	1817	87261	267697	2516	2122
高桥	6	149	7058	19905	159	145
江心	3	42	2519	8172	44	74
辛丰	15	348	15946	49309	404	241
谷阳	11	208	8453	30077	215	203
上党	15	274	16642	50295	425	344
宝堰	6	228	8008	23137	170	256
荣炳	5	186	5909	19258	139	226
高资	12	224	15293	42606	292	313
世业	5	37	4671	14861	136	129
新城（宜城）	5	121	8344	25319	532	191

（丹徒区统计局）

表64

2015 年丹徒区城镇常住居民和农村常住居民主要指标情况

单位：元/人

城镇居民	绝对值	农村居民	绝对值
可支配收入	37824	一、可支配收入	17456
一、工资性收入	24010	（一）工资性收入	11046
二、经营性收入	4612	（二）家庭经营收入	3655
三、财产性收入	3461	（三）财产性收入	700
四、转移性收入	5740	（四）转移性收入	2056
消费性支出	23912	二、生活消费支出	12664
一、食品	6832	（一）食品	3334
二、衣着	1930	（二）衣着	854
三、居住	5045	（三）居住	2960
四、家庭设备用品及服务	1406	（四）家庭设备、用品	958
五、医疗保健	3410	（五）交通和通讯	1889
六、交通和通讯	3357	（六）文化教育、娱乐	1538
七、教育文化娱乐服务	1045	（七）医疗保健	567
八、其它商品和服务	886	（八）其它商品和服务	565

（丹徒区统计局）

表65

2015年丹徒区各行业劳动力分布情况

单位：人

项目	合计	城镇非私营	农村劳动力
总计	201785	42646	159139
农林牧副渔业	34751	192	34559
工业	97592	26517	71075
建筑业	19882	2641	17241
交通运输仓储及邮电业	6983	368	6615
信息传输计算机服务和软件业	1291	306	985
批发零售业	9340	1030	8310
住宿餐饮业	5180	590	4590
金融和保险业	779	61	718
房地产业	5010	610	4400
社会服务业	2305	481	1824
卫生社会福利和社会福利业	2014	1190	824
教育、文化、艺术和广播电视业	4316	3195	1121
科研和综合技术服务业	970	728	242
水利环境和公共设施管理业	1480	417	1063
公共管理和社会组织	5285	4320	965
其他从业人员	4607	-	4607
总计中：第一产业	34751	192	34559
第二产业	117474	29158	88316
第三产业	49560	13296	36264

（丹徒区统计局）

工作生活指南

责任编校：刘　芳

民生指南

表66　　2015年丹徒区重要性、规范性文件

文件名	文号	发文日期
中共丹徒区委关于全面推进依法治区工作的意见	镇徒发〔2015〕11号	2015-02-26
关于整治“慵懒散”十项措施（试行）的通知	镇徒发〔2015〕37号	2015-04-03
镇江市丹徒区委、镇江市丹徒区人民政府关于印发《镇江市丹徒区人民政府职能转变和机构改革实施意见》的通知	镇徒发〔2015〕61号	2015-06-16
中共丹徒区委、丹徒区人民政府关于加快创新驱动加速转型升级的意见	镇徒发〔2015〕72号	2015-07-30
中共丹徒区委、丹徒区人民政府关于全面推行“政社互动”工作的实施意见	镇徒发〔2015〕92号	2015-08-14
镇江市丹徒区委、镇江市丹徒区人民政府关于推动全区文化建设迈上新台阶的意见	镇徒发〔2015〕100号	2015-09-17
关于企业投资项目“多评合一”的实施意见（试行）	镇徒政发〔2015〕19号	2015-04-24
关于2015年度推进依法行政工作情况的报告	镇徒政发〔2015〕81号	2015-12-04
关于加快发展养老服务业的实施意见	镇徒政发〔2015〕85号	2015-12-09
关于做好2015年度稳增长促改革调结构惠民生防风险政策措施落实情况跟踪审计工作的意见	镇徒政办发〔2015〕11号	2015-03-20
关于公布区级事中事后监管责任清单	镇徒政办发〔2015〕52号	2015-10-19
关于推动政府非行政职能向社会转移的意见	镇徒政办发〔2015〕57号	2015-11-26
关于进一步提高企业投资建设项目审批效率的意见	镇徒政办发〔2015〕58号	2015-11-26
关于深入推进“三证合一、一照一码”登记制度改革的实施意见	镇徒政办发〔2015〕60号	2015-11-26
关于建设工程施工图设计联合审查的实施意见（试行）	镇徒政办发〔2015〕61号	2015-11-26
关于印发《镇江市丹徒区企业投资项目关联审批方案》(试行)	镇徒政办发〔2015〕62号	2015-11-26

（张　樊　倪羽娟）

表67

丹徒区镇村公交运行线路情况

乡镇名称	起点	讫点	线路番号	线路里程（千米）	设置站点名称
宝堰镇	宝堰	荣炳	301	12.5	宝堰客运站、大陆、山芋棚东、山芋棚西、西山、曹巷、曲阳南、石家庄、小蒲圩、荣炳管委会、汽车站、建筑公司
宝堰镇	宝堰	荣炳	332	12	宝堰客运站、后亭、官舍、南庄、前障、东岗头、小蒲圩、荣炳管委会、汽车站、建筑公司
宝堰镇	宝堰	刘庄	303	4.5	宝堰客运站、集镇、团结、包巷、万兴庄、徐巷、刘庄
宝堰镇	荣炳	胜利	304	8	建筑公司、汽车站、荣炳管委会、小蒲圩、天寺岗、如墅、卧龙桥、胜利、北刘巷
宝堰镇	宝堰	禄食	305	6	宝堰客运站、集镇、丁角、坞村、大山、鲁溪、禄食
宝堰镇	荣炳	凡石桥	306	11	建筑公司、汽车站、汪甲、塘北、马库、高庄、凡石桥
辛丰镇	山北	耿岗	307	9	山北、沟上、土西、黄墟供电所、黄墟中学、黄墟老客运站、东湾、马头山、庄头、西茶场、耿岗
辛丰镇	龙山	农民公园	308	9	龙山村、下庙、沟西、河达村、陶家、基冯、辛丰医院、华联超市、农民公园
辛丰镇	三山	南岗	309	17	南岗、解家、辛丰西、宴家、黄泥、孔家村、湖马村、殷家、庄泉、后庄泉、倪茂塘、前韦、华村湖、华村、西因、中韦、前北（南）、前北、三山职业中学、三山公交站
谷阳镇	三山	湖滨	310	6	湖滨、倪家、周王、蒋家墩、营盘里、六村、三山镇、城南人家、三山公交站
高资街道	高资	铁炉	311	10	高资公交站、高资中街、高资东站、高资小区、香山大道、经济开发区、唐驾庄、徐家跳、茅家庄、南墩桥、磨盘山、西岗、芦墩桥、巫岗、蔡家庄、东湾、徐湾、铁炉
高资街道	高资	陈丰	312	8	高资公交站、高资中街、高资东站、高资小区、香山大道、经济开发区、唐驾庄、金家边、包巷窑、巢东、巢西、王家庄、杨家边、陈丰村
高资街道	高资	水台	313	17	高资公交站、高资中街、高资东站、高资小区、香山大道、经济开发区、唐驾庄、徐家跳、茅家庄、南墩桥、磨盘山、西岗、芦墩桥、涧西、竹柯、厚固、石马集镇、石马中学、贡巷、东古、丁台、水台、后黄、前黄、青山
上党镇	上党	三山	314	13	三山公交站、城南人家、三山镇、六村、东湖（东）、东湖（西）、彭桥、莱村、义村、上党
上党镇	上党	西山头	315	8	上党、凌塘、姚墅、五塘、西山头
上党镇	上党	海燕	316	7	上党、谭家边、曹付、海燕
上党镇	上党	东贪	317	8	上党、李何、东贪
上党镇	上党	上会	318	13	上党、上党老汽车站、上党支显中、唐家、东沛、東家、黄村、伏牛山、袁甲、倪庄、东新、丰城、南新、上会
上党镇	上会	五谷	319	10	上会、其一、潘甲、合偶、东会、胡巷、刁巷、东滨、五谷
上党镇	上会	枫庄	320	8	上会、其一、潘甲、合偶、陶巷、枫庄、夏巷、大丁巷
上党镇	上会	郦庄	321	4	上会、蒋庄、郦庄
上党镇	上会	高陵	322	7	上会、其一、潘甲、合偶、陶巷、高陵
上党镇	上会	大李甲	323	7	上会、其一、潘甲、合偶、陶巷、大李甲
高桥镇	安丰村	镇扬村	326	7	镇扬村、四方桥坝口、五支桥、柳州坝口、四支桥、元西桥、高桥镇政府、安丰桥、安丰村
世业镇	世业客运站	先锋村	327	8	先锋村委会、幸福村、四季春农业园、世业镇、世业镇政府、世业村，常丰村、世业客运站

（丹徒区交通运输局）

丹徒区星级乡村旅游区选介

凤凰山庄（江苏省四星级乡村旅游区）

凤凰山庄位于丹徒区高资街道境内、312国道旁，交通便利。由镇江凤凰山庄生态农业有限公司投资建设，开发和利用闲置山丘建立孔雀、珍珠鸡、火鸡、大雁等养殖场和垂钓中心等，成为集农业观光、休闲、娱乐为一体的休闲型山庄。山庄自产自销的鸵鸟蛋工艺品，是馈赠亲友的佳品。

图73　　凤凰山庄

图74　　联手创造农业生态园

联手创造农业生态园（江苏省四星级乡村旅游区）

联手创造农业生态园位于丹徒区宝堰镇境内，园内作物品种多样，果树、蔬菜等经济作物种类齐全，牧渔资源丰富，是游客远离都市喧嚣、体验采摘与垂钓乐趣、品尝特色农家菜的好去处。

新颖农业生态园（江苏省四星级乡村旅游区）

新颖农业生态园位于丹徒区宝堰镇境内，距离茅山风景区仅10分钟车程。生态园设有绿色餐饮、生态客房、休闲垂钓、水上乐园、风景茶楼、KTV娱乐等服务设施，有200余种新奇特优的蔬果植物供游客观赏和采摘，还设有水上游乐园、真人CS对抗等娱乐项目。

图75　　新颖农业生态园

图76　　镇江市十里长山生态园

镇江市十里长山生态园（江苏省四星级乡村旅游区）

镇江市十里长山生态园位于丹徒新城西湾水库西侧，占地面积333.33公顷。该园由添祺园、农耕文化博物馆、田野超市、百草园、兰花科技馆五大景区组成。园内的中华太岁馆，可以让游客一睹“太岁”风采。

图77　　百之味农场

百之味农场（江苏省三星级乡村旅游区）

百之味农场位于丹徒区江心洲生态农业园区五套村，占地53.33公顷，是集种植、养殖、采摘、观光为一体的生态农场。农场内有机肥种植的蔬果绿色无公害，江水养殖的水产品新鲜美味，散养畜禽肉质细腻清香。拥有48间（套）客房，还设水上高尔夫球场，为游客提供吃、住、游服务，是农家乐旅游、体验农村生活的休闲去处。

江岛庄园（江苏省三星级乡村旅游区）

江岛庄园位于丹徒区江心洲生态农业园区境内，占地10公顷，其中水面2.67公顷，是集餐饮、住宿、垂钓、娱乐、休闲度假于一体的综合性度假村。拥有多栋特色度假别墅，可同时供300人休闲娱乐。庄园以田园风光、山村野趣、休闲采摘为特色，成为市民休闲度假的场所。

图78　　江岛庄园

图79　　荷塘橘色水景园

荷塘橘色水景园（江苏省三星级乡村旅游区）

荷塘橘色水景园位于丹徒区江心洲生态农业园区境内，融合江岛自然生态资源和农业种植养殖资源，多次举办“野菜节”“柑橘节”“风筝节”等特色活动，以采柑橘、挖野菜、烧烤露营、赏荷花等主题活动为载体，打造乡村旅游特色，在周边地区具有一定知名度。

兴隆观光度假村（江苏省三星级乡村旅游区）

兴隆观光度假村位于丹徒区世业镇境内，环境优美，设施齐全，是集餐饮、采摘、垂钓、休闲观光为一体的观光度假场所。度假村有观赏树木、果树和蔬菜，有青鱼、草鱼、长江鲫鱼等水产品，有放养草鸡、贵妃鸡等禽产品，成为游客新的休闲场所。

图80　　兴隆观光度假村

图81　　镇江神珠观光农业园

镇江神珠观光农业园
(江苏省三星级乡村旅游区)

镇江神珠生态观光农业园位于丹徒区江心洲生态农业园区益平村,占地面积100公顷。园区内绿树成荫、果蔬丰富、鸡鸭成群、鱼虾满塘,为游客提供观赏、休闲、度假一条龙服务。

恒顺生态农业园(江苏省三星级乡村旅游区)

恒顺生态农业园位于丹徒区荣炳盐资源区卧龙水库旁,景区山水相映、林木繁茂,游客可体验采摘、垂钓的乐趣,餐饮住宿区提供乡村餐饮服务,具备现代会议服务功能。

图82　　恒顺生态农业园

图83　　尚水印象农庄

尚水印象农庄(江苏省三星级乡村旅游区)

尚水印象农庄位于丹徒区上党镇境内,是集餐饮、垂钓、度假为一体的综合性农庄。农庄内草坪如茵、花卉似锦,有亭台水榭、木屋,有徽派风格和欧洲风格建筑。相邻的芙蓉湖,面积66.67公顷,湖边芦苇、垂柳、荷花相映成趣,湖水清澈,水鸟游弋其中,是游客休闲、观光、度假的好去处。

硕德生态农业园(江苏省三星级乡村旅游区)

硕德生态农业园位于荣炳盐资源区境内,占地面积80公顷,由江苏硕德农业发展有限公司投资建设,是集农业科普、农业生产、农产品销售、观光、娱乐、休闲、度假为一体的农业庄园,规划辐射带动周边近万亩农业产业。园区主要以无公害蔬菜、水果和花卉生产为主体,着力打造经济效益、社会效益和生态效益相结合的高标准现代化高科技农业生态园区。

图84　　硕德生态农业园

(丹徒区民宗旅游局)

索　　引

责任编校：付　媛

说　明

一、本索引采用主题分析方法编制，标引词按第一字汉语拼音字母音序排列，第一字相同，按第二字排排列，以此类推。

二、标引词后的阿拉伯数字表示内容所在页码，数字后的英文字母a、b、c分别表示从左至右第一、二、三栏。

三、大事记和彩色画页未作索引。

A

B

C

D

E

F

G

H

J

K

L

M

N

P

Q

R

S

T

W

X

Y

Z

醉美宝堰

新颖生态园

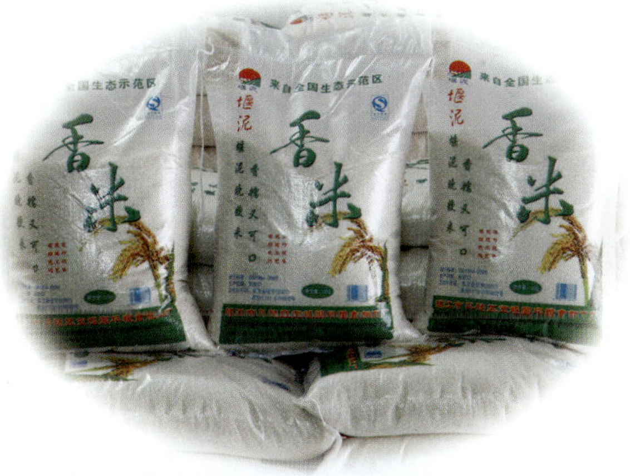

宝堰特产大米

宝堰蔬菜基地

宝堰马甲棚安置房

丹徒区江心洲

2015年11月5日，区委书记陈琳（左三）到江心洲调研

2015年，江心洲农业生态园区围绕建设“强富美高”新丹徒的战略要求，打造“江中旅游名岛”。全年完成一般预算收入3696万元，当年完成序时位居全区第一，固定资产投资、农业产值等主要指标均达历史最高水平。加快重点项目建设，建成总投资5亿元的AB岛生态农业园、总投资5000万元的荷花大道项目，推进集镇特色水景街、码头游客集散中心等项目。全年吸引游客约59万人次，实现旅游综合收入约4.2亿元。完成公共自行车布点运营、整岛老旧水网改造、全岛技防改造、农路提档升级、河道综合整治等民生实事工程。年内，创成省级特色景观旅游示范名镇、省“旅游+互联网”示范单位、镇江市教育现代化先进镇、镇江市法治创建先进单位；橘江里景区创成国家AAA级景区，五墩幸福里创成省级特色示范村。

2015年9月19日，举办首届无花果采摘节

2015年10月18日，举行“橘子红了　江心美了”第八届柑橘节开幕暨《美丽中国乡村行》开机仪式

丹徒区青少年业余体校

2015年7月26日，江苏省青少年武术（散打）锦标赛在该校举办

2015年6月，丹徒区运动会排舞比赛在该校举办

2015年5月15日，丹徒区运动会老年人乒乓球比赛在该校举办

2015年，丹徒区青少年业余体校组队参加在5月27～31日举行的江苏省青少年田径锦标赛暨县组田径比赛（第二赛区），获金牌第二、总分第四的成绩，顺利晋级省甲级队。在10月22～23日举行的镇江市少儿田径比赛中，该校获9个第一、6个第二、10个第三和总分304分的成绩，名列全市第三。武术（散打）项目在7月22～26日举行的江苏省武术（散打）锦标赛中获金牌2枚、银牌1枚、铜牌2枚，是该项目建队以来取得的最好成绩。协助承办丹徒区第七届运动会，先后完成镇江市武术套路比赛、二三级广场舞体育教练员培训班和丹徒区职工部羽毛球比赛、乒乓球比赛、篮球比赛，以及大会开幕式等工作任务；7月22～26日，协助承办2015年江苏省青少年武术（散打）锦标赛，后勤服务、安保、志愿者服务等工作得到各代表队和省体育局领导好评。

2015年4月5日，该校学生参加镇江市少儿武术比赛

丹徒区高资中心卫生院

2015年9月23日，省长李学勇（中）到陈丰村卫生室调研村卫生室建设

2015年6月16日，区委书记陈琳（前右二）陪同全国人大领导视察村卫生室建设

丹徒区高资中心卫生院始建于1950年。设有2个社区卫生服务中心和4个村卫生室，其中陈丰村卫生室及水台村卫生室创建成为省级示范村卫生室。近年来，该院注重中医特色服务，设有中医内科、中医针灸理疗科和中医骨伤科3个二级诊室，其中中医骨伤科是区级重点特色科室。该院以“一切以病人为中心，一切以病人满意”为服务宗旨，强化“服务人民，奉献社会”的服务理念，先后获江苏省示范乡镇卫生院、江苏省医保先进集体、江苏省计量示范单位、江苏省中医药特色服务社区卫生服务中心、镇江市十佳医院、镇江市医保先进单位、镇江市文明单位、侨爱工程医院、信息化建设示范单位、服务民生先进单位等荣誉，连续多年被丹徒区卫计委评为先进集体，2015年被国家卫计委授予“群众满意的乡镇卫生院”称号。

2015年5月27日，省中医专家到该院参观省级示范中医科建设

2015年7月10日，高资街道“2015年上半年民生实事进展情况”新闻发布会在该院举行

新建成的中医药综合服务区

陈丰村卫生室

水台村卫生室

《董永传说》传承地——槐荫村

2015年6月，省委宣传部部长王燕文（前右二）到槐荫村视察

2015年11月21日，丹徒槐荫·《董永传说》非遗保护与旅游发展研讨会

槐荫村位于扬溧高速公路丹徒上党出口处，距镇江市中心12千米，北临312国道，南靠沪宁高速公路，扬溧高速公路和镇荣公路穿村而过。截至2015年底，全村有4个自然村，下辖17个村民小组，常住人口2100余人，人均可支配收入19200元；全村区域面积3.48平方千米，有村属企业5家、私营企业8家。

槐荫村是《董永传说》故事重要传承地之一，被列为省级非物质文化遗产。该村通过对老槐树、槐荫庙、土地庙、织锦楼、上天台、七仙桥、七仙池等相关文化遗迹的保护和旅游开发总体规划，推动谷阳镇文化旅游事业发展。先后被评为全国生态文化村、江苏省敬老爱老先进集体、江苏省卫生村、江苏省民主法治示范村，省、市级非物质文化遗产保护单位，省级社会主义新农村建设示范点，镇江市双清双美先进村、镇江市环境整治先进村、镇江市平安创建示范村、镇江市文明村等。

槐荫村“爱满槐荫 情缘七夕”活动之土地庙前表心意

槐荫村相门

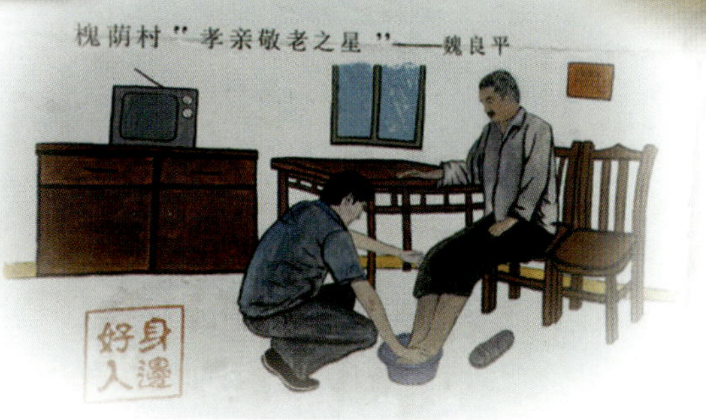

槐荫村《明德文化墙》

宜城街道西麓村

农民自建房

西麓村地处丹徒区南段，交通便利。面积4.5平方千米，有3个自然村、23个村民小组，常住人口2810人。先后获江苏省文明村、江苏省新农村建设先进村、江苏省综合减灾示范村、镇江市文明村等称号。近年来，该村利用陈量土地建设标准厂房3万平方米，并利用厂房出租推动集体经济发展，先后有8家企业承租，年租金300万元，并为该村解决和转移劳动力800人。2015年，西麓村完成三产总产值4.5亿元，村集体收入450万元，人均收入19000元。2月，该村被中央文明办授予“全国文明村”称号。

西麓村便民服务中心大楼

西麓村骨干企业——镇江新源钢结构有限公司

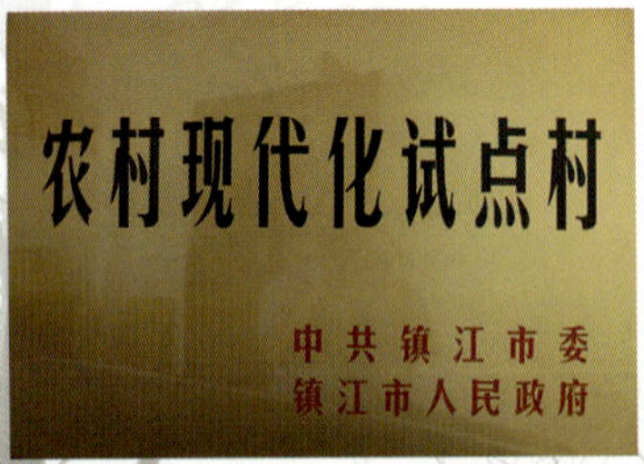

农民公园

上党镇五塘村

五塘藕塘

五塘村位于上党镇西侧，辖7个自然村、17个村民小组，有519户、1669人，占地面积6平方千米。近年来，五塘村注重走现代化特色农业之路，先后发展有机阳光稻米种植、蒸汽茶制作和绿壳蛋鸡养殖，是上党镇万亩茶园示范基地；先后被评为省三星级康居示范村、省卫生村、市文明村、市生态村、市“创先争优，社会管理创新先锋行动”先进基层党组织。

健身广场

蒸汽茶

茶园

镇江市丹徒区建

2015年12月29日，公司员工到聋哑学校慰问

2015年9月18日，公司员工参加系统思维讲座

镇江市丹徒区建设投资有限公司成立于2009年2月，是集投融资、基础设施建设、地产业务为一体的多元化国有综合服务企业，注册资本8.77亿元，总资产193亿元。7年来，该公司发挥投融资主体、项目建设主体和城市安全运营主体作用，为改善丹徒城乡环境、提升城乡功能作贡献，共完成29个重大工程的投资建设任务，其中古堰新居、长山水岸、丹徒区人民医院二期扩建工程、滨河茗苑和北汽倒班宿舍、丹徒区妇女儿童职工活动中心、谷阳大道东延等城建项目获得社会的关注和认可。2015年，该公司加快转型升级，优化融资结构，推进市场化、专业化改革，进一步规范运作、主动作为，整合内部资源，呈现资金保障有力、项目建设加快推进的良好态势。

2015年9月19日，组织员工开展拓展训练

2015年6月12日，举办法律知识讲座

殳投资有限公司

宝堰安置房“古堰新居”

丹徒区人民医院二期工程

世业安置房“江岛人家”

北汽安置房“滨河茗苑”

长山安置房“长山水岸”工地现场

丹徒区妇女儿童职工活动中心效果图

丹徒区大港汽车轮渡管理处

2015年6月25日，参加反腐倡廉警示教育活动

2015年，大港汽渡以安全渡运为重点，强化渡运现场管理，狠抓安全措施落实。该渡口成为镇江连接南北交通的快速通道，为渡运车辆提供安全、快捷、优质的服务，取得良好的经济效益和社会效益，全年运营收入5209万元，比上年增长16.64%。年内，2405渡轮建成投产，大港码头渡区道路拓宽改造工程竣工，船舶运力和车辆通行安全保障能力得到进一步提升。

智能化操作的24车渡船

渡船航行中

车辆计重收费亭

江苏中兴药业有限公司

2015年12月18日，省、市药监局领导到该公司检查工作

江苏中兴药业有限公司位于镇江市丹徒高新技术产业园冷遹路（智慧南大道）86号，是以生产植物药制剂和原料药为主的综合型药品生产企业。公司为江苏省高新技术企业，主要生产保肝护肝、健胃养胃、顺气化痰、降压四大系列药品，有片剂、颗粒剂、原料药3个剂型共30余个品种。近年来，生产经营管理工作取得长足发展，营销网络遍及全国各省区，主要产品有水飞蓟宾葡甲胺片、复方益肝灵片、益肝灵片、参芪健胃颗粒、参梅养胃颗粒、顺气化痰片、顺气化痰颗粒、珍菊降压片及原料药水飞蓟素、水飞蓟宾、水飞蓟宾葡甲胺等。

2015年5月18日，新疆建设兵团领导到该公司视察

2015年5月4日，公司团总支活动

安检人员在提取车间检查安全生产情况

制剂车间自动化生产线

镇江市丹徒区史志办公室

地址：镇江市丹徒新城府前路1号
电话：0511—88977321 88977322 88977323
传真：0511—88993006
邮编：212028
电子邮箱：dtsz107@sina.com
官方微博：http://weibo.com/u/3206504997